幹線道路
一般道路
その他の道路
鉄道
国界
首府
都市
部落
山頂
(数字はフィート)
シャム湾
カンボジア
南ベトナム
海
バンコク
プノンペン
サイゴン
トンレサップ湖
ダングレク山脈
メコン河口
プーロコンドル島
カマウ岬
0 100 200 300km

〔作成 1968年〕

デービッド・ハルバースタム

ベトナムの泥沼から

泉 鴻之・林 雄一郎訳
藤本 博解説

みすず書房

THE MAKING OF A QUAGMIRE

by

David Halberstam

母、ブラーンチ・ハルバースタム夫人と
父、故チャールズ・ハルバースタム博士に捧ぐこの書は一新聞記者の物語であり、現場に居合わせたマート・ペリー、ニール・シーハン、グエン・ゴク・ラオ、モル・ブラウン、レイ・ハーンドン、ホースト・ファース、ピーター・アーネット、ファン・スアン・アン、ジョン・シャーキー、ニック・ターナー、フランソア・サリー、ボー・フィン、ハ・トゥック・カン、チャーリー・モーアの物語でもある。

目次

ただ一つ、アジア人はおしでないことを忘れるな。

これはアジアに経験の深い『ニューヨーク・タイムズ』の東南アジア特派員、ロバート・トランブルの、著者への忠告(一九六二年九月三日)

I

ツイているか、ツイていないかは、新聞記者の生涯を大いに左右する。ニール・シーハンという私の親友は、UPI（アメリカのAPと並ぶ大通信社）のために独特のスタイル、熱心かつ驚くべき正確さでベトナムのニュースを伝えていたが、一九六三年の十月末近くに休暇をとるようそれとなく命ぜられた。シーハンはクーデターが迫っていると感じていたので、大いに抵抗したが、UPIの東京支社は、過去九年間ベトナムではいまにもクーデターが起こりそうでいつも起こらなかったことを指摘し、それでもなお休暇をとれとがんばった。十一月にクーデターが起こったとき、シーハンは日本にいた——これでおそらく、彼はピュリツァー賞（アメリカの新聞人、ジョセフ・ピュリツァーの遺産で制定。毎年ジャーナリズムと文学界で優秀な仕事をした人に贈られる）をフイにしたようなものであった。この出来事はデスクにたいする彼生来の不信を深めた。

だが大きなニュースをつかみそこなったことが、逆にツイているといえる場合がある。あるとき私は大きなニュースを逃がしたが、これで私の生涯が救われたといってもよいであろう。

ときは一九六一年九月。私は、疲れ果てたヘンリー・タナーに代わって、六ヵ月間『タイムズ〔ニューヨーク・タイムズ〕』特派員をつとめるため、コンゴに赴任したばかりであった。〔タナーは『タイムズ』の僚友ポール・ホフマンが考え出したコンゴ取材の尺度によって、休息が必要だと覚った。ホフマンは前から、この土地を離れる潮時はあらゆる白人がみな同じように見え始めたときだといっていたのである。〕私はまさに二十七歳、いま考えても信じられないほど仕事にうずうずしていた。それまでずーっと海外特派員になることを夢み、その目標に向かって私なりのやり方でやって来ていた。大学を卒業後、ミシシッピーのある新聞社に勤め、その後『ナッシュビル・テネッシアン』（民主党系日刊紙。発行部数十三万六千）で幸福な四年間を過ごし、突然ワシントンで『ニューヨーク・タイムズ』（中立、民主党系日刊紙発行部数七十二万九千）の職につき、同支局でわずか六ヵ月勤務したあともっと突然に『タイムズ』特派員としてコンゴに赴くチャンスをつかんだのである。私は「本社」のポータブル・タイプライター、ベルト付きのレインコート、エバクランビー・アンド・フィッチ製の作業着、それに小さな胃腸用の丸薬を持った。〔タイプはガタで置いて行くはずで皆を驚かし、私が訪れる諸国はレインコートを着るには暑過ぎるしむしあつかったし、旅行者はそれを着ればかえって撃たれそうなだけにおそまつなものだったし、薬はどれも効かなかった。〕

レオポルドビル（首都、現在のキンシャサ）に着き、そこから三週間記事を送り、さらにモイズ・チョンベ（コンゴ独立当時のカタンガ州首相、一九六一年七月、中央政府から分離独立を宣言、大統領を自称したが、国連軍に破れ、六三年五月辞任、亡命した。六四年七月中央政府首相に帰り咲いたが、六五年十月解任）のカタンガ国エリザベートビル（当時の首都。現在はカタンガ州州都ルブンバシ）へ赴き、国連軍がカタンガ分離に終止符を打つ作戦を始めるのにちょうど間に合った。〔のちに国連はこの事実を否定して白人の雇兵をやっつけるだけの作戦であったと主張したが、実際には分離をやめさせようとして失敗したのである。〕

国連軍対カタンガ軍の戦闘は五日間続いた。これは大きなニュースであり、規模こそ小さいが、激しく危険で厄介な市街戦であった。新聞記者は両軍からも民間人からも狙撃を受けた。この戦いは、ワシントン支局の同僚がのちにいったように、明らかに戦闘員よりも新聞記者の方がねらわれる危険の多い戦闘であった。

戦闘の響きはすさまじいもので、新しい自動火器を支給されたカタンガ軍は、空中高くねらいをつけてはぶっ放した。だれかが一発撃つと、それが刺激となってか、おびえてか、ほかのカタンガ兵や最初にぶっ放した張本人が連射の音をひびかせ、またそのほかのカタンガ兵を挑発する——といった具合であった。

記者たちはこの頃までに、弾痕で穴だらけのボロ自動車の一隊を手に入れており、自動火器にさらされながら、いつぶっ壊れて動かなくなるかをたえず気にしながら運転していた。車の多くは時代もののフォルクスワーゲンで、ほかの四人と窮屈な思いで座り込み、静かな道を通りながら、弾丸が自分に向かって飛んで来る音を聞く——こんな恐しいことはなかった。

戦闘の初日に、外界への電報は止まり、送稿はとどこおった。われわれは、アフリカのずたずたの道を通って脱出しようとする、おびえた旅行者のだれかれ構わず、電報の写しを持ち出させたり、あるいはハム（アマチュア無線放送局）に電文を渡して、望みを託した。しかしイギリス人の同僚三人と私はようやく、ほかの手筈を整えることができた。戦闘の始まった日の朝早く、あるベルギー人飛行士を買収し、彼の軽飛行機をチャーターしたのである。われわれはいやがる飛行士を巨大な金でなだめ、カタンガ分離作戦に郊外から通えるようにしていた。最初の夜、われわれはエリザベートビルから、ローデシアの銅山地帯にある味気ない小さな町ヌドラへ飛んだ。そこは社会的にも人種的にも、ミシシッピー北東部の丘陵のある田舎を思い出させるような、やせたゴツゴツした土地であった。ヌドラにはいくつかとりえがあった——イギリス帝国の驚くべき世界的通信網の一端であったし、古い植民地の能率の良さがあり、一語一ペニー（約一〇円）でロンドンの支局へ通じたのである。電報を送れば西欧の世界のどこかに無事着く。そうなるとアフリカの電報局の裏でほこりをかぶったまま、わけがわからないうちに取り残される心配はない。この安心感は何ものにもかえがたいものであった。

電報を打ち終わるとヌドラの駅の向かい側のがたぴし宿で眠りにつく。この宿では、明け方列車のぽっぽっという音が機関銃の発射音のように私の夢にいつもとび込んで来た。ぐったりとした神経でたべるドロッとした卵の粗末な朝食は、余計まずい。それから飛行機でまたエリザベートビルへ戻る。またまたフォルクスワーゲンの窮屈な座席に収まって戦場の変化をこの目でじかに見るために出かける。私はこの仲間で、唯一のアメリカ人記者であり、きわめて有能なイギリス人記者と働いていたので、日々が愉快であった。このような戦争で私が唯一のアメリカ人記者というので、イーブリン・ウォー（英国の作家、一九〇三年生）の〝スクープ〟（特種。一九三八年の小説）の端役のような気がした。

このような生活が四日間どうにか続いた。午前十時にいち早く（エリザベートビルに）着き、真相のようなものを引き出し、各国のさまざまの言葉や問答を引き出すために、カタンガ人、ベルギー人、アイルランド人、スウェーデン人、インド人を追いかけ回して一日を過ごした〔双方の話は、「われわれは勇敢に敵を撃退している」とか「あらゆる黒人にとって偉大な一日であった」「カタンガ人はまたもわれわれを攻撃し、挑発した。しかしわれわれは非侵略的な態度を厳に守った」……とかさまざまであった。ある記者は「誰も他のものを攻撃していないのなら、なぜこんなに戦死者が出るのだ」といった〕。

毎日午後四時に、われわれ仲間との情報交換のために、〃大〃レオポルド二世ホテルとやらに立ち寄り、再びエリザベートビル空港へ突っ走った。途中、ある地点で、狙撃兵数人がごく近くに接近した。私がロンドンの『デーリー・メール』のピーター・ヤングハズバンドにどこの連中だろうと聞くと、「インド人さ」と答える。どうしてわかるのか問いただすと、「アフリカ人かスウェーデン人にしては接近しすぎるのさ」といってのけた。

四日目われわれがエリザベートビルに着陸したのは、ちょうど、モイズ・チョンベのフーガ・ジェット戦闘機が一機通りがかり、爆弾を一発落して行ったときだった。大変な騒ぎと恐慌状態が起こり、同空港にいた輸送機の操縦士の南部アメリカ人数人は、すぐ帰国したいといい出した。私は弾片で切り傷を負い、この事件で戦闘のまっただ中にいる気分になったイギリス人記者たちがこれをニュースにするという奇妙なことになった。その中の一記者は「私には当たらなかった。しかしすぐ隣りにいた『ニューヨーク・タイムズ』のデービッド・ハルバスタムは負傷した。そして私のタイプライターのケースが壊れた」と書いた。〔この男の同僚は私に、彼のタイプライターのケースが壊れたのは、これが五度目だと教えてくれた。こんなニュースは月末の支出報告のときに大いに役立つのである〕（特派員はこれを特別な出費として利用できる）。その後の戦闘で、国連軍は偶然『デーリー・エクスプレス』（イギリスの保守右派系日刊紙。発行部数四百二十八万部）のシリル・エインズリーのホテルの部屋に迫撃弾をぶち込んだ。エインズリーはたまたま留守で、後からその話を聞いた。それまでに、他のイギリス人記者の一人がいち早く、ぶち込まれたのはオレの部屋だという記事を送っていた。彼はこれで「ナゼキミノヘヤハ、ホウゲキサレナカッタノカ」とデスクから文句の訓電をもらわずに済んだといっていた。（特派員として、自分の部屋が攻撃されたというニュースは、生ま生ましい戦場の模様を読者に訴える絶好の材料である。この好材料を〃抜かれれば〃デスクは他社の特派員の部屋がやられているのに、わが社のはなぜやられなかったのかといいたくなる）

このような事件が、従軍記者の任務からくる恐怖を、中和させるのに役立った。一日の終わりには、われわれは、ますます臆病になるベルギー人操縦士にたいし、どんな大金をかせいでいるのかを思い起こさせた。そして全速力で離陸させ、飛行機が発見されないように滑走路のうえ約六十センチを飛び、カタンガ軍の対空砲火を避けるため、最後の瞬間に約八十度の角度で急上昇した。これは実際にはいらぬ用心であった。というのは、カタンガ軍は対空砲を持ちながら、しかも白人雇兵が使いたいと申し立てたのにも拘わらず、使わせなかったからだ。あるカタンガ人将校は「もし対空砲を射てば、国連軍にわれわれの居場所がわかる」といっていた。

われわれは連日、エリザベート市に入る恐怖と、ニュースをもって脱出する誇りとの入り交った思いを味わいながら、このような日課を続けた。この間にわれわれはせいぜいこのさいはての土地、カタンガに馴れた。この国がどんなに風変わりかは、AP（アメリカの二大通信社の一つ）のカメラマン、ホースト・ファースの身の上に起こった話で要約することができよう。ホーストはカタンガ軍につかまり、まずスウェーデン人〔英語をしゃべったので〕、それからインド人、最後にアメリカ人だというのでとがめられた。あわれなホーストは生命の危険を恐れて、自分はドイツ人であり、アメリカ人はかつてドイツ人を爆撃し、「いま国連軍がカタンガ人を殺しているように、多くのドイツ人を殺した」と主張した。その結果、彼はカタンガ軍に抑留されていた国連軍捕虜の特種写真をものにすることができた。国連軍は、捕虜がまだ生きていたという初の証拠に喜ぶどころか、ファースに怒りを向け、彼がカタンガ人と結託しているドイツの極右分子であると主張した。ホーストはのちにベトナムに行った。そこで彼がとったすばらしい写真はいつも、アメリカ人が目にしたくないような戦争の実態をあばいた。その結果、一九六三年末までに、アメリカ軍の高級将校どもは、彼が共産分子であるとか、サイゴンのAP支局は浸透されているとか、あてこすりをいっていた。こうしてホーストは、（右から左へと）ひと回りしたわけである。

しかし郊外通勤者としてのわれわれの奇妙な生活は、そう長続きしなかった。五日目の朝、ベルギー人操縦士はわれわれに反乱を起こした。その前日の朝、飛行場が爆撃される事件が起き、フーガ機のフランス人操縦士は彼にやめろと〔無言の〕警告をしていたし、彼もそれまでに十分かせいでいた。彼はエリザベートビルへ戻る飛行を拒み、われわれは地上にとり残された。

もちろん、それまでに記者団は大きくふくれ上っていた。記者やテレビ取材班がアフリカ全土やヨーロッパからやってきた。最初から戦闘の現場にいたわれわれは、古顔とみられ敬愛される雰囲気を楽しんだ。われわれはずっと現場にいたし、われわれの言葉は福音であった。そこでわれわれ全員が車座になって、カタンガに戻る計画を練った。本道はダメであった。すでにこの道で何回か待ち伏せ攻撃があったし、またカタンガ軍やこの道でゲリラ作戦をやっている非正規兵はきわめて危険だとみられていた。しかし、からめ手からの道があった。少なくとも地図ではそうなっていた。アフリカの地図と実際の地勢との関係はデタラメであった。この道は国境の小さな町キプシに通じていた。そこにはユニオン・ミニュエール社（かつての『満鉄』のようなベルギーの大会社、銅、ダイヤ、ウラン、コバルトの採掘、精製から製粉、電力会社まで経営。国連軍進駐とほぼ同時にアメリカ、イギリス、フランスの共同資本がはいった）の工場があり、われわれが安全に入れるチャンスはかなり大きかった。

そのときまでにわれわれの総勢は十五人にはなっていたに違いない。それに自動車は五台であった。われわれは、主として安全上の理由から、隊商を作ることに決めた。コンゴでは一人二人だけの旅行者は、割合容易に消すことができた。隊商となると、武装警備兵と出会えば険悪なことになるかもしれないが、そうでない可能性の方が強く、武装警備兵はヨーロッパ人のグループ（商隊）を上役に引き渡すであろう。少なくともこれまでには、このような例がたびたび起こっていた。

というわけで隊商が編成され、だれもがロウソク、かん詰め食料、ウィスキー、パン、たばこを、あちこちに買いに行った。たばこの一部はのむためだが、大部分はアフリカ人国境警備兵との取引きに使うためのものであった。

次の日の朝四時、われわれはヌドラを出発した。みじめな旅であった。誰もどこへ向かっているのかはっきりわからず、そこへ着けるという確信もなく、そのうえびくびくしていた。再三道に迷い、何回か自動車がエンコした。ちょうど乾期で、先頭の自動車はほこりをかぶらずに済んだが、それ以外の車はひどいものであった。うす赤い粉をかぶり、あのひどい赤土のほこりにせき込んで、われわれはみな、まるで高校でやる赤毛一家の劇中人物にメーキャップしたようにみえた。またこの旅は果てなき旅路のようにみえ、午前中ずっとかかって、平均一時間に約十マイル（十六キロ）進んだだけであった。

午後一時、つらく疲れ果ててはいたが、道を間違えずに、エリザベートビルの道の三分の二のところにいることがやっとわかり、昼食――といっても牛肉やサーディンのかん詰めをあけ、暖まったビールを飲むだけ――のために車をとめた。『ライフ』（アメリカの、最大発行部数を誇る週刊写真画報）のテリー・スペンサーはラジオを持ってきていた。われわれはBBCの放送時刻までに、ある木の高いところにアンテナを張ることができた。世界のあの部分（アフリカ）で大きなニュースを取材しているときには、他の出来事からは完全にしゃ断されてしまう。もしレオポルドビルにいれば、ニューヨークの国連やワシントンの重大な事態の進展はもちろん、エリザベートビルのニュースさえも全然わからないであろう。というのは、コンゴのどの都市のニュースにせよ、まずいったん西側世界に届き、そこから打ち返されてくるからである。そこで、BBC放送はいつも、外界との唯一の接点になる。その落着いた調子には、何か人を安心させるものがあった。コンゴについてのBBCのニュースを聞いていると、その荘重な文句と、われわれが見てきたばかりの出来事とを結びつけることはむずかしかった。

この放送からみて、その日の午後は、われわれのニュースはまだ一面トップを占めていた（記者というものはいつも、自分たちの取材している大事件が誰かほかのものの事件にとって代わられないかを恐れているものだ）。突然、「ハマーショルド国連事務総長はチョンベ大統領と会談するため、レオポルドビルからヌドラに飛ぶ予定です」というニュースがとび込んできた。ヌドラだって？ われわれはそこから出発してほこりの中を八、九時間苦悶してきたばかりだ。

このニュースは、この年の最もみじめな冗談のように思えた。われわれ十五人は互いに顔を見合わせ、どうすべきかを考えようとした。一部のものにとって、どうするかは自動的に決まっていた。通信社の記者は戻って、ニュースの最も重要な部分を取材しなければならなかったのである。他のもの、たとえばスペンサーや『タイム』のリー・グリッグスにとって、どうするかは同じように単純であった。というのは、『ライフ』は戦闘の場面をとったスペンサーの写真を欲しがっていたし、『タイム』はグリッグスから事件の多彩な背景の裏話が送られるのを待っていた。彼らは先へ進むであろう。

私にとっては、もっと複雑な決断であった。ヌドラの会談は、間違いなく一面トップにくるニュースであった。〔ヌドラ発――ハマーショルド事務総長と分離主義者チョンベ・カタンガ大統領は、カタンガ分離の今後について、当地で首脳会談を開始した……という風に〕。しかし私は首脳会談とはどういうものか、とくにチョンベの名声を知っていた。〔モイズはいつも、少なくとも四日間はうまくやった。彼はアフリカの交渉には威厳と独特のやり方があると信じていたし、少なくとも二回は会談の全面的決裂の脅しをかけなければならないと思っていた〕。それだけにこの会談にはほとんど実がないだろうと感じた。第一日目は予備的な打ち合わせ、あるいはホーストのいう〝握手〟以外、何もないであろう。〔彼は、もしアイゼンハワーがアデナウアーと会談するため、ヨーロッパにやって来て、その鼻柱をなぐったとしても、カメラマンである彼がその現場の特種写真をものにしたとしても、本社からは「そいつはステキだ。ところでわれわれが欲しい写真――そら両首脳が握手しているヤツはどこにある？」といわれるだろうと信じきっていた。〕

そこで、私はこのままカタンガへ進むことを決心した。もう三分の二の道のりを来ているし、ヌドラのニュースはすぐには一面に躍り出ることはないだろう。カタンガへの旅を続けても、次の日早朝から仕事をして、エリザベートビルの情勢を取材し、早々にそこを出発してハマーショルド・チョンベ会談の取材に間に合うように、ヌドラに戻ることができる〔これがうまく行けば、私は二つの発信地から別々のニュースを送稿できる〕。そうすれば、ヌドラで取材することも、『タイムズ』が誰かをヌドラに寄越すまで、そこにいすわることもできる。

このような状況の中で、こんなにすばやくあらゆる選択に思いめぐらすことができようとは、われながら驚いた。それで皆が私の方を向いたときに、私の計画を説明し、ハマーショルド・チョンベ会談については通信社の電報を使うよう本社に伝えるメモを手渡した。一行のうち六人はそのまま旅を続け、残り九人は、ハマーショルド到着を待つため、ヌドラ飛行場へ戻った。

それからの旅は、比較的快適であった。キプシの国境の関門で、われわれは騒ぎの種となったが、警備兵たちに、われわれが自由、独立の国、カタンガの偉大な友人たちであり、カタンガの勇敢な奮闘のニュースを世界中に伝えるため、現場へ行かなければならないことを、ようやく納得させることができた。われわれが、たばこ四カートンを警備兵たちに与えたことは、われわれがカタンガにふさわしい良き友だちであることを立証した。

右に述べたことが多少皮肉に聞えることは、私も自覚している。しかしアフリカで余りにも良心的に行動すれば、いつまでも国境監視所に放っておかれるというのが、現実である。結局、ここの警備兵たちは、われわれが送るニュースを読まないであろう。彼らはすぐかっとなるし、きわめて敏感だが、彼らを操縦するコツがあった。この一流のやり手が、ＮＢＣ（アメリカの大放送会社）の冷静な名特派員、ジョージ・クレイであった。クレイはいつも自前で買ったポラロイド・カメラを持って歩き、彼自身と警備兵の写真をとるのが得意であった。彼は常に警備兵ととった写真を置きみやげにした。今日アフリカの数百の仮兵舎には、ヒゲを生やしたブワナ・クレイの写真がかかっている〔これを書いたのちに、ジョージはスタンレービルの近くでコンゴ反乱軍に待ち伏せされて、殺された。彼は、死んだとき、いつものように、戦闘のど真中にいた。このばかげた不幸な出来事で、勇敢でウィットに富み、洗練され、忍耐強く理知的なすぐれた仕事をした、現代の偉大な特派員の一人の命が奪われた。〕

　国境監視所を越えてからも、われわれは数回ストップをくい、ヒヤッとした。毎回、時間とさらにたばこを費やし、日が暮れるまでにはエリザベートビルに着けなかった。動き回っているのは、われわれの車だけであった。なるほど、ほかの車もいるにはいた。国連軍の装甲車は動き回っていたし、白人の雇兵や自動火器をいっぱい積んだ民間人の車が動き回り、国連軍の障害物に出くわし、これを爆破し、取りのけていた。われわれは、もしだれかがわれわれのとばしているのをみて発砲することを恐れ、ゆっくり、ごくゆっくり運転した。私はビクッとした瞬間のことを覚えている。われわれは隊商の二番目の車にいたが、そのとき先頭にいた車は、乗っていたある記者に、白人の雇兵の友人と話をさせるために、道の片方に寄った。われわれの運転手ヤングハズバンドはホテルに着きたい余りに、先頭に出た。突然、いっしょに乗っていたローデシアのカメラマンが「連中を先に行かせろ、連中を先に行かせろ」と叫び出した。この言外の意味は明らかで、われわれのために、連中に砲火を浴びさせろというのだ。ヤングハズバンドはこのローデシア人を放り出そうとしたが、自制し、われわれはようやくホテル・レオ・ドックスに着いた。われわれはそこで歓迎された——一つには〔われわれが持っていた〕ウィスキーのために、また一つには〔ホテル以外の〕外界にまだ人がいたということのために。その夜ばかりは、駅の騒音から解放され、わずかに砲声に悩まされただけで、ぐっすりと寝た。

　次の日の朝、ハマーショルドの乗機が行くえ不明とのうわさが流れた。しかしこれは確認できないうわさであった。われわれは国連軍司令部へ赴いた。そこではコナー・クルーズ・オブライエン国連代表があきらかに心配していた。〔のちにわれわれは、オブライエンがハマーショルドに同行を要請したが、断わられた——この拒絶はこのアイルランド人にとって、個人的にも職務のうえからも、つらいものであった——ことを知った。〕オブライエンは戸外の記者会見で、乗機の消息は何も聞いていないし、新しいニュースはないと述べた。そのときフーガ機が上空に現われ、記者会見の場を掃射した。皆走って避難した。数分後に記者たちは再び集って、記者会見が再開された。オブライエンは「これが、チョンベ氏のいう停戦さ」とにがにがしげにいった。彼がいったことを聞きつけたかのように、フーガ機が戻ってきて、われわれを再び溝に追い込んだ。

　記者会見が終わると、ロイター（イギリスの通信社で世界の五大通信社の一つ）のサンディ・ゴールと私は互いに顔を見合わせ、うなずきあった。われわれはヌドラに戻った方がいい。しかも早急に。われわれはハマーショルドが十中八、九墜落したものと思った。われわれはキプシに車を走らせ、そこで飛行機が動いているのを見たし、ヌドラ行きの軽飛行機があるかもしれないといわれた。しかしそんな飛行機はなかった。軽飛行機が一機着き、カタンガ内相でおそろしい人物、ゴーデフロイド・ムノンゴを乗せてきた。彼はジャドビルでの交渉で、国連軍エール部隊百八十人を降伏させることに成功しての帰りであった。彼はこの捕虜の名簿をわれわれに示しながら、誇らし気に顔を輝かせた。

　コンゴ滞在中に、私はムノンゴがコンゴで最も面白く有能な人物であることを知った。彼は見るからに邪悪な男であり――いつも黒眼鏡のかげで何かをたくらんでいるようにみえた――陰謀の雰囲気をにじみ出していた。白人の雇兵たちが〔国連軍に〕定期的に逮捕された。連中は、ムノンゴのたくらんだ国連当局者を暗殺するという自殺行為に等しい計画に加わるのがいやで、投降したと申し立てた。ムノンゴはベルギー人やイギリス人と戦った有名な酋長の孫であり、この家系を大いに誇りにしている。彼は多分、パトリス・ルムンバ（コンゴ独立後初代の中央政府首相、一九六〇年九月解任、同年十二月オリアンタール州へ脱出中に捕えられ、六一年二月カタンガへ移送され殺害された）の死に責任があり、それ以上にルムンバが死んだ現場にいたことは確かのようだ。これやそれやのことで、彼はアフリカ人やアジア人の間では、悪しきアフリカ人の悪評をかっている。しかし私にとって彼はアフリカの象徴である。彼はつねに何かをたくらみ、彼にとり入ろうとするアフリカのベルギー人にたいする軽蔑をほとんどかくそうとせず、家系を誇り、冷酷で、本能的に権力にひかれている。

　私はそれまで常にコンゴを、善意あるりっぱな人を破滅させ、悪人だけが栄え、生き残るところとみていたが、捕虜の名簿を振りながら喜ぶムノンゴの姿は、何かこの考えを立証するようにみえた。ハマーショルドは行くえ不明であり、たとえ開かれても成功はおぼつかなかった和平交渉に赴く途中、飛行機の墜落で死んだのであろう。一方ここではムノンゴが顔を輝かせていた。この男は指導者の一人であり、ハマーショルドを死の旅にかりたてたカタンガ分離運動の重要人物であった。しかしもし彼が数マイル東か南で生まれていれば、平凡なアフリカ人民族主義者に過ぎなかったであろう。こう考えている間、時間はしばらく止まっているようにみえた。ふと私にはいままでのようにコンゴのニュースがはっきりしてきた。

　サンディと私は、ムノンゴが発ってから約一時間、小さな滑走路で待っていた。もう一刻も待てないので、ヌドラへ車を走らせた。いつもは私はかなり慎重に運転するのだが、このときばかりはニュースがとれるかどうかはスピードにかかっていた。われわれは狭い道をすっとばし、角では急カーブを切った。往きには十五時間かかったところを帰りは五時間ですんだ。

　午後七時少し過ぎ、われわれはヌドラ郵便局にかけ込んだ。そこで、ハマーショルドのニュースを取材していた同僚たちが何が起こったかを手短に説明してくれた。墜落、推定地点、一人の生存者がいることなどを。その代わり、われわれはエリザベートビルの情勢を彼らに話して聞かせ、それから全員すわって記事を書いた。

　三時間後、三千語の記事を書き上げてから、われわれは郵便局を出て、しゃべり、飲み、食べた。一行にロンドンから来たばかりのAPのコーリン・フロストが加わった。彼は「世紀最大の新聞記者流のおしゃべりをやらかすのに、間に合った」といった。彼や彼のような連中はまだ、前夜の出来事を種にしゃべり通しであった。記者の大部分はハマーショルドがヌドラ飛行場に着いたのを見たと誤認した。アフリカやラオスのようなところで取材したことのないものには、こんな途方もない大失敗がどうして起こり、その場ではもっともらしいことになるのかを理解するのは、むずかしい。一年後に『タイムズ』のインドネシア特派員を四年間やった――この国もとくに雲をつかむような国――バーテ・カルブに会うことになるが、彼は「あのときの出来事は知っている。その記事を読んだよ」といった。このような国々で、事件の要領のえなさ、事実のわかりにくさ、それを確認することの不可能なことを経験した記者なら、だれもこんな話に驚かないだろう。

コンゴは〔ニュースにする〕事実が豊富にあるところではない。たとえば、レオポルドビルでは、コンゴ人の新聞担当官は情報源としては全く役に立たない。国連側もほぼ変りはない。あるときある国連のスポークスマンが誠実さや正直さに欠けるとの悪評をかっていた。ちょうどカタンガ代表団のレオポルドビル訪問のうわさがひっきりなしに流れている時であったし、記者たちはこのスポークスマンをわなにかけることに決めた。彼らは、まぼろしのケララ・カタンガ軍大佐を団長とするカタンガ代表団をでっち上げた。ある記者会見の席上、一人の記者が立ち上り、ケララ大佐がレオポルドビルに来ているというのは本当かと質問した。スポークスマンは、ケララについては何も知らないと答えた。次の日違う記者が立って、ケララ大佐と彼の秘密任務について聞いた。またスポークスマンは何も知らないと答えた。三日目にもやはり、違う記者が同じ質問をした。スポークスマンは首を振った。しかしスポークスマンは記者会見のあとで質問した三人の記者を呼び、知ったかぶりをして三人をみつめながら「気をつけろ!!　彼はここにいる。われわれはそれを知っているし、見張っているのだ」といった。これがコンゴにおける当局者の声というものであった。

このような環境下の報道の問題点が、空港におけるあの運命の夜には、すっかり表面に現われた。飛行場の端に集まっていた記者たちは、厳重な警戒措置によって飛行場そのものから締め出された。その結果、記者団は数百フィート離れたところから、有刺鉄線の垣根越しに見張っていなければならなかった。日は暮れていたし、ハマーショルドの飛行機の到着予定時刻に、一機確かに着いた。その飛行機から降りた人物を迎えるため、数人が飛行場に出た。その人物はほぼハマーショルドの背格好であったし、双眼鏡をのぞいていたある記者は「ハマーショルドだ」といった。他の記者が一警備兵に確認を求め、その警備兵は――あとで記者団以上には何も知らなかったことがわかった――ハマーショルドだと確認した。居合わせたローデシア情報省の役人も同意見であった。そして大型の黒塗りの自動車が一台行ってしまった。記者会見はなかった。記者たちはハマーショルドが無事着いたと電報を打つために引き返した。結局、有名人を乗せた飛行機は滅多に墜落しないし、飛行機は確かに着いたのだから、結論は抜きさしならないものであった――実はこの飛行機はたまたま、交渉の調停役になるはずであったイギリス外務省の高官を乗せてきたのであった――。その結果、老練な特派員――十年も一流記者であったものや、数多くの国で戦争や革命を取材したことのある連中――は、ハマーショルドが無事ヌドラに着いたとの記事を本社へ打つのにちゅうちょしなかった。

このニュースが発信されると、世界の編集局にある機械（テレタイプ）

がカタコトと鳴った。ある記者——奇妙なことに、地味で有名な『マンチェスター・ガーディアン』の特派員は、ハマーショルドを到着させただけでなく、事務総長とチョンベに言葉を交わさせてしまった。二人の記者が電報を打たなかった。つまりロイターのジェリー・ラーツインと『デーリー・エクスプレス』のシリル・エインズリーはハマショールドが着いたことを信じなかった、ロイターは、南アフリカ通信（SAPA）と協定があり、SAPAの記者がこのニュースを打ったため、問題のニュースを伝えた。ロイターは自動的にSAPAのニュースを採用したのだが、すぐにこれをボツにした。というのは、ハマーショルドの出発を見送ったレオポルドビルのロイターの敏腕な若者フリードル・ウンゲホイアーがどこかが間違っていると気付いたからであった。彼は、ハマーショルド出発の約二時間後、いつものようにコンゴ放送局に立ち寄って、ロイターの受信状況を調べていたとき、ハマーショルドがもうすでに着いたというニュースを読んで驚いた。エリザベートビルへは四時間かかるのだから、これは明らかに間違いだ。ウンゲホイアーはすぐボツにするよう電報を打った。こうしてロイターはすぐにこのニュースを取り消し、スクープではない大きなスクープをものにすることができた。それ以外の社が取消したのはずっと後だった。

　あの夜飛行場にいなくて、致命的なミスを免れた——あのときいらい、私は、もし同じ立場にいたらどうしたかを自問自答している。記者というものは、自分自身を割合正直な人間だと考えたがる。そして私は恐らく同じような誤りを犯したであろうと認めざるを得ない。これはいつまでも記憶に残るたぐいの大失敗であるから、（もし私が誤報をしていれば）私の生涯にとって、その結果は大きな災いとなったであろう。

　重大な誤りはみな致命的だが、中でもより致命的なものがある。ある記者が一国のニュースを伝えるに当たって、完全に間違っていて、重大ニュースのほとんどについて誤った判断を下し、色眼鏡を通して、一連の大変動をみるとする。しかもなお、ひとにぎりの同僚や、数少ない老練な専門家的な読者以外にその誤りを発見されない——こういったことがあるかもしれない。またあるフットボール選手がその日の試合の間中、いや一シーズンの全試合を通じてさえも、次から次へブロック（アメリカン・フットボールで体で相手を阻止するわざ）に失敗するが、それでも観察に気付かれない——ということがあるかもしれない、しかし、あるプロ野球選手がただの一回でも見当違いのベースへ走れば、彼の名前は永久に記憶に残る。

　当時私は海外に出て日も浅く、しかもツキにツイていた。私は戦闘の数日前にカタンガに着き、しかも戦闘が始まったとき、現場にいた唯一のアメリカ人特派員であった。私は記事でも抜き、相当問題があったけれども絶好の通信手段を確保することができた、私のポケットには、上役から来た祝電がいくつか入っていたが、だれもがいつもこんな祝電をもらえると考えていた青二才に過ぎなかった。

　しかし私があのようなミスを犯したら——新聞に破滅的な結果をもたらす誤報だが、現場では全くもっともなものであっても——それまでのあらゆるプラスを合計してもなおゼロ以下になったであろう。私の名は〝昔空港でしくじったハルバースタム〟として『タイムズ』の年代記に記録されたであろう。私はすぐさまレオポルドビルに呼び戻されたであろうし、『タイムズ』が私の特派員の任期を六ヵ月から二年に延ばしてはくれなかったであろう。

私が大切なベトナム特派員になれたかどうかもあやしいし、もっと重要なのは、もしそれでもなおかつベトナムに派遣されたにしても、大きな疑惑を受けながら記事を書いていただろうということである。私はきっと、ベトナムの出来事について公式的な記述を逸脱しないように、とくに気をつかって重圧の下で暮したであろうし、また私はベトナムの現実的な取材に反対した連中の奇妙な目標になっていたであろう。連中がやっていたように、絶えず繰り返しの記事を送るには、私も私の同僚も若過ぎ、連中は私のミスを武器として活用できたであろう。

このできそこないのスクープのおかげで、私はますます注意深くなってベトナムに赴任した。自明のことでさえも疑念を持ったし、私が得た情報に基づいて一か八かかけることができないと感じたときには、喜んで後手に回った。

この事件は良い教訓になったし、――もちろん、私のツキをかえるものではなかった。

II

一九六二年の初め、まだコンゴにいたころから、私は本社にたいし、インドシナ特派員をやってみたいとほのめかしていた。コンゴに十ヵ月も滞在して、もううんざりしていたのである。第一面にのるニュースはふんだんにあった。しかし死んだジョージ・クレイがいっていたように、目撃した以上の〝深味のある種〟はなかった。このころ南ベトナムの米軍増強が始まり、これこそ刺激的な、現代史の一部のような気がした。私はそれまでに次から次へとベトナムにかつていたことのある人の間をとび回り、数々の魅惑的な話を聞かされていた。コンゴではまだ問題にならないような二つの勢力が、南ベトナムでは真正面から対決していた。熱い戦争が始まり、西側は共産主義者の戦術を逆用することを学ぼうとしていた。

一方ではフランス統治時代の末期にベトナムで勤務したことのあるコンゴ駐在のアメリカ大使、エドマンド・ガリオンはベトナムにおける西側の政治的困難を教えてくれた。他方フランスの外人部隊にいた連中が沢山いるチョンベの白人雇兵たちは、ベトナム戦争についての考えを語ってくれた。彼らはいまだにベトナムの民衆に大きな愛情を持った敵〔ベトミン〕の戦術の見事さに、すっかり魅せられていた。

ベトナムへの転任の要請は、私が体面を失わずにコンゴから抜け出そうとする努力でもあった、実はインドシナにいる方がコンゴより実のあるものに思えたのである。この予感は正しかった。ベトナムで最初の六ヵ月、一面にのらないようなニュースを取材していた間も、コンゴで一面にのるようなニュースを取材していたときよりもずっと刺激があったし、面白かった。私はコンゴにあき、国連軍スポークスマンが明らかに支配していない地域をにぎったと発表したり、重大会議のあるたびに、悪いのはチョンベの側近のベルギー人やムノンゴであり、チョンベ自身は信頼できるというのにうんざりし、チョンベが「私以外のだれもがウソつきだ」というのを聞くのにあき、白人よりもコンゴ人の方が自分の国のことに無関心だと思うのにいや気がさしていた。事実、礼儀正しく、上品なハウスボーイのフィロモン以外のコンゴ人にあきあきしていた。

一九六二年六月のある夜、ルルアブール（カサイ州の州都）駐屯ナイジェリア軍に配属されていたイギリス軍のある少佐と夕食をともにしたとき、彼は白人のだれもが感じていたが、口には出さなかったことをいってのけた。

「カサイ州知事といっしょに食事をしたとしよう。彼は実に魅力的な愛想のよい男でおしゃべりだ。コンゴが直面している政治、経済などの諸問題、コンゴがいかに訓練された人びとや外国からの助力、無償援助が必要かを語る。その話しっ振りはうまいし、心に訴えるものがある。ちょうど食事が終り君は自分の部屋に戻って、感動的な話だったので、われわれのやり方に従って椅子に腰掛けて、西欧的にコンゴの諸問題を心配し、問題の解決策を見出そうとする。ところが肝心のご本人はビールと女のところへいっているのだ」と。

まったくその通りだった。椅子にゆったりと座りながら、なぜコンゴがそのような問題をかかえているのか、ベルギー人がどれほどごまかしの教育をしたかを考えるのはいいとして、一九六二年になると、コンゴで働くことも、生活をすることも容易ではなくなってきた。このころにはロンドンの『デーリー・エクスプレス』は三ヵ月毎に新しい特派員を寄越していた。任期の問題は一概にはいえないが、コンゴでの一年間はひじょうに長かった。

サイゴンにいたわが社のホーマー・ビガートが移動特派員で、帰国したがっていることはわかっていた。一九六二年の五月になって私は本社の外信部長マニー・フリードマンに私のサイゴン赴任について打診を始めた。ホーマーの後任には、若い独りものを送るものと読んだのである。だが私を派遣するまでコンゴ特派員の人選に数々苦労したマニーは、私を急いで動かし代りのコンゴ特派員を探そうとはしなかった。彼は予想どおり、コンゴの利点を強調した返事を送ってきた。

そこで私は三回目のカタンガへの旅に出た。エリザベートビルは私の好きな都市だった。気候もよく、暖炉付きの家さえあった。チョンベも住んでいて「チョンベ大統領に会いたいから来てくれという中央政府首相アドゥラは悪い男だ。はじめて会ったときには何も知らない私をたぶらかした。だがもうヤツのことはわかっている」などと彼独特の情勢分析を聞かせてくれた。

これまで二度出かけて二度とも着いた途端に戦闘が起こった。こんども、もうちょっとで到着直後に戦闘が起るところだった。エリザベートビルを支配していた国連軍とカタンガ軍は相手方の支配地域に踏み込んだ、いや踏み込んでいないと、いつも争っていた。ある朝、また争いが起こり、ムノンゴはほうきを振りかざした女たち一万人を動員して、国連軍に攻撃をかけた。何とも奇妙で物騒な光景であった。女たちがあとからあとから、数のうえでは全く劣勢の国連軍インド部隊が守っている丘に向かって突撃をかける。この合戦をラジプタナ（インド北西部の一地方）・ライフル部隊の一少佐と一緒に眺めていたが、彼は事態を哲学的に受けとめた。彼はまず女の指導者たちに紅茶を勧め、やがて部下たちが女たちにほうきでなぐられるのを見て「連中は、われわれがイギリス人にしたように、やっている。時代は変るものだ」といっていた。

パリッとした服装をしたカタンガ青年が反米プラカードをかついでいた。アメリカが国連軍をまかなっていたためかなり反感をかっていたが、このデモでみかけた反米プラカードはこれだけだった。私はほかの記者と二人でその男に、アメリカになぜ反対なのか聞いてみた。「カタンガに銅があることをベルギー人に最初に教えたのはアメリカ人の技師だからだ」という返事であった。このアフリカ人のこじつけをみくびってはならない。

アフリカ女性の突撃の光景にも私は動じなかった。私はコンゴの戦争にあきあきしていたのである。

本社は日曜版用にチョンベについての長い記事を欲しがっていた

が、チョンベはこれにとびついた。ニューヨーク駐在のチョンベのPR係のベルギー人、マイクル・ストルーレンスが私のことを自由カタンガ実現の最後の望みだとチョンベに吹き込んであったのだろう。エリザベートビルに着くといろいろな人から、ただで部屋を提供しようとか、車を自由に使ってくれとか、様々な申し入れが殺到した。私は大統領の個人的賓客になっていた。私は彼らに礼を述べ、『タイムズ』本社がそのようなことを許さない、といって断った。胸に勲章を飾り立てたカタンガ人や、スウェーデン人の将校たちのパーティーにさえ招かれた〔記者団間では、将校がつけている勲章の数はその将校の国が参加した戦争の数に反比例するものだということが通説となっていた〕。『デーリー・エクスプレス』のある勇敢な記者がスウェーデンの高級将校に彼がつけているのはどういう勲章なのか聞いたところ、第二次大戦中ドイツ軍のスウェーデン領通過を援助したかどでドイツ政府からもらったのがいくつかあることがわかった。『エクスプレス』は反国連で、また第一次世界大戦、第二次世界大戦を第一次ドイツ戦争、第二次ドイツ戦争と呼ぶくらい反ドイツ的なので、この話は、よいネタになった。

　コンゴでの社交生活は想像以上にはでであった。コンゴ人も、カタンガ人もパーティーに出るのが好きで、外国人はパーティーにお付き合いする以外、ほとんどすることがなかった。ルムンバが死んだ直後、東側諸国の介入で情勢がもっとも悪く、もっとも危険になった時期でさえ、スタンレービル（オリアンタール州の州都、現在のキサンガニ）ではほとんど毎晩のようにパーティーが開かれた。最悪の時期にスタンレービルにいた二人のヨーロッパ人の一人である英国領事は、のちにこう話してくれた――毎日がドアのノックで始まる。あけた途端に若い大尉に率いられた軍服姿のルムンバ派の愚連隊につかまえられる。大尉は私を十分間なぐることと書類の焼却を命令する。それからホテルから連れ出されて、町を出ると壁の前に立たせられ、兵士たちが銃を構える前で最後のタバコをもらう。最後の瞬間になって大尉は死刑執行を延期する。そのあと荷袋のようにトラックに投げ込まれ、ホテルへ連れ戻される。あとは終日、傷の手当てだ。七時ごろまでには夕方のレセプション、たとえばソ連大使館のパーティーに出席できるほど元気が回復する。レセプションの最中に部屋を見回わすと、毎日なぐる命令を出すあの若いカタンガ軍将校が来ていて、にこにこ顔で手を振りながら、「やあ閣下。ごきげんいかがですか」というのだ――と。

　カタンガでのレセプションは、エリザベートビルでのレセプションのような、素朴な魅力に欠けていた。カタンガとエリザベートビルは政治的な雰囲気はまるで違っていたが、カタンガでのレセプションではチョンベがスウェーデン将校の求めに応じて、愛想よくカタンガの紙幣にサインしたり、〔「私に独立の意味を教えてくれたのはインド商人だった」などといいながら〕インド人とインド独立記念日の乾盃をする光景を始終見かけた。

　ストルーレンスはチョンベにたいし、『タイムズ』にチョンベの記事が掲載されるよう手配し、私がとくにそのためにニューヨークから飛んだといっていたにちがいない。私が大統領の執務室へ出かけるとき、先着のカタンガ軍最高司令官ノルベルト・ムケ将軍が部屋の外で待たされていたからだ。そのころには、私も、おそらくチョンベがいつもあわれな老ノルベルトを外に待たせておいて、記者たちに最高司令官より大事にしていると思わせているのではないかとかんぐるほど、人が悪くなっていた。

私が部屋に入ると、チョンベは、がっかりした様子で「なあんだ。君か」といった。しばらくしてこれではPRにならないと思ったらしく、すぐにっこりして「君は古い友人だ。われわれの戦争をここで十分見ていただいた」といった。それから先は例のごとく大げさなインタビューとなり、チョンベの全世界相手の武勇談だ。敵はあらゆるところにいるとか、ベルギー人はコンゴ人をやっつけようとしているとか、ベルギー人は狂暴だが、チョンベが負かしてみせるとか、やつらを撃退したとか、ベルギー人もチョンベを尊敬しなければならないと覚ったとか……。

話をしているときのチョンベの顔は、彼一人であらゆる役を演じる舞台を見ているようであり、ある友人のいうように、黒いフェルナンデル（一九〇三年生、フランスの映画・舞台俳優、性格的な名ワキ役として有名）のように見えた。国連については「連中はいつも私にウソをついてきた。きょうあえば、またウソをつくだろう」といい、仲間については「ムノンゴは臆病者だ。彼はこのチョンベみたいに勇敢じゃない」、アメリカ人については「連中は帝国主義者だ。アフリカ人に血を流させている。なぜ君は連中に悪いことをしているといってやらないのかね」とまくし立てる。

名優の演技は四時間以上続いた。インタビューの間中、たえずムケはまだ外で待っているかなと気になった。

インタビューの二日後に、西側の関係者全員がカタンガ独立記念日の祝典に出席した。この催しは、エリザベートビルを実質的に支配し、カタンガの分離に反対して強い態度をとっていた国連軍にとっては、困ったことであった。祝典ではカタンガ軍の空挺突撃部隊が誇らしげに部隊のバッジを胸につけ、ヒザを曲げずにピンとはった歩調で行進をした。かれらのだれ一人として実際に落下傘で降下したことのあるものはいなかったが、飛行機の操縦士が優秀だから降下は心配ないとわれわれに受け合った。次にカタンガ国歌が元気よく歌われた。国歌の末尾には、祖国を〝最後まで〟守ろうというくだりがある。頭上には国連軍サーブ・ジェット戦闘機二機が航空路のパトロールをしていて、時間が刻々に過ぎるのを私に思い起こさせた。突然記事の書き出しを「分離、独立を宣言したカタンガは、きょう二度目の、そしておそらく最後の独立記念日を祝った」とすべきだと思いついた。この通りになった。一九六二年十二月、国連軍とカタンガ軍は再び戦い、カタンガ分離に終止符が打たれたのである。

その夜、コンゴは平穏だったが、独立したばかりのアルジェリアでは、内戦の危機が迫り、物情騒然としていた。二日後、ローデシアでチョンベの記事を取材中に、飛行機の便があり次第アルジェリアへ飛べないかとの訓電を受け取った。当時、北アフリカは新聞記者にとって楽に仕事ができるところとは思わなかったが、少なくともコンゴよりはましだった。そこで私はでかけることにした。出かける準備をしたものの、翌日になってアルジェリアの反乱は失敗し、現地に留まり、独立後二年のコンゴについて長文の週末用原稿を送ってほしいとの訓電を受けた。原稿の締切りは七月二十八日、これがコンゴについて書く最後の長い原稿となった。今読み返してみると、当時私がコンゴについてどう考えていたかが要約されている。

過去二十五ヵ月間に決定的にはっきりしたことは、月に推定一千万ドルの金が注ぎ込まれたが、コンゴ問題に十分な時間と資金、努力と思索を注ぎ込んだところで、問題は片付かないということである。

これからも当然同じである。モイズ・チョンベに十分時間を与えればもっと時間を要求するだろう。コンゴの指導者たちにやりたいように問題を解決させようにも、何も解決できないだろう。もちろんもしコンゴ人でない側近や顧問が問題を解決しようとすれば、コンゴの隅々から、外国人の考え出した、実行不可能で非現実的なものと反対を受け悪口をいわれるだろう。

私は週末をソールズベリー（当時英自治領南ローデシアの首都、現在は、ローデシアの首都）で過ごし、レオポルドビルへ飛行機で戻る途中、ナイロビ（ケニアの首都）に立ち寄った。ナイロビにはレオポルドビルにないものが揃っていた。暑くないし、女性も奇麗だった。両市を比べてみて、コンゴ国外に出さないかぎり、特派員を送り込むのはいいが、一度外に出て、西洋がみそり、ウィスキー、ペーパーバックや女性をみれば、戻りたがらないのも無理はないと思った。私もナイロビを知れば知るほど、ますます意気消沈した。『タイムズ』のナイロビ特派員ボッブ・コンリーから、彼の宮廷のように立派な新しい住まいをみせつけられて私の士気はいっそう低下した。

しかし、その夜私はニューヨークの本社から、サイゴンを基地とする東南アジア移動特派員のポストが空いたが、赴任する気はないかという電報を受け取った。本社にこんなに早く返事をしたことはなかった。それからレオポルドビルへ戻り、転任に必要な書類造りにとりかかった。

十三ヵ月前に比べると、レオポルドビルはすっかり変っていた。前には国連で働く少数の女性たちは数週間も先のデートの約束をしていたが、いまでは白人の女性たちも戻ってきて、プールにはビキニを着た女性がずらりと並んでいた。バーもベルギー人でいっぱいだった。ベルギー大使館も再開されていたし、道路ではベルギー人たちが、通りがかりのコンゴ人にせっかちなクラクション〔の音〕を浴びせかけていた。国連軍の記者会見も一日二回から週一回に減り、あるアメリカのPR会社がコンゴ政府の広報業務を扱っていた。記者団の数も減り、バーも記者団を相手にもうけることができなくなった。私は仲間の記者たちが、このような危険も危機感もない平穏な状況のもとで、仕事をしにくくなっているのに気がついた。結局、コンゴというところは、休んだり、考えるひまのないときにはがまんできるところであったが、いまや記者団は気おちするだけだった。

お別れの夕食をとるため、フリードル・ウンゲホイアーと川を渡ってブラザビル（旧仏領コンゴの首都）の中華料理屋へ出かけた。そこの主人は古くからブラザビルに住んでいるインドシナ人で、ベトナムの主食であるはる巻きを出してくれた。フリードルが店の主人に、私がサイゴンにいくことを告げると、主人はいまにも泣き出しそうであった。長々とサイゴンの話をしてくれた。一年半後に、サイゴンで後任のピーター・グロースと交代するとき、グロースにサイゴンの話をするのに、われ知らずこの店の主人と同じようなことをいっているのに気がついた。

この夕食で意気上る私、逆にフリードルはしょげ込んでいた。フリードルと、当時のＡＰのコンゴ特派員グロース、それに私の三人でよく協力しながら仕事をした。われわれは非常に仲が良く、そろって二十六、七歳であった。フリードルは、一生コンゴにいる運命で、グロースや私の息子に、コンゴ取材のやり方を教えることになるかもしれない、などといっていたが、一年もたたないうちに、ニューヨークでロイターの仕事を見付け、その後間もなく『タイム』（アメリカ有数の週刊誌）パリ特派員になった。

翌日、私は短い休暇をとるため、ジュネーブに飛んだ。ジュネーブからサイゴンにいるホーマーに手紙を出し、返事をもらった。私は、彼の後任となるのを非常に誇りとしていると書いた。サイゴンの雰囲気に何か不安があったにしても、ホーマーの返事で消しとんでいたであろう。彼は「サイゴン特派員は楽な仕事ではない。それでも、コンゴ特派員よりは愉快にやれるだろうと思う。食いものはニューヨークよりうまい」といい、続けて「Ｘは誠実な男だから守ってやってくれ。サイゴンは、新聞記者と腹蔵なく話し合う数少ない誠実なアメリカ人を、黙らせようとするアメリカ人のおばけでいっぱいだ。取材源を絶対もらすなよ」と書いてあった。

私はこの警告に心して、赴任の途についた。

III

外人記者にたいする風当りがえらく強い時に、サイゴンに着いた。インドシナに十七年間もいた『ニューズウィーク』のサイゴン特派員フランソア・サリーが、ベトナム政府に、というよりはニュー夫人に、国外追放を命ぜられた直後だった。この追放についての公式抗議が何回か出されたが、徒労に帰した。アメリカの当局者たちは最初、誤解に基づくもので、誤解もすぐとけるだろうとみていたが、誤解などというものではないことは、やがてはっきりした。非公式の説明によると、サリーが追放されたのは、『ニューズウィーク』のある文章が、ニュー夫人を怒らせたからだった。『ニューズウィーク』はニュー夫人がベトコンについて「敵はわれわれより迫力がある」と語ったくだりを、ニュー夫人が『私のかわいい娘たち』と呼んでいたより抜きの『共和国女子青年団』〔この女子青年団は前線の政府軍兵士より高給をもらっていた〕の写真説明に使ったのである。『ニューズウィーク』の幹部が、写真説明を書いたのはサリーではないとの電報を〔ゴ政府に〕打ったがむだだった。

サリー反対のキャンペーンは、形どおりに運ばれた。最初に、地元の政府に抑えられている各紙が、サリーを非難する。この非難はサリー個人〔の行状〕についてのものも、政治的なものもあった。例えば「植民地主義者のジャーナリスト、サリーは、カチナ通りでベトナム米を食べていた」というふるった記事があった。これは、サリーがベトナムの国情についてウソを書いているだけでなく、飢えているベトナム人から食糧をとりあげていると、あてこすっていた。次に、ニュー夫人の牛耳っている「婦人連帯運動」が、サリー追放を要求する。これで十分。そのあとで公式追放令が出された。

こうしてサリーは、多くのベトナム人にとって英雄的な存在となった。彼が店で買物をしていると、二人の少女に押しとどめられ、サインをせがまれた。そのあと、その日のうちにサリーが数百ドルの税金を払いに税務所へ出かけると、係官はニコニコしながら握手を交わし、サリーをベトナム人の真の友と呼び、「だから税金はいらない」といった。

サイゴンに着いた日の夜、カラベル・ホテルの『ニューズウィーク』支局で、フランソアのお別れパーティーがあった。この集りの雰囲気は、ミシシッピーで記者をしていたころのことを、まざまざと想い起こさせた。つまり参加者はみな〔社交界の〕除け者のようであり、アメリカ大使館や軍事顧問団の主流からはだれ一人来ず、ちょうどミシシッピーの記者の集まりには商業会議所の指導者や市長、地方議員が決して姿を見せたことがなかったようなものであった。

同僚の追放は、記者にとって重大な問題である。記者ひとりひとりの存在理由そのものをおびやかし、記者の頭にピストルをつきつけるものだからである。こんどの場合、追放の決定が専横的で、かつ悪意にみちたものだっただけに、余計事態は悪かった。この追放によって、どの記者も、ひとりひとりが追放されずにすむには、どこまで書けるか、また読者にたいする義務を果たすため、どこまで書くべきかという根本的な決断を迫られた。サリーが去ったすぐあとにNBC（アメリカ三大放送網の一つ）のジム・ロビンソンが追放され、また間もなくわれわれ全員が政府の機関員からさまざまの個人的警告を受けるようになったので、追放の脅威が全員にのしかかってきて、われわれのひとりひとりがそれぞれのやり方で、自己検閲をしなければならなくなった。

　こうした状況のもとでは、記者は自ら一線を引き、その線を越えないように心がけなくてはならない。この一線とは、記者自身が知っていること、書いても何とか〔検閲を〕通りそうだと思うこと、書かなければならないと思うことを、組み合わせたものである。たとえば、当時のベトナムの空気では、記者は、ゴ一家の感情を害するような記事〔ニュー夫人は大統領の弟ゴ・ジン・ニューと結婚していた〕を書かないように努める。そのような記事は、結果はともかく、ベトナムの深刻な問題のわずか一端にしか触れたことにならないからだ。また同時に、キューバのミサイル危機のときのように、何を書こうと、おそらくキューバ危機でかすんでしまうから、ベトナムでの自分の立場を悪くするような記事を書くことは、ちゅうちょする。私にとって、もっとも判断がむずかしかったのは、一九六三年初め、ニューヨークの新聞ストの最中に、メコン・デルタの軍事情勢についてきわめて批判的な暴露記事を書くことであった。〔新聞ストのために〕私の記事が最小限の読者にしか読まれないことも、〔書けば〕追放される危険が大きいこともわきまえていた。しかしそれでも、この記事は書かなくてはならないと考えたのである。

　この一線を守ることはむずかしいし、これを守るにはまったく本能的に行動する。とにかく、記者はその国で数ヵ月かかって取材した相当な量の基礎知識を持っており、もしその記者が追放されればその新聞にとって損失である。とどのつまり、記者は、その記事が追放の危険を冒して書くに価するほど重要なものかどうかを、決断しなくてはならない。前述のように、一九六三年春、私がメコン・デルタの軍事情勢悪化の記事を書いたとき、ある程度そうしたし、このような決断をした。また六月になって、ゴ政府には仏教徒との紛争を処理する能力がないことがはっきりし、仏教徒危機を腹蔵なく報道したときにも、そうした。

　サリーの追放それ自体よりも、もっと不穏だったのは、この追放にたいするアメリカ当局高官たちの反応であろう。確かに彼らは、サリーの追放を喜んでいた。当時、アメリカ大使館のある高官は私に、サリーのことを「あいのこ野郎」といった。サリーはアメリカ大使館にとって、厄介の種であった。彼らは、サリーがベトナムの否定的な面だけしか報道しないし、アメリカ政府が情勢を楽観した政策をとっているのに、彼の記事はベトナムが末期的症状にあるという彼の考え方を反映していると考えた。

　大抵のアメリカ人当局者にとって、フランソアは所詮フランス人であり、彼も多くのベトナム在住フランス人同様、アメリカ人がベトナムで失敗するよう願っているのではないかと考えた。とにかくフランス人はベトナムで負けたのであり、アメリカ人の成功を目のあたりにするのはフランス人の誇りを傷つけるだろう〔と考えたのである〕。当時ベトナムにいた大多数のフランス人についていえば、この考えは当たっていた。もしアメリカが失敗すれば、彼らの営利が台なしになるにも拘わらず、彼らはアメリカのベトナムにたいする公約には、もともと共感を持っていなかった。だが、フランソアについては、この考えはあてはまらなかった。サリーはベトナムのことを真剣に心配し、非常にアメリカ化した活発でおかしなフランス人であった。ホーマーは、私あての手紙のなかでサリーについて「あいつは、実によく働くし、気だてもよい。だから、われわれがフランス人以下だという彼の偏見を大目にみなくては」と書いてきたことがある。

サイゴンに着いたとき驚いたのは、アメリカ政府当局者がだれ一人として、サリーの記事の中身を問題にしていないことだった。だが仲間の記者たちは、サリーの取材源、とくに軍事的な情報をかっていた。彼はいつも他の記者よりずっと早く政府軍の敗北を知っていたし、事実彼の情報源がゴ・ジン・ジエム大統領に報告をはばかるようなことまで、サリーは聞いていたのである。

これで大統領官邸のおぼえが悪くなりジエムを怒らせ、アメリカ大使館の仕事をいっそうやりにくくしたため、大使館がサリーの事件で抗議したときも、どうもおざなりだったような気がする。

サイゴンに着いてすぐ、ベトナムのアメリカ公館とアメリカ人記者団の関係は、世界中のほかの国での関係とはまるで違うことに気がついた。ベトナムでは残念ながら、記者団の報道と政府の公式的な立場とが極端に食いちがっていた。だがこれは一夜でそうなったのでもなければ、後で述べるように、仏教徒騒動が起こったのは八ヵ月も先のことだから、その結果でもない。〔おもしろいことに、アメリカ人の中で最後までゴ政府を支持していたものに、ゴ政府を見棄てさせ、記者団と同じ見解にさせたのは、仏教徒危機なのである〕。このような対立は長い間かかってここまで来たのである。対立の初めは、一九四〇年代後半のインドシナ戦争の時期までさかのぼる。当時フランス政府当局者、そして後にはアメリカ政府当局者は、ベトミン（ベトナム独立同盟）との戦争に楽観的であったが、記者たちは判断を保留していた。第一弾を放った一人は、当時の『ニューヨーク・タイムズ』のインドシナ特派員ロバート・トランブルである。戦争が始まってからわずか数週間後の一九四七年初めに、彼はきわめて悲観的で、実に予言的な記事を書いた。この記事は、すぐさまフランス政府当局者の怒りを巻き起こし、彼らはトランブルが彼らをわざと傷つけようとしているのではないかと疑った。〔皮肉なことに、十六年後、当時『タイムズ』の東南アジア総局長トランブルは、違う政府当局者が当時と同じように勝利を予言し、違った記者団を批判するのを見聞する羽目になる。〕

彼の記事はこういうくだりで始まる。

〔サイゴン一月二十七日〕たとえ約束された増強があり、敵より優秀な兵器があっても、フランスがインドシナで軍事的勝利を収めるとは考えられない。

フランスは賢明な敵とぶつかっている。この敵は、広大な地域にわたって、巧妙なゲリラ戦術を用い、たまたま追いつめられれば、最後の一兵まで戦う。インドシナではフランス人の数よりも〔フランスに〕敵意を持つ武装したアンナン人の数の方が常に上まわるであろう。

追いつめられたときのベトナム人は、世界で最強の戦い手の中にはいるであろう。彼らは、太平洋の島々で最後まで戦い、敵に最大限の損害を与え自決した日本兵を思い出させる。ベトナム人たちはいかに穏やかに表現されたものにせよ、その理想を守るためには、野蛮人のように戦う。ベトナム人たちに生きながら捕えられたフランス人の運命が不幸なものであったことは、周知のとおりである。

ベトナム人たちは、巧妙な破壊活動家である。彼らは、手で大きな穴をあけて幹線道路をずたずたにし、掘り出した土まで運んで行ってしまう。そこでフランス軍は、穴埋めの材料まで運んで来なければならなかった。ベトナム人たちは、数十個所で鉄道を寸断したが、レールや枕木だけでなく、じゃりまで持ち去るのである。

大砲を使えるような正面切った戦闘をすれば、フランス軍は、持っている武器からいっても、いつも勝目があるはずだ。だが、ベトナム人は、そんな風な戦いはやらない。優勢な敵に出くわせば退却し、あとには荒廃した焼跡しか残していかない。夜になると小部隊で繰り返し引っ返して〔攻撃をしかけ〕、敵の命を脅かす。

フランス軍はトンキン（北部ベトナムの通称）で、ハノイ、ハイフォン、ハイズォンなどの重要地点を押さえ、またハノイへの食糧補給ルートであるハイフォンからの道路を苦労して確保していた。しかし〔それ以外の〕農村地帯はベトナム人の手中にある。当面この情勢が変わるとは思えない。

さて、皮肉なことに、この記事の結びには、インドシナ戦争を、「西欧民主主義とマルクス主義との、もう一つの戦いである」と述べたジョルジュ・T・ダルジャンリュー海軍中将の談話が引用され、さらに「彼〔ダルジャンリュー〕はアメリカの新聞が世界の他の地域で共産主義の進出に強硬に反対しているのに、インドシナでは共産主義を支持しているのは実に奇妙なことだと驚いている」と書いている。

ベトナムにおけるアメリカ人記者団とアメリカ政府当局者の対立は、インドシナ戦争の苦難の年月の間ずっと続き、さらにベトコンにたいするベトナム政府との戦争でも引き続きあった。〔アメリカ政府当局者が〕こうまで長くゲリラ戦の効用に目をつむっていることに、記者団はますます懐疑的になり、私がサイゴンに着くころには反目は強烈で、感情的、個人的なものにまでなっていた。大使館はときたま、ゴ政府の記者団攻撃を叱りつけたが、フレデリック・ノルティング大使、ポール・ドナル・ハーキンズ大将（在南ベトナム米軍事援助司令部の初代司令官）、CIAの責任者リチャードソンらの高官たちは、どちらかといえば、ベトナム政府の見方に同情的だった。彼らは、われわれが正確な情報を持たず、偏見にとらわれていると感じていた。彼らは戦争に現に勝っていると信じ、また記者団を統制しようと切望していたのである。大使館が一九六三年一月に陸軍参謀総長アール・ホイーラー大将に提出した白書には「無責任で見当違いで、かつセンセーショナルな報道は、アメリカの公約を阻害した」とあった。

合衆国が財政援助と軍事援助を新たに増額し、威信をかける約束をしている折から、アメリカ政府当局と報道陣との対立は、すでに公然化して、われわれの活動は、疑い深く、無責任で、古風なゴ一門の独裁的活動に、ますます巻き込まれるようになっていた。南ベトナムのアメリカ当局者は、ますますゴ政府を熱心に持ち上げるようになり、事実上ゴ一門の一部と化していた。彼らは、実質的にはベトコンとの戦いに参加していたのであり、他の低開発地域におけるアメリカ公館とはまったく違っていた。

たいていの低開発国では、アメリカ大使館とアメリカ人記者との関係は、割合に単純で、ある程度の相互信頼と尊敬、それに、世間ずれといったものに根ざしていた。両者の間で、対立を長く持ち越すことも、事態の解釈でまったく意見がわかれることも、まずなかった。たとえば、あるアメリカ人の記者が、アフリカのどこかに赴任すれば、すぐにでもアメリカ大使館の当局者と会い、彼らから、たとえアメリカ人的な見解にせよ、現地政府について、またその政府と合衆国や東側陣営、それに、隣国との関係について、割合客観的な見解を聞き出すことができた。またその大使館の下級館員で物識りとみられる人物数人の名前や、それがどの程度率直な人物で、どんな考えの持ち主であるかという点まで、教えられる。こうして、いやでも大使館の方針を聞かされることになろう。

一九六一年から六二年当時のコンゴでは、アメリカ大使館の見解は次のようなものであった――アドゥラ首相は、多くの人びとが考えている以上に、すぐれた人物であり、実際このような場所にこんな人がいるとは、と思うほどすぐれた人物である。次に、チョンベの反共的な考え方に、ごまかされてはならない。チョンベは反共ではあるが、一方ではコンゴの他の地方を共産主義者に引き渡し、それだけに、カタンガの分離独立がまだましだと西側に映ずるような政策をとっている。

このような見解を裏づけるような証拠が、かなり沢山あった。たとえば、チョンベ派の議員は穏健な中央政府を倒すために、議会で急進的な左翼と同調していた。この見解は、ここで紹介するにふさわしい、すぐれた見方だが、全局からみれば、かなり実情とはかけ離れていた。この見解は、実際にはアメリカの政策の一環であり、チョンベを悪者にしたて、彼が実際にはずっと広範な支持を得ていたのに、カタンガの部族指導者の一人にすぎぬようにみせようとし、また彼の大きな魅力や本当の能力を過小評価しようとしていた。

こうしたあらゆる面をしんしゃくするのが、記者の責任である。私が『サンデー・タイムズ・マガジン』にチョンベについて長い記事を書いたとき、国務省はこれに非常に不満で、レオポルドビル駐在のUSIS（アメリカ政府海外情報機関）当局者に、この記事はチョンベに同情的すぎるから、アドゥラについても同じような記事を書くよう、私を説得してはどうかとの電報を送ってきた。国務省はよく、『タイムズ』の記者は国務省の記者であるかのように考える誤ちをおかすのである。

また新興国では、記者たちは現地のアメリカ当局者と会う以外に、ほかの諸国の大使館にもあたって、アメリカ的でない見方を聞く。アメリカの現地当局に一つの見方があり、その見方を持つということは望ましいことだが、その見方は良きにつけ、悪しきにつけたいてい冷戦の影響を受けている。アメリカが冷戦に大きな責任を負っているため、われわれはものごとを、冷戦との関連で考えるようになってしまっている。しかし世界の多くの国は、東西間の争いに巻き込まれたくないと考えており、われわれに疑惑を抱いている。これらの国々が、ある程度われわれの出先き当局者を信頼せず、もっと流動的な役割を演じうる小国の当局者の方を信用するとしても、無理のないことである。アフリカの例では、出先き公館の規模こそ小さいが、優秀な人材をそろえていたイスラエルとカナダが、情勢をよくつかんでいた。とくにイスラエル出先き公館は、非常によい情報源であった。イスラエルは、海外に派遣できる技術者が余っており、アフリカ人たちは、イスラエルの独立闘争と彼らがそれから得た教訓について、よく知っていたのである。

他方アジアでは、オーストラリア人がすぐれた情報源であった。彼らは歴史的にアジアをより知っており、もっとも優秀な人材を、アジア諸国に派遣していた。しかもイギリス人のように、植民地主義者のレッテルをはられることもなく、またアメリカ人よりも自由に動きまわれるのである。

総じて、ほとんどの低開発国では、大使と記者団の間には相互に尊重し合う関係が存在している。むしろ記者、とくに『ニューヨーク・タイムズ』の記者は、好遇されすぎるほどである。記者はつねに、これといった緊急な問題をかかえていない小国の大使が、アメリカの新聞を、国務省の経路を突破してホワイトハウスに自分の国の問題を直接持ち出すのに、もっともよい手段だとみているかもしれない——ということをわきまえていなければならない。

しかしベトナムでは、このような関係は、これっぽっちもなかった。記者団と大使館とは根本的に対立しており、対立は政策そのものに根ざしていた。後に触れるように、この対立は新聞対策や記者団の取り扱いが悪いとか、ニュースの発表の仕方が拙劣だったために生じたものではなかった。ニュースの操作で、悪い政府をよい政府に変えることはできない。ときたま軍事的敗北の事実をかくすことができても、結局はすぐれた動員力と〔反抗の〕動機を持つ敵が優勢になり、事実をかくしおおせるものではない。

アメリカ人記者団とアメリカの公館との対立は、わが国の伝統的な自由と姿勢から生じたものに他ならなかった。この伝統的な自由や姿勢と、冷戦の圧力との間に衝突があった。冷戦はしばしば、合衆国を複雑で困難かつこれまでとまったく違った状態に追い込んだ。われわれ新聞記者は伝統的なアメリカの自由の申し子であり、そのニュースが国家にとって好ましかろうが悪かろうが、見たとおりのことを書くのがジャーナリストの権利だと考えている。われわれが政策決定のジレンマにかかずらう必要はなかった。一方、大使や軍人たちは新しいジレンマの申し子であり、この国の伝統的なものの考え方と、冷戦におけるアメリカの義務や、責任とのくい違いに悩んだ。

一九六一年後半、ケネディ大統領がマクスウェル・D・テーラー大将（当時大統領軍事顧問、一九六二年統合参謀本部議長、六四年駐南ベトナム大使を歴任。六五年八月辞任。同年十月米大統領顧問となる）を特使として南ベトナムに派遣し、この国を共産主義者の手中から守るために何ができるかを視察させたあと、アメリカのジエム政権にたいする義務は急激に変わった。それまでにアメリカはわずか六百人余りの顧問を駐留させ、比較的冷静な舞台裏の後援者の立場から活動を開始していた。〔この関係は他の低開発諸国とそう変わるものではなかった〕。アメリカはベトナムに全面的に身を任せ、東南アジアにおけるアメリカの威信をゴ一家の手中にゆだねていた。そのうえ、こうした（アメリカの）立場はケネディ政権を危機にさらすことになった。〝ケネディ戦争〟、しかも当時負け戦は、次の総選挙に影響するに違いなかったのである。一九六一年十月、アメリカは（ベトナム政府軍の）顧問となり、補給にあたる米軍を一万六千人に増強し、経済援助を一日百五十万ドルと大幅にふやすことを決定した。だがこのような措置をとるにあたっても、アメリカはいぜんとしてゴ一家と提携していた。アメリカは政治的技巧でも、積極的なことでも、感受性に富み敏感な点でも、ゴ一家にはとてもかなわなかった。

われわれは、既存のゴ政府より効果的なことは何もできないような南ベトナムの事態に、深入りしようとしていただけでなく、これまでその生成過程では関係がなかった危機にさいして、大きな公約を与えようとしていた。しかも、戦争が長く続き、もはやほとんど新しい考えや解決策が残されていない時期にである。

なるほど一九六一年に、アメリカがベトナムに義務を負った時点では、ベトナムはアメリカの国家的利益の死活問題になっていた。だがそれ以前、危機が頂点に達するまでの数年の間、まったく重要視されなかった。ベトナムは、あまりにも遠いと思われていたのである。第二次大戦直後、インドシナ戦争が始まったときも、アメリカの関心はベトナムにはなかった。アメリカは主として、西ヨーロッパの経済的復興を促進し、安定した日本を築くことに、かかずらっていた。同盟国の広大な植民地に変化が生じていても、縁がない問題であった。ルーズベルト大統領はインドシナに多少関心を持ち、もしフランスが戦後、植民地支配を再び続けるならば、悲惨な結果に終わるだけだろうと考えていた。だがルーズベルトは一九四五年四月に亡くなり、トルーマンは他の問題がより緊急だというだけの理由で、東南アジアについてはほとんど関心をもたなかった。この真空状態の間に、フランスは例のとおり、インドシナで、業務を再開したのである。

ベトナム人は、無気力ではない。数世紀にわたって抑圧者に反乱を起こしてきていた。彼らは朗らかで、洗練されており、伝統的に勇敢な戦士で、外国人の支配に決して甘んじなかった。一九三〇年代に、独立への秘めた願いは、ますます強まっており、第二次大戦が始まると、白人がアジア人に敗れたので、加速度的にその願いを強めた。連合国の勝利が目前に迫ると、ベトナム人は、なんらかの形の独立、おそらくはフランス連合の一部としての独立を期待していた。フランスはこの期待を踏みにじったが、ベトナム人の独立への願いを押えることはできず、このナショナリズムを誰がもっとも活用するかということだけが問題であった。

それは（このナショナリズムを活用したのは）西側ではなかった。古くからの国際共産党員で、ベトナム共産党の輝ける指導者、ホー・チ・ミンだったのである。ホー〔農民には〝ホーおじさん〟だが〕は、小柄でやせぎすで、アゴひげをはやし、一見、ベトナムの輪タクの運転手風だが、見事に任務を果した。彼は、共産主義者と民族主義者が広い幅の運動を展開できるように、自らのベトナム共産党を解党した。共産主義の目標や共産主義者の数は二義的なものとなり、重点は人民戦線に置かれた。大義名分は民族主義的で愛国的なもので、筋金入りの共産党組織はカムフラージュされた。共産主義者でない多くの民族主義者がこの運動に加わった。共産主義者に反対するほかの者は、時にはベトミン、〔字義のうえからはベトナム民族主義者〕、時にはフランスの手で一掃された。ベトナムの反共民族主義は、次第に、だが着実に、息の根をとめられ、ぶち壊わされてしまった。フランスとの戦争が終わるまでに、反共民族主義は、もはやたいした勢力ではなくなっていたのである。

フランス人は、初めのうちは、ベトミンを農民の盗賊にすぎないと考え、たえずその力、献身ぶり、指導力、能力をみくびっていた。ホーは一九四六年にパリを訪れ、フランスがある程度政治的な譲歩をするよう必死に最後の懇請をしたが、フランスは折れなかった。彼らはイギリス人のように、植民地世界全体に変事が訪れようとしているのを、すぐ察知できなかったのである。また反植民地主義の新世界、アメリカは一九五〇年代後半になって、やっと後期植民地主義や新植民地主義の〔存在〕を発見する始末であった。

一九四六年に、インドシナ戦争が始まった。数多くの偉大な戦士の事例があったが、戦闘中の個々のフランス兵の勇敢さはフランス政府の〔戦争を始めた〕動機にまさるものであった。一方にアジア人他方に白人がいた。多くのベトナム人がフランス人のために戦い、死んでいったが彼らの〔死は〕なんの刺激にもならなかった。無数のベトナム人の墓に「グエン・バン・ダン――フランスのために死す」といった銘が残されているのは、ベトナムにおけるみじめな回り合せの一つである。

フランス人は、戦争の結果に自信を持っていた。彼らは精鋭部隊ともっとも優秀な兵器を持っていた。戦車や飛行機を持っていた。彼らにとって敵は「黄いろいやつら」にすぎなかった。しかしベトミンは、装備こそ不十分であったが、少なくともなんのために戦っているのかをわきまえていた。彼らは規律正しく、政治的に絶対的に敵にまさっており、戦場の土地と民衆を知り尽し、しかもそのうえに、大義名分を持っていた。また、彼らは、毛沢東が国府軍にたいして非常に効果的にとったゲリラ戦の戦術を、いっそう高度なものにしていた。手始めに小規模ながら、フランス軍の待ち伏せ攻撃を始め、フランス軍の武器を奪い、奪った武器を精鋭部隊に回し、その精鋭部隊がさらに多くの兵器を捕獲した。フランス軍側は国道と都市を押さえ、ベトミンは民衆を支配した。フランス軍は日中に行動し、しかもつねに軍事行動しかとらなかった。ベトミンは夜間に行動し、民衆に説き、医薬品を分配し、土地改革を約束し、地代を下げ、若者に読み書きを教え、よりよい社会〔の実現〕を約束したのである。

いまのベトコン同様、ベトミンは、民衆にたいして、きわめて厳格に規律を守って行動した。農婦を犯したり、農民のブタを盗むような罪には厳罰が加えられた。兵士たちは、しばしば、田畠で農民といっしょに働いた。フランス側の情報網が限られたものであったのに反し、あらゆる農民がベトミンの手先きであった。植民地当局者からみれば、ベトナム人はどれもみな、潜在的なスパイだったのである。

フランス側は動かぬ〝点〟を確保していた。ある拠点を五十人の兵士で守っているとすれば、ベトミンは五十人の兵士では、攻撃をしかけることはできなかった。しかし、ベトミンはフランス軍がどこにいるかを、適確につかんでいたから、二百人か二百五十人で攻撃することができ、結局、五十人分の兵器を捕獲できたのである。ベトミン軍司令官ボー・グエン・ザップ（ベトナム人民軍総司令官、現北ベトナム副首相兼国防相）は「敵が強力なら、これを避け、敵が弱ければ攻撃する」と書いている。

反徒〔ベトミン〕は次第に強力になった。彼らは古典的なゲリラ戦術をとり、政治教育を重視し、どの地域でもその兵力の規模について敵をまどわせようとした。結局、フランスは空軍力やナパーム弾に、ますます頼るようになった。空軍力やナパームはベトミンをこわがらせはしたが、彼らを思いとどまらせることはできなかった。白人をベトナムから追い出すという、偉大な民族的な大義名分を持つ戦争になっていたからである。若いベトナム人には、フランスはいつかは撤退するかもしれないが、いちかばちかでフランス軍に加わり、金をもらって、フランス人をベトナムに留めるために戦うか、あるいはいわゆるベトナム人民軍に加わってフランス人を追い出すかの二つに一つを選ぶしかなかった。ふるいたったベトナム人の若い世代にとって、どちらを選ぶべきかははっきりしていた。

今日南ベトナムが真剣に考えなければならない問題は、この国の非常に多くの生き生きとした有能な人びとが、ベトミン〔内での〕共産主義者の役割をはっきり気付いた時には、すでにベトミンに深く巻き込まれていたことである。そう気付いた時には、彼らはそれまでずっと、北ベトナムのハノイ政府となるべきものに、身をゆだねていたのである。

フランスは政治の面で、ベトナム人にほとんど何も与えなかった。フランスが与えたのは、せいぜい、悪名高いプレーボーイのバオダイ（アンナン王朝最後の皇帝、一九四九年フランスの手で「ベトナム国」（現在の南ベトナム共和国の前身）の元首となる）ぐらいのものだった。彼について『タイム』は一九六〇年五月に、当時の西側の気持と態度を反映した次のような記事をのせている。

> ベトナム国民を西側の反共陣営へ糾合させることはバオダイの任務であり、またアメリカとフランスの期待でもある。バオダイがこの任務を遂行するには、時が必要である。彼は「何事も一晩ではできない」という。彼には、効果的なベトナム人の政府を組織し、農村の秩序を回復しうる陸軍と民兵を訓練し、日和見インテリで、疑い深く、ほらが峠を決めこんでいるものたちに打ち勝つだけの時間が必要なのである。また彼には、西側同盟国が軍事的なタテを提供する以外に、勝利を得させるだけの力と忍耐ある理解を示すことが必要である。一国の指導者として、バオダイは欠点が多すぎ、それゆえにインドのジャワハルラル・ネルーの持つような人気を博することができない。

一九五〇年代の初めには、フランスはいぜんとして勝利が近いととを予言していた。当時アメリカは、フランスの無言のパートナーであり、軍事、経済援助を提供していた。アメリカ軍部も、ベトミンが農村の支配を強化していたにもかかわらず、フランスの楽観的見方に同調していた。一九五二年までに、グエン・ザップは数個師団の兵力を持つようになり、しかもさらにその兵力は増大しつつあった。戦場で実戦についているフランス軍将校の敵にたいする尊敬の念も、ます一方であった。

　一九五四年、軍事的にも政治的にも終局が訪れた。決戦を求めていたフランス軍は、いつしか、飛行機以外に連絡、補給の方法がなくなり、ラオス国境近くの山奥のディエンビエンフーの要塞に立て籠っていた。フランス軍総司令部はここを攻撃してくることを期待し、ここでザップ軍の背後を絶つつもりでいた。フランス軍は高地を敵に譲り、谷間にざんごうを掘った。彼らはベトミン軍が大砲や高射砲をそこまで運べないだろうし、たとえ運んできても、使いこなせないものと信じ込んでいたのである。

　一九五四年三月十三日、(ディエンビエンフーの)戦闘が始まった。フランス軍は、火力の点でも劣っていることがはっきりした。ベトミン軍は、高地を確保しただけでなく、大砲を持ち、それをどう使うかも知っていた。フランス軍砲兵隊指揮官(シャルル・ピロット陸軍大佐)はその夜に自殺し、間もなく勝敗の行くえはだれの目にも明らかになった。フランス軍は勇敢に戦った。しかし彼らを増援する方法はなかった。補給物資を運んできた飛行機は、完全にカムフラージュされた高射砲陣地から集中砲火を浴びた。これらの高射砲はバラバラに解体して、人夫の背に積んで運んできたものであった。フランス軍は戦死者、捕虜合計一万六千二百人を失い、戦いに敗れた。

　ディエンビエンフー陥落の翌日、ジュネーブ会議が始まった。この会議も、ベトナムの勝利に終わった。ベトナムは分割されて、北半分の工業地帯はベトミンの手に帰したのである。仏領インドシナの戦争は、人民戦争ともいうべきものであり、西側にとって、その政治的遺産はぞっとするものであった。各世代のほとんどの人材がベトミンを支持し、また大衆は、ベトミンがフランス人を追い出してくれたのだ、と考えていた。今日、ホー・チ・ミンは北でも南でも、いぜんとして民族の英雄ともいうべき存在なのである。一九五四年にベトナムが南北に分割されたとき、北には躍動感、指導部、各人がその能力によって昇進できる政体、組織活動のイデオロギーがあった。南には八年間にわたる戦争のカスだけが残ったのである。

　南ベトナムは混乱していた。政府の権威はなく、反共的な人びとは、フランス人と同列にみなされていた。ベトミンは人々から解放者と考えられていた。フランス人が植えつけ、ベトナム人がまねをしたもっとも悪質な汚職によって、行政機構全体がめちゃめちゃになっていた。――これが今日でもいぜんとして大きな問題となっている遺産である。

　南に安定した政府を作ろうとする指導者は、だれでも、反仏反共を兼ね備えた人でなければならなかったし、八年間にわたる同胞相討つ戦争は、有能な人材をほとんど枯らしていた。腐敗しきったプレーボーイで、フランスのかいらいである南ベトナムの支配者、バオダイ帝は、アメリカの修道院に隠せいしてたゴ・ジン・ジエムを呼びよせ、国政を引き渡した。ジエムは、一九三〇年代にフランスの支配で内相を務めたことがあり、貴族的で、非常に影響力の強い、ベトナムの名門の出である。アメリカもしぶしぶジエムを支持した。戦後のベトナムの廃墟には、彼以外に有能な人材はいなかったし、首相の引き受け手もなかった。ジエムの重要性は、その人柄ではなく、どこからやってきたかという点にあった――事実、彼を見出すために、国外に目を向けなければならなかったのである。南ベトナムでは人材がふっていしていたときであり、ジエムは、ワラをもすがる思いであったアメリカにとって、残された一本のワラであった。サイゴンのインテリたちは、インドシナ戦争中に傍観的な態度をとっていたため、信用されなかった。またそのほかのサイゴンにいる教育あるベトナム人の多くは、「サイゴン・ブルジョワ」と呼ばれたように、フランス人以上にフランス的で、腐敗し、軟弱だった。ベトナム人がフランス人と協力して、同胞と戦った年月の間には、真に反共的な軍事的英雄は現れなかった。政治的な英雄でこれに代わるものは、たいてい軍閥か、ギャングか、不評なかいらいであった。ジエムでなければならなかったのである。

このころ、アメリカ人には前途の困難がわからなかった。当時サイゴンのアメリカ公館の大多数がジエムに反対していたし、そのほかのものも彼の多くの欠点を知りながらも、彼以外に人がいないと認めていた。一九五五年、アイゼンハワー大統領の特使としてベトナムに派遣されたロートン・コリンズ大将は、ジエムに反対し、彼がお高くとまって、頑固で、疑い深く、またアメリカの忠告をなかなか受け入れようとしないと非難していた。コリンズ大将の報告は、当時のサイゴンのアメリカ情報機関の責任者、エドワード・ランズデール大佐の反論に遭った。ランズデールはその数年前、フィリピンでフクバラハップ・ゲリラ（共産系反乱軍）の討伐に重要な役割を果たし、ラモン・マグサイサイ（当時のフィリピン大統領、一九五七年飛行機事故で死亡）を国際的に有名にするのを助けていた。彼はジエムを支持するよう当時のCIA長官アレン・W・ダレスを説得し、CIA長官は兄の国務長官（フォスター・ダレス）を動かした。〔皮肉なことに、九年後、まだサイゴンに残っていたランズデール大佐のおもだった部下たちが、ジエム打倒に決定的役割を演じたのである〕。こうして、いわば〝ボクシングにおける〝判定勝ち〟のうえに、ジエムとアメリカとの不安な関係が始まったのである。

Ⅳ

ベトナムに来てから数ヵ月たって、ニュー夫人は私とのインタビューを許してくれた。彼女は次のように語った――アメリカ人のジエム大統領にたいする注文はバカげている。アメリカ人はつねに、ゴ大統領が外に出て民衆にとけ込み、彼らに手を振ったり、彼らと握手したり、アメリカ人自身がやりたいと思うことをしてほしいと望んでいる。しかし大統領ははにかみ屋で、とてもそんなことはできない。彼は、そんなことをすることがバカげていると感じるだろうし、民衆に接しても、そのような感情をかくすことができないだろう。アメリカ人は彼を理解していない――。

ゴ・ジン・ジエムはすでに一九三〇年代に有名な民族主義者であった。フランスが彼の好きなようにやらせるという約束を破ったとして、アンナンの内相を辞任した尊敬すべき役人、公僕であった。彼は貴族的な旧家の一員で、熱心なカトリック教徒であり、若いころからはっきり自らの思想を表明できる反共主義者だった。これは共産主義者が社会の批判者であり、芽生えつつあった反植民地主義の提唱者とみられて快適な立場にあった低開発国では、むしろまれなことだった。この民族主義者としての名声ゆえに、ホー・チ・ミンは一九四五年に、ホーの人民戦線に加わるようジエムに要請した。ジエムは拒否した。共産主義者は彼の兄ゴ・ジン・コイを殺したが、この事件は彼の共産主義者嫌いをつのらせただけであった。

ジエムが若いころから民族主義者、反共主義者として鳴らしていたことは事実だが、自分の国が十年間にわたって反乱を続けていたにもかかわらず、革命的な感情とはずっと無縁な男であった。独立の興奮とか、大衆に訴える技術などは、彼とは無縁のものであった。彼の民族主義は何よりも責任感から生れたものであった。若いころ、純潔の誓いをたて、成人してからも、ベトナムでも、インドシナ戦争中の大半を過ごした海外亡命先でも、まるで修道僧のような生活を送った。海外亡命生活の最後の二年間を、ニューヨーク州オッシングのメリノール神学校で過ごし、アメリカ滞在中、彼はスペルマン枢機卿、ジョン・ケネディ上院議員、マンスフィールド上院議員らのアメリカ人とよく会っていた。この年月の間に、そのがん固さにふさわしい勇気と高潔、並びに修道僧のような隠せい生活によって、名声を高めていた。

あるアメリカ人がジエムの兄、ゴ・ジン・トック大司教に、なぜジエムは若いときに志した聖職になる勉強をやめたのかと尋ねたところ、大司教は「教会はジエムには世俗すぎたのだ」と答えたという話もある。またオーストラリア人の新聞記者デニス・ウォーナーの書いているこんな逸話もある。ウォーナーがあるベトナム人の友人に、まるで神父のようなジエムを、ベトナムに連れてきても役には立たないだろうといったところ、その友人は「神父どころか。神父は少なくとも、信者の告白を聞いて世間のことを知っている。ジエムは石の塀の中で暮している修道僧だ。なにも知らないよ」と答えたという。

ジエムが帰国してから一年後、グレアム・グリーンは、ジエムにたいする圧力が強まっているのをみて、『ニュー・リパブリック』に次のように書いている。

ジエムは枢機卿やサイレンを鳴らして走る警察の自動車、世界戦略についてガタガタいう外国人顧問たちの手で、民衆から隔絶されている。彼が護衛なしで水田を歩き、国民からどのようにして愛され、従わせることができるかというむずかしいこと（この二つは切り離せない）を学びとらなければならないときにである。だれかが彼を、ノロドム宮殿に坐って、うつろな茶色の目でものを見詰め、清廉で、頑固で、無分別で、毎週教会へさんげに出かけ、神が常にカトリックの側にあるという信仰に支えられ、奇跡を待つ男、と描いた。私が彼の肖像画に銘打つとすれば、『西側に台なしにされた愛国者』と書く。

ジエムは、彼以外の誰もが望まなかった、ずたずたに破壊された国へ帰った。だれもがジエムはその年いっぱいもたないと予言したが、こういった人たちが誤っていて、ジエムが正しかった。ジエムは政権につくと、初めのうち、多くの障害に、真正面から勇敢に立ち向かった。北から逃げて来た百万人近い難民を定住させた。その大部分はホー政権の手から逃げてきたカトリックであった。ギャング団の一掃を決めたとき、一部の側近がやめるよう警告した。このように強力な敵と戦うには、ジエムは孤立しており、準備もととのっていないようにみえた。だから妥協するよう勧められたのである。その逆に、彼は、賭ばくと売春を支配し、またフランス警察とのなれ合いでサイゴンを牛耳っていた犯罪分子を、壊滅させた。ここでも彼が正しく、連中が間違っていたのである。彼が寂しくサイゴンに帰ってきてから二年後、一九五六年には、アメリカには相当ジエムに熱狂する空気があった。『ライフ』は彼を〝ベトナムのタフな奇跡の男〟と呼び、『サタデー・イーブニング・ポスト』はベトナムを〝アジアの輝かしい一点〟と呼び、次のように持ち上げていた。

二年前ジュネーブで南ベトナムは、あやうく共産側に売り渡されるところであった。今日では、この小さな、血気にはやるアジアの国は自立し、アカの時間表を台無しにした男、シャークスキンの背広を着た役人のおかげだと感謝している。

しかしこの政権初期の成功を、ジエムと彼の一家は誤解した。この成功によって、必ずしも民衆から白紙委任状を与えられたわけではなかったし、ジエムがこれからもつねに正しいことにはならなかった。彼の施策のいくつかが成功したのは、彼のタイミングがよかったからでもあった。彼が亡命先から帰国したときは、かつてフランスにたてついた男として歓迎されたのであり、またギャングの一掃は、腐敗や、法とサイゴンの悪徳との邪悪な結びつきにあきあきしていた民衆が待望していたものであった。

ジエムとベトナムが受けた試練は、他のどのような新興国の支配者が当面したものとも違って、とくに厳しく残酷なものであった。もし彼が大して危険でない地域の他の国を治め、しかもその国が分割もされず、最近までしいたげられた歴史も持たない国であれば、まったく違った人物となっていたであろう。しかしベトナムのさまざまの圧力によって、彼は自分の一家水入らずの中に引きずり込まれるだけであった。

ゴ一家は、大きくて勢力のある一族であったし、一族には共産主義者に殺された長兄のゴ・ジン・コイがいたし、ジエムがまず聖職者として、また生き残ったただ一人の兄として尊敬していたユエの大司教ゴ・ジン・トック、インテリで宮廷の戦略家で、また大統領ともっとも親しかったゴ・ジン・ニュー、ユエの事実上の知事として中部ベトナムを封建軍閥のように支配していたゴ・ジン・カン、それに、ヨーロッパ各国の大使を勤め、謹厳なジエムからはプレーボーイのようにみられていた末弟のイギリス大使、ゴ・ジン・ルエンなどがいた。

一族の中ではニューと彼の妻がもっとも権力を握っていた。二人が大統領官邸に住み、いつも大統領といっしょにいたからである。一族が何かを決めるときにはニュー夫妻がいつもトックと組んだ。多くのベトナム人やアメリカ人から一族の中でもっとも現実的な考えの持ち主とみられていた弟のカンは、いつもニュー夫妻と衝突した。国民議会で起こる唯一の論議も、カン派議員とニュー派議員が衝突しての論戦であった。

ジエムはゴ一家以外のほとんどすべての人に根深い疑惑を抱き、その一家の人たちは彼を外界から遮断していた。彼は自分の道徳的公正さを確信し、生れながら国を統治する権利を持っていると強く信じていた。こうした資質は、一時は長所となり、どの点からも不評だった救いがたい政府を、初めのうちは何とか生き延びさせるのに役立った。しかし結局、これらの資質が強調され、過度なものとなり、ジエムをとりことし、彼や彼が政権の座につくのを助けた人びとのどちらにもつきまとうことになった。そしてこれが彼の命とりとなるのである。世俗的な財産に決して毒されることのなかった彼だが、権力と自尊心に毒されて行くのである。

ジエムは内気な男であった。小さいころ純潔の誓願（一生独身で通す誓い）をかけ、女性がいると落ち着かず、義妹（ニュー夫人）さえも多少こわがっていた。彼は一日に十六時間から十八時間も働き、ベッドにまで仕事を持ち込み、真夜中に起きて仕事を続けるほど、けたはずれの働き者であった。責任を委任することを極度にきらい、査証の発給に至るまで目を通し、自分自身とゴ一家だけで国を動かして行こうとした。この結果ベトナムの行政機構は一年一年、混乱の度を深め、地方のイニシアチブを発揮させるような企てはみな、不興をかった。

ジエムとゴ・ジン・ニューは、国内で最も秀れた軍事戦略家だと自任していた。彼らは戦略を立て、前線の司令官に無断で、師団、連隊、大隊を移動させた。しかも気まぐれから、しばしば大きな作戦計画を変更し、その結果国家の資源をたえず浪費していた、

ジエムは弟のニュー同様、だれよりも戦争の状況に通じていると

信じていたが、戦場で実際の戦闘の責任を負っているアメリカ人やベトナム人の将校たちは、強く否認していた。ゴ兄弟が下した命令によって、ゴ兄弟には所与の情勢にどう軍事的に対処してよいかわからないのだと、うかがえることが再三再四あった。だが悪いことには、兄弟を恐れている前線の司令官が作戦的に送ったウソで固められた報告によって、ゴ兄弟の戦略にたいする自信は、次から次へと強められる一方であった。

政府部内のかつての側近や友人たちは、ますます疎遠になり、これらの人々はニューにたいして恨みを持ったけれども、その大多数がジエムに対しては、彼の打倒を企てているその瞬間でさえも、不承不承ながらかなり尊敬の念を持っていた。ジエムの不死身さと相当な人間的魅力にたいしては、まだまだ愛着があったのである。ある将校はクーデターを準備しながら同僚にたいし「大統領官邸を占領すると同時にやつを殺せ。そうでないとやつはおしゃべりを始め、君をまるめ込むぞ」と話していた。

年月がたつにつれて、ジエムはますます人と話を交わすのではなくて、ひとりでしゃべりまくるようになった。政権の末期近くには、彼を訪れた人が、六時間後に会見を終えて辞去できれば、まず幸運であった。時には話は十時間も続いた。その間休みなしで、訪問者はわずか一、二の質問を許されるだけであった。一九六三年にジエムに会ったあるジエムの旧友は、次から次へと言葉が出てくるのに驚いた。彼はのちに、ジエムが訪問者のアメリカ人に質問させまいとして、やっきになってしゃべっていたように感じた。まるでジエムも訪問者も問題点がどんなものかをわきまえているようであった

――と語った。

当時『タイム』の記者であったチャーリー・モーアは、『タイム』の要人を何度も大統領の執務室へ案内した結果、ジエムをこなす名人になった。モーア理論はジエムが続けざまにたばこを吸う事実に立脚しており、大統領がたばこに火をつけるたびに、モーアは即座に質問するのである。『ニューヨーカー』のロバート・シャプレンは一九六二年にジエムと会い、こう書いている――彼は視線の焦点を私の後ろ、いや大統領官邸の壁のまだ向こうに結んでいるようにみえた。それで私は、いつか別の時に別の場所で見た独り芝居か、ある寓話劇で俳優が演じた独白に聞き入っているかのような、不気味な思いがした。

ある男が自分自身に敬意を表しているのは、いつも奇妙な光景である。私は祭日にそんな光景を目撃した。ベトナムには多くの祭日がある。この外国支配に悩み抜いた国は、長い間の一連の抑圧から解放された日を何度も祝うからである。だが十月二十六日は特別な祝日であり、一九五五年のこの日、選挙が行われ、ジエムか、かいらいのプレーボーイ、バオダイかを選ぶことが民衆に許されたのを祝う日である。民衆はこの選挙で〔投票者総数が有権者総数を大幅に上回るという、後の選挙の典型となったようなものではあったが〕、圧倒的に多数のものがジエムを選ぶ票を投じたのである。

サイゴン川に沿った大通りでは、数日前から交通止めになり、祝日の準備がととのっていた。雨期のため、メコン・デルタの作戦ではどうしても欠かせない水陸両用の装甲兵員輸送車が、苦悶するア

メリカ人顧問の懸命の要請にもかかわらず、（これを無視して）数週間前からサイゴンに引き揚げられ、祝日の予行演習を行っていた。主要部隊がパレードの演習をしていたので、多くの地域で戦闘は事実上中止されていた。サイゴンに非常に多くの部隊が集結したため、軍部クーデターの可能性が強まり、これを未然に防ぐ治安措置が全面的にとられていた。政府指導者暗殺のおそれもあった。そのため厳選された部隊だけが行進することを許された。カトリック教徒の多い大統領親衛隊でさえも、パレード当日の朝まで軍服が支給されなかった。隊員は着換えの前後に厳重な検査を受けた。したがって弾薬を不法にかくして置くことはできなかった。しかも彼らの武器は当日の朝、数回にわたって調べられた。他の精鋭部隊にたいしても同じような、厳重な検査が行われた。パレードの前日、地雷探知機をもった男たちが、ジエムの立ち回る全域を調べあげた。市内の要所要所には大統領官邸付きの戦車部隊が配置された。乗組員たちは完全武装し、エンジンはかけたまま、無電機のスイッチははいったままであった。

二週間前に座席確保を申請し、自分の写真を提出した記者には、特別のパスが発給される。われわれは、当日早朝から自分の席に着いているよう、申し渡された。午前七時、パレードへ向かう途中、警官が数千人の群衆を追い払っているという奇妙な現象を目撃した。信じられないようなことだがこれは本当である。一般民衆には祝典を見ることは許されないのである。パレードの式場は大統領の閲兵台を中心に、左右に数ブロック（大通りと交差する街角を単位としている）にわたっていたが、この全域が封鎖されていた。この地域に立ち入りを許されるのは、特定の人たち、つまり外国からの訪問客、特別の来賓、政府官僚の夫人たち、それに大警備陣だけであった。一般民衆は、パレードに参加する将兵が出発点に集合するのを見られるだけだった。このため式典全体の雰囲気は奇妙なものになり、まるで映画会社が架空の国のシーンをとっているのを見ているような気がした。

パレードのあと、ノルティング大使はパレードの成功に顔を輝かせていた。のちに国外退去を求められるNBCのジム・ロビンソンは、一般民衆がパレードから閉め出されていた事実を指摘したが、ノルティングは彼のいうことを信じようとしなかった。

パレードそのものが、当時の国情をよく物語っていた。はるか南の方を戦闘爆撃機の数編隊が飛んでいった。一九六二年二月、二人の優秀な空軍パイロットが大統領官邸を爆撃していらい、飛行機がサイゴン上空を飛ぶことは禁止されていたので、これ以上パレード式場に近づくことはできなかったのである。パレードそのものは、青い制服を着たニューの共和青年団の長い列であった。共和青年団はニューに忠実な官吏で組織されているといわれたが、若者は少なく、またのちにわかったように、ニューに忠実なものも、ほとんどいなかった。パレードにはニュー夫人の女子青年団も出席し、〝歩調とれ〟をスマートにこなし、アメリカ製の最新式カービン銃や軽機関銃で武装していた。群衆のなかには、ところどころに警官や秘密警察員がまじっていた。

ジエムはいたが、ニュー夫妻はいなかった。これは治安上の配慮からきた一家のしきたりで、ゴ・ジン・ジエムとゴ・ジン・ニュー夫妻が、そろって大衆の前に姿を現すことはなかった。一族がユエに集まるときでさえも、別々の飛行機に乗って出かけたのである。

ジエムは、ほとんどの人びとが着席し終わってから会場に着き、敬礼を受けて、簡単に閲兵して歩き、『ゴ大統領万歳』の歌の演奏を聞いて無表情に着席した。彼は、小柄で、不思議なほど若く見え、せかせかとアヒルのように歩いた。遠くから見ると、O・ソグローのマンガに出てくる小さな王さまそっくりだった。パレードは始まってから数分後にはもう終わっていた。パレードの練習に数週間もかけた装甲兵員輸送車は、ふたたびベトコンとの戦闘に復帰できた。政府はしばらくは体裁をつくろうことができたのである。

政府と民衆は、せいぜいお互いに冷淡、無関心ともいえる状態で日日を過ごした。このころジエムにとってもっともよかったといえるのは、彼が疲れ切った民衆の感情を高ぶらせなかったことであった。かつて彼らはジエムを尊敬し、愛情さえ持っていた。しかし彼と彼の家族との区別がなくなるにつれて、彼への好意は消え去っていた。民衆はジエムをニュー夫妻ほどは憎んでいなかったが、ジエムをも彼の政府をも、もはや信頼しなかった。もし共産主義者が望んでいたのが無関心であったとすれば、サイゴン情勢はすでに機が熟していたのである。

ジエムの方では、民衆の感情はまったくわからなかった。彼の行動は、連帯感、共通のきずな、相互の親密感〔これらの感情が共産主義者やカンボジアのシアヌーク殿下のような男にとってどれだけ武器になるかはすでに立証ずみであった〕から出たものではなく義務感、宗教的信条とそれに伴う廉直感から出たものであった。こうした動機の政治的帰結は、彼が国民にとって神を代表する指導者であるということであった。彼は道徳的、精神的に誤ちをおかさなければ（民衆にとって）悪いことをするはずもなく、神から負った義務から解かれることもないと信じた。大統領になる前、ジエムは「国家は国民の上に築かれている。主権者が天から委任された権限は、もし彼がその地位にふさわしくないことを自らみせれば、取り消しうる。主権を持つものには、神聖な尊敬が払われなくてはならない。彼が国民の崇拝を受けるときには、民衆と天の仲介者なのである」との一文を書いている。

どちらかといえば安易な生活を好み、寛容な民衆に課せられたこの奇妙な廉直感は、民衆のどのような考え方にもあてはまらなかった。政府と一体となるよう、民衆を説得することは、ほとんど行われなかった。あるアメリカ人は憂うつそうに「多少古くさい扇動政治だって、この政府にとって多くのよいことをしたことになるのだが」といっていた。

ジエムは、禁欲生活、戒律の厳守、数回にわたって死を免がれた幸運、そして最後に大統領の地位についたことから、自らの神授の役割にたいする信念を確認した。いかなる問題にせよ彼を疑ったものは、同意しなかったという理由からでなく、反抗して神をけがしたものと受け取られるようになった。同様に自分より道徳的に劣る生活をしているとみた人間は、その人物がその他の面でいかに有能でも、支配したり指導するには不適格として解任された。

最後には、民衆は、古い写真でしかジエムを知らないようになった。ジエムの地方旅行もだんだんまれになり、ジエムの旅行の数日前に地方当局者は事前に通知を受け、厳重に警戒措置がとられた町で、当日、民衆は数時間前から整列し、陽盛りの中を気をつけの姿勢で立ちつくし、何の騒ぎかといぶかっているような視察旅行にだんだんなっていった。

ジエムの一家は彼をますます祭り上げ、そのためにアメリカの当局者とは絶えず衝突するようになっていた。アメリカ当局者はいつも政府の基盤を変え、改革をして、その基盤を拡大するようまた野党の存在を認めるよう要求した。そのたびに、あらゆる妥協に反対するニュー夫妻の強硬論にぶつかった。ニュー夫妻はアメリカ人を全面的には信用していなかった。あらゆるわれわれの誓約にも拘わらず、彼らはゴ一家にたいするアメリカの公約を絶対的には信用しなかった。こうした説得の戦いは結局、いつもニュー夫妻の勝利に終わった。彼らの方がジエムのことを理解し、しかも、彼らは同じベトナム人一族であり、一家が生き延びることをまず考えた。

一九六〇年十一月、軍部クーデター未遂事件の最中に、この衝突は最悪の事態になっていた。空挺部隊は事実上クーデターに成功し、ジエムと条件について交渉にはいった。ジエムは政府の刷新を約束したが、空挺部隊がピクニックに出かけ、一晩ぐずぐずしたすきに、ジエムは忠誠な部隊を招集してこの反乱を粉砕してしまった。この夜の副産物がいくつかある。一つは、次からクーデターがずっと困難になり、ベトナム人もクーデター計画に二の足を踏むようになったことである。もう一つは、多くのベトナム人の心中にあったジエムの人格への尊敬の念が色あせたことである。ジエムは政府改革を約束した。確かに銃口を突きつけられての約束ではあったが、約束は約束であり、それに彼は背いたのであった。

大統領官邸内では、だれもが動揺して、空挺部隊の条件をのむように勧めた。ただ、ニュー夫人ひとりが妥協する考えにあくまで反対し、最後まで戦うことを主張した。彼女が正しかったのである。ジエムは後者の主張をとり、大統領官邸内における彼女の勢力は急上昇した。一九六三年のある会見で、ニュー夫人は私に「あのときまで、だれも私をそう重視しなかったが、あの事件以後、だれもが私に注意を払い、私が発言すると心配するようになった」と語った。

アメリカ人がクーデターのスポンサーではなかったが、「もしそうなら、空挺部隊がためらっていた数時間の間にクーデターは成功のうちに終わっていたであろう」、ニュー夫妻はアメリカ人が共犯者だと思っていた。ある時点でアメリカの当局者たちがニュー夫人に大使館までの安全通行権を保証すると申し出たことから、ニュー夫人はこれはアメリカ人が参画していると思いこんだらしい。ニュー夫妻は後に、この一件を権力拡大に利用することができた。

空挺部隊の反乱は最終的には逆説的な結果を生んだ。ジエムが養子のように考えていたほど親しい青年将校に率いられ、最精鋭部隊で最もジエムに忠実だといわれていた部隊が、サイゴンの政治的抑圧と戦争の軍事的な進め方に反対して、反乱を起こしたのである。彼らは栄光や権力を求めたのではなかった。事実、彼らが失敗したのは、権力を握らず、政治的に何を要求してよいかを正確につかんでいなかったからであり、つまり、余りにも純真すぎたからであった。したがってジエムが得た教訓は、彼に反対する真の反共的な愛国者が実在するということではなく、改革が是非とも必要だということでもなく、むしろ融和は弱者やばかげたものがとる方法だということであった。これは仏教徒危機のさい、絶えず彼につきまとった教訓であった。

大統領官邸はこれまで以上にいっそう疑い深くなり、ジエムがますます一族への親しみを深めるとともに、ゴ政権の人気はますます下っていった。かつては政府にがまんしていた民衆も、積極的に政府を嫌うようになった。ベトナムでまずいことが起こると、すべてニュー夫妻のせいにされた。ゴ・ジン・ニューは秘密警察をにぎっていた。したがって真夜中の逮捕がひんぱんになり、野党がすべて非合法化され、少数意見が弾圧されるようになると、彼がゴ政権にたいする憎しみの矢面に立たなくてはならなくなった。高慢で虚栄心に富んだニュー夫人は、まず離婚、ついでダンスを禁止し、鋭くごう慢な態度で男の政治をほじくるようになり、夫以上に激しい憎しみの目標にされた。ニューの関心は主として民衆の支配、統制に向けられ、ニュー夫人は主として政治権力に関心を持っていた。そして民衆はこれを知っていた。

ベトナム人は伝統的に、強力な一族に信頼を置く。ジエムも伝統主義者なのが最大のとりえであった〔一九六三年も押しつまって、ベトナムにいるアメリカ当局者がジエムに代わるべき最上の人物のタイプを話し合っていたとき、ある当局者は候補者に必要と思われる資質について質問され「そう、何よりもまずひとりっ子でなければならない」と答えた。〕ジエム自身が、まっさきに気付いていたとおり、彼が大統領の地位につけたのは、主としてニュー夫妻の働きによるものであった。

まだジエムが海外に亡命していた一九五〇年代初めの不安な時期にまでさかのぼってみると、ジエムのために民族主義者の間をとび回って工作したのは、ニュー夫妻であった。ニューは当時すでにカンラオ党という自分の党を組織していて〔カンラオ党は後にこの国の広範な秘密組織の源泉となる〕、一九五四年ジエムが帰国したとき、小規模で不安定ながらジエムを支持する基盤を作っていた。それ以後ニュー夫妻はジエムの熱烈な働き手となったが、これは夫妻が自分たちのために働いているのだと感じていたからである。こうしてゴ政権が人を評価する試金石は、その人がベトナムのために何をしたかということではなく、ゴ一家のために何をしたかになった。

そのうえ、ジエムは弟を非常に尊敬していた。ニューは、ジエムと違って、西洋で教育を受けており、大統領は彼のことを真のインテリだと考えた。教養あるニューは、印象深いイデオロギー的な演説を長時間することができたし、ベトナムについての彼自身の政治哲学を編み出していた〔これは「人格主義」という人を混乱させるような反共主義で、ベトナムでは彼以外に誰も理解できないものであった〕。ジエムはニューを、完璧なベトナム人だと思っていた。彼が献身的で、ジエム自身と同じようによく働き、しかもインテリだったからである。

あるとき大統領官邸当局者に、ゴ兄弟のどっちが勢威があるのかを聞いてみた。そのベトナム人は一分ほど考えて「ニューの方だ。

彼はつねにジエムに感化を与えるが、ジエムがニューに感化を与えることはできないからだ」といっていた。

ゴ・ジン・ニューは生れながらの策略家であった、彼は人をだまして、ごく簡単な、あたりまえの仕事をさせるのに、巨大な時間とエネルギーを費やして喜んでいた。このような性格は、結局は彼の命とりになるのだが、かなり長い間、彼の役に立った。彼は策略家であったために、数知れぬ陰謀事件にも生きのびただけでなく、また彼の策略家としての名声が、彼にたいする多くの陰謀を思いとどまらせた。ニューは、高慢で、見栄っぱりで、かげではときとして、ジエムをばかにすることもあった。ニューはジエムが知性の面では、自分より劣っていると考えていたのである。彼は、ある新聞記者に、自分が〝南ベトナムにおける反共運動のかけがえのない背骨〟であり、自分なくしては南ベトナムの反共計画は崩壊すると語ったことがある。また彼は『タイム』のチャーリー・モーア、ディック・クラーマンと会ったさい、自分が現代で〝たった一人の真のゲリラ戦争の戦略家〟であることを自慢し、彼のおよそ正統的でない対ゲリラ戦術を一時間にわたって披露した〔彼の戦術は共産ゲリラの基地となっている地域に政府軍を常駐させるというものだが、ベトナム軍司令官は不幸にして、この戦術を使用して成功したことがなかった。〕

一九六三年の終り、アメリカとの正面衝突がさし迫ってきたとき、ニューが北ベトナムに交渉の可能性を打診したことは明らかである。ニューをよく知っているアメリカ当局者の一人は、「いかにもニューのやりそうなことだ。ニューはなんらかの形で共産主義との連立を図ることができ、その結果、共産主義者にいっぱいくわせて、連立政権の頭目になれると考えたのだろう。共産主義者をもてあそぶという考えだけに魅了され、交渉をやる気になったのだ」と語った。

ニューは、ベトナム国民の要求に関心を持ってないことを、隠そうとはしなかった。彼は知識と教養のある貴族であり、民衆はそうではなかった。現在『サタデー・イーブニング・ポスト』の記者をしているスタンリー・カーノーは、空挺部隊のクーデター失敗事件のあと、ニューと長時間にわたって会見したが、彼がニューに汚職の非難について尋ねると、ニューは銀行の口座を見せてもいいといった。カーノーが「たとえあなたが汚職に巻き込まれていないとしても、国民はあなたが汚職していると思っているし、そのこと自体、政治的現実ではないか」と追及すると、ニューは「私は、国民がどう考えていようと、気にしない」と答えたという。

ニューは、やせがたの、彫りの深い顔をしたハンサムな男だった。もし、ハリウッドがベトナムとゴ王朝の映画を作るとしたら、ニューの役は彼自身が演じるのが、もっとも理想的な配役であったろう。

彼は内向的な人間で、群衆の前では演技が下手だった。共和青年団を閲兵するとき、ニューはファシスト式に手をあげ、青年団も同じように手をあげて答礼していたが、熱がこもっているようにはみえなかった。ニューは徹底的な反共主義者だったが、共産主義者とそのやり方にひどく魅力を感じていた。そして、そのやり方をまねるようになり、自分自身の必要に応じてたびたび応用してきた。事実、カンラオ党は共産党を手本に作られたものであった。彼は共産党幹部に相当するものを作ろうとしたし、長い退屈な演説に共産主義用語をたくさん引用した。

ニュー夫人も夫同様、共産主義にとりつかれ、南ベトナム政府が共産主義者のやり方をうまく取り入れられるだろうと、考えていた。それは外国報道機関にたいしてとくにそうだった。彼女は、かつて記者会見で外人記者は委員会を作り、毎日〝共通の線〟を決めたらよいと提案した。彼女はジョセフ・オルソップ（ニューヨーク・タイムズの名コラムニスト）を、その線の決定を助ける男に推した。他社の特派員たちは、この人選は、彼女の立場からすれば賢明かもしれないが、各社のデスクはこれを受け入れないだろうという点で一致していた。

ニューが共産主義にいかに傾倒したかは、多くの点で共産主義者を手本にした、その政府の姿に現れていた。ハノイの政府にくわしい、あるフランス人記者は、南ベトナムを〝世界で唯一の反共人民民主主義共和国〟とうまく呼んでいたし、あるバチカン代表部員は「国旗を変えただけで、南ベトナムは一夜のうちに共産主義国になるだろう」といっていた。

ニューのもとでは、権力につける人間は、特定のものに限られていた。それは、彼らがゴ一族と同じ地域の出身で、ゴ一族と同じ宗教を信じるものでなくてはならないということだった。さらに重要なことは、彼らがサイゴンで毎日行われているような策謀にたけ、国家の長期的目標よりも、大統領官邸でのささいな陰謀に専心し、農民の要求を理解しなくても、大統領官邸の風向きを察するせん細な神経を持ち、また巨大な治安機構をわきまえ、さらにゴ兄弟が聞きたいと思っていることを、良心の苛責なしになんでも話してしまえる人間でなければならなかった。こうしてゴ一族はゴ兄弟ほど大きな才能はないが、細かな性質はよく似た官僚群で囲まれることになった。

結局、南ベトナムは共産主義国ではないが、共産主義的な形態を持つ国となってしまった。南ベトナムは、あらゆる種類の統制、抑圧など、全体主義国のすべての暗い面を持つようになった。それでいながら、南ベトナムは共産主義者が北ベトナムにもたらした活力、効率、刺激を持たなかった。南ベトナムは警察国家だったが、そのやり方はでたらめで、絶望的な効率の悪さだった。間違えて人々を逮捕しがちで、民衆の忠義、忠節心を低下させるにたるほど強力ではあったが、民衆から真に恐れられるほど能率的ではなかった。

このことは、ニュー夫妻に大きな責任がある。ニュー夫妻にとって、政府を動かすことは頭の体操だった。政治を行うおもしろさが、政治の結果同様に重要だったのである。

ニュー夫人はとくに、衝動に従って政治を行った。ベトナムの伝統的で感傷的な歌を、安いトランジスターで聞くことが、ものさびしい生活を送っている兵士たちにとって、数少ない楽しみの一つであった。しかし、ニュー夫人は、このような歌が退廃的社会の産物で、反共性が足りないとして、これを全面的に禁止した。苛酷な戦争に従事した誇り高き将軍たちも、大統領官邸では、ニュー夫人に完全な服従を要求されている召使いのような扱いを受けていた。

ニュー夫人は、すばらしい美人であった。彼女自身もそれを十分意識していた。しかし戦時下の国の先頭に立つ人が、彼女のように完璧に化粧し、美容院から出てきたばかりのような格好をしているのは、どうかと思われた。彼女の演説はいつも国民に犠牲を払うことを要請するものだったが、彼女自身が犠牲を払っているようにみせるものは、何もなかった。ニュー夫人をみるといつも、イアン・フレミングの作中人物、ジェームズ・ボンドがやっつけようとしている、秘密組織をあやつる、美しいが悪魔のような女首領が、実際にこの世に現れたように思った。彼女は権力を愛し、それを、かくそうとはしなかった。彼女は私との会見で「私は策謀家だといわれるが、そうではない。策謀を行うのは資産を持たない連中だが、私は資産を持っている」と語ったことがある。彼女はアメリカの新聞を憎んでいたが、個人的なインタビューにまつわるあらゆるもの、つまりややこしい手続きを経て彼女との単独会見を要請するアメリカ人記者の長いリストや、また会見で質問したい事項を説明した個人的な書簡が好きだった。そして、ついに特派員が訪れる段になって、官邸に着いても、記者はしばらく待たせられる。そこへ、彼女が劇的に入ってくる。質問をするまえに、記者は彼女に敬意を表する。召使いの小男がお茶を持ってくる。男は深々とおじぎをするが、その身振りは中世の拷問の形に似ていた。〔このことと関連して面白いのは、ニュー夫人配下の〝共和国女子青年団〟が登場する公式の式典では、少女たちが少年をうち負かす柔道の試合がヤマ場となっていることである。〕

ジエムは、恥ずかしがり屋で、公衆の前では落ちつかなかったし、ニューはいつも無頓着のようにみえた。これと対照的に、ニュー夫人の方は、儀式を主宰することに非常に熱心だった。ゴ一族のなかで独裁者らしく歩くのは、彼女だけだった。彼女はお供の長い列を従え、はじめにゆっくり右を、次に左を向いて群衆に応えながら、楽しそうに歩くのだった。それは名優の演技のようだった。この光景を見て、記者は、ムソリーニもこんなふうに歩いたにちがいないと思った。

ニール・シーハンは、かつてニュー夫人の虚栄心を試したことがある。一九六三年九月の初め、仏教徒の手入れのあと、全面的な検閲制度がしかれるようになってから、ニュー夫人は小人数の記者を招いて会見することを決めた。彼女は集まった記者たちに、彼女がただの家庭の主婦、母親であり、ジエムや主人とは政治の話をしたことがなく、政治の話が出るときはいつも追い払われたと語った。またこう強調したあとで「主人から新聞記者には注意しろといわれたので、」いつもの彼女のようには率直に話せないといった。当時、ニュー夫人は自分のことについての記事を、全部自分で検閲していたので、シーハンはわざと「ジエム大統領の美しく、強大な権力を持つ(ケン点は著者)義妹ゴ・ジン・ニュー夫人は……」との書き出しで、彼女が夫から新聞記者にはもっと注意するよう警告されたと語ったことを書いた。原稿を返してもらってみると〝強大な権力を持つ〟という個所が削られていないのに、夫から警告されたというくだりが削られ「ニュー夫人は、新聞記者にもっと注意することに決めたと語った。」と書きなおされていた。

ニュー夫人は、自分自身と自分の主義を百パーセント信じ、彼女に反対したり、彼女に疑問を持つような人を、ほとんど用いなかった。彼女は雄弁なうえに、いうことはきわめて辛らつで、ローマ法王でさえも容赦しなかった。彼女は、かつてチャーリー・モーアに

「気の毒な法王さま、あの方は回状を通じ地上のすべての人々を喜ばせようとしていらっしゃるが、そのようなことがどうして可能でしょう。神でさえ悪の挑戦を受けているのです。すべての人々を喜ばすようなことがあるとすれば、それは一部の人々に利己的な目的に利用されるのです」と語ったことがある。

ニュー夫人は自分自身に完全な信頼を置いていただけでなく、ゴ一族のベトナム統治権を信じて疑わなかった。彼女からみれば、ベトナム人であろうとアメリカ人であろうと、二等兵であろうと将軍であろうと、彼女以外のすべての人は、この考えを理解し、それに従う責任があった。彼女は真の信徒らしく、恐れることを知らなかった。もし一九六三年十一月一日のクーデターのさいに、彼女がサイゴンにいたならば（ニュー夫人は訪米中であった）、彼女はジエム、ニュー兄弟が大統領官邸を離れることを許さなかったであろう。〔他方、新軍事政権は、群衆がニュー夫人をリンチにかけるのを止めるという大変な非常問題を、かかえることになっていたであろう。事実、群衆は彼女をかたどって作った大きな像を破壊し、その破片をもって町の中を叫びながら、走りまわったのである〕。

彼女を恐れ、彼女やその権力と規制に憤激していたあらゆるベトナム人は、ニュー夫人について、口ぎたないあらゆるうわさを流した。彼らは、サイゴンの町を走っている六千台の小さなタクシーが全部ニュー夫人の所有物だと、信じていたし、サイゴンの下町にあるバーは、ほとんどがニュー夫人の持ちものだと思っていた。彼女の私生活についても、意地の悪いうわさをみんな信じていた。彼女自身もそれを知っていた。『タイム』のチャーリー・モーアとのインタビューで、彼女は「もし、だれかが昇進して、その人がそれほどみにくくない男だと、すぐ〝あいつはニュー夫人のちょう児だ〟と、うわさをたてられる」と語っていた。

一九六三年八月、仏教徒危機の最中、ニュー夫人が、NBCはニュー夫人とテレビ・インタビューをおこなった。ニュー夫人が、カメラマンは彼女自身の配下でなければならないと主張したとき、NBCもこれに同意した。ところが、このフイルムがニューヨークの本社に届くと、本社からNBCのサイゴン特派員にたいし、「ニュー夫人のことをひどく憎んでいるものにちがいないから」との理由で撮影者を問い合わせてきた。本社からの説明によると、ベトナム人のカメラマンは、ニュー夫人が少女のころは仏教徒が好きだったと話すたびに、彼女が細いつめをイスの脇にぎゅっと食い込ませるのを、大写しにとっているというのであった。

この話は、人々がニュー夫人の権力よりも、彼女の人柄に口ぎたない攻撃を加えて満足するという、当時の退廃的ムードをよく物語っていた。彼女は、気の強い主婦が家庭を牛耳るように、ベトナムの政治に巨大な影響を及ぼしていた。彼女は、ゴ兄弟のようにインテリらしさを装わず、きわめて実際的な婦人で、一度決めたらテコでも動かなかった。彼女は、ジエムよりは二十歳、ニューよりは十歳も若く、生気にあふれ、容易に妥協しなかった。彼女は、ゴ兄弟があまりにも浮世ばなれし、あまりにも教養がありすぎ、あまりにも現実からかけ離れすぎていると、感じていた。彼女から見れば、ゴ兄弟には後見人が必要であった。彼女は、私とのインタビューで、ジエムが「とても気が小さく、むしろ、あまりにも気が小さすぎます。いつも悩んでいます」といい、主人の方は、「非常な知識人ですが、これは不利なことではありません、彼はゴ一家のすべての人たちと同じように教養があります」と語った。

ニュー夫人の最大の強みは、言行がつねに一致し、決断力のあることだった。彼女の信条は実に単純で、ゴ一族はつねに正しいのだから、妥協すべきではなく、批判は無視すべきである、というものであった。ゴ一族を批判するものも、いずれは納得するだろうし、納得しないものには報いがくるというのが彼女の考えだった。たとえば、仏教徒危機のさい、彼女は、大統領が仏教徒と断固として対決し、彼らを粉砕しさえすれば、国民の忠誠心は変らないだろうと主張した。ゴ一族の家族会議で彼女をとくに強力にしたのは、結局、彼女が一族の良心であり、ゴ兄弟は彼女のいうことをすべて心から信じていたからだった。彼女は、アメリカ人の意見であろうと、まだ独自性を持っていた一、二の顧問の意見であろうと、あらゆる反対意見を押し切ることができた。彼女はつねにゴ兄弟が聞きたいと思っていたことを主張したからである。

ヘンリー・キャボット・ロッジがベトナムに着いたばかりのころ（大使として着任）、ロッジ夫人はサイゴンにいた老練なアメリカ人記者に、ニュー夫人と彼女の権力について尋ねた。この記者は、私が前述したようなことを話した。この記者が話し終わったとき、大使は「なるほど。ワシントンでニュー夫人のおかあさんからそっくりそのままの話を聞いた」と語った。

ニュー夫人のゴ一族にたいする考え方は、神がかりに近かった。そして、彼女はいつも、ゴ一族の面々がいかに教養のある人たちであるかを、語るのだった。彼女は、ベトナムの習慣では〝マダム・ニュー〟と呼ばれるのが普通なのに、ベトナム人の報道担当官たちには〝マダム・ゴ〟と呼ぶよう命令した。彼女はかつて私に、「ゴ一族を独裁制だというのはおかしいでしょう。家族会議ではだれも自由な発言権を持っているのです」といった。

ニュー夫人とニューは、一歩一歩、ジエムを外部から遮断するようになった。秘密警察の責任者、チャン・キム・トゥエン博士は、空挺部隊のクーデターを政府にたいする最後の警告であると考え、危険をおかして、ジエムに長文の報告を提出、クーデターがなにを意味するか、将来どのような影響を及ぼすかについて、意見を具申した。トゥエン博士は、政府のガンはニュー夫人であるとし、政府が生き延びるには、ニュー夫人の役割と権力を縮小しなくてはならないことを警告した。ニューがこの報告書を妻に見せてからは、大統領官邸のスタッフでもっとも有能な人物であったトゥエン博士の影響力は、まったくなくなってしまった。

あらゆる権力は、ゴ一族に由来し、部分的には、奇妙な術語のついた広大な一連の地下組織網〔トゥエン博士は、秘密警察の責任者だったとき、大統領府政治社会研究局長官の肩書きを持っていた〕を通じて発散された。政治的影響力や権力を持っている将軍は、大統領軍事顧問のズオン・バン・ミン将軍やベトナム陸軍総司令官チャン・バン・ドン将軍のように長い肩書きや輝かしい経歴を持つ人たちではない。軍部というのは、サイゴン周辺地域で実際に部隊を指揮している将軍たちであり、これらの将軍が権力を持っていたのは、ゴ一族からクーデターに参加しないだろうと信じられ、クーデターとなればそれを抑える側にまわる将軍だったからである。軍部、文官をとわず、おもな権力の源泉はニューが支配していたカンラオ党であった。つまりある男が大佐であっても同党員でなく、カンラオ党員の少佐がいれば、本当に権力を行使するのは少佐の方であった。

一時は十三の秘密警察機関があり、それぞれを別の政府当局者が統轄していた。こうした秘密警察員の大多数はお互に顔を知らず、われわれ新聞記者は、これを利用した。ニール・シーハンは、彼が使っていたグエン・タイという若いベトナム人のカメラマンを、秘密警察員のように開襟のスポーツシャツ、ズボン、サングラスをかけさせ、そうでなければ入れない場所へ送り込んだ。タイは他の秘密警察員の中にまぎれ込み、彼らと同じ小型のカメラを使った。どの秘密警察員も、タイを別の組織に属する秘密警察員だと思い込み、そのように扱った。タイは他のカメラマンが写すことのできない、すばらしい写真をとってきた。また同時にタイは、秘密警察についての、重要な取材源になった。〔皮肉なことに、タイの身が危険にさらされたのは、医学生の反政府デモのときだけで、彼を秘密警察員と信じ込んだ学生たちに追いかけられ、辛うじて逃げた。〕

一九六一年までに、ニューの権力は巨大なものとなっていた。ジエムをアメリカ大統領になぞらえた場合、ニューはアメリカのすべての新聞を支配し、ＣＩＡ（中央情報局）長官、ＦＢＩ（連邦捜査局）長官、上下両院議長、国務長官、司法長官を兼ね、大統領が目を通すすべての報告書を書くという地位にあった。ジエムが外界について知っていたことは、ニューが彼に知っていてほしいと思っていたことだけであった。ジエムはあらゆるものを、ニューの目を通して見た。ジエムが会う人といえば、ニューが事前に許可を与えた人たちだけだった。一九六一年のある日、ジエムはある軍団司令官を呼び、地図を広げて、彼が考えていたサイゴンのすぐ北にある共産主義の一大拠点、Ｄゾーン攻撃作戦について語った。この作戦計画を耳にしたニューは、同軍団の師団長を呼び、同師団にサイゴンを離れてもらいたくないから、同師団の兵力をＤゾーン攻撃作戦に参加させないよう命令した。師団長は上官である軍団司令官を訪れ、このことを報告した。板ばさみになった軍団司令官はニューに会い、ジエムの計画に反対の命令を出して呼び返すことはできないと報告した。結局ニューが解決策を考え出し、軍団司令官に二個大隊をＤゾーンに展開し、ジエムにはうその報告をするよう命じた。作戦はニューの命令どおりに実行され、もちろん大統領には、作戦は大成功だったとの報告が送られた。

ニューは自分の考え通りの共和青年団を創設した。彼はまた、陸軍の治安機構を統制し、軍内部の派閥を互いにかみ合わせた。ニュー夫人も、家庭をスパイする機構とみられていた〝婦人団結運動〟や、〝女子民兵組織〟という組織を配下に持っていた。ニューが、農民をベトコンから隔離するねらいで作った戦略村を、民衆、とくに若い人びとを支配する手段に利用しようとしたことも明白で、もし戦争が成功のうちに終っていたとしたら、ニューはこの国のもっとも強力な人物となっていたであろう。

この奇妙な三頭政治が、ほかに例のないような政府を支配していた。選挙は行われたが、反対党の候補は認められなかった。議会は盲判を押すだけのもので、実際には中部ベトナムのカン派とサイゴンのニュー派の代表のために立法する機能しか持っていなかった。内閣はあったが、閣僚は責任を負わされるだけで、権限はなく、つねにニュー夫人に死活をにぎられているという恐怖におびえていた。

　南ベトナムの選挙の結果は、北ベトナムの共産主義者さえも想像できないようなしろものであった。一九六三年の議会選挙では、カインホア省から立候補したゴ・ジン・ニューは、九九・九八%の支持票を獲得し、また事実上共産主義者に支配されていたロンアン地区から立候補したニュー夫人は、九九・四〇%の支持票を獲得していた。これについて私が後にニュー夫人に質問したところ、「私はＰＲしないので、人気ものになってきたのです。心強いことです」と答えた。

　一九六一年はベトナム史上できわめて重要な年であった。アメリカは本格的にベトナム政府を支援することになり、ゴ政権との関係を改善するために、あらゆる機会をとらえて、ジエムに賛辞を呈するようになった。しかし、政情不安のかげに、すでに政治的分解が潜んでいたのである。ベトナムを押さえていた三大勢力はいずれもガタガタであった。まずゴ一族は、ますます警察力に頼るようになり、その代わりに民衆はますます不幸になり、アメリカも警戒心を高めていた。第二に、ベトナム陸軍の忠誠心は、ゴ兄弟による統制の強化にもかかわらず、疑わしくなっていた。能力ではなく、ゴ一族への個人的忠誠心で決まる昇進、密告者の活用、統帥力と創意ある軍人の追放、あらゆる戦略の独占などによっても、軍部のゴ兄弟への忠誠はふえなかった。こうしたやり方では、一応軍の統制を維持することができても、強力な敵と死をとして戦っている軍の士気は下がる一方であった。

　第三の権力の源泉はアメリカ人であったが、疑い深いニュー夫妻からは潜在的な危険物とみられていた。ニュー夫妻は、アメリカ人がゴ一族の望みどおりに行動するかぎりは、大目にみた。こうしてアメリカの役割りが増大しても、アメリカの影響力をできるだけ押さえ、アメリカ人を政策立案という重要な分野から排除しようとする、より強力な努力によって相殺された。ベトナム政府は、自国の軍隊を信頼せず、その効果を最小限にし、さらに同盟国を疑い、その影響も最小限に押さえながら戦うという、複雑な戦争をしていた。

　あらゆるうわべだけの楽観論にもかかわらず、ベトナムの情勢はかんばしくなかった。一部のアメリカ人は、この回答はジエムをニュー夫妻から切り離すこと、つまりジエムはよいが、ニュー夫妻は悪者だから、両者を切り離せば、すべてが解決するはずだと考えた。しかし、ベトナム政府の内情を知るものはみな、ノルティング大使がある友人に「ゴ一家の人々を切り離すのは、シャム双生児(人体の一部がくっついている双生児)を切り離そうとするようなものだ」と語ったように、これが実行不可能な解決策であることをわきまえていた。

V

サイゴンに着任した直後に、ＵＳＩＳ（海外情報局）のスタッフであり、ベトナムにいるアメリカ人のなかでもっとも有能な人物の一人であったドン・パイクと昼食をともにした。パイクは長年アジアで暮した心理戦争の専門家であり、ベトナム戦争のような戦争では、心理戦がいかに重要であるかをベトナム政府と米軍当局者にわからせようという、ツイてない努力をしていた。

私と会った日、パイクは、あまり元気がなかった。彼は、ベトナム政府の計画に心理戦争班の増強を組み入れることについて、あるアメリカの将軍と会ってきたばかりであった。パイクの話によると、この将軍は冷然と彼をみつめ、〝心理戦争〟にたいする軽蔑を表情に現しながら、「われわれは、彼らに共産主義者を殺すことを教えるために、ここに来ているんだ」といった。二、三分間説明したがムダなので、パイクはフランス人も多分、ベトミンの兵士を百万人も殺したと注意を喚起した。だが将軍は「殺し方が足りなかったのだ。もっと殺すことをベトナム人に教えてやろう」といってのけた。

一九五四年、フランスが敗北したあと、アメリカはベトナムで長い、困難な独自の道を歩み始めた。それまで、アメリカはフランスと共同歩調をとり、フランスの政策を黙認していたが、いまやアメリカが主たる責任を負うことになってきた。これは第一期のアイゼンハワー政権のとき、ジョン・フォスター・ダレスの封じ込め政策の時代であった。ダレスは、ベトナムが東南アジアのカギであると正しくも信じ、ベトナムを確保するとの基本的な決定を下していた。東南アジアで、もっともしっかりした国民であるベトナム人が共産主義者の手に落ちれば、不安定な他の東南アジアの新興諸国は、共産主義の圧力のもとに、ひとたまりもなかったであろう。

アメリカの外交政策は、少なくとも最近まで、またとくに低開発諸国にかんして、正常なものではなかった。政策立案者がふところ手をしながら、自分たちと同じような考えを持つ政府に率いられた同じような考えを持つ国々を探し求めて、数多くある選択の可能性のなかから一番気にいった政策を決める、といったものではなかったのである。むしろ米国の外交政策はあまりにも便宜的で、外国および外国の統治者がどのようにあるべきかというアメリカの伝統的な考え方に一致する政策を急いでひねり出す一方、アメリカの安全と国際的安全のための要求を満たそうとすることにあった。

たとえばコンゴの場合、コンゴ本来の問題は、アメリカの対コンゴ基本政策に発しているものではなく、ケネディ政権の特定の行動決定はりっぱなものであった。コンゴのむずかしさは、主として、その独立当時からあった混乱、つまり、教育を受けた指導者を持たない民族、ろくな訓練も受けておらず反抗的な陸軍、このように巨大な幼児にはまるで不適当な憲法、パトリス・ルムンバのような人物を首相とするというベルギーの決定などに根ざしていた。独立直後の事実上の無政府状態のもとでは、政策の立案はロバにしっぽをつけるようなもの、つまり、運と本能の問題であった。

植民地帝国が崩壊していった五〇年代の世界で、アメリカは崩壊する植民地帝国の破片を拾い集めるのに全力をあげた。アメリカはこれまでほとんど知らなかった国や、その国の将来を形造るのにほとんどなんの役割りも演じていなかった国にかけつけ、ドタン場の政策を実施する場合が、余りにも多かった。米国がその国に関心を持つようになったときには、アメリカに残された選択の余地はきわめて制限され、柔軟な政策をとる可能性は残されていない場合が、余りにも多かった。わずかに採りうる外交は、旧式な消防のようなもので、次から次へと問題の表面的な解決を余儀なくされ、それまでに深く根ざしていた諸条件は、とてもわれわれの手におえるしろものではなかった。

ジエム政権の九年間は、過度の楽観論、相変らずの相互不信や政情不安、アメリカの軍事面での大きな計算違い、農民までは決して届かぬ、負け戦さのための訓練と準備の連続であり、戦争の性格が予期できるものであったにもかかわらず、それにたいする準備はまったくなかった。われわれはベトナムに介入したものの、フランスがかつて学んだすべての教訓を忘れがちであった。一九六〇年代の初めまでに、米軍の将軍たちはフランス軍の将軍と同じようなことをいい始め、またアメリカの自己欺まんはフランスの自己欺まんと同じようになってきていた。

ジエムは、彼がはじめて政権に就いて実施した改革が国民から受けのよかったことを誤って判断していた。しかしこの情勢の下で本当の楽観論者はベトナム駐在の米軍事援助顧問団（ＭＡＧ）の軍当局者たちだった。当時、共産主義者は、すでに南ベトナムで幹部を養成してはいたが、まだ挑戦して来てはいなかった。朝鮮戦争を終えたばかりの米軍はフランスのインドシナ戦争の性格についてまったく無知だった。米軍はいぜんとして朝鮮戦争当時の心理状態にあり、共産主義者が攻撃してくるとすれば、国境からの侵入、つまり十七度線の攻撃だと信じていた。したがって彼らは、ベトナム軍を通常戦争に備えて訓練し、ゲリラ戦術、対ゲリラ戦術をほとんど無視していた。そしてフランスの経験をバカにしており、フランスの敗北は、十分に戦わなかったからだととっていた。

米軍事顧問団の首脳たちは、敵を重視しなかっただけでなく、戦争の政治的な側面を理解していなかった。彼らは、パラシュートのマークを胸につけ、アメリカのスラングを口にする、ＧＩ刈りの空挺部隊の将校のように、彼らのイメージに合ったベトナム人とだけ仲よくしていた。一九五六年に『コリアー』（アメリカの雑誌）の記者であったピーター・カリッシャーが〝ぶらさがり男〟ウィリアムズ大将に「個々のベトナム兵はどうですか」とたずねたところ、ウィリアムズ大将は「どうやらベトミン程度になってきた」と答え、ベトナム軍の将校団が増強されつつあること、米軍の機動戦術がフランス軍の要塞戦術にとって代わっていることをカリッシャーに説いた。

これはその後ベトナムでよく聞かれた言葉で、アメリカ人はこの言葉を繰り返したが、計画は決して実現しなかった。七年後の一九六三年も押しつまってから、カマウ半島南部の大半がすでに共産主義者の支配下に入り、残りの数少ない前哨地点も、自殺する場所にすぎなくなった。ニール・シーハンと私は、この戦略がいかに実行されていないかという点を正確に指摘した記事を書いた。ベトナムに着任したばかりの米軍の有能な中佐が、われわれの記事を読んで、これに異議を唱えた。彼はカマウ半島の前哨地点を撤去させるための詳細な計画を立案し、ベトナム軍もこれを承認したことを指摘した。ニールがこの中佐に、いままで多くの米軍将校がこれとまったく同じことをいったのを聞いており、実際に前哨拠点が撤去されるのを見るまでは、彼のいうことを信用できないというと、この中佐は残念そうにうなずくのだった。

米軍がベトナムの軍事情勢にいかにうとかったかは、一九五九年の夏、米軍事援助顧問団副団長サムウェル・マイヤーズ少将がインドシナ戦争当時使われていたことばをいまだに使って「ベトミン・ゲリラは、つねに外部から人員と武器の補給を受けているが、次第に力を失いつつあり、やがて、ベトナム政府にたいする大きな脅威ではなくなるだろう。事実私が赴任した当時の推定では、武装ゲリラの数は非常に限られていた。各地方の保安隊二個連隊が、ときどき中央政府正規軍一、二個連隊の増援を得れば、ゲリラの破壊活動に対処できた」と語ったことに示された。

一九五五年から五九年までの貴重な四年間に、アメリカもゴ政権もむだ骨を折った。インドシナ戦争を少しでも研究すれば、すぐわかったに違いない脅威にたいして、米国もゴ政権も準備をおこたった。ベトナム政府は農村地帯に権威を広げることができず、アメリカ人の勧告で土地改革に手をつけたものの、ジエムの無関心と保守的な態度でこの計画は完全に失敗し、敵が農民の間に政府転覆活動を広げる絶好の機会を与えた。現地の政府側民兵は、ろくな訓練を受けておらず、いぜんとして陣地にたてこもって守る古いフランス式の前哨拠点戦略に頼っていた。

一九五九年九月下旬、政府軍の二個大隊は、サイゴン南西、カンボジア国境沿いの〝葦の平原〟で推定約四十人のゲリラを探していたが、反対に敵の二個中隊に待ち伏せ攻撃を受けた。十五分にわたる交戦ののち、政府正規軍は十二人の戦死者を出し、残りは武器を投げ出して降伏した。当時、このことを理解した人はごく少なかったが、この戦闘で第二次インドシナ戦争が公式に始まったのである。このときいらい、敵はベトナム人共産主義者を意味するベトコンとして知られるようになった。

新たなインドシナ戦争は、南ベトナム内部から自然発生した反乱ではなく、南をのっとろうとするハノイの共産政権の組織的、かつ計画的な陰謀の一部であった。しかし、この陰謀は、きわめて巧妙なものであった。ハノイ政権は戦争を指揮し、戦争のペースを設定し、戦略全体を指図し、国際的にはベトコンの宣伝を引き受けていたが、南ベトナムでの戦闘のために兵隊を派遣することはしなかった。むしろ戦争の様相は、純粋に土着の反乱といった様相を呈していた。兵隊は南ベトナム人で、武器は奪ったものを使っていた。ベトコンの一部の者は北ベトナムで訓練を受け、新しい戦争の大隊、幹部指揮官として、六〇年代初めに南へ浸透する前に、北ベトナム正規軍歩兵部隊に勤務したものかもしれない。この種の陰謀は南ベトナムの国境に助けられていた。ラオスとの国境は、信じられないほど地形が悪く、また、さらに南に下ったカンボジアとの国境は、きわめてあいまいで、はたして国境があるのかどうか分らないくらいであった。しかも、カンボジアは南ベトナム政府よりも、ベトコン・ゲリラにたいして同情的だった。もっとも南ベトナム政府が、もっとも基本的な対ゲリラ戦術をやろうとしなかったことから、国境地帯の地形は南ベトナム政府にとってそれほど重要ではなくなっていた。もし南ベトナム政府が、ゲリラにたいして、もっと効果的な処置をとっていたなら、国境地帯の地形は、南ベトナム側にとってもっと重要な意義を持っていたかもしれなかった。ギリシャ、マラヤ、フィリピンでゲリラの掃討に成功したのは、ゲリラを孤立させることに成功したからである。〔信頼できる情報によると、一九六四年に、ベトコンは南ベトナムへの浸透者の数をふやしたばかりでなく、同年の後半になるとハノイは北ベトナム人を南に送り込んだといわれる。〕

一九六〇年初め、戦争のテンポは早まった。ベトコンはわずかに存在する政府の権威を削り取るため、ジエム政権の村役人にたいする組織的な襲撃を始めた。最初の一週間で、四十人の村長が殺され、多くの武器が奪われた。ベトコンの襲撃目標となった村長は、腐敗した悪名高い村長か、またはきわめて有能な村長であった。腐敗した悪名高い村長を消すことによって、ベトコンは民衆の恩人になることができたし、また有能な村長を消すのは、彼らが有能な政府の代表でベトコンの脅威となっていたからである。

ベトコンはテロの目標をごく限っていた。村長のほかは学校の教師も狙った。数百人が殺された。政府は一九五九年から六一年末までに、六百三十六の学校を閉鎖せざるをえなかった。これらの学校では、教師が脅迫を受けるか、あるいは学校がベトコンの宣伝の道具に使われていたからである。どこでも話は同じで、全村民の面前で村長や教師が殺されたり、辞職させられた。かくれていたベトコンの幹部が次第に表面に出てくるようになった。これらの幹部が役人たちの腐敗を明るみに出し、また大虐殺によって、役人さえも守れない政府が、民衆を守ることなどできはしないということを、誇示した。

一七度線からの越境を撃退するために訓練された政府軍は、夜間に農村地方をものにする敵の作戦には、まったくお手上げだった。自尊心の強い孤高のジエムは、一九五九年、六〇年の段階では、反乱が起こっていることを認めるのを拒否した。認めればゴ政府に跳ねかえって来るからであった。南ベトナム政府は長い間、戦争が起こっていることを認めようとはしなかった。ベトコンの運動は散発的な山賊行為として片付けられていた。政府側の死傷者はうなぎ上りにふえ〔ある推定では一九五九年と六〇年に殺された役人と教師は一万人を越えている〕、武器の損失も急増した。これは急速のキリもみ降下の状態を生み出した。というのは、ベトコンは政府軍から武器を奪えば、それだけ攻撃力と武器の捕獲力がつくからだった。当時の敵のある宣伝パンフレットには、「ゴ・ジン・ジエムは、われわれの武器補給係軍曹のようなものとなろう」と書かれていた。

一九六〇年の終りになっても、一部のアメリカ当局者は、ベトナムの情勢は健全であり、反乱はばらばらの山賊どもの仕わざだといい張っていた。一九六一年半ばまでに、地方における政府の立場は極めて危うくなってきた。ベトコンはメコン・デルタ全域を制圧しそうになり、時流にのり、勢いにあふれているようであった。政府軍は反撃を加えるだけの準備がなく、混乱し、神出鬼没のゲリラを捕えるだけの機動性がなかった。政府軍の士気はきわめて低く、ベトコンをかつての常勝ベトミンの子孫だとみ、三メートルもある大男の戦士だと思い込んでいた。

一九六一年十月、テーラー使節団の南ベトナム訪問によって、アメリカは軍事援助を増強し、ジエム政権にたいするテコ入れの第二段階に入った。当時のジエム政権は、ほとんど偏執狂のような神経過敏症になっていた。ジエム政権は、生き延びるために警察国家的な手段をとることを余儀なくされ、ことに失敗に終わった一九六〇年の空挺部隊のクーデター〔ニュー夫妻はアメリカによって計画されたものと信じていた〕以後、同盟国（アメリカ）をますます疑うようになっていた。一九五四年当時は、ジエムにひかれ、彼の初期の施政に好感を寄せていた小グループの民族主義者の間では、いまやジエムと協力することは不可能だと考える人々がふえていた。有能であれば、すぐにゴ一族と衝突し、その結果、ジエムの周囲にいた多くのすぐれた人が離れていった。有能な彼らの離反によって、当然ジエムはますます懐疑的になり、ますますゴ一家、とくにニュー派に頼るようになった。これはニューがまさに望んでいたことであった。ジエムはこれまで彼を支持していた者が敵対的になるのをみるにつけ、ニュー夫妻にますます頼り、その警察国家的支配に依存するようになった。それはますます多くの政府役人と民衆を反対側に追いやり、それがまたジエムを一層、警察手段に頼らす結果となった。軍の内部でも政治的なえこひいきと治安当局の網の目とが広がり、武勲とか勇気よりも、個人的忠誠が昇進のカギとなっていた。低開発国では、このようなことは、よくあることだが、南ベトナムはその生存のために戦っている低開発国であり、そのようなぜいたくは許されなかったのである。

ケネディ政権が一九六一年の終りに、またも限られたものではあったが、熟慮のうえでの選択を余儀なくされたのは、このような背景にたいする措置であった。南ベトナムから全面的に手を引くこともできた。しかし、これは事実上東南アジアを共産主義者の手に渡すことを意味したし、そうなれば次の大統領選挙にきわめて大きな悪影響を及ぼしたに違いない。

ジエムに代わる指導者をみつけることもできよう。しかし、ジエムとニュー夫妻がいたおかげで、ほかに国家的英雄が現れることは許されなかった。しかも、ジエム個人は、常に政府よりはましなものとみられているという困った存在であった。政府が腐敗していたとしても、ジエム個人は高潔の見本であった。政府が不正な政治をしていたとしても、ジエム個人は公正な、名誉ある人の見本であった。

さらに、一九六一年はキューバ侵攻失敗、ベルリンの壁、ラオス情勢悪化といった事件が相次いだ年である。ベトナムでの政権の交替は逆火になるかもしれなかった。ここで、またしても大きな国際的な大事件が起こることは、アメリカ政府にとって耐えられないことであった。米軍戦闘部隊をベトナムへ派遣することはできたが、アメリカ国民にはこうした戦争に応ずる用意があったであろうか。そのうえ、米軍戦闘部隊の派遣は、アジアの領土で白人とアジア人が戦うというフランスの二の舞を演ずることにもなり、すべてのベトナム人をベトコン側に追いやることにもなったであろう。

そこで、残された一つの方法は、アメリカが戦闘部隊派遣の一歩手前まで、テコ入れを強化することであった。アメリカは、軍事顧問、ヘリコプター、戦闘爆撃機、またパイロット訓練教官と練習機を送り込み、ベトナムが自ら立ち上がることを全力をあげて援助することができた。事実、ベトナム人自身に勝利への意見と願望を与える以外のすべてのことをすることであった。これは決まった。その理由は比較的簡単で、これ以外にとる方法がなかったからである。

この決定を行うにあたって、かなめの役割を果たしたのは、マクスウェル・テーラーである。それはそれとして、彼は事実上、朝鮮戦争の二の舞いを繰り返してはならないという〝二度としないクラブ〟、つまり、核兵器の使用なしに米軍戦闘部隊をアジア大陸に配置してはならないと主張するグループの代表だった。そのうえなによりも、テーラー自身、米軍戦闘部隊をベトナムのジャングルに入れないよう望んでいた。彼も彼と同意見の人も、ベトナム戦争はアメリカの戦争でないと考えていた。したがって、アメリカのベトナムにたいするかかわりあいは、あくまでも促進剤の注入であり、実際の戦争の一歩手前までということだった。この決定はベトナム政府の限界を承知のうえで行なわれた。

結局、テーラー使節団はアメリカ政府にたいし、もしベトナム軍を通常戦争ではなく、柔軟性のある対ゲリラ戦に適応できるように大規模な再訓練計画を実施すれば戦争には勝てるし、現在のベトナム政府のもとでも勝てるであろうと報告した。テーラー報告はベトナム軍にヘリコプターや水陸両用輸送車を提供して、その機動性を高めるよう勧告していた。そして同報告は、あまりにも中央集権化され、個人の手に握られているジエム政府の欠点を打破し、援助を末端の農民にまで行渡るようにする援助計画を勧告していた。そして、政府の基盤拡大、反ゴ・反共分子の登用、国民議会を盲判押し以上のものとすること、新聞にたいするきびしい統制の一部緩和など、一連の改革を勧告した。

なによりもまず、ベトナム国民と政府自体が相互信頼関係を発展させなければならなかった。こうした一連の措置で、政府のもっとも悪い面がなくせると、テーラーや彼の補佐官たちは期待していた。政府の悪い面とは、地方の腐敗した役人が農民にたいし、目の前で起こっている汚職をお前たちはそんなものは見なかったのだぞといってきたことである。ベトナムの農民たちには、役人の失政や汚職から救われる道はなかった。というのは、たとえジエムが役人の不正や無能を耳にしても、自分の面子《めんつ》がつぶれないようにその役人をクビにしようとはしなかったからである。ある男を解任することは、ジエムが最初にこの役人を選んだ誤りを示すことになる。こうして、ジエム自身は汚職をしなかったにせよ、汚職を見逃し、また彼自身は必ずしも残酷とか不正な人物ではなかったが、残酷な行為や不正を見逃す結果となった。テーラー報告を読んだ私の友人たちは、重病の国の病気やその徴候をきわめて的確に分析した報告だと評価していた。

アメリカ政府やベトナム駐在のアメリカ当局者たちは、ジエム政府にたいする全面的な支持によって、同政府の国民にたいする態度を変えさせうるし、また同政府が、これまで自身では進んで行おうとはしなかった変革を説得しうると信じていた。しかし問題は簡単であった。つまりゴ一族はアメリカの援助、アメリカの物資、一部の米軍部隊を望んでいたのであり、アメリカの助言は望んでいなかったのである。

ノルティング大使は、ベトナム政府への支持は、いいかげんなものではだめだと強調していた。ジエムの特異な心理構造、また、それにつながるジエム政府の特徴にともない、アメリカの援助は、全面的で熱のこもったもので、あいまいな点のないものでなければならないし、これ以外にジエムを動かすことはできないとノルティングは確信していた。

しかし、この主張にも問題があった。ベトナム政府は、アメリカから大量の援助をもらっていながら、アメリカの助言を聞こうとはせず、これまで何度もその使命を果たすことができなかったからという理由で、さらに多くの援助をもらうようになっていた無責任な政府であり、このような政府が、将来アメリカの勧告にいっそう従うようになるとは思えなかった。予想通り、逆のことがおこった。つまり、ゴ政権はだんだん同盟国(アメリカ)を窮地に追い込んだと思うようになり、ゴ政権は好きなことができ、共産主義の脅威がある限り、援助の継続は保証されている。アメリカがここまでベトナムに深入りした以上、それが大きな誤りであったと、いまさら突然認めるわけにはいかない——とますます確信するようになったのである。

着実に増大する敵の力に直面して、それまでにすでに七年間、二十億ドルにのぼるアメリカの援助がつぎ込まれていたが、一九六二年一月には、ヘリコプターとその操縦士など、テーラー使節団が勧告したアメリカの物質的援助が南ベトナムに到着しはじめた。同時にアメリカ側は、ゴ政権が約束していた改革のいくつかを話題にしはじめた。ただちにゴ・ジン・ニューは政府統制下の新聞を通じて、猛烈な反米キャンペーンを開始した。これが数日間続いたのち、ジエムがきげんをそこねていたこともあって、アメリカは改革を無理強いしないことを決定した。アメリカはジエム政権を強力に支持し、軍事物資の力だけで形勢を逆転できることを願った。こうしてアメリカはほとんどあらゆる面でゴ一族に屈服するようになり始めた。アメリカの当局者たちは、ベトナム内部の改革に着手できなかったにもかかわらず、改革は行われつつある、と言明し、ベトナム軍の士気を高揚させることができなかったにもかかわらず、軍の内部では新しい熱意のもりあがりがみられるなどといっていた。また戦術転換に失敗したのに、共産主義者を追い立てているといい、その新しい戦術を口にした。他にできることがないのである。

記者がベトナム政策がうまくいっていないことを指摘するような記事を書くようになっても、その立案者のケネディ大統領やテーラー大将は、これまでの政策に強く固執していた。このような明白な盲目ぶりの理由の一つは、彼らが事態がうまく行かないことを知ってはいても、ほかの手段をとればさらに悪くなると考えていたからである。当時のアメリカ側の心理状態は、一九六一年夏ケネディの個人特使としてベトナムを訪れたほかならぬ当時の副大統領リンドン・ジョンソンの発言からもうかがわれる。ジョンソンは気まえよくも、ジエムをアジアのウィンストン・チャーチル（第二次大戦中の英国首相）であると称賛した。サイゴンからの帰途、飛行機のなかで、ある記者がジエムやジエムの欠点について話しかけると「ジエムのことはいわないでくれ。ベトナムには彼以外に人がいないのだ」とジョンソンは答えたのである。もちろん、ゴ一族は、これを十分わきまえていた。アメリカはゴ一族の介添人で、ゴ兄弟はアメリカの外交官を操縦するすばらしいウデをとっくに備えていた。

マクスウェル・テーラーが一九六一年に初めてベトナムを訪れるまでに、アメリカが選択できる範囲はすでに限られていた。アメリカは、自分自身で作った歴史というよりは、むしろ、これまで無視してきた歴史、それも最近の歴史の犠牲者であった。ベトナム政府の元情報担当官で、ニューの秘密警察に逮捕される直前、一九六三年八月に国外に脱出したダン・ドク・コイは、一九六四年の初め、私がフランスの提案しているベトナム中立化の可能性についての彼の意見を求めたとき、「もはや中立は手遅れだ。そんなものはもうベトナムにない。敵はあまりにも現実的な脅威となり、戦争はあまりにも長く続けられすぎている」と答えた。さらに彼はけわしい表情で「フランスが十七年前に現在のようにベトナム中立化に関心をもっていたら、われわれは中立になっていたであろう」と語った。私はそれまで、ベトナム人が人前でこのようなけわしい表情を見せたのをみたことはなかった。

もちろん、彼のいうことは正しかった。ベトナムの死活にかかわる重大な決定は、ずっと前、まだベトナムがインドシナと呼ばれていたころにすでに行われていたのだ。

一九六二年九月、テーラー大将は、再びベトナムを訪れ、軍事情勢はよくなっていると楽観的な見通しを述べた。しかし、彼は記者会見で記者団からしつこく追及されたにもかかわらず、政治的変革について発言することを避けた。この問題はずっとわきへ追いやられたままであった。このため、ゴ一族はいぜんとしてアメリカの基本的な意図について疑ってはいたものの、うまくアメリカを操れたとの確信を持っていた。そして彼らは、いつものように商売を続け、共産主義の危険が存在する以上、アメリカ政府がゴ一族に、あえて干渉することはないと安心していた。〔イギリスの友人はこのころ「この国の主な輸出品は反共主義さ」といった。〕

フランス人でインドシナ戦争の権威、ベルナール・ファルは一九六二年に北ベトナムを訪れることを許され、ファン・バン・ドン首相と会見した。この会見記は一九六二年秋に出版されたが、南ベトナムに働くわれわれにとって忘れられないものである。ドンはジエムを見下すように、あわれなジエムは、非常に人気がない。このためにアメリカは彼に援助を与えなくてはならない。しかしそれでジエムは、ますます人気を落す。そこでアメリカは、さらにこれまでを上回る援助を彼に与えることになり、これで彼はさらにいっそう人気がなくなる——と語った。そこでファルがそれでは悪循環のようですなと口をさしはさむと、ファン・バン・ドンは「いや、悪循環ではない。きりもみ降下だ」と語っていた。

　アメリカの施設が増強され、アメリカのテコ入れが強大化するにつれて、やってくるアメリカの新聞記者の数もふえた。彼らはアメリカの当局者がいうような南ベトナム政府の新たな熱意を、ほとんど認めなかった。彼らはアメリカ当局者から改革の話を聞かされたが、実際にはニューが新聞を通じて反米キャンペーンを開始していらい、こうした改革がタナ上げされてしまっていることを見てとった。彼らは本国の新聞で、新しいゲリラ戦専門家とか、ゲリラ対策のための特別の政府スタッフとか、アメリカ国民にゲリラ対策を理解してもらうため本が急いで印刷されているとかいった、ワシントンの政府当局者の情報をもとに書かれた記事を読んでくる。そしていざ実際に戦場にいってみると、いぜんとして、古くさい戦術が採用され、ジエムが政治的考慮に基づいて任命した司令官が指揮をとり、人的資源の浪費が行われているのを知るのであった。

　しかし、アメリカの政策はいぜんとして意識的に楽観的であった。というのも、アメリカの当局者が楽観的な見通しを述べていれば、ジエムは彼らを信用するようになり、もっとアメリカ側の勧告を聞くようになるだろうという考えからであった。そのうえ、ベトナム問題で神経質になっていたワシントンの当局者が、戦争に勝っているというニュースを聞きたがっていることも、政策を楽観的にしている理由の一つであった。しかし、記者団は情勢判断ではもっと慎重な態度をとり、当局者のいうことには同調したがらなかった。それは、記者団がベトナムの汚れた過去を知っていたからだけではなく、彼らが戦場で目撃した事実によるものであった。

　一九六二年七月、ホーマー・ビガートは、アメリカ当局者は旧態いぜんの局面や技術を〝秘密の仕掛け〟で飾り立ててごまかそうとしていると述べ、次のように書いている。

> 　根拠のない番犬熱によって、世界中からドイツ・シェパードを募集することが思い付かれた。米軍事顧問団は千匹のシェパードをほしがっているが、これだけの数を集めることは不可能だ。すでに南ベトナムに送られたもの、これから送られる予定のものを含めてやっと二百匹ぐらいだ。しかも、南ベトナムに着いた犬のほとんどが病気である。第七師団に配属された五匹のうち、四匹は病気だし、訓練師も病気だ。
>
> 　犬が熱帯の気候になれるには三ヵ月かかるという。また、ある人の話では、シェパード一匹あたり、毎日一ドル二十セントの冷凍馬肉が必要である。ベトナム兵は一日十九セントの米で生きていける。
>
> 　機械ではこの戦争には勝てないし、犬を連れてきても同じだろう。

彼はまた七月に、彼の最後の記事となった記事のなかで、軍事情勢はやや好転しているが、勝利にはほど遠い、と次のように書いている。「ベトナムの大統領が国民の信頼を得られないため、この先きどうなるかわからない。秘密主義的で、疑い深い独裁政権の存在が究極的勝利の見通しをくもらせている。大統領や彼の弟ゴ・ジン・ニューがたえず、気ままに、南ベトナム軍の指揮系統に介入するので、米軍将校たちは、いらいらし、欲求不満になっている」と。

ベトナムのアメリカ当局は意識的に楽観論を流すために、ワシントンからやってくる高官を利用しようとするまでになった。ある将軍や政府当局者がベトナムに着くと、一日はサイゴンでベトナム情勢の説明を受けたり、ゴ一族の人たちと会ったりして過ごし、さらに一両日は選ばれた戦略村や前線部隊を訪れる。そして彼らは空港で記者会見を行い、戦局は有利に進行している、国民は政府のもとに結集している、偉大な指導者であるジエム大統領の強い決意に深い感銘を受けた――というようなことを言明する。このようなやり方は部分的には成功したが、一九六三年一月に出された国務省の白書は、このようなやり方が記者団を懐疑的にしがちであったと認めている。

アメリカ当局者の〝慎重な楽観論〟路線とは次のようなものである。――潮の流れは徐々ながら、確実にわれわれの側に向って来ている。ベトナム国民はジエムのもとに結集している。たしかにジエムは少なくとも、アメリカ人がいう〝人気のある〟指導者ではない。しかし彼は尊敬されている。ベトナム政府は扱いにくいが、この地域に民主主義を期待するのはそもそも単純すぎる〔このような評価は、国民を率いていくことのできる強力な独裁政権と、国民から離反し、多かれ少なかれ民衆の静かな反乱を受けている無能な独裁政権との差違をうまくぼかしてしまっていた〕。軍内部対立についての報道に関連して、ベトナム軍は戦いたがらないといって批判したりするものは、勇敢に戦っている同盟国を侮辱するものである。

こうした公式路線の結果、アメリカ上層部はベトナム問題で、かたくなな態度をとったが、これは海外のアメリカ公館の中で他に見ない独特のものだった。一九六二年の終り、太平洋統合軍司令官ハリー・フェルト海軍大将がサイゴンを訪れたさい、記者会見でAPのマルコム・ブラウンの質問に怒り、「君はなぜ、みんなと協力しようとしないんだ」とかみついたが、これはこうしたアメリカ当局の態度をよく物語っていた。

私が南ベトナムに着いたとき報道についてもめていたが、この原因は、ノルティングと私の前任者のビガートの性格の相違によく示されていた。この二人以上に性格の違う人物を見つけることはむずかしい。

ノルティングはバージニア出身の気品ある元哲学教授で、第二次世界大戦いらい職業外交官となった人だ。彼はベトナムに来るまで極東にいた経験がなく、ベトナム政府のいうことを額面どおりに受け取りたいと考えていた。ベトナム側からこれこれをしようとしているといった書類を見せられると、完遂させるものと考え満足した。彼はかつてNATO(北大西洋条約機構)本部でかなり重要な地位についていたが、記者団との接触はあまりなく、新聞記者の活動がどんなものかほとんど知らなかった。彼はあるとき、ピーター・カリッシャーに、ジエムは農村地帯で人気があると語ったことがあった。カリッシャーは農村ではベトコンがもっとも強く、政府の影響力などほとんどないことを知っていただけに、この大使の言葉にびっくり仰天し、それいらいもはや大使を重要な情報源とはみなくなった。ノルティングには見たことを記事にする記者たちを理解できなかった。彼はかつて私に「あなたはいつもアラ探しをしていますな、ハルバースタムさん」といったことがある。彼は実によく働いたが、彼の努力についてこようとはしない友邦のために、にっちもさっちもいかないような立場に追い込まれていた。

しかし、もしノルティング大使が、自分自身で火の手をあおることをしなければ、もっと他人に受け入れられたであろう。大使はいつも、戦況が有利に進んでいるというばかりで、部下にたいしても、好ましいニュースだけを耳に入れるようにさせ、このために信頼できる意思疎通を絶ってしまった。彼はアメリカの政策が実際以上に成功していると、信ずるほかなく、こうしてワシントンを安心させていた。一九六二年五月の『タイム』はハーキンズ大将（初代駐南ベトナム米軍事援助司令部司令官）についての特集記事でこう書いていた。

ノルティングはおそらく、ジエムに固執するようワシントンを説得するうえで、他のだれよりも働いた。彼はジエムのあらゆる欠陥、つまり三万人の政治犯を逮捕した彼の独裁支配、権威を代表する能力に欠けていること、どのような野党の存在も許さないことやゴ一族でにぎっている過度の権力――などをすべて知っている。しかしノルティングはジエムに代るべき人物がいないことをみてとり、ジエムが高潔で勇気のある、献身的な人物だと的確な主張をしている。ワシントンでさる一月、ケネディ大統領はノルティングに、ジエムで戦いに勝てるかと尋ねたが、彼の答えは、「大丈夫です。だが非常にむずかしい」というものであった。

いまだにこんなやり方をしているノルティングをみると、これまでミシシッピーやテネシーで知り合った白人社会の指導者を思い出した。この連中は人種騒動で白人社会がまさに爆発しようとしていたときに、私にすべてがうまくいっているとか、黒人は現状維持に満足しているとか、騒ぎはすべて外部の扇動者のしわざだとか、これについての記事を書けば、情勢はさらに悪くなるだけだとうそぶいていた。この連中は黒人社会とは接触がなく、ただ女中や使用人から聞く話以外には何も知らず、自分たちに都合のよいことだけを信じ、その間に不安な白人社会は、ますます怒りっぽく、ますます孤立していった。

この当時私は、もしエドマンド・ガリオンのような人物がベトナム駐在大使になっていたら、事態はどうなっていたであろうかと、よく考えたものである。私には、ガリオンがアメリカの外交官はこうあるべきだという理想像のように思えた。ガリオンは、つねに自分の駐在国で何が起こっているかを、正確に把握しようと努めていたし、国務省とホワイトハウスの双方に単刀直入にものをいうので有名であった。彼の率直さは国務省から黙認され、ホワイトハウスでも認められていた。これはガリオンがケネディ大統領に個人的に尊敬されていたからである。彼がケネディ大統領の信頼を得ていたのは、一つにはインドシナ駐在高官として一九五一年にベトナムを訪れたケネディ議員にたいし、フランスがインドシナ戦争では勝っていないこと、またいまの状況ではとても勝てないことを率直に話したからである。ガリオンはこのとき、アメリカのベトナム政策は改めなければならないこと、またほかのアメリカ公館の人びとが何といおうと、思ったことをずばりという新進の外交官であることをケネディに信じ込ませた。もしガリオンがベトナムにずっと駐在していたら、長い間、現状を誤って理解していただろうとはどうしても思えない。

ノルティングの仕事は困難なものではあったが、ジエムと彼の一族の西側報道陣〔ベトコン以外にベトナムで活躍している唯一の勢力である〕にたいする精神病に近いほどの偏見によっていっそう困難なものになっていた。ジエムと彼の一家は西側報道陣を支配することはできなかった。ジエムは彼の一族にたいするどのような批判にも腹を立てた。彼の一族は事実上彼の政府であったから、彼はいろいろな記事に怒りを示すようになった。ジエムもニュー夫妻もアメリカの新聞が共産主義者の浸透を受けていると信じていた。また矛盾しているが、ニュー夫妻は、記者のなかにはCIAのメンバーがおり、ゴ一族にたいする陰謀をたくらむ巨大な地下組織の一部だと信じていた。ジエムはアメリカ人記者が彼について書いていることを読むことに、時間と精力を注ぎ込んでいた。その神経質さは、困難な戦争を遂行している国の指導者だからと納得できるようなものではなかった。記者たちが夜、記事を送稿すると、原稿のコピーはすぐ大統領官邸へ持ち込まれた。その次の朝、AP、UPIの打ち返し電報が入ると、ベトナム問題を扱ったものはすべて〝極秘〟のスタンプを押されて大統領官邸へ届けられた。仏教の僧侶が、初めて焼身自殺したとき、現場にはテレビ・カメラマンが一人も居なかったにも拘わらず、ジエムはこの事件をアメリカのあるテレビ取材班が金を払って仕組んだものだと信じていた。彼はノルティングにこの疑惑を伝えたが、大使はそんなことはないと保証した。しかしノルティングはそれ以上何もしなかったようで、二ヵ月後にジエムは、焼身自殺がアメリカのテレビの仕組んだものだと公然と非難した。これはゴ政権がいかに偏くつになっていたかを物語っていた。

われわれが、何かジエムの気にいらない記事を書くと、彼はアメリカの当局者がわざと漏らしたものと信じ込んだ。〔実際にはこれらの情報源は、たいてい、ジエムに忠実であるとされていた大統領官邸当局者であった〕。ノルティングは、われわれがゴ政府にはねかえるような何かを発見しないよう全力を尽した。しかし、サイゴンには、不満を抱き、何でもしゃべるアメリカ人やベトナム人がうようよしていた。秘密を守れないのはベトナム人の国民性である。ノルティングは封鎖された社会の一員ではあったが、ベトナムの報道機関を完全に押さえたジエムとは異なり、アメリカの報道機関の口を封じることはできなかったし、新聞記者たちを自分に協調させることもできなかった。

一匹狼の典型は、ホーマー・ビガートである。〔アメリカのベトナム政策に〝沈むも浮くもゴ・ジン・ジエムと一緒〟という有名なレッテルをはったのは彼である〕。彼はギリシャ、トルコ、朝鮮、コンゴの各地でチームを組むことができず、一人で活躍し、二度もピュリツァー賞をものにしたのだ。彼は（名記者として）威名を立て、たいていの同僚から恐れられていた。彼は学者ではない。もし彼が本を読むとすれば、読んだことは秘密にしていたし、彼が外国語にどの程度強いかは、あるフランス人記者からたばこを勧められて“Je ne smoke pas.”と答えたことに示されていた。彼はハーバードやエールを出て、ニーマン奨学金を得た新しい型の記者ではないが、世界のどのような場所へ行こうと、簡潔で、鋭く、また明快な記事を書き、異彩をはなっている。ビガートは、いつも、サツ回り記者のようにあっさり仕事につく。だがその見かけの裏には事件や人にたいするすばらしいカンを持っていた。かつてある同僚は「ビガートのすべては持ち運べる無知であり、ほとんど予備知識なしで事件と取り組み、すぐ事件の全容をつかんでいる」といった。彼は自分で単純でナイーブな男だといっているが、彼には問題や腐敗をかぎつけ、アナを見つけることにかけては三十五年の経験があった。彼はウソをついている本人たちがウソを自覚する前に気がついているようであった。

ビガートは、サイゴンにいたとき、すでに五十五歳であり、しかも胃病に悩んでいた。しかし、本来は若い記者の任地〔酷暑下のきびしく無情なつらい仕事〕にあって、ホーマーはサイゴンのあらゆる若い記者をうわ回る働きをしていた。サリーを〝あいのこ〟といい、残りのわれわれを若造と悪口いっていたアメリカ大使館の当局者も、ビガートの名声はおそれていた。当局者たちは、最後には、彼の年を理由に、彼の報道を度外視しようとし、あわれな老ホーマーはヘリコプターに乗るには年をとり過ぎているとか、胃病のために気むずかしいとか、いい出すまでになった。

一九六二年四月、ベトナムを訪れたロバート・S・マクナマラ国防長官は記者会見の席で記者団の友人でありたいといい、何か苦情はないかと聞いた。ホーマーは立ち上がり、「長官、十分なニュースがとれません」。驚いたマクナマラ長官は一瞬考えて「ビガートさん、私はそう思わない。私のワシントンでの印象では君は非常に多くのニュースを得ているように思う」と答えた。「そうです。しかしそのために骨が折れすぎます」とホーマーはいった。

ベトナムのような国では、ビガートはきわめて有利であった。なぜなら、彼は記者生活を通じて、事実をかくしたり、不利な情勢を有利に見せようとする政府や役人を相手にしてきたからだ。あるときノルティングはある記者に「どうして君たちはジエム大統領にたいし、疑わしいことは彼に有利なように解釈してやることができないのかね」と尋ねた。しかし兵士たちが日々死に、国の威信がかけられているときに、そんなヒマはなかった。この衝突の結果は非常にきつかった。この苦しさの大部分をホーマーがかぶっていたが、他の記者たちにも及んでいた。

ビガートがベトナムを去ったとき、彼もアメリカの当局者も互いにほっと一息ついた。彼がたったその翌日、私は『タイムズ』のジャック・ネバールといっしょに、ある大使館員と昼食をともにした。その席上、この大使館員は、なかなかよい情報をくれた。あとで私がジャックに、こんなことはいつもあるのかと聞くと、「イヤ、彼が何かを私に話してくれたのはこれが初めてだ。彼らは君によい印象を与えようとしたんだろう。連中は、ホーマーが、いなくなったのを、とても喜んでいるのだ」といっていた。

VI

サイゴンに着いた私はまずAPのカメラマン、ホースト・ファースと、おたがいにコンゴから解放された感慨をこめながら握手を交わした。ファースは「君はこの国が気に入ると思うよ。コンゴとはまったくちがう。ことにデルタは君の気にいるだろう。デルタはこの南にある」といった。〔ファースは非常に個性の強い男であった。ときには小ぜり合いの戦場で、手当てを受けている兵士を丹念にとっていて、戦闘の貴重な瞬間におくれるようなこともあった。〕

どうしてメコン・デルタが気に入ると思うのかと聞くと、ファースはこう答えた――「君が見たことがないようなところだからだ。農夫やその妻、彼らの作った米、ココナッツ、パイナップルやオレンジ、アヒルや鶏、犬やブタ、運河で釣りをしたり、水牛に乗った子供がいるんだ。〔ホーストは水牛をシュイギューといった。〕まったく聖書に出てくる光景のようだ。そしてそこで激しい戦闘が行なわれている。激しい撃ち合いだ。コンゴより激しく危険だ。コンゴ兵がどうだったかは覚えているだろう」。彼は建物のかげにかくれ、銃だけ角から出して発砲するコンゴ兵の身ぶりを真似しながら「ここではあんなもんじゃない」といった。

初めてデルタへ出かけたときに、ホーストのいう通りだったことがわかった。それがここの戦争だった。メコンの平らな沃野はサイゴンのすぐ南に豊かに青々と広がっている。この地域は南ベトナムの四分の一に過ぎないが、この国の農民の大半が住んでおり、農業資源の八割がここに集中していた。私が着いた当時、戦闘はほとんど、ここで行われていた。しかし不幸なことに、ベトナム政府軍の大部分は中部山岳地帯と中部海岸地帯に派遣されていた。中部海岸地帯はゴ一族の出身地で、ゴ一家はここの住民たちを信頼していた。

このデルタは、きわめて戦闘しにくいところである。ほとんどが水田と沼で、運河が縦横に走っている。すばらしい無法者の天国、昔から賊のかくれ場所だった。しかも、魚、米、その他の食物も豊富で、ゲリラが活動しやすいところである。ゴ一族はゲリラを飢餓状態に追い込んで降伏させようとしたが、それはアメリカのスーパーマーケットで大食漢に食物を買わせないのと同じくらいむずかしかった。

一九六二年九月末には、サイゴンのアメリカ公館に広がっていた楽観論も、デルタ地区ではすっかりかげをひそめていた。敵はインドシナ戦争終了いらい、八年間にわたって苦労して作りあげた幹部をしだいに使うようになっていた。敵は戦いがうまく、機略に富み、迫力があった。ゲリラ戦は絶えず変化する。

メコン・デルタで軍事顧問として従軍していた若いアメリカ軍将校たちは、思いもつかないような、きわめて複雑な、むずかしい情況の中に投げ込まれていた。デルタ地区では、ゴ政権の限界、つまりゴ政権が前線の指揮官に加えた諸困難、障害とか、ゴ政権が重要な地区の司令官に選んだ人の種類とかが、非常に目立った。

軍事顧問団は米軍の大尉、中尉クラスの若い将校を大隊の段階まで配置していた。ということはつまり、各段階に米軍将校には彼に対応するベトナム軍将校がいたということである。米軍将校はこの国で広い軍事経験を持ち、軍をもっと攻撃的にしようとし、われわれが考えていると同じ方法で戦っていた。われわれはまた、連隊、師団の段階から大統領官邸に至るまで、時としては各中隊までアメリカ軍人を配属していた。〔しかし、前線にいる米軍事顧問たちは、顧問の仕事がうまくいっていないのはベトナム政府の最上層部であり、もし大統領官邸が本当に米軍事顧問団の意見をベトナム軍将校に聞かせたいのなら、とっくに命令が出され、米軍の助言を聞くようになっていただろうと信じていた。〕

当時、デルタはバサック川を境にして、二つの軍事地区に分けられていた。南半分は、インドシナ戦争以前から共産主義者の支配下にあったカマウ半島全体を含む領域で、ベトナム軍第二一師団が、もっとも困難な作戦に従事していた。ここでは政府軍は孤立し、そのときどきに自分たちの足下にある地域以外の土地を確保することは、ほとんどできなかった。デルタの北半分は、ベトナムでもっとも豊かな省をもち、もっとも人口密度が高く、ベトナム総人口の約二五％がこの地域に住んでいた。ここには第七師団が配置されていた。この地域は人口の多いこと以上に、共産主義者がこの地域をつかみ取ろうとしていたので重要であった。ここではデルタの南半分ほど共産主義者の力は強くはなかったが、強くなろうと努力しており、その少し前までに軍事的主導権をもっていた。しかしそのころには、政府軍もかなりの成功をおさめていた。私が着任した一九六二年には両軍は膠着状態に陥っていた。政府軍の優勢な兵器の力にたいして、共産主義者は政府軍よりはるかにすぐれた規律と、政治力、戦闘力でこれに対抗していた。

ベトナムに着任した当初、私はこのややこしい戦争をどう評価するか、決めようと努力していた。毎日、三十ヵ所くらいで小さな戦闘が起こり、そのほとんどは一度も行ったことのない場所である。しかも、情勢の重大性をはっきりさせてくれるようなしっかりした情報は全く得られない。こうした戦闘をどう理解するか。そしてアメリカ軍当局者から、色分けした多くの矢印がついた地図で説明されても、サイゴンの記者会見からは戦闘のニュースを取材することはできないことがすぐにわかった。やがて私は、第七師団が全体の戦況を判断するのにリトマス試験紙の役割を果たしてくれるのではないか、ということに気がついた。第七師団には、他の南ベトナム政府軍部隊が抱えている問題はすべてあったし、勝算の可能性もあり、ここでうまくいかなくてよそでうまくいくとか、よそで失敗してここで成功するということはなさそうであった。それに第七師団司令部のあるミトは、サイゴンの南わずか六十キロあまりのところにあり、立派な道路が通じていて、われわれ記者団が、車で行って友人たちと話し合ったり、作戦に参加することもできた。

こうしたことがいかに貴重であるかは、二つの機会に実証された。一回目は、一九六三年初め、アプバクでの大きな戦闘のときで、記者団はすぐに車に飛び乗り、前線へ向かった。そして、われわれはそこで、軍部がいかに事実をかくそうとしているかを目撃して、公式ルートよりずっと早く記事をつかんで来た。二回目は一九六三年の七月、八月、九月にかけてのことだ。デルタ地帯の情勢を悲観的に報道しすぎるという理由で私に目をつけた国防総省は、私の情報源を、なんとか探り出そうと画策していた。この三ヵ月間、軍の広報担当官は、私がどこへでかけたか、どの作戦に参加したか、まったく不正確な記録しかつかめなかった。私はこっそりデルタ地帯の第七師団部隊を訪れ、だれにも気づかれずにアメリカ人やベトナム人の将校の旧友たちと話をすることができた。このため、私を監視してもまったくムダだった。

一九六二年九月末までに、第七師団が勝利を収めているとサイゴンで信じられていたにもかかわらず、デルタ北方の戦況の行くえについてしだいに懸念が強まってきた。この勝利とは六回の戦闘で百人以上のベトコンを殺したというものであったが、勝利は主として、アメリカの援助の注入によるものであった。ヘリコプター、戦闘爆撃機、装甲兵員輸送車がベトナム正規軍に注ぎ込まれたが、この第七師団の場合ほどアメリカの援助が威力を発揮した例は他になかった。〔米軍のヘリコプターの使い方が変ったことは、アメリカがますますベトナム戦争に深入りしていく事実をある程度反映していた。当初ヘリコプターは、ベトナム政府軍を戦場に運ぶたんなる輸送機にすぎず、自衛用の軽機関銃二つを積んでいただけだった。しかし、一九六二年の終りになると、機関砲四門、ロケット十六基を備えた重装ヘリコプターが到着した。武装ヘリコプターの任務は、前線に兵力を投入する無防備の輸送用ヘリコプターを護衛し、敵から発砲されないかぎり発砲しないことになっていた。しかしそれでは、敵にチャンスを与えすぎ、危険すぎた。また交戦の規制措置はいっそうゆるめられた。一九六三年中ごろまでには、武装ヘリコプターは、しばしば戦闘機の役目を果たし、地上掃射を行うようになっていたのである。〕

米軍の将校たちは、第七師団の勝利が見せかけの勝利だと考えていた。政府軍がヘリコプターでベトコンを急襲すると、これに驚きあわてふためいたベトコンは、逃げ出して戦闘機や装甲兵員輸送車の餌じきとなった。しかし政府軍はそれでもなお、銃にものをいわせようとせず、ベトコンと戦った経験のあるアメリカ軍顧問は、このようなうま味は長続きせず、敵もすぐに戦術を変えてくるだろうと感じていた。またアメリカ軍顧問たちは、新装備が政府軍に誤った安心感を与えていることをわきまえていたし、そのうえ政府軍が夜戦や逆にゲリラを待ち伏せて戦おうとせず、また敵にたいして心理戦争をやろうとしないのを、心配していた。これまで政府軍がやったことといえば、新しい兵器によってほんの一時的な利益を摑んだことだが、それさえも十分ではなかった。

アメリカ人たちはまた、第七師団長フイン・バン・カオ大佐が戦闘で死傷者を出す危険を冒す気のないことに、困惑していた。この点が米軍の勧告と直接食い違う点であった。要するにアメリカの軍事戦略は、歩兵部隊による攻撃を基礎としており、歩兵部隊が継続的に攻撃しなければ、長期的にみれば、兵力の損害がより大きくなるだろうという理論に基づくものである。しかしベトナム軍は、政治的な理由から積極的な攻撃に出ることを、ためらっていた。大きな損害をこうむった司令官は、ジェムの激怒を買うからであった。このためカオ大佐が挙げた戦果は、ほとんど銃爆撃と砲撃によるものであった。彼は、実のところ、素手でなんらかの戦果をあげようとしていたのであった。

結局、アメリカ軍顧問が、善戦したにも拘わらず、第七師団地区におけるゲリラの数は、いままでどおりという事実に悩まされた。ベトコンは、やすやすと兵力の補充ができたのである。初めてミトを訪れたとき、私はこの点について一部の高級将校と話し合った。彼らは、こうした事実が本当であり、非常に困ったことだといっていた。この年の初めには、第七師団地区に約五千人のゲリラがいた。その後九ヵ月間に、政府軍は約五千人のゲリラを殺したと推定されていたが、いぜんとして同地区には五千人のゲリラがいた。このことは、同地域の基本的な政治、軍事情勢にはこれまで、なんら本当の変化がなかったことを、意味していた。

一九六二年十月三日、デルタ地区を初めて訪れた。この旅行の印象はその後長く残り、またこのとき従軍して初めて軍事作戦について学んだことは、後に非常に重要になってくるので、この戦場訪問をすこし詳細に述べてみたい。

現地へ着くと、まず一人の高級将校に、わが方がデルタ地帯で本当に困難な状況にあるのかどうかを質問した。彼は「いや、それほど困難な状況にあるわけではない。いまはまだね。だが何度も戦闘はやりました。ここで記事にする材料はいくらでもあげますよ」と答えた。

二日前に、ベトコンの精鋭、第五百十四大隊がカトリックの志願兵の一部隊を待ち伏せ攻撃し、四十人を殺した。いま、第五百十四大隊がディンツォン省の西部に現れた、との情報があり、第七師団は同大隊の追撃に出動しようとしていた。

この作戦が私の初の従軍であったため、師団付米軍顧問で、ベトナム駐留米軍の若手将校では最も優秀な一員であったジョン・ポール・バン中佐〔彼はのちに論議の的となる〕は、私をこの師団で最も精鋭な大隊につけてくれた。この大隊の顧問はハワイ出身で三十歳のウェストポイント（陸軍士官学校）卒業生でケン・グッド大尉であった。グッドは思慮深く、教養があり、外交的手腕があり、決断力に富み、勇敢で、率直な人物で、彼のような立場にあるアメリカ軍将校がこうあるべきだという姿そのもののような人柄であった。三ヵ月後、彼はアプバクで狙撃されて戦死した。彼の死は、われわれに大きな衝撃を与えた。

私が着いた夜、大隊の将校たちは会議室で作戦計画を検討していた。米軍顧問は、この計画にとても不満であった。敵が逃げようと思えば逃げられる抜け穴だらけのものだし、われわれの担当地域が余りにも広すぎると考えたからである。

いまでも、この夜のことについては、細かいことまで覚えている。翌朝ヒゲをそらなくてもすむように、夜のうちにヒゲをそったし、軍靴、代りの靴下、蚊(カ)を防ぐ薬など携行品を慎重に点検した。まるで小学校一年生の初日を迎える子供のような気がした。

私は朝鮮戦争に参加するには若すぎた年代で、幸いなことに本格的な戦争の経験がなかった。カタンガでは、実際に戦闘を見たことがあり、機関銃の実弾が飛び交うなかで一時期を過ごし、野戦病院を一回訪問したこともあり、忘れることのできない印象を受けた。とはいえ、これらの事実と、私が目撃しようとしている全面的な規模の戦争とは、全く違うものであることはよく知っていた。

翌朝、ミトの小さなタンヒエップ飛行場でみた光景は、一生忘れられないであろう。〔いやその日の朝だけでなく、その後その他の作戦に出かけた数多くの朝のことも〕。私にとってその日は小型のDデー（元来、軍事用語で、特別な作戦開始の日をいうが、いまは第二次大戦中一九四四年六月六日連合軍がノルマンディに上陸し、大反攻を開始した日をいう）であった。飛行場いっぱいに、ARVN（ベトナム共和国陸軍）部隊が分隊ごとに勢ぞろいしていた。この兵士たちは、非常に小さく、気長にみえたが、完全武装し、鉄かぶとをかぶり、アメリカ製の兵器を持っていた。だがどれもこれも装備は大き過ぎた。彼らの荷物の中には、ニギリメシと、食べものにかけるくさったようなにおいの魚からつくったソースであるニョクマムが、つめ込まれていた。彼らはいつになく陽気に見えた。その服装を除けば、みんなでごほうびの休暇を過ごすためサイゴンへ出かけるような気やすさで、戦場に赴こうとしていた。

ベトナム人兵士たちは、世界で最も愛すべき人びとである。農民のようにタフで、抜け目がなく、なかなかだまされず、見たものをそのまま単純に評価するので、ずるい将校も決して部下をだませないし、親切な将校はいつも好かれていた。いま兵士たちは、気楽に立っていた。あるものはトランジスタ・ラジオ〔これは、ベトナムにおける偉さの象徴である。ベトナム兵士にとって、トランジスタ・ラジオは、アフリカの政治家の黒メガネのようなものであった〕に耳を傾け、あるものは流行歌を口ずさんでいた。

むしろ、米軍顧問の方が緊張していた。ヘリコプターを時間どおり集め、ヘリコプターにベトナム軍部隊を積み込み、所定の目的地に向かわせるのは彼らの責任だった。これは比較的簡単なことのようにきこえるが、いざ実際にやってみると、どの水田も同じように見えるので容易でない。ヘリコプターの到着が多少遅れたので、私はひまつぶしに写真の撮影を始めた。そのうち突然ふるえがきた。私はひそかに、ヘリコプターの到着が遅れているのは、作戦中止を示すのではないかと期待した。だがある将校にただしてみると、どうやら私の気持がわからなかったらしく、笑いながら「いや、万事順調、ヘリはもうこちらに向かっている。落着けよ。記事はとれるよ」と答えた。

突如、ヘリコプターが地平線上に姿を現した。まるで夜の（世界）からやって来たいまわしい巨大なバッタのようだ。ヘリコプターが着陸すると、もう一刻もためらってはいられなかった。自分の乗るヘリコプターに近づき、飛びのり、帽子を押えながら中の一隊といっしょになるのが、やっとであった〔ヘリコプターの回転翼の起こすつむじ風でいつも帽子を飛ばされるのは、新米のしるしである。〕ヘリコプターは旧式のH21であった。これは、くたびれた一九五〇年代の遺物で、バナナ型をしており、よく機械の故障を起こしたが、じつに頑丈で長持ちするヘリコプターであった。パイロットはいずれも、この世の中でもっともタフな男たちといえそうな連中ばかりであった。ある将校がいったように「故障の方で起こる場所を捜してやがる」（次から次へ故障するの意）と、H21機をけなしながらも、だれかしろうとが愛機のことをとやかくいおうものなら、すぐさまくってかかるような連中であった。

同じヘリコプターに乗り込んだ兵士たちは、私の同行を喜んでいた。それはおそらく、私が同行していれば、ベトナム人の将校たちが多少兵士たちに手加減してくれるだろうということもあったが、ベトナムではアメリカ人が移動タバコ販売機とみられているという事実も、私を歓迎してくれたことと多少関係があったかもしれない。（実際にベトナム兵にタバコを出すと、お返しがかならずあった。彼らは割り当てられたとぼしい食糧さえ、喜んで分けてくれたからである。彼らは地上でもっとも気前のよい人たちの中にはいる）。しかし、このような考えのほかに、同乗のベトナム兵がこんなにも長く続いているこの恐ろしい戦争を、自分たち以外のものがともにし、もし自分らが死ねば、いっしょに死ぬアメリカ人がひとりいることを誇りとしていると、私は感じた。

兵士たちは、終始にこにこと微笑み、手を伸ばして来て私の腕の毛に触ってみるのであった。まったくつるつるした肌のベトナム人は、西洋人の毛むくじゃらな体におそれをなし、彼らの好きな遊びのひとつは、その毛を引き抜くことだった。そのほかの連中は、ヘリコプターの床に座ってヒゲをそっていた。といっても連中は小さな鏡をたよりに、毛抜きを使って、アゴにわずかばかり生えたヒゲを、一本一本引き抜いてやってのけるのであった。

ヘリコプターがデルタ地帯上空を飛ぶには二通りのやり方があった。最初の十マイル（一マイルは約一・六キロ）を高く飛び、それから低く、目的地近くの半マイルかそこらは、こずえすれすれに飛ぶのである。パイロットたちはこの飛び方を〝地面をなでる〟といっていたがこの利点は簡単であり、ゲリラが爆音を聞きつけても木にさえぎられて見えず、見えたときはすでに手遅れだからであった。だがこれは劇的で背筋が寒くなる仕事である。われわれはびっくりしている農民たちの上を飛んだ。最も古くからの職業と、最新の職業との取り合わせであった。戦争の初期にはベトコンは農民に、ヘリコプターを見たら逃げろといっていた。そして農民は逃げたが、当然のことながら、ヘリコプターの射手は逃げるのは敵だとばかり発砲した。

だがいまでは農民たちも心得たもので、ヘリコプターを見たら釘づけになっていた。後に私は、農民がヘリコプターを見上げようともしないことに、気づいた。彼らにとっては、ヘリコプターは存在しないも同然であった。

さて、われわれが水田の上を飛んでいたとき、射手が突然ぶっ放し、農民が一人倒れた。あとでパイロットが射手に何が見えたのだと聞くと、この経験の浅い若い射手は、その農民が銃を向けようとしたのを見たといいはった。しかしパイロットも私も見張っていたし、二人ともその農民が何もしようとしていなかったのは確かであり、この若者が神経質になり過ぎていたのであった。パイロットは、射手を叱りつけたが、それだからといって通り過ぎた水田に倒れた農民の命を救えるわけもなかった。

この発砲直後、われわれは着陸した。ベトナム兵はその肩まである水のなかに次から次へと飛び降りた。私も腰まではくると覚悟して、飛び降りたが、やはり肩までつかってしまった。おかげで私の持っていたハムサンドイッチは、ぐじゃぐじゃになり、ミノックスのカメラもダメになってしまった。しかし深い田につかったことにも、よいことがひとつあった。ショックがあまり突然でかつ完璧なものであったため、私はその日一日中、洋服がぬれようとよごれようと気にすることもなくなった。

着陸地点はどこまでも平らで、広々としたところであったが、村は並木から三十ヤード（一ヤードは約九十センチ）入ったところにあるのが普通である。この並木はノルマンディの生け垣と同じようなものだ。これは絶好の防壁であり、カムフラージュはベトコンが得意な軍事技術のひとつである。彼らが一夜を過ごすために村にやってくると、即座にこの並木沿いに完璧の防御体制を敷く。〔あるベトナム軍大佐が、「空軍にベトコンが村にいるといっちゃいけない。空軍はいつも村を爆撃したがっているからね。立木の列を爆撃しろといわなけりゃだめだ。ベトコンはいつも並木にひそんでいる。それなのに空軍ときたらこっちのいうことを聞かないんだ。フランス人が同じことをやっていた。連中はいつも村を爆撃していたよ」といっていた〕。

われわれは小人数のグループに分れて、百ヤードほど先にある立木の列に向って歩き始めた。これはデルタ地帯の攻撃の中でもっとも危険な瞬間である。われわれには身をかくすものもないのに、並木は敵のかくれみのだからである。並木のはずれに近づくと、木立はカムフラージュの専門家が設計したセットのようにみえる。まったく、ＣＢＳの作った不思議なドキュメンタリー映画『帝国の最後』を地で行くようなものだったといえそうだった。この映画に使われたソ連のインドシナ戦争のフィルムには、橋とその上をものうげに飛ぶフランスの戦闘爆撃機が出てくる。何も動かず、橋のそばのかん木林しかない。飛行機が飛び去る。突然橋の半分が生き返ったように見え、ベトミン大隊が姿を現す。まったく、ぞくぞくする場面だった。

水田の中を歩くのは、ちょうど夢の中で歩いているように、足がひっかかって、なかなか前へ進めず、危険にさらされ、たった一人のようになる。私はノドがからからにかわき、身が危険にさらされているためか、ひじょうな孤独感に襲われた。私は急に背が高くなった気がして、敵の絶好の目標になってしまったような不安に襲われた。私以外の二人のアメリカ人、グッド大尉とワーナー大尉（広報担当官）は私よりずっと遅れていた。アメリカ人がかたまって歩くのは、敵の目標になりやすいのでよいことではなかった。また、このような状況では、通信兵に近寄るのも賢明なことではない。ベトコンはしばしば、ベトナム軍将校をしとめるつもりで、第一撃を通信兵に向けて射つからである。

立木に近づくにつれ、われわれの右の方で銃声が聞こえ始めた。どんな戦闘でも少なくとも最初のうちは、銃声はすべて身近に聞こえるものだ。私は水田にかがみ込み、あたりを見回した。私の目に入ったのは、さっきヘリコプターの中で私の腕の毛をさわったベトナム兵の一人だけだった。ヘリコプターのなかでは、彼はどこにもいるベトナム人に見え、私と彼のつながりは、ちょうどタクシーの運転手と乗客のような束の間の、はかないものだったが、いまやこのベトナム軍軍曹は私の生死を、そしてわれわれのグループの他の十人の兵士の生命を預かる人と変わった。

この最初の恐怖とそれに続く恥ずかしさ、当惑で、私はベトナムのアメリカ人がやがてはたどりつくひとつの発見、この戦争はベトナム人の戦争だということを悟った。アメリカ人はいつもベトナム人の戦争だとはいっているが、多くの点でそうではなかった。アメリカ人は他のアメリカ人を見つけにサイゴンにやって来て、アメリカのPXに行き、アメリカ映画をみ、他のアメリカ人とともに戦場へ行き、アメリカのヘリコプターでアメリカ人と一緒にバスに乗り、アメリカの友人とアメリカ人の一画で眠り、米軍食堂で食事をする。これが少数の大隊や戦闘任務につけられた米軍人を除く、大部分のアメリカ人のやり方であり、いままで私もそうだった。いま世界は突然、転回した。私の生命に責任を持ってくれるのはベトナム人であり、私の生命をねらっているのも別のベトナム人だった。ベトナムに来て三週間たっていたが、この水田に来て、どこから戦争が始まるかを知ったのだった。

われわれは前進を続け、敵の銃撃に直接さらされることなく村に着いた。村の中に入って私は背後に銃声を聞いた。この村ではなんの抵抗もなかった。われわれは、ただちに散開し、他の部隊がベトコンを村の方へ追い出した場合に、これを迎え撃つ態勢をとった。村には数人の女たちと、数人の子供たち、それにヤギひげを生やして、儒教の聖人かホー・チ・ミンを思わせる老人一人がいた。若い男は一人もいなかった。ヘリコプターの爆音と戦闘の音が聞こえると、彼らはいつもみんな逃げてしまう。村に残っていれば、自動的にベトコンと疑われ、少なくともミトへ連れて行かれるからであった。戦争は彼らを右往左往させた。彼らは共産主義者からも身をかくした。しかし共産主義者から身をかくすのは、政府軍から身をかくすよりもむずかしかった。共産主義者は、夜間こっそりと部落に潜入し、彼らには身をかくす時間がなかったし、共産主義者はいつも村に目を光らせていたからだ。後で知ったことだが、この朝村の三人の若い男が水田で捕えられた。彼らはヘリコプターが着陸したとき、走って逃げるという誤りを犯したのだった。三人のうち一人はその場で射殺され、あとの二人は逃げる途中で捕えられた。後で分ったことだが、彼らはベトコンではなかった。捕えられた二人はいずれも貧しい農民で、一人は職もないのに四人の子供をかかえていたし、他の一人は妻に死に別れたが、貧しくて再婚する余裕もなかった。

一人の村の女が出てきて、ベトナム軍の大尉に部落にベトコンが来たことはないと説明した。この大尉は九年間もずっと階級があがらずにいる男だが、皮肉なことに、このことはおそらく、彼がひじょうに優秀な将校だということを意味していた。ベトナム軍内部では早く昇進する人たちは、政治的に動く連中なのである。大尉は女のいうことを信じなかった。大尉は、ベトコンが来たことがないにしては部落はあまりにも緊迫しすぎているといい、部落のこと、部落の収入のこと、最後にベトコンが来たのはいつだと聞いた。若い男たちはみんな一体どこへいったのだ、と追及した。彼女は、若い男たちはベトコンが来るのを恐れて、隣の村へいってしまったと答えた。大尉は彼女がうそをいっている、彼女もおそらくゲリラの妻だろうと決めてしまった。大尉は隊員にこの女が他の女たちと連絡がとれないように監視させ、静かにもう一軒の家へ足を運んだ。ここでも彼は別の女からいろいろと聞き出していたが、間もなく、二人の女のいうことに、食い違いがいくつもあることを発見した。

私には、部隊長と女たちの会話がどのようなものだったかを、知るすべもなかったが、ベトナム人の通訳はすっかり感心していた。「あの大尉はじつにうまい」と通訳は私にいった。「大尉はまず収穫の話から始め、次に自分の奥さんのこと、ミトのような大都会に住んでいると暮しがむずかしいこと、都会では水牛に乗ったりするようなおもしろいことができないから早く田舎に戻りたいなど、自分の身の上話をします。最初の五分間、大尉は戦争のことなど口に出しませんが、しまいにその戦争の話になっていくのです」と通訳は説明してくれた。

二番目の女はやがて、ベトコンの小隊が一昨日まで村にいたことを白状した。彼女の説明だと、ベトコンは自信たっぷりで、村民のためにパーティーを開き、村民にたったいま、米帝国主義者四十人を殺して大勝利を収めたことを説明した。部落中大よろこびでさわぎまわった。〔ベトコンが四十人の米帝国主義者を殺したというのは、数日前ベトナムのカトリック志願兵が待ち伏せ攻撃に遭い、四十八人が殺されたことを指しているようだった〕。そしてベトコンは捕獲兵器の一部を展示したが、それはみんなアメリカ製だった。

ベトコンの一人は村民にお茶をサービスし、別の一人がおとぎ話の形式で演説をぶった。このおとぎ話はこんな内容のものだった。土地を持たぬ貧しい人々がいた。彼らは自由になりたいと思っていたが武器がなかった。一方、これらの民衆に反対する金持ちの武器を持った外国人がいた。彼らはその武器を彼らのかいらいの悪ものに与え、給料を与えていた。しかし、かいらいたちは、戦おうとしなかった。だから外国人は自分たちで戦わなくてはならなくなった。しかし貧しい民衆は勇敢で外国人たちから武器を奪い、いまやその武器を持って外国人とかいらいと戦おうとしている。多くの外国人やかいらいがこのために死ぬだろう。

大尉はこの女の家を立ち去るとき、ベトナム語で大声で荒々しく罵倒するのだった。通訳の話だと、これは彼女を報復から守るためで、彼女の情報はわれわれに役立ってくれたが、夜も軍隊をおいて彼女を守るわけにはいかないからであった。

「ベトコンのパーティーは、なかなか効果的だったらしいね」と私がフランス語でいうと、通訳は「そのとおりです。われわれは、そんなパーティーを開いてやりませんからね」と答えた。私たちはフランス語で話したが、この通訳は他のベトナム人同様、フランス語だと新聞記者とでも英語よりもずっと自由にしゃべった。

私は通訳に、大尉が最初に尋問した女はどうなるのだと聞いた。彼は「われわれがどうすることができるというんです。彼女はベトコンなのですよ。彼女は悪いやつだ。しかし、彼女を連行したところで、なんにもなりません。彼女を連行すれば、他の連中をいっそう怒らせるだけでしょう。彼女に何かしようとしても遅すぎます。連れ去れば子供たちは間違いなく敵側へつきます。　フォート・ブラッグではこういうことを教えてますか」と答えた。

このようなできごとを目の当りに見て、私はベトナムの戦争の性格がどのようなものか、突差にわかった。しかし、多くの教訓がそうであるように、そのときはまだぼんやりとおぼろげだった。戦闘の行われている音が、近くに生々しく聞こえた。私がわざわざこの地へやってきたのは、びんろうじゅの汁で歯を赤くしたベトナムの老婦人と議論しに来たのではなく、その戦争の音を聞きに来たのだった。私はそれ程危険にさらされずに戦場の方へ進みたい、少なくとも戦争が見られるだけの近さまで行きたいと思った。約半マイル先で戦闘が行われていた。グッド大尉は、明らかに部隊をその方向へ移動させたいらしかった。しかし、なんの命令も出なかった。グッド大尉もベトナム軍大尉もいらいらしていた。ベトナム人は直感に従わずに計画に固執していた。

すでに十一時近く、太陽が残酷に照りつけていた。私はジャングル帽子のひさしを、目のところまで深くさげた。ココナッツを何個か割り、ミルクをすすった。デルタ地帯ではノドがかわく心配はなかった。水はきたなかったが、ココナッツが生活と戦争をちょっぴり耐えやすいものにしていた。われわれは腰をおろし、T28が近くの村を爆撃しているのを見守った。後に、ベトナム軍レンジャー部隊一個中隊がこの村でベトコンの激しい待ち伏せ攻撃を受けていることがわかった。この中隊はヘリコプターで村を囲んでいる木立から百メートルあまりのところへ着陸した。ここにベトコン第五百十四部隊の一部隊が完全にカムフラージュしてかくれていた。通常、ベトコンは政府軍がヘリコプターでやってくると、これをめがけて発砲するものだが、このときは大変な戦闘規律の強さを発揮して、政府軍が木立ちの並びから三十メートルのところまで進み、水田のドロに足をとられるまで発砲しなかった。すばやい殺し方であった。政府軍は射ち返す前に、すでに大損害を被った。一瞬の間に、事実上一個小隊がせん滅された。態勢を建直してからも、政府軍は土手の後に頭をかくして、できるかぎり撃ち返す以外になかった。動くにはT28の徹底的な地上掃射しかなかったが、T28が来たのは、二時間にわたる猛烈な撃ち合いのあとであった。同中隊に配属されていたアメリカ軍顧問ジム・トレンス大尉は、ベトコンが自動兵器の援護射撃を受けながら、村からこっそり退却しつつあることを察知した。正午までには、ベトコンは村を去り、レンジャー部隊は木立の列に突入した。しかしゲリラの死体はおろか、使用した弾丸の薬きょうさえも残っていなかった。ベトコンはつねに冷静で、死者を残して引き揚げることは決してなかった。ベトコンが死者を置き去りにしないのは、一面彼らの誇りと死者の名誉を考えてのことだが、またその目的は主として政府軍の士気をくじくことだった。死体を残さず、どの程度の戦果をあげたのか分らなくし、政府軍に果して勝利を収めることができるのかどうか、疑問を持たせるのである。この戦闘で、レンジャー部隊三十人が戦死し、数人が負傷し、最精鋭部隊の一個小隊がせん滅された。これは政府側が開始した戦闘での損害としては、異例の高さであった。

しかし、この戦闘によって生じた悲しみと苦痛のあまり見失われていたことは、敵が戦術を変えてきたという事実であった。敵の一個大隊のうちの少数の部隊は、最後まで村に留まって戦ったのである。これは、政府軍の増強によって一時小康を保っていたデルタ地帯の情勢が終りを告げ、その後の数ヵ月に重大な意味を持ってくることであり、敵がヘリコプター戦術に対して適応してきたことを意味した。しかし当時は、もちろんだれ一人としてこの意義を理解する人はなかった。われわれの大隊は、敵と戦闘を交えることができなかったことにたいして、いらいらしていただけだった。その日は一日、ベトコンを追いかけていた。われわれの頭上には、偵察機が敵を見つけるため、そして少なくとも敵からの砲撃を誘うために、旋回を続けていた。しかし逃げ足の早いベトコンは、優勢な政府軍が追いかけていることを察知して、政府軍と接触しようとはしなかった。

われわれは村で手早く昼食をとった。私はベトナム人将校から弁当を分けてもらった。弁当は少なかったが、メコン・デルタの強い太陽に、だれも食欲を失なっていた。通訳の話だと、大尉は各中隊長、小隊長に兵隊たちが正しく行動しているかどうか、兵隊たちは村民から奪ったものにたいして弁償を払っているか、チェックしているとのことだった。政府軍の兵隊の村での行動は、政府と民衆の対立の大きな原因の一つになっていた。政府軍の兵隊はしばしばニワトリを盗んだり、民衆をいじめたりした。これとは対照的に、規律正しいベトコン・ゲリラは、つねに田畑で民衆とともに働き、ものを盗むようなことはしなかった。米軍顧問がいることは、ベトナム政府軍の規律を保つことに役立っていると、一般に認められていた。しかし最近、政治行動グループと呼ばれる特別心理戦争班に同行したニール・シーハンは、村をおとずれ民衆を政府側に改宗させることを目的とした心理戦争班の隊員が、ベトナム政府のビラを配り、アヒルを盗むと指摘している。

昼食後、われわれは運河の本流に沿って東へ向かった。私はこのとき、雨期に敵を追跡することがとくに苦しいものであるのを知った。デルタ地帯とは細い運河が網の目のように複雑に入りくみ、各運河はそれぞれ別の大きな運河につながっているところだ。運河には橋らしい橋はかかっておらず、ただ丸い竹の棒が渡してあるだけであった。機敏なベトナム人には、竹の棒を渡るのはなんでもなかったが、アメリカ人には容易なわざではなかった。ことに、疲労して正常な状態になかった私にとっては、なおさらだった。その日だけで、私は四度も運河に落ち、みんなを喜ばせた。そして私は間もなく、追跡している敵のことなど忘れてしまった。しかし、その日のうちに私は竹の棒を渡る技術を会得し、無事に渡ることができるようになった。ベトナム兵たちは私が竹の棒渡りの技術を身につけたことを喜んでくれたが、私が運河に落ちるという余興を見ることができなくなって、がっかりしたようだった。私は体中ずぶぬれになってしまったが、『タイム』のマート・ペリー記者の記録にはかなわなかった。マートはお人好しの太っちょで、竹の棒を渡れるような体つきではなかった。彼は落ちる方のチャンピオンである。マートはあとで「あんまり何回も落っこちるので、私はまるで、みんなにショーを見せてやっているみたいだった。われわれが運河に着くと、部隊の全員が集まってきて私が棒を渡るのを見守るしまつだった。こんなところを一発見舞われたら、みんな全滅しただろうな」といった。

その日の午後、われわれは日中をとめどもなく歩いたが、私は二つのことを強く印象づけられた。それは、このような地形でゲリラを追跡することがいかに困難であるかということと、戦争が農民にとっていかに苦痛をもたらしているか、ということだった。この地帯では、沼地でないところは雑草が深々と生いしげり、一個中隊くらいの敵なら、われわれの通る前方九メートルのところにでも、かくれていられただろう。また、いたるところにある運河が、ベトコンにはかくれ場所になる。彼らはアシの穂を持って水の中にもぐり、数時間呼吸することができる。そして、せいぜいヒルにさされるくらいのものである。かん木の交じる水田地帯、林、運河、サトウキビ畑、マングローブの生えた沼、ココナッツ林、すべてが彼らにとっては天然のかくれ場所であった。したがって、民衆が政府軍に協力して、ベトコンがどこにかくれているかを教えてくれないかぎり、政府軍が任務を遂行することは不可能に近かった。しかし当時、民衆は政府軍に協力しようとはせず、せいぜい日和見的態度をとるくらいのものだった。しかし、それは無理もないことだった。民衆は政府に好意を持たず、また政府を信頼していなかった。彼らが自分たちを保護してくれないような政権に情報を提供して、生命の危険をおかすようなことをするはずはなかった。

午後、約四時間にわたりゲリラ追跡を続けたが、私のようなしろうとにも、この作戦が失敗だったことはすぐ分かった。将校も兵隊も知っていた。昼をまわってからというものは、ほとんど敵と接触はなかった。それは、地図と矢印で作戦指導する後方の司令部の人々を喜ばせるために、ただあらかじめ書かれた筋書どおりに行動するだけだった。このような希望のない戦闘は政府軍の士気を低下させた。政府軍は毎日、決まりきった行動しかせず、予定外の行動をとるのは、ベトコンの方で戦争のテンポを変えてくるときだけだった。ベトコンは、時としては政府軍の一歩先を進み、日暮れどき、政府軍が疲れ果て、意気消沈して基地へ帰ってくるのを狙って、待ち伏せ攻撃し、するりと撤退するのだった。

この長い午後、約五百ヤード先に敵の姿を一度だけちらりと見ることができた。ただちに銃撃が加えられたが、敵はすぐに木の茂みにかくれてしまった。いつものとおり、敵がペースを決め、時と場所を選び、勝ち越し点をかせいだ。このような戦争の型を変えるには、政府軍が主導権を握り、積極的に攻勢に出る以外になかったが、そのようにはなりそうもなかった。

この他に、私のようなしろうとの第三者に強く印象づけられたことは、戦争に右往左往させられる農民の姿であった。彼らは、昼間は政府軍、夜はベトコンと、二つの相手とお付き合いしなければならなかった。私はベトナム滞在中、いつまでもこの悲惨な光景になれることはできなかった。その日の午後、主戦場となった村の中を歩いていると、農民の一人が涙を流しながら自分の小屋の焼け跡の前に立ちすくんでいた。片方の手に小ブタの死体を、もう片方の手に赤ん坊の死がいを抱えていた。農民は黙っていた。私には何も聞こえなかった。ベトナム人の中尉が隊列を離れて歩み寄ろうとしたとき、大尉が身ぶりでこれを制した。この農民になにをしてやることも、なにをいってやることもできなかった。

百メートル余り先きに、一人の農民の死体が小屋の庭先きに布をかぶせられて横たわっていた。二軒先の小屋では、恐れおののく八十歳くらいの老人が、米軍顧問やベトナム軍将校の前にひざまづき、ベトコンのことなど聞いたことがないと訴えていた。彼はこれまで、政府軍に何回同じことをいわなくてはならなかったのだろうか。そしてまた彼は、政府軍のことなど知らないと、何回ベトミンやベトコンに繰り返さなければならなかったのだろうか。あとで若いベトナム人が「戦争は生きている間続くだけですよ」と吐きすてるように私にいった。

三時ごろ、陽ざしはもっとも強烈だったが、それ以後はきびしい暑さは次第に下り坂になった。何回となくぐしょぬれになってはかわいた私の軍服は、その日はもう二度とぬれないですみそうだった。この時間になると、砲弾や爆弾のために死んで運河に浮き上がったナマズだけが、この日、戦闘の行われたことを思い出させてくれた。運河の本流を渡り、敵を深く追撃していた他の大隊と合流した。われわれは腰を下ろし休息した。続々とやってきたベトナム兵というベトナム兵が、みんな生きたニワトリを背のうに結びつけていた。この大隊に配属されていた米軍将校が、この後に続いて来た。われわれは、とがめるように彼を見つめた。彼はすぐにそれに気づき、弁解するように「しかたがないんだよ。彼らは一日中戦い、ほかになにも手に入らなかったんだ。彼らはこれだけでがまんしたんだ。彼らにノーとはいえないよ。彼らには、せいぜいこのくらいしか楽しみがなかったんだ」といった。米軍将校のいうことはむろんもっともだった。しかし、われわれの部隊の将校たちは、ニワトリを盗まれた村の人々がどのような反応を示したか、そしてまたニワトリを盗むことを許されなかった自分たちの部隊の兵隊たちの士気にどうひびくか、それを心配していた。

休息を終えて、われわれは一列になって五キロほどさらに前進し、ここで師団の他の部隊と出会った。この日はきつい日で、兵隊たちは暑さで疲れていた。この日の戦闘では、ベトナム兵約三十人が戦死し、ヘリコプター二機が落され、米兵の射手一人が殺された。ヘリコプター二機が撃墜され米兵一人を殺したことは、ベトコンを元気づけたであろう。ヘリコプターを落すのはまだ比較的珍しいころだったので、この勝利は、ベトコンが民衆や農民に、彼らが〝鉄トリ〟と呼ぶヘリコプターにも対抗できることを証明するのに、役立ったであろう。われわれは大きな犠牲を払ってベトコン第五百十四部隊を見つけ、これに損害を与えた。しかし損害の程度ははっきりせず、推定では最低十人を殺したことになっていた。

作戦は終った。ちょうど六時を過ぎたばかりだった。「さて、ベトコンに国を引き渡す時刻だ」と一人の若い米軍将校が皮肉交じりにつぶやいた。米軍顧問たちは、このような勤務時間式戦争に強く反対していた。米軍顧問たちは、ベトナム政府軍が優勢な火力と機動性を活用するために、日中だけでなく、たえず継続的に敵を苦しめることを望んでいた。理論的にはその意見に同意するのは簡単だ。論理的だし軍事的にみて有効にみえる。しかし、私自身どうかといえば、まったく疲れきってしまっていたし、命が惜しかった。私がベトナム人なら、さぞかし模範的な将校となっていただろう。

われわれはトラックが迎えにくるのを待った。気のきいた隊員がなまあたたかくなったビールを持ってきてくれた。米軍将校が私に戦闘に参加した印象を聞かしてくれとたのんだ。私は、それよりも、米軍将校がどのように考えているのかに関心があると答えた。彼らは「ベトナムの戦争はごらんのとおりだ。激烈で、いらいらさせられ、報いられることのない戦争だ。毎日、もっとも明白な軍事的な常識さえもが破られている。休息を求めて一日が過ぎ、この休みの間に敵に戦う体制を整えさせてしまう」とこぼすのだった。

基地に戻って、私は自分がいかに戦争に不慣れかを知った。首のあたりはまっかに日焼けしていたが、両足はノリのように白く、死人の足のようだった。ミトへ来るとき、私は一種類のクツしか持ってこなかったので、その後五日間は毎日、ぬれたクツをはいていなければならなかった。それにこりて、それからは作戦へ参加するたびに、戦闘靴、普通の短靴、両用の靴と三種類の靴を持って歩くことにした。

その夜、バン中佐ら米軍とベトナム軍の将校がその日の作戦を検討したが、ベトコン第五百十四部隊を壊滅できる絶好のチャンスがあったにもかかわらず、それができなかったこと、そして戦闘が行われた地域の農民の心理的反応は、きわめてよくないものとならざるをえない——といった事実を気にしていた。

後になってわかったのだが、情勢ははるかに憂慮すべきものだった。前述の作戦が行われた日は十月六日である。この日まで、第七師団はよく健闘していた。しかし、当時われわれはだれも知らなかったことなのだが、十月六日は実はデルタ地帯の末路の始まりだったのだ。

ジエム大統領は、レンジャー部隊一個小隊の全滅を、政府軍がイニシアチブをとった作戦の損害にしてはあまりにも大きすぎるとして、師団長のカオ大佐をサイゴンへ呼びつけた。カオ大佐は同夜、米軍顧問を司令部に招き、とるべき行動を検討した。翌朝早く、繰り返し練習した説明を頭にいれて、サイゴンへ向かった。カオ大佐の説明によると、〔バン中佐に話し私はこれをベトナム筋から確認した〕カオ大佐は朝食前に、大統領官邸に到着した。人々が大統領官邸を出入りしているのに、カオ大佐は午前中ずっと、待たされどおしだった。昼食の時間になっても、彼には昼食が出されなかった。午後おそくになって彼はやっと大統領に呼ばれた。カオ大佐は慎重に用意してきた報告をする機会を与えられず、ジエム大統領が例によってひとり言を始めた。ジエム大統領はカオ大佐が将官に昇進するチャンスが大いにあったことを告げた。しかしあまりにも大きな損害を出しすぎた。これまで、どの司令官もこんな大損害を出したことはなかった。カオ大佐はもっと慎重でなくてはならない。米軍顧問のいうことを聞きすぎる。ジエム大統領はさらに簡単な警告を出した。昇進を望むなら、もっと慎重に行動しなければならないと。

ちょうど米軍事顧問団がカオ大佐にもっと積極的になるよう懸命に説得していたときに、ジエム大統領が脅しをかけた。もちろんカオ大佐はジエム大統領の命令に従った。

Ⅶ

　五日後、私はミトへ戻った。こんどは取材のためというより、サイゴンにおけるアメリカ当局者とゴ政権とのいがみ合いや、アメリカ当局者とアメリカ人新聞記者との対立から離れるため、ミトに残ることにした。前線を訪問することによって敵や戦争の本質をつかむ機会が与えられたし、同年齢の米軍将校から同じ市民としての待遇を受けることもできた。ミトのような場所に配属されている米軍将校は、よく情報に通じ、善意の人たちで、戦闘の諸問題を真剣に考えていた。いっぺん彼らと水田を歩けば、われわれを平等に取り扱ってくれた。これは当時、サイゴンのアメリカ当局者がわれわれに敵意を示していたのとはきわめて対照的だった。新聞記者が本来人から好かれようなどと考えるのはまちがっているが、サイゴンでは新聞記者にたいする疑惑や中傷がことのほかひどかった。

　前線へ出れば、新聞記者は軍関係者から望み通りの答えがもらえた。しかし、それにはまず自分たちが信用の置ける人間であること、自分たちが真剣に戦争のことを考えていること、そして取材源をどんなことがあっても漏らさぬことを相手に立証しなければならなかった。新聞記者が前線で米軍顧問たちと食物を分け合い、同じような危険の中に飛び込んで行けば、そして彼らが直面している問題や、彼らが負っている責任を理解していることを知らせてやれば、彼らから信頼以上のものを得ることができる。そして彼らの信頼が得られるばかりでなく、彼らの考え方もつかむことができるようになり、戦争の進展にともない彼ら個人の考えがどう変わって行くかを知ることもでき、特派員として在來のものより大きな優位に立てる。仮にX大尉という、きわめて楽観的な考えを持つ将校が着任したとする。彼は次第に楽観論から悲観論に変っていく。また、もっとも冷静で、すべてに超然と構えているY大尉が情勢の発展に次第に警戒的になり始める。このような将校たちの考え方の変化こそ、大きな変化を指し示してくれるものだからである。

　私の次の前線訪問は、ディンツオン省での作戦に同行したときだった。作戦室で友人が「日焼どめを忘れないように。あすは太陽の照りつけるなかを長時間歩かなくてはならない」と注意してくれた。

　この作戦に先立つ数ヵ月間、米軍顧問はベトナム軍首脳と合同作戦立案班を作り、正しい作戦技術や軍の情報活動の活用に重点を置いて対ベトコン作戦を展開した。この結果、ある程度の成功をおさめることができた。それ以前は、ベトナム政府軍が、ある地域での作戦をたてる場合、その地域にベトコンがいるからではなく、その省の省長が師団長の友人であるからだった。このような作戦では、ベトコンを殺すことはできなかった。効果があったとしても、税金滞納を決めこんでいた民衆たちが、しぶしぶ徴税に応じてきたというくらいのものだった。

だがベトナム軍がふたたび六ヵ月前のような作戦に逆戻りしたため、米軍顧問たちは困惑していた。作戦を担当していた米軍将校の一人は私に「ベトナム人たちは、六ヵ月かかってせっかくやったことを放り出そうとしている」といっていた。そうなれば政府軍は敵がいるかもしれない土地で行動することになろう。しかし敵中隊を確実にとらえられる地域は他にあった。しかもベトコンの姿を見つけたとしても、米軍顧問にいわせれば、政府軍の作戦計画はベトコンを最後の一兵まで逃げさせてやるようにできていた。

翌日の作戦はまったくお笑いぐさだった。われわれの部隊はちょっと進んでは長く休み、休けいの時間の方が行進の時間より長いくらいであった。私は南カロライナ州出身で辛ぼう強い黒人のレイモンド・ウィテカー大尉について歩いた。彼は、先の見通しについて、できるかぎり平静をよそおっていたが、希望を持っているようには見えなかった。われわれはヘリコプターで広々とした畑のなかに降り、最初の村に進んだ。部落には数人の女しかいなくて、ベトコンの宣伝ビラがたくさんみつかった。ベトナム軍将校がビラの内容をくわしく翻訳するのを聞いていたら、ウィテカー大尉が「ビラにはベトコンが戦争に勝つと書いてある」と簡潔に教えてくれた。数人の兵隊が年とった女を一人連れてきた。彼女はわれわれの質問にたいし、昨夜この村に百人のベトコンがいたと答え、ベトコンが逃げていったという方向を指した。「いつもいつもベトコンは百人で、あっちの方へ逃げたか」とウィテカー大尉がいった。

われわれの部隊は村中を捜索してまわった。しかし、この村の雰囲気はくつろいだもので、数日前われわれが訪れた村での緊張感のようなものはまったくなかった。女たちは兵隊たちにパイナップルを出してくれさえした。しかし、これはもっと危険なことかもしれなかった。二、三ヵ月前、あの村でベトナム政府軍は村民から歓待を受け、女たちはちっちゃなケーキまで出してくれた。ところがこのケーキを食べた兵隊八人が、二時間後に激しい下痢や吐き気に襲われた。幸いヘリコプターで彼らはただちに撤収され、胃の洗浄を行った結果、一命をとりとめた。このときの司令官のファン・バン・ドン大佐は奇妙に思い、「民衆があまり親切でケーキなどくれたら、諸君はもう少し注意するように」といった。

この村は〝がちょうの卵〟〔ゼロ点〕だった。われわれは次の目的地に向った。途中兵隊たちは隊列を乱して、かたまりながら歩き、だれが先頭に立ち、だれが前後左右を警戒しているのか分らないほど混乱していた。途中、敵を捜索することもなく、ただざくざくと歩くだけ。まったく緊張感を欠いていた。私はウィテカー大尉の方を見た。彼は何も聞くなという風に離れていた。われわれは十一時半ごろ、第二の目的地、川のほとりにある村に着いた。兵隊たちは腰を下ろして、さっそく昼食の仕度を始めた。彼らは防御体形をとらず、ただひとつの無反動砲は味方の司令部の方を向いている始末だった。私と一緒にこの作戦に同行したベトナム人のカメラマンがやってきたので、私は、兵隊たちがこの作戦をいったいどう考えているのか、聞いてみた。彼は答えた。「兵隊たちは私に、家にいればよかったのに、歩き損をするだけだといっています。彼らは、この村にこれまで何回も来たことがあり、ここのおばあさん連中はみんな知っているが、ベトコンは一度も見たことがないといってます。この辺にはもっと悪いところがありますし、ここで昼メシをとるのでしょう」。

兵隊たちは携帯してきた調理道具を並べていた。あるものは炭火をおこし、あるものはニワトリをむき、別のものが米をといでいた。

ベトナム兵のことで、もっとも私の印象に残っていることは、第一に痛さをこらえるときの彼らの忍耐強さと、第二に彼らの食べっぷりである。兵隊たちは食べものをひどく楽しんでいた。それは彼らの数少ない楽しみの一つだった。彼らは食べるために生命の危険まで平気でおかした。ホースト・ファースは、一九六三年にカマウ半島での作戦に従事したさい、ベトナム兵の食い気のおかげで恐ろしい経験をしたことを話してくれたことがある。カマウ地方ではベトコンが民衆を完全に支配していた。ベトコンは炭焼商にも税金をかけていたほどだ。ホーストが同行したベトナム軍の一個大隊は数日にわたって、このベトコン地区で作戦を展開していたが、だれもひじょうにいらだっていた。数時間のパトロールでベトナム兵は、ファースにシャッターの音がベトコンに気づかれるといって、カメラの使用を許さなかった。おしゃべりのベトナム兵が、ほとんど口もきかずに数時間進み、小さな村に着いた。村には人っ子一人見当らず、生きものといえば、よく太ったブタが一匹いただけだった。兵隊たちは五日間も、乾燥エビ以外ほとんどなにも食べていなかった。もちろん、このブタはさっそくつかまった。部隊は来たときと同じ苦しい道を基地へ向かった。兵隊たちは待ち伏せ攻撃をひどく恐れていた。兵隊たちはだれ一人として口をきくものもなく、来たときと同じ沈を黙守っていた。ブタだけが、さるぐつわをされているにもかかわらず、ブウブウと鳴き続けた。だれかがブタのノドを切って殺したらどうかといった。しかし軍曹は殺してしまっては、肉が基地へ戻るまでにくさってしまうといった。そこで兵隊たちは、ブタに目かくしをした。目かくしをすれば、ブタが夜になったと思って、寝てしまうだろうというわけだった。しかし、これはまったく効果がなく、ブタは敵地を抜ける間、終始鳴き続けた。ホーストによると「だれもがブタに腹を立てながら、食べるのを楽しみにしていた。だれもこれまでブタを食べられるとは思ってもみなかった」のである。さいわいにみんなは、無事基地に戻った。だれもがほっと胸をなでおろした。兵隊たちは祝宴が開けるというので大さわぎをしていた。そこへ中隊長がやってきた。兵隊たちが〝気をつけ〟の姿勢で彼を迎えると、彼は兵隊たちの持ち物を点検し、ブタを見つけた。「お前たちは共産主義者のブタを捕りょにした。上出来だ。礼をいう」といってブタを持っていってしまった。その夜、将校たちはブタの晩さん会を開いた。「軍隊なんていうのはどこでもそんなところさ」とホーストは結んだ。

ベトナム人のカメラマンが「きょうはここに長くいることになりそうです。兵隊たちの話だと、隊長は戦争をしたがってはいないそうです。彼は政治屋将校だそうです。しかし、兵隊たちは気にしてはいません。あんまり死ななくてすむからです。だから、彼らはのんびりやっていますよ」といった。まったく兵隊たちは、のんびりしていた。正午から三時まで兵隊たちは昼寝をした。米軍将校たちはいつもあぜんとしていた。なんどもなんども、まっ昼間に作戦が完全にストップしてしまうのだ。われわれは、ベトコンもこのようなベトナム人の習慣を守ってくれるようにと、思ったものである。およそ戦争をしているという感じからは、遠かった。私の前で兵隊たちは手足を伸ばし、武器を投げ出して横になっていた。イビキをかいているのもいた。度胸のよさは見上げたものだった。だが兵隊は指揮官によっては良くなる。将校連中にだらしなさすぎ、無関心すぎる連中が多かった。兵隊たちは、ほとんどが農民出身で、豊かな、快適な暮しのできるサイゴン育ちの人間ではなかった。戦争以外なにも知らなかった。彼は生まれてから今日まで、ベトコンの側につくか、政府の側につくか、とにかく戦争をしなければならなかった。ベトコン側につけば、給料をもらうこともない。しかし、目標があった。一方政府側につけば、ある程度の給料をもらうことができ、また家族と過す時間も多かった。ベトナムの背後には、アメリカという世界でもっとも豊かな国がついていたものの、ベトナム兵の給与はそれほどよくなかった。月給約十五ドルに、家族手当がわずかに加算される程度で、おそらくサイゴンのタクシーの運転手の月給より低いのではないかと思う。しかし、兵隊たちは仏教徒で、生と死の問題について宿命論者だったし、戦争以外のことについてはほとんどなにも知らなかったから、ひどく陽気だった。友を失えば兵士は泣く。しかし友のためでなく自分自身のために。彼らは自分たちの二倍もある大きなアメリカ人向きの武器をかついで、少しも文句をいわなかった。彼らは作戦がペテンのようなものでも、それに応じたし、腐敗した将校を受け入れた。彼らの苦痛に耐える能力はわれわれ西洋人がとても理解できるものではなかった。私はたくさんのベトナム兵が死んでいくのを見た。しかし、だれ一人として泣いているのを見たことがない。

ベトナム政府軍の兵士たちは、感傷的な歌が好きで、戦場でもいつも好んで歌った。彼らがとくに好きなのが『国境の雨の夜』というバラードでいわば『リリー・マルレーン』のベトナム版といった歌だった。ニュー夫人は、この歌が反共的でなさすぎるとして、禁止したが、兵隊たちはこの歌を歌うのをやめなかった。米軍顧問や新聞記者もこの歌の文句を覚え、兵隊たちと一緒になって歌った。歌詞はこんなふうなものだった。

空がバラ色に変り、
ジャングルの道から影が消え、
あなたが暖かい着物に着換えるころ、
前線の若者は、はるかかなたの人たちを思い出し、
家へ残してきた愛する人を考える。
前線に送られてきた記念品の色を愛しつつ、
若者の胸に愛は満ちる。
しかし行く手に待つのはなんと多くの雨、風か。

ベトナム人はみんな、子供たちをかわいがった。ベトナム兵が米軍顧問を好きなのは、米軍将校がベトナムの子供たちを好きになるからであった。一方、米軍将校たちは、ベトナム政府軍の信じられないほどの忍耐力や勇気に敬意を払っていた。私はあるとき、作戦から帰ってきたばかりの二十四歳の米軍中尉と話をした。この作戦

で、彼は十八年の間ベトナム軍で働いた分隊長を失った。この中尉は「君、考えられるかね、十八年間もこんな生活をしてたんだ。朝から晩まで戦場で働き、やっと畠を手に入れるというのが彼らの人生だ」と私に語るのだった。

ベトナム兵は身長一メートル五十センチ余り、体重四十五キロくらいで、アメリカ人の基準からすれば小さかった。しかし、彼らの体は筋金入りで、小柄のレスラーのようだった、彼らは何キロ歩いても平気で、彼らの足は鉄のようだった。彼らは給料が安いので、金のない生活になれきっていた。奥さん連中は夫から弾薬を受けとり、マーケットで食糧と物々交換することもあった。マーケットで弾薬を売れば、弾薬がベトコンの手に渡るのははっきりしていたから、弾薬を食糧に換えるなどということは、生きのびる方法としては、あまりにも近視眼的だった。しかし、ベトナム人にとっては先のことなど考えるぜいたくは許されなかった。

その日、私はベトナム軍将校用食堂で食事をとり、初めてニョクマムを試食した。ニョクマムはくさった魚の油からとったソースで、ベトナム人はなんにでもこれを使った。ベトナム人はまず魚をくさらせ、それに重しをして油をしぼりとる。それがニョクマムだ。各町村の間で、どこがもっともうまいニョクマムを作るか、激しい競争が行われる。ご想像の通りニョクマムはくさい。しかし、ふしぎなことに、このソースをかけると食物の味がよくなる。ベトナム軍の兵隊たちには、ニョクマムは主要なタンパク源だったが、米軍将校のなかにもこのソースが好きになった人がたくさんいた。

二十一歳にも四十五歳にも見え、突然七十五歳に見えるようになるまで同じ顔をしていそうな、小柄で丸顔のベトナム軍大尉は、私がいっしょに食事をしたので大喜びだった。彼が一席ぶつのを聞いてくれる人が一人増えたからだ。彼は訪れたアメリカ人に、ナンバーワンの反共演説をやった。彼はなれていた。アメリカ人が聞きたがることを話すよう仕組まれた演説があるとすれば、それはグエン・カーンが作ったのが決定版であろう。彼の話はこうである。共産主義者というのはテロで、人殺しによってのみ、ベトナム人を支配している。しかしいまや、政府軍が政府側に集まってきた国民を保護しており、勝利に勝利が続くだろう。そうした調子で長い食事が終ると、昼寝が始まった。演説は長く、昼食はもっと長く、日は暑かった。私とウィテカー大尉を除いて、みんなぐっすりと寝てしまった。ウィテカー大尉が私に、さっきベトナム軍の大尉が話していたような大勝利を見たことがあるかどうかたずねた。私が「いや」と答えると、彼は「そうだろう。あのベトナム軍大尉だって同じだ」といった。

三時に昼寝が終り、いらいらしていた米軍顧問たちは出発の用意を始めた。しかし、われわれの部隊は、この日の午後は、この小さな村から動かなかった。米軍将校はますますいらいらしてきたが、逆にベトナム兵はますます落ち着きはらっていた。われわれはお茶を飲んだり、ヤシの実を食べて時間をつぶした。私はカメラマンに「兵隊たちはなんといっているのかね」と聞くと、彼は兵隊たちのところへ行き、すぐ戻ってきてこういった——「兵隊たちは今夜は露営することになろうといっています。彼らは、きょうは雨が降らなかったから、つらかったといっています。一人の兵隊は山だとヤシはないし、ニワトリはないし、暑いし、ここの方がいいといっています。みんな戦争に疲れています」。

われわれは夕食もこの村ですませ、夕食後やっと出発した。いくつかの木立ちを通りすぎて、近くの川に出た。そこで上陸用舟艇に乗り、十数キロ上へさかのぼった。ある小さな村でトラックが迎えに来ているはずだったが、トラックは着いていなかった。いつものとおり、兵隊たちのいったことは正しかった。われわれの部隊はその夜、そこで露営した。私をはじめ、何人かは郡長の家に泊った。われわれは固い平らな木のベッドで寝た。その固さと、蚊が明け方まで眠らしてくれなかった。この日に限らず、作戦に同行して一番まずいことは、日中敵を追いかけているときより、夜休息するときの方が疲れることだった。次の朝ミトへ帰って、他の米軍将校に聞いてみたが、よその部隊もみんな同じようにやっていることがわかった。

十日後、私はベトナム政府軍レーンジャー部隊に同行して、ふたたびミトから出発した。友人のアメリカ軍事顧問トレンス大尉も、一緒だった。このときは、初めて武装ヘリコプターがわれわれを戦場まで護送してくれた。武装ヘリコプターは三〇口径機関砲四門とロケット弾十六基を積んでおり、われわれに大いに安心感を与えてくれた。着陸した地点では激しい戦闘の音が聞こえた。あらゆる方向から敵が発砲しているように聞こえた。レーンジャー部隊は持てる武器すべてを使用して、水田の中を前進した。突然、私はすぐ右のところに、水牛の後について一人の年とった農民が、黙々と耕作を続けているのを見た。彼の周囲では激しい戦闘が展開され、頭上ではヘリコプターがロケット弾を発射し、兵隊たちが銃を発射しながら彼の方へ進んでいるにもかかわらず、彼は顔を上げることもなく、まるでわれわれの存在を無視しているかのように、水牛を使って農作業を続けるのだった。私はトレンス大尉に「たいしたやつだ」といった。

トレンス大尉もこの農夫同様、銃弾が飛びかっているのが、一向に気にならない様子だった。私は水田の中でちぢこまっていたが、トレンス大尉は仁王立ちになって、練習を見ているフットボールのコーチのように、泰然として戦場を見まわしていた。私はこんなに勇敢な将校を見たことがない。彼はなぜ、あのように激しい砲火のなかで平然としていられるのか。われわれの部隊は、砲火のまっただ中に立たされたが、トレンス大尉はただ怒った表情をしているだけだった。私は、はいながらトレンス大尉のところへ行くと、彼の勇敢なわけがわかった。彼は「ベトナム兵たちはヘリコプターが砲撃するのに刺激されて、やたらと撃ちまくっているが、実際には敵の応射は聞こえない。だれもいないのに撃っているのだ」と自信たっぷりにいった。〔ウエストポイント出はいつもこうだ。〕しかし私には敵から撃ってくる音が聞こえたので「君は思いちがいをしているのではないか」と指摘した。そこへ肩の下をひどくやられているベトナム兵一人が運びこまれてきた。私はトレンス大尉に「それみろ」というと、彼は静かにうなずきながら「あいつは自分の部隊の連中に後から撃たれたのだ。かけてもいい」と答えた。二時間後、われわれは軍医からの報告書を調べてみたが、トレンス大尉のいったことが正しかったことが分った。

その日は、ベトコンの姿はほとんどみかけなかったが、村の中で新しい足あと、ベトコンの旗を刺しゅうしたハンカチ、ギター、楽譜など、ベトコンがこの村にいた形跡、そしてベトコンの少女まで見つけた。朝十時ごろ、小さな小屋で少女三人がいそいで食事をしているところだった。もちろん男はいなかった。中隊長のドアン・チ中尉が少女に名前を聞いたところ、彼女たちは名前はないと答えた。ベトコンはどこへいったかとの問いにも、彼女たちはベトコンなど聞いたこともないと答えた。しかし、ベトコンの宣伝道具がすでにたくさん発見されたので、チ中尉は、われわれの部隊の攻撃によって中断されるまで、ある種の集会が開かれていたと、確信していた。チ中尉は「この少女たちはベトコンです。ベトコンは若者を集会のために連れてくることはできないので、少女たちを余興に使うのです」と説明してくれた。しかし、この三人の少女はやせぎすで、やぼったく、私にはとても慰安に役立つとは思えなかった。もっとも、それは私が長い髪の、アオザイを着たサイゴンの女たちにすっかり毒されていたためかもしれないし、私に革命的精神が欠けていたためかもしれない。

チ中尉は、この村の近くの出身である一人の兵隊を呼び寄せ、少女たちと話してみるよう命令した。兵隊は少女たちとしばらく話していたが、チ中尉のところへ戻ってきて、彼女たちの話しかたはこの辺の農民の話しかたとすこし違うこと、彼女たちはこの地域のことをあまり知らないようだと報告した。チ中尉は「ベトコンは、兵士たちの士気を高めるために、ああいう少女たちを同行させているのです。それに彼女たちがいれば、兵士の補充にも役立ちますからね」と説明し、少女たちを指して「彼女たちは、あなた方に暴行を受けるものと信じ込んでいます。だから、あなたたちを平気で殺しますよ」といった。

この村を出たあと、われわれはベトコンが水田に立てた二つの標識にぶつかった。最近この種の標識はどんどん立てられるようになっていたが、一つはベトナム語で〔チ中尉が翻訳してくれた〕〃アメリカ人がここに滞在するようなことがあれば、われわれベトコンは怒るぞ〃と書いてあり、もう一つは英語で〃まずアメリカ人を追い出そう〃と書いてあった。

われわれは前進を続けた。チ中尉はこの日は上気げんで、私とトレンス大尉に向かって、「私たちが先頭に立たなきゃ、面子を失うよ」といいながら自分で私たちの先きを歩いていた。チ中尉は『ニューズウィーク』のフランソア・サリー記者を知っているか、と聞いた。私は知っていると答えた。チ中尉は「彼はよい記者で、何回か一緒に作戦に参加した」といった。「ところで、サリーをどう思うか」とチ中尉。私が答える前に、ベトナムをどう思うかと聞き、また答える前に「アメリカに行ったことがあるが、アメリカがすっかり気に入ってしまった。フォート・ベニング基地のPXはすばらしくよかった。香港の店より大きい」といった。「香港へ行ったことがあるのか」「ノー」。それでもチ中尉は平気だった。食べものは胃にもたれて気に入らないからと「アメリカの食物は油っこすぎるね」といった。それでもアメリカがなお好きらしく、アメリカを端から端まで自動車旅行したと話してくれた。

ベトコンをどう思うかとの私の質問には、「ベトコンはそれほどバカじゃないよ」と答えた。彼はアメリカ人新聞記者を逆にインタビューするのをおもしろがって、私に、いろいろなことを質問した。そのうち、彼はベトナム女のことについて私の意見を求めたが、それから先は話が落ちてしまった。また私はチ中尉に戦争がなかったらどんな暮しをするのかねと聞いてみたが、彼は「画家にでもなって、毎日寝坊をしたい。芸術家になって、きれいな女の子の絵を描くのは楽しいだろうな」と答えた。

その日、われわれは敵の姿を見かけなかった。基地に戻ってケン・グッド中尉の部隊がベトコン若干名を捕虜にしたが、ベトナム政府軍兵士四人が殺されたことを知った。ベトナム戦争での典型的な一日だった。

その夜、われわれはミトへ戻った。みんなぐしょぐしょにぬれ、疲れきっていたし、多少の失望感があった。ミト基地の将校クラブのバーでは、戦争がまるで自分たちのちっぽけなもちものであるかのように、戦争の話に夢中になっていた。将校の一人がアメリカの民間人のマネをして「ベトナムの戦争か。ベトナムがどこにあるのか知らんが」とやっていた。私は、APのマルコム・ブラウンが、テネシー州グリーンビルのある会社から受けとった手紙の話をみんなに披露した。この手紙の宛名には「仏領インドシナ、サイゴン」とあった。マルコムはこの手紙に腹を立て、返事には、ベトナムでは毎日数多くのアメリカ人の生命が失われていること、アメリカ市民がベトナムについてもっと関心を持つようになれば、戦争がいずれは終結するだろうということをしたためて送ったという。

またヘリコプター操縦士の一人もこんな話をした。彼は最近本国で休暇をとったが、ベトナムへの帰途、ベトナムでヘリコプターが落された日の翌日、空港のターミナルで、景気がよさそうな実業家が彼の軍服姿に目をとめ、どこに駐在し、なにをしているのかと質問した。彼がサイゴンでヘリコプターの操縦士をしていると答えると、この紳士は「そりゃあいいじゃないか。ベトナムにいかないですんでいる幸運を神に感謝しなきゃいかんな」といったという。

その夜バーでは、同志的な雰囲気が満ちあふれていた。みんな同じくこの戦争の参加者だからである。われわれはみんなこの戦争にとりつかれ、アメリカ本国のベトナム戦争についての無知と無関心に腹を立てていた。われわれはベトナムで世紀の対決が差し迫っていると感じていた。私の新聞、『ニューヨーク・タイムズ』はこのことに触れ、一部の読者は気付いていたかもしれない。だが、多くのものは気付いていなかった。しかし、われわれにはベトナムの戦争は本格的な戦争のように思えた。そして、この戦争を失えば他の場所で行われている戦争でも失う危険と要素があった。むろん特殊な面もあった。第二次大戦と朝鮮戦争に参加したある歴戦の勇士は「ベトナム戦争で困るのは、戦争について考える時間的余裕がありすぎることだ」と語っていた。

私たちベトナム戦参加者は、ときどき自分たちがみなから見捨てられていると思うことがあった。サイゴンのタンソンニュット飛行場から遺体が本国に送られる前に、飛行場で短い感傷的なお祈りが捧げられるときなどである。何人かの友人が見送りに立ち、従軍牧師が祈りの言葉を読み上げる。その祈りの声も飛行場の騒音にかき消され勝ちになる。そんな悲しい式のとき、私たちの悲しみは孤独感に変わる。当時、ベトナムの戦争はひどく孤独な戦いであった。

アメリカ軍事顧問団のなかの前線で指揮をとる将校たちと多数の新聞記者との間には、非常に多くの共通点があった。たとえば私の場合をみても、私がベトナムへ来たのは二十八歳のときだった。そして多くの将校と同様、ベトナムへ志願してやってきたのだ。ベトナムでは、大隊単位で作戦を展開することが多かったから、大隊に米軍顧問として配属される大尉が、もっとも重要な任務を持っていた。大尉の戦争だったのである。彼らは、私が自由に移動し、取材へでかけることができ、また彼らのように一年後に自動的に配置換えさせられることがないのを、うらやんでいた。彼らは家族持ちを除けば、さらにベトナム在勤を希望しただろう。私自身と同じように、彼らもかつては、ベトナムについてほとんどなにも知らなかったが、いまではまったくベトナムのことに没入している。われわれのほとんどは、日本が真珠湾を攻撃したとき六歳か、七歳か八歳くらいだった。下士官たちのなかには、当時まだ生まれていなかったものもあった。第二次大戦が終ったときは十歳から十二歳だったし、ベルリン封鎖はその三年後だし、北朝鮮軍が三八度線を越えたときは高校生で、朝鮮戦争が終ったときは、大学を卒業しかかっているときだった。われわれの生涯を通じて、われわれの敵がだれであるかはっきりしていた。ベトナムにいた米軍将校も、新聞記者も、多くのものが、ベトナムこそ一線を引かなくてはならない場所だと強く感じていた。

われわれの世代のアメリカ人は、比較的繁栄の時代に育った。大恐慌や第二次大戦当時は小さすぎ、同年代の欧州人と違って、破壊、破滅がどのようなものかほとんど知らなかった。このことに関連して、私は、コンゴ滞在中の、タスのゲオルギ・フェディアチンとロイターのドイツ人記者、ウンゲホイアーのことを思い出す。彼らはお互いに毛ぎらいしていた。しかし、彼らは第二次大戦という共通の過去を持っていた。酒を飲んだときなど、彼らは互いに相手の姿をさがしては、戦争を本当に理解できるのはわれわれだけだ、われわれの国では四人に一人が戦争で死んだと語り合っていた。

豊かで強力な国に育ったアメリカ人将校たちは、ベトナムに着いたとき、任務を絶対に達成させてみせると自信満々であった。彼らは、アメリカ人以前の白人が失敗したのは、植民地主義者だったからだ、しかしアメリカ人は植民地主義者ではない、ベトナム人もすぐにこのことに気づくだろうと、確信していた。しかし、もちろんアメリカ人も期待はずれにがっかりするのがオチだった。植民地時代以後でも、西洋の国が旧植民地で戦前の植民地時代に、総督のもとで達成された業績に匹敵するような業績をおさめることは、ほとんど不可能だった。だから高遠な希望をもってベトナムへやってきたアメリカ人は、アジアの現実に直面して深い懐疑に沈まざるをえなかった。そこで、善良なアメリカ人〔アジアへやってくるアメリカ人は非常に善良な人が多かった〕は自分たちに与えられた特定の仕事に没入し、きわめて困難かつ複雑な状況のなかで、毎日の仕事に最善を尽くすだけという、むずかしい現実を受け入れなくてはならなかった。

ベトナムへやってきた米軍将校たちは彼らを取り巻く世界に同情的だった。彼らはベトナム人を好み、尊敬し、ベトナムでの任務が終るときにはベトナム語をじょうずに話すことができるようになり、ベトナムを知り、ベトナムを理解していることに誇りを感じていた。全体的にみて、ベトナム駐留の米軍将校は優秀な人物がそろっていた。もちろん彼らは、いずれも、大学かウェストポイント士官学校出身で、軍の援助を得て、今後さらに別の学位をとろうとしていた人たちだった。だから、彼らは同世代の一般のアメリカ人よりもはるかに、アメリカが直面している問題、アメリカが負わなくてはならない責任を意識していたし、われわれの時代の最も緊急な問題であるベトナムについて、真剣に考えていた。彼らは概して一般のアメリカ人よりも機敏で、意欲的で、洗練された人たちであり、彼らの置かれている環境に容易に順応でき決してユーモアを失っていなかった。

アメリカ人が緊張の中にあっても明るさを失っていないことを示すものに、私が六三年四月五日、第二十一師団のいるメコン・デルタのバクリュウから送った次の記事がある。

バクリュウ発――ここはメコン・デルタの普通の町ではない。ホコリっぽい空港につくと、こんな標識を目にする。〝バクリュウ国際空港、乾期、海抜二メートル、雨期、マイナス二メートル。税関でチェックを〟。バクリュウまでやって来たのだ。

二ヵ月前、ベトナムの第二十一師団と米軍顧問団は司令部をここへ移した。おかげで散髪代と輪タクの代金が値上がりした。町の意欲的な若ものは、みな英語を勉強していて、学校へ通う生徒たちは、多くのGIが戸外で顔をそらせているのを目にするようになった。

バクリュウには戦争記事の柱になるような材料はすべて揃っていた。世界最古の温水器、太陽のおかげでお湯も出る。シャワーに最適の時刻は午後五時で、最悪の時刻は朝の七時である。

将校は草ぶきの小屋を持っている。いま乾期が終わりかけているので、水に備えて小屋を三十センチばかり床上げしようとしている。しかし兵隊たちの間では、将校たちが水面下に沈んでしまうかどうかのカケをしている。

バクリュウの遊び場はどうみても限られているので、米国人たちは自分たちのクラブを作り始めた。ここにはほんの二つ、三つしかないが、まず耳にする名前は〝ギリシャ神のクラブ〟である。このクラブは、米陸軍レスリング・チャンピオンのアリソン・ヘンソン大尉がバーベルをここまで持って来ていたことから始まった。他の将校たちも筋肉をきたえようと決心したわけだった。筋肉の鍛錬は、デルタのきびしい太陽の下で、重い無線機をかついで回るのに役立ちそうだった。

これに反対なのはジェームズ・バトラー少佐で「クラブへの加盟と無線機とは無関係さ。クラブ加入がふえたのは、その中の一人が『ニューズウィーク』、『ナショナル・ジオグラフィック』に、もう一人が『ライフ』に写真をとられ、掲載されたからだ。クラブに入る若いものたちは、とても機転のきくやつらで、どうせまたカメラマンが来て写真をとるだろうが、そんなときは、肥えていては写してもらえないのをよく知っているんだ。それでバーベルをあげているのさ」という。

この少佐は対抗して〝匿名運動選手クラブ〟を作った。

数日前、バトラー少佐は、真夜中にバーベルにつまづいて指をケガした。〝ギリシャ神のクラブ〟では「神はバトラーを怒り給うた」と大喜びだった。将校クラブには、〝ギリシャ神のクラブで負傷した〟バトラー少佐に授与した手製の額が掲げられている。

両クラブのメンバーとも、新入り将校をベトナムでよく知られている別のクラブに入会させようと努力している。そのクラブは〝ブラックフット（北アメリカ先住民の一種）・クラブ〟である。入会はしごく簡単である。しなければならないことは水田を一日中歩くこと。一日で足はひどい有様になる。長い間水につかっていたため、ハダはひどい荒れ様になり、クツの黒い染料と水田のドロでまだらになる。黒い染料は足にしみつき、とくに指のまわりについてとれない。

このブラックフットのメンバーたちの多くは、一年の任期を終え、米国の生活に再調整する戦いを始めようとしている。再調整の大問題の一つは食事だろう。ある大尉は任期のほとんどをベトナム軍大隊と同行し、一ヵ月わずか九百ピアストル（約十五ドル）の食費を払ってきた。その大尉は「アヒルの血を凝結させたものや、ゆでたイヌのうまさなしでやっていけないね。食費をもっと払ってもいい」といった。だが、テーブルマナーの方はどうだろう？「ニワトリの骨を肩越しに投げ捨てたりしないように注意しなくては。フロリダではこんなことはしないからな」といった。彼はまたベトナム人が使うニョクマムをどうしようかと心配していた。彼によると、解決策は瓶に詰めていくつか持ち帰ることだが、荷物が乱暴に扱われないよう祈っていた。

VIII

われわれが敵の姿を見かけることはあまりなかった。われわれが見るのは荒らされた前哨陣地や、首を吹き飛ばされた陣地防衛員やその脇に死体となってころがっている女たちだった。敵は優勢なときでないと、めったに姿を現さなかった。米軍顧問が、ベトナムに来てまず学ぶことは、敵が優秀であるということである。しかし、すこしでも長く滞在していれば、敵はたんに優秀などころか、きわめて優秀であることが分る。米軍顧問がベトコンから学んだ教訓は、彼らが限られたいくつかのことに集中して努力を払い、それをうまく成し遂げること、誤ちを犯すことが少なく、政府軍とは対象的に同じ誤りを二度と繰り返さないこと、彼らの行動にはすべて政治的軍事的、また心理的な根拠があることだった。ベトコンは、たとえ何もしていないように見えるときでも、活動をしていないのではなく、活動をしていないように見せかけているのだということをあとで知らされた。

さらに注意深く見れば、ベトコンはきわめて誠実であることが分る。彼らは自分たちの任務を遂行するために喜んで犠牲を払ったし、サイゴン政府よりはるかに自分たちの任務が困難なものであることを認識していた。たとえサイゴンではベトコンの力が過小評価されていたとしても、前線ではベトコンの力を過小評価することはできなかった。前線ではベトコンの条件によってわれわれは戦わされていた。

ベトコンは彼らがやっている戦争の性格を正しく把握していた。この戦争は革命の戦争であり、ベトコンは政府の弱点だけでなく、自分たちの力もよく知っていた。米軍当局者はベトコンをただ武器をかつぐ兵士と見ていた。しかし、彼らは武器をかつがず、軍服も着ず、夜間農民を教育しに出かけるとき、もっともその力を発揮した。ベトナム人一般民衆のみじめな生活はベトコンの味方だった。彼らはそれを利用した。アメリカ人は口先ではベトナム農民の生活を改善するといっていたが、ベトコンは自分たち自身がそのみじめな生活から育っていたので、口先だけではなんにもならないことを知っていた。ベトコンにとっては、ベトナムの戦争は政治的な戦争だった。ベトナムの戦争の軍事的な面は、ベトコンが政治技術を実行に移すための手段でしかなかった。ベトコンは、アジア人であれ、西洋人であれ、ベトナム人の外国人にたいする敵意、経済的な不平等、土地の細分化、強制的な徴税制度、さらには悪疫の猛威といったベトナム人の不満の原因となるものにつけこんだ。

ベトコンは政治技術によって軍事的勝利を達成したが、ベトナム政府と米軍はこれにたいし兵力と兵器の増強で対抗した。しかし兵力や兵器の増強は、爆撃の激化、死者の増加、苦しみの増大となって現れ、民衆の不満を和らげることにはならなかった。戦略村構想は、このような不均衡を是正しようとしたものだったが、初めから失敗するように運命づけられていた。ベトナム政府の不手際だけでなく、ベトナム民衆の心を摑まなくてはならないといいながら、アメリカ当局者は、ベトコンほどベトナム戦争の性格を理解していなかったからである。

アジアの共産主義者は、蔣介石との戦いでゲリラ戦の技術を開発し、ベトナム人はこれをフランスとの戦争でみがき上げた。ベトコンのゲリラ戦争は芸術ともいうべきもので、彼らはたんなる職人ではなく、芸術家だった。米軍将校たちも、ベトコンがあまりにも成功しているので、ベトナムへ着任するに先き立って、フランス人やアメリカ人の戦略家の著書を読むよりも、彼らが書いたものを読むほどだった。アメリカがベトナムに駐留しているのは、ベトコンがわれわれの同盟者であるベトナム政府より強力であることが実証されたからだった。しかし、ベトコンは彼ら自身の国土で二十年にわたって成功をおさめてきた。アメリカはそのベトナムで、しかもベトコンと同じ民衆のなかに入って戦争をしていたのだ。

ベトコンはもちろんベトミンではない。それほど事態は単純ではない。第一にアメリカとフランスでは、ベトナムにおける役割りが異なっていた。アメリカは、結局ベトナムから脱け出すために戦っているのにたいし、フランスは、ベトナムに居坐ろうとして戦っていたからだ。しかし過去から受け継いだもの、敵の戦いの動機は、同じものだった。ベトナムの農民にとっては、ベトミンとベトコンの間に違いはなかった。ベトコンはベトミンとまったく同じ服装をし、同じ戦術と技巧を用い、まったく同じように行動した。

ベトコンは絶対に共産主義ということばを使わなかった。かつて、フェイ海軍次官がサイゴンへ来たとき、農民に共産主義が悪であることをいかにして教え込むべきか、とうとうとぶったことがある。これを聞いていたＣＩＡ勤務の私の友人が「そんなに調子よくいくものか。農民は、共産主義などということは、聞いたこともないんだ。われわれが彼らのところへ行って、共産主義は悪いなどと説教してまわったら、彼らはかえって共産主義はよいものだと決めてかかり、共産主義を取り入れようとするかもしれない」といった。

農民の目からはベトコンがベトミンと同じように見えるように、ベトナム政府軍はフランス時代と同じ軍服を着て、同じような行動をとることがあまりにも多すぎた。たとえば、農村を偵察にやってきて昼食にニワトリをかっぱらったり、夕方六時になるともう基地へ引き揚げてしまったりした。政府を支持しようとする農民があっても、彼らは夜ベトコンがやってくるときには、だれからも保護してもらえなかった。

不可避的に政府軍はベトコンの思うつぼにはまってしまった。ベトコンは農民に、アメリカ人に指揮された政府軍がやってきて、アメリカ人の操縦する飛行機が部落を爆撃し、多数の村民が死ぬだろうと予言する。やがて、戦闘が行われ、米軍顧問の同行する政府軍がやってくるし、また村は空から銃撃される。そして夜になるとベトコンがやってきて、傷ついた村民の手当をする。そしてベトコンに応募する農民が増えるのである。

ベトコンはこのような戦術をずっと前から用意していた。インドシナ戦争が終ると、彼らはすでに幹部の養成、武器の調達、武器貯蔵所の準備、秘密のぬけ穴やトンネルの建設を開始していた。ベトコンはもう一つの利点を持っていた。それは、新国家の生まれたての時代に彼らが反対者だったことだ。政府は実際に政策を遂行しなくてはならなかったのにたいし、彼らはただそれを傍観し、批判してさえいればよかった。未開発諸国では、独立にあたって新政府はごく少数の訓練された人々だけによって発足するから、将来のために、有能な行政官を育成しなくてはならなかった。しかし、ベトナムにかぎらず、どの国でも政府は、生活水準の向上、教育の普及、農業の改良や公衆衛生の改善、その他種々の改革にたいする国民の大きな期待に応えることができなかった。

そうした新政府はどうしても不器用である。ジエム政権は他の新興国の政府に比べて悪かったとはいえない。ただ、ベトナムでは他のほとんどの新興国に比べて問題が大きすぎたのである。ベトナムにフランスが残したものは、腐敗に満ちた行政制度だった。しかも、ゴ・ジン・ジエムは無能な行政官だった。優秀な人材は軍に入った。しかし彼らの存在は無視された。農民たちが接した政府当局者といえば、腐敗した地方役人だけで、彼らはさんざん税金をしぼりあげるだけで、十分な面倒を見てくれなかった。

これとは対照的に、ベトコンは直接施しをしなくても、ただ口約束をするだけでよかった。たとえば、ベトコンは不在地主の土地を、勝手に農民に分けてやる。ベトコンは、それによって失うものはまったくなしに、農民からの忠誠を勝ちとることができた。不在地主の土地を分けてもらった農民たちは、政府が土地を取り上げてしまうものと疑っていたから、ベトコンのことは何も教えなかったし、しばしばその一家はベトコンの積極的な手先となった。北ベトナムの共産主義者と同様、ベトコンは勝利を獲得した後には土地を集団化するだろうが、それはまた別問題だった。その問題をいま持ち出す必要はなかった。

しかもベトコンには長年の経験があった。ある米軍情報将校が私に語ったように、ベトナム戦争で困ることはベトコンが農村地帯の至るところに、二十年間にわたって、つねに勝者として革命戦争を戦ってきた政治委員を配置していることだった。彼らは徹底した訓練を受け、また職業的な革命家としての意識に徹していた。これにたいするベトナム政府側の役人は、訓練を受けたものであっても、それはアメリカ人やフランス人により訓練を受けたもので、いつも敗者の側にあった。ベトコンの脅威となるような有能な役人は殺されてしまったから、地方役人は日和見的態度をとりがちだった。彼らは中央政府には景気のいい報告を送っておいて、一方ではベトコンのやることに目をつむっていた。つまり彼らはベトコンと紳士協定を結んでいたのだ。このためゲリラには絶好の真空状態が生まれていた。

ベトコンの教育は早期教育だった。若いほど教育しやすかった。ベトコンは若者に冒険と興奮を与えた。ベトコンは自らを抑圧の敵、より良い世界の先駆者と称していたが、一般大衆に訴えるときは、もっとも基本的な問題を取り上げていた。もし、土地問題が民衆の不満となっている地域があれば、ここでのベトコンのテーマは土地改革だった。もし悪徳役人が民衆の幸福を妨げているような地域があれば、ベトコンはそこでは、農民の見ている前で悪徳役人を処刑した。アジアのおくれた貧窮のなかに育ち、自分たちの生活と豊かな人々の生活との間の不平等を、おぼろげにしか気づいていない少年には、より豊かなアジアというベトコンの呼びかけは説得力があった。とくにベトコンが地方で学校を開いているところではそうであった。

若者はやがてベトコン兵士の運搬人や伝令となって、ベトコンのために働くようになる。彼らは実績で昇進する。そして昇進のたびに、ますます筋金入りになっていく。ベトコンの政治教育は徹底していた。このような政治教育は政府側にはまったく見られなかった。ベトコンに加わった若者は、長期にわたる政治的、心理的訓練を受けたのちに、武器を手渡される。彼らは信念を持っている。彼らの目的が正しいものであり、彼らはベトナム国民を解放しようとしているのであり、政府軍は残酷で、アメリカの手先として動いていること、ベトコンの戦争は自分たちの父親が祖国の北半分をフランスから解放したのと同じように、祖国をアメリカ人から解放するためのものであると確信するようになる。またこれはベトコンの極意のひとつだが、ベトコンは自分たちが富めるものから略奪する貧しきものたちであると自負していた。だから彼らは、武器を容易に密輸できる場合でも、政府軍から武器を奪うことに全力をあげた。それによって彼らは誇りを感ずるとともに、他人に頼らず自分たちだけの力でやっていく自信を強めるのである。

若者が十分に政治教育を受け、ベトコンの政治目的を完全に理解したことを幹部が認めたときに、彼らは初めて軍事訓練にはいることを許された。ここでも優秀さが強調される。彼らは武器が重要な、かけがえのないものであることを教えられる。武器が初めて手渡されるときは儀式が行われる。この儀式は、若者が正式にベトコンの一員になる昇進の儀式である。この日若者は一人前になる。

これがベトコンの原料だった。彼らはタフな、思想的にも筋金入りのいつでも喜んで死ぬ男たちである。生まれてからたえず逆境のなかにあって、彼らのからだは驚くほど耐久力があった。大隊は大体においてインドシナ戦争で戦った人たちだった。彼らはほとんどが南ベトナムの、しかも現在彼らが戦っている地区の出身だが、北ベトナムでさらに訓練を受けてきた。彼らは文字通りえり抜きの人々で、実力だけで昇進してきた。もし、誤りを犯せば、彼らは職を失わなくてはならないことをよく知っていた。

ベトコンはまたアメリカ人将校が考えたことのないような巧妙な戦術を知っていた。彼らは過去二十年にわたって、つねに優勢な火力と空軍を持った敵と戦ってきた。必要上、彼らは注意深さ、ろうかいさを学び、また最小限の資源をどのように有効に使うかを学ばなくてはならなかった。生き延びるために、彼らはまた、策略を用いなくてはならなかった。不注意や、感情的な行動、無とん着さは確実に死を意味した。彼らは空軍力や武装兵員輸送車などに頼れなかった。逆に空軍力や武装兵員輸送車は彼らを一掃しようとしていた。したがって彼らの行動は神出鬼没でなくてはならなかった。米軍将校にいわせるとベトコンの指揮官たちは第六感で自分たちの周囲の気配にすぐ気がつく。ベトコンを包囲することはほとんど不可能に近かった。

ベトコンは、たえず訓練を行っていた。政府軍が訓練をおこたれば、それだけベトコンに有利だった。ベトコンはアメリカ人ヘリコプター操縦士の飛行技術を研究していたし、大きな攻撃に出る前には政府軍陣地の模型を作り、それで、政府軍を攻撃する訓練を行った。ベトコンには戦闘の各段階に応じて特定の任務を果たすために特別に訓練されたグループがあった。たとえば、第一波の攻撃をかけるグループ、敵の重要防衛拠点を破壊するグループ、武器を奪うグループ、退却する場合にこれを援護するグループなどである。

ベトコンにとっては待ち伏せ攻撃がきわめて重要な手段だった。待ち伏せ攻撃は小人数で行うことができ、しかも、しばしば大きな損害を与えた。待ち伏せ攻撃部隊にはいつも退路が用意されていた。待ち伏せ攻撃によって、ベトコンは政府軍兵士を殺し、武器を奪うほかに、心理的な成果もあげていた。待ち伏せ攻撃は政府軍をおびやかし、政府軍に基地を出たがらなくさせ、政府軍が農村地帯に入るのを徐々に少なくしていった。その結果ベトコンはますます自由に行動できるようになった。ベトコンは待ち伏せ攻撃を行うための準備攻撃をしかけてくることがしばしばあった。攻撃はベトコンの作戦のほんの一部で、政府軍の救援部隊を待ち伏せするのが主目的だった。このため政府軍は不幸な友軍が敵に攻撃されているのに救援に向かう気があまりしなくなった。

ベトナム人は生まれつき夜とジャングルを恐れる。しかし、ベトコンは若いうちに夜にたいする恐怖心を捨てさせられ、夜は彼らにとっては味方であり、白人や白人の飛行機にたいする敵であると教え込まれた。ベトコンにとって生活するのも、教育を受けるのも、旅行するのも、戦うのも夜のうちという生活様式になった。ジャングルについても同じことがいえた。ベトコンは必要に迫られて熱帯の密林についての知識を得、これを利用するようになった。政府の旗の下にいる人たちは決してこんなことはしない。

ベトコンの軍司令官は完全に政治委員の統制のもとにあった。すべての決定は、まず第一に政治的必要性に基づいて行われた。軍事的考慮は二の次だった。米軍将校は「われわれがある地域でベトコンをやっつけた場合、ベトコンが十日以内に同じ地域にある政府軍の大きな前哨地点を破壊することはほとんど確実だ。これは、ただ彼らがベトコンの旗をかかげて、彼らがまだ健在であることを農民に示すためである」と語った。

はじめてベトコンを見たときは大きな失望の念を感じる。なぜならベトコンは一見、一般のベトナム人とまったく変らないからである。ベトコンを見るときといえば、ヒザをついてこちらに発砲してくるときか、捕虜になったものか、あるいはもっと多いのは死体になっているものである。死体は足をそろえてきちんと並べられている。ベトコン・ゲリラは農民服、それも大ていは短いズボンをつけている。彼らはやせて、しかも筋肉質で、われわれについている通訳やタクシーの運転手を思い出させる。ただ違うのは髪の刈り方だ。彼らの刈り方は髪は長く伸ばすが、頭の両脇は深く刈り込む。あまりよい格好ではない。しかし、彼らの髪の刈り方は、彼らのボロボロの服や、たいていは農婦の写真しかはいっていない財布とともにベトコンを人間らしく見せている。しかし、彼らに同情は、そう長くは続かない。じゅうりんされた政府軍陣地の兵士たちが見たのもこのベトコンの顔だったからである。

ベトコンを捕虜にすることのできた作戦はそれほどなかった。例外的に私がベトコンを捕虜にするのを見たのは、六三年四月カマウ半島でイーグル・フライトの名で知られる新編成のヘリコプター部隊に同行したときである。イーグル・フライト作戦は危険な仕事であった。この作戦では少数の精鋭部隊をのせたヘリコプターが水田地帯の上空を旋回しながら敵を探し、それとおぼしきものを発見すると、ヘリコプターはただちに村の上などに空から兵隊を降ろし、兵士はその近くの民家を一軒一軒捜索した。敵のいることが分れば、他のヘリコプターで、後方に待機していた部隊もただちにこれに加わった。空から少数の部隊をすみやかに降ろし、未知の地帯を捜索するのは、時としては恐ろしいことだった。ヘリコプターは新聞記者席のように広い視野を持っているが、見ているのはフットボール競技ではなく戦争である。われわれが目的目ざして着陸するとき、小さな男たちが小ネズミのように動きまわり、ひざまずきながらわれわれに発砲するのが見えることもあった。

六三年四月二十一日、私は第二十一中隊に同行した。同部隊は隊員のほとんどがインドシナ戦争でベトミンと戦ったことのある優秀な部隊だった。当日われわれはベトコンの一個大隊を捜索し、同地区でベトコンが主要通信網として使っていたと思われる一連の村落に沿って行動した。ここはカマウ半島北部で、完全にベトコンの支配下にあり、ほとんどどの村でもベトコンの一隊をみかけることができた。

私はベトコンの〝一個大隊〟と書いたが、〝大隊〟などという言葉を使うのは適当でないかもしれない。それはベトコンがある場所で三百人といった部隊で攻撃してきても、攻撃後はただちに小さな集団に分散し、次の作戦の指令を待つために付近の村々へ逃げ込んでしまうからである。大きな集団で行動することは政府軍のよい目標になってしまう。また分散して行動することによって、ベトコンはそれだけ余計に、農民の教育を行うことができたし、またどの村でも何ヵ月も三百人分の食糧を用意することはできなかった。

この日の朝八時半ごろ、われわれのヘリコプターの真下にある村で動きがあるのが見えた。そのあとすぐ、われわれのヘリコプターの周囲で軽い破裂音がいくつかした。地上からの砲火だった。敵はエサにひっかかった。われわれは村に向けて高度を下げたが、何人かの男が急いで守備位置につくのがみえた。われわれのヘリコプターをはじめ、三台のヘリコプターが兵士を降ろし、他のヘリコプターはわれわれの上空を旋回しながら敵の陣地を攻撃した。われわれは銃火の中を並木に沿って前進していたが、黒い服を着た一人の男が広い田んぼを必死になって逃げていくのを見た。乾期で、田んぼは太陽の熱でパカパカになったドロにおおわれていた。ヘリコプター一機がほとんどその男の頭すれすれまで降りていった。男は走るのをやめ、手をあげた。ベトナム人の部隊長が男のところへ走っていった。男は武器を持っていなかった。また彼は、農民とみせかけるためにベトコンがよくやる平身低頭の身ぶりもやらなかった。はじめ彼は捕えられた男は怒ったような表情で、反抗的だったが、はじめ彼は、私めがけてツバをはきかけるまで、少しおびえているようだった。部隊長は男の顔を激しくひっぱたき、ベトナム語でなにかいった。後で通訳が教えてくれたことだが、この時、部隊長は「アメリカ人はとても親切だ。アメリカ人は人を殺したりはしない。アメリカ人はわれわれにつねづね人を殺すなといっている。しかし、俺はそんなに親切ではないから、お前を殺す」といったそうだ。通訳はこれを非常に面白く思って「ベトコンはこういう若い男たちに、あなた方アメリカ人がいかにどう猛な人間であるかを教え込みます。だから彼らはもし捕虜になれば、アメリカ人が彼らの心臓をとって朝食に食べるのだとさえ信じているのです。部隊長は正しいです。あなたはまだ戦争の味は何もご存知ない」といった。部隊長は男の尋問を終えると、筋金入りの教育を受けている男だといい「ベトコンは憎むことを教え込まれています」となかば申し訳なさそうにいった。

ベトコンはベトナム政府軍の兵士より、憎しみにもえているのは本当である。もっとも政府軍の兵士も時としては、かなり残酷なことをしたが。あるとき、バクリュウの南でベトナム海兵隊は激戦の後、多数のベトコンを捕虜にした。このとき現場にいたベトナム人の友人の話だと、捕虜たちはなかなかなまいきで、反米スローガンやベトナム語の悪口を叫び始めた。海兵隊はこの日将校一人を失い、アメリカ人の手先などと呼ばれることはがまんがならなかった。彼らは捕虜を一列に並べて容赦なく射殺してしまった。「最後まで宣伝を信じなければならなかったわけです」とこのベトナム人はいった。

ベトナム人の部隊長の語るところによると、捕虜になったゲリラは、この地域で行動しているベトコン精鋭大隊の一員で、分隊長かもしれないとのことだった。部隊長は捕虜の方を向いて、短く、しかし語気鋭くしゃべった。彼は、お前がなにもしゃべらないなら、飛んでいるヘリコプターの上から落して殺すといっていた。通訳が「部隊長のやり方はなかなかうまい。あの捕虜はヘリコプターに乗るのは初めてでしょう。きっと、こわがりますよ」といった。捕虜は、みんなにしばられてヘリコプターに載せられた。〔後でゲリラが本当にこわがっているのがわかった。しかし彼は口を割らなかった〕。私と部隊長は、なにもさえぎるものもない畑を通って村へ戻った。銃声が何回も聞こえ、私はいつものように畑にできるだけ低くしゃがみ込んだ。しかし部隊長はかまわず平気で歩いていた。彼は小さな散歩用のステッキを手に持ち、自分の土地を見回っている大地主のように見えた。私は感心した。

われわれが村に着いたときまでには、さらに二人のゲリラが捕えられていた。彼らは農民であるとごまかそうともしなかった。彼らはがん強に抵抗し、地上だけでなくヘリコプターからも銃撃を受けてやっと降伏した。部隊長はこの地域には少なくとも五、六人のベトコンが駐在していたから、まだ何人かが村のどこかに残っていると確信していた。しかし彼は残りのベトコンは絶好のかくれ場所にかくれていて、おそらく見つからないだろうとみていた。彼は「あいつらは村のどこかの地下にかくれているらしい」といって時計を見た。そして「あと五分だけ村を捜索する」と命令したのち、捕虜に向かって話し始めた。一人の捕虜は十九歳くらいだったが、反抗的な態度を見せ、ぷいっと横を向いてしまった。もう一人は二十五歳くらいで、部隊長を物珍しそうに見つめていた。「こいつは戦争や宣伝に多少いや気がさしているらしい。いずれ分るだろう。しかし、もう一人はしゃべらないだろう」と部隊長はいった。彼のいったことは正しかった。翌朝、年上の方が白状した。彼のいうところによると、二人は前週カマウ半島で政府軍陣地二ヵ所を攻撃したベトコン大隊の隊員で、この村に休養のために来たのだという。このベトコンは七年間も従軍しており、戦争に疲れ、軍から離れたがっていた。

五分後、兵隊たちが戻って来た。村の捜索でアメリカ製カービン銃一つが見つかった。部隊長は、これは期待以上の成果だといって驚き、喜んでいた。このカービンは、みせかけのワラ屋根の中にかくされていた。「みんな、よくやります。捜索するときは、なにか見つけようとするし、戦うときは敵を殺したがります」と部隊長は私の前で部下をほめた。

ヘリコプターが帰って来た。われわれはいっせいに飛び乗り、次の攻撃地点へ向かった。

この日は、あと二つの村の捜索を行ったが、発見されたのは一人の年とった農夫の作った粗製の手りゅう弾二個だけだった。「こいつは現地ゲリラだ」と部隊長がいった。ベトコンには三つの段階があり、現地ゲリラはその最下部になる。彼らは昼間は田畑で働き、夜になると戦闘に参加する。彼らが使う武器はもっとも質の悪いものだった。私がベトナムに着任したころは、ベトコンの武器はほとんど手製だった。私がベトナムを出発するころには、ベトコンはフランス製兵器と一部ではアメリカ製M1ライフル銃さえも使っていた。しかし六三年の四月でも、他に武器のない小さな村では手製の手りゅう弾やさびたライフル銃は大きな威力を発揮していた。

現地ゲリラはベトコンの機構のなかで、きわめて重要な役割りを演じていた。現地ゲリラの存在は村民に共産主義者がたえずついていることを感じさせた。また現地ゲリラは政府側の動きについての情報を伝えたり、村を訪れるベトコン政治委員の警備にあたることができたし、ベトコン正規軍の案内役ともなった。ことに最後の役割りがベトコンの成功と機動性にとって重要だった。つまり、ベトコンはどこへ行っても、訓練を受けた現地のガイドがいて、一見通行不能のような場所でも通り抜けることができるのである。現地ゲリラのおかげでベトコンは五時間に二十五マイルも移動できることさえあった。だから夜間攻撃を加えたベトコン・ゲリラを朝までに発見することはほとんど不可能だった。また現地ゲリラだけが村のなかでラジオを持っている場合が多く、このため彼らは宣伝網の重要な役割りも演じていた。〔彼らの持っているラジオは外がわだけのこともあった。しかし、その場合でも彼らはニュースを聞いていることを装い、ベトコンが勝ったという情報を流すことができた〕。

われわれは燃料補給のため、いったん基地へ戻り、また現地へ引き返した。昼ちょっと前、われわれは幸運にもベトコンを発見した。一つの村からベトコンの一団が飛び出てきて水田を一目散に横切った。村の木立ちから、激しい銃撃が行われた。わが方のヘリコプターのうち五台が兵員を降ろし、残りがこの地域一帯を掃射した。やがてゲリラが陣地を捨て近くの運河めがけて走った。おそらく、かくれ場所があるのだろう。われわれのヘリコプターは時速百キロのスピードで、地上すれすれにゲリラを追いかけた。敵は依然としてわれわれめがけて発砲したが、次第に散発的になった。

われわれは、逃げるゲリラの一人に迫った。水田の表面がでこぼこだったので、このゲリラはよろめきながら走り続けた。まるでタックルをよけようと走る、よっぱらいの選手のようだった。われわれのヘリコプターはじりじりと彼に近づいた。ヘリコプターの中から彼のあえぎが聞こえそうだった。さらに追いつめた。彼のあえぎが見えた。悪夢をみているようだった。しかしわれわれは追われているのではなく、追う方だった。ヘリコプターの副操縦士が機関銃を撃ったが当らなかった。ベトコンは逃げ続けた。突然、オレンジ色のせん光が見え、ヘリコプターの中に熱気が感ぜられた。ロケット弾が発射されたのだ。ヘリコプターは反動で激しく揺れた。ロケット弾が破裂し、ベトコンが倒れた。ヘリコプターは倒れたベトコンの真上まで来た。彼は動かなかった。しかし、ヘリコプターがその場を去ろうとすると、彼はよろよろと立ち上がり、なおも運河へ向けて進もうとした。運河まであとわずか五十メートルほどだった。ヘリコプターが旋回し、ふたたび彼に襲いかかろうとすると、彼はゴールに近づく走者のように運河の土手に向かって懸命になって走った。副操縦士がとどめの一撃を発射した。機関銃の弾丸が命中したとき、彼は運河に到達していた。彼は土手の上でつまずくようにして倒れた。

われわれはふたたび引き返し、旋回を続けた。水田の至るところで、ヘリコプターがベトコン狩りを行っていた。われわれは、他の部隊が捜索中の村の近くへ降りた。兵隊の民衆にたいする取り扱い方は、これまで私が見たことのないほど丁重だった。一軒の小屋の前で軍医が負傷したゲリラの一人に手当をほどこしてやっていた。

「こんなにたくさんの捕虜を捕えたことはいまだかつてありません」と部隊長がいった。捕虜は全部で十六人だった。彼は部下の一人に向かって「アメリカのお客様にあの小さな農夫をお見せしてくれ」と命じた。筋肉質の若者が一人連れ出されてきた。「こいつは農夫だと言いはっています」といって部隊長は男を私の前にぐいと押し出し、彼の手のひらを広げさせながら「こいつの手は農夫にしては柔かすぎる。まるでサイゴンのバーの女の手のようだ。こいつは兵隊としてはまだまだです。しかし二、三ヵ月で立派な兵隊になっていたでしょう」と説明してくれた。

この捕虜は、ぶるぶるとふるえ始めた。われわれが彼の分らぬ外国語で話していたことが明らかに彼をおびえさせたのだ。部隊長が英語で話した理由もそこにあった。部隊長は、われわれの部隊が急襲したのはベトコンの地域軍で、ベトコン・ゲリラの中では中間に位するものだと説明してくれた。彼らは百人程度のグループになって行動し、正規軍の大規模な攻撃の増援に加わり、またときには前哨基地を攻撃したりする各省ゲリラと呼ばれるものであった。

「このベトコン部隊の指導部はあまり優秀でないようです。精鋭部隊だったら、もっと激しい戦闘が行われ、死者もずっと多かったでしょう。私たちは敵を奇襲したようです」と部隊長が説明した。

ヘリコプターが飛び立つ前、私は運河まで行ってみた。あの小さなゲリラが死体となって運河の土手にもたれかかっていた。血がまだ運河に流れており、顔には苦痛のあとがあった。

ヘリコプター操縦士と部隊長は、もう一度攻撃を行うだけの燃料があるとの結論に達した。操縦士はこの日の戦果に大喜びで、すっかり上きげんだった。われわれはふたたび農村地帯の上を軽快に飛びまわった。操縦士たちはまた空軍のハナをあかしてやったと大得意だった。当時、陸軍将校のヘリコプター操縦士と空軍とは、ベトナム戦争でヘリコプターと戦闘機とどちらが役に立つかで激しく争っていた。とくに第二十一師団に配属されていた米空軍連絡将校ビル・バージン少佐と武装ヘリコプター中隊長のイバン・スラビッチ少佐の間の敵対感情はひどかった。バージン少佐はメコン川南の主と自負し、ヘリコプター操縦士をベトコン同様に憎んでいるといわれていた。「さあバクリュウに戻って、たんぼの中に着陸して、ベトコンをつかまえ、捕虜のベトコンをのせて田んぼから離陸できるようなT28機を、空軍さんはお持ちか、お聞きしたいね」とスラビッチ少佐は私にいった。

われわれは、さらにもう一つの村を急襲したが抵抗はなかった。しかし、村の木立の方へ向かって歩いていると、突然、私の周りで叫び声や泣き声が聞こえた。私はぎくりとした。私はなんの武器も持たず、もっとも私に近いところにいる兵隊でさえ五十メートルは離れていた。突然、深く掘った防空壕の中から二十人ほどの女や子供が飛び出してきた。彼らは私を指さしながら、泣きわめいていた。明らかに私におびえているのだ。この防衛設備からみて、この村はベトコン村だった。住民は私のような悪いアメリカ人についての宣伝をさんざん聞かされていたにちがいない。私にとってみれば、彼らは危険だった。私と村民はおたがいを恐れながらにらみ合った。

私はバトラー少佐を大声で呼び、どうしたらよいか聞いた。バトラー少佐は、私がアメリカ人は善良な人間であるという印象を与えるように行動することをすすめた。彼は「われわれのイメージを守れ」といった。あとでバトラー少佐はベトコン婦人をつかまえた最初の『タイムズ』記者とほめてくれた。私はさっそく女たちをベトナム人の部隊長に引き渡した。

われわれの部隊の兵隊たちは、ベトコン村での行動としては、きわめておとなしかった。ベトナム人の態度が急に変ることがよくあるのは驚くべきだった。あるときはじつに残忍きわまる態度をとるかと思うと、また捕虜と古い友人であるかのように話したりする。しかし、ベトコンはそうではなかった。インドシナ戦争当時、捕虜になった人たちの話だとベトコンは、それほど寛容ではなかった。これは別に驚くべきことではない。なぜなら、彼らは思想教育で憎むことをたたき込まれたからである。彼らは持てるものと戦う持たざるものだった。捕えられてからも彼らの気持はめったに変らなかった。

われわれはバクリュウに戻った。ゆかいな一日だった。政府軍側の損害はほとんどなく、これらの捕虜から重要な情報を聞き出せるかもしれなかった。みんな疲れていたが、さっぱりして愉快だった。このような戦果を別としても、この日はイーグル・フライトの威力が実証された。たった一人、やはり作戦に同行した『タイム』のマート・ペリー記者だけは元気がなかった。確かに、愉快な一日だったし、政府軍がよくやったことは認めるが、長い目で見た場合、逆効果があるのではないかと彼は指摘した。続くものがなにもない。村に残って今夜村民といっしょに働くものはない。村民はヘリコプターを見て、操縦士がアメリカ人であることを知った。また彼らは仲間が殺され、捕虜として引き立てられて行くところを見た。彼らがこの混乱の中からどのような結論に達するかは、はっきりしている。とくにベトコンがそばについていればなおさらだ。きょう捕まった男たちには、おそらく兄弟や息子や義理の兄弟がいるだろう。きょう以後はその人たちが彼らにとって代るだろう。これがペリーの意見だった。

われわれは黙ってペリーのいうことを聞いた。彼のいうことが正しいことはよく分っていたからである。確かに政府軍は急襲で勝利をおさめた。しかし、ベトナムの戦争は、勝ったといっても、それが見かけ通りとは限らなかった。ベトナム戦争は果てしない無情な戦争で、通常の軍事的な法則はあてはまらなかった。当面、敵は大きな代償を払った。しかし敵はいまでも、どこかの暗やみにひそんでいる。彼は農民のそばにつきそい、機会があればふたたび主導権を取り戻そうとしている。

それがわかっていたので、ベッドについても、その夜われわれの不安は去らなかった。

IX

　私がコンゴを離れ、一時ニューヨークに戻ると、バーニー・コープ、そして『ニューヨーク・タイムズ』までが、私にアフリカのどこかの国か町を好きになったかと聞いた。私はいかに自分がそうなっていないかを認めた。バーニーはびっくりして、海外特派員は少なくとも一つの町と恋におちいるようでなければならないといった。私はコンゴがどんなところか説明に努めたが、バーニーには馬耳東風だった。やがて私はサイゴンに行ったが、ここでバーニーのいった意味を理解した。私は仕事にとりつかれたばかりでなく、その国、その土地の人がすっかり好きになってしまったのである。

　それはまったくこたえられない仕事だった。ちょっと見ると、戦争はサイゴンからずっと離れたところの話に見えたが、一皮めくると二十年戦争の深い、痛々しい傷跡があった。人の反応は、その人が深く掘り下げ、話の全容を得ようとするか、うわっ面にとどまり、幻想を持ち続けるのに満足するかによって違っていた。ここでは記者は、兄弟の一人がベトナム軍に、多分もう一人が北ベトナムにいるといった女の子を、すばらしいフランス料理に連れ出すこともできる。もっともこんな事情をせんさくせずに連れ出したっていい。それはその記者の好奇心の問題である。翌朝早く、来もしない海外観光客用に設計したカラベル・ホテルで熱いシャワーを浴び、疲れをふり切ってジープでタンソンニュット（サイゴンの空港）へ走り、ヘリコプターのパイロットと朝食をとり、一緒に戦場に飛ぶ。

　要するにベトナムは新聞記者の夢の国である。そこにはなんでもある。戦争、非常に劇的でわくわくさせるストーリー、すばらしい食事、美しい風景、そして可愛らしい御婦人たち。アフリカにはなかったものがすべてであった。コンゴでは同僚が短い訪問を終えたときは、いつもみんな一緒に空港に行き、一週一便のパンアメリカン機が西欧の社会へ飛び立つのを、うらやましげに眺めるのだが、政府の国外追放にいつも脅かされていたサイゴンでは、しばしば、別の男にこの仕事を奪われないかという嫌な見通しに気をもんでいた。

　サイゴンに着いて二、三日後、AP通信のカメラマン、ホースト・ファースがラ・シガールに連れていってくれた。このナイトクラブはその後、われわれの大好きな店になった。ダンス禁止はサイゴンの夜の生活から楽しみの一部を奪ってしまっていたが、シガールは第一級の場所だった。食事はうまいし、サイゴンで一流の歌手が出ていた。サイゴンでよい歌手になると、大変な威信があって、その歌手は毎晩クラブからクラブへ、一晩四、五回ステージに立つ。そして一流レストランだけが最上の歌手を、最良の時刻に呼ぶことができた。

　シガールはまた陰謀の中心ということでも特別だった。秘密警察の元長官で、しばしばクーデターの計画者となっているチャン・キム・トゥエン博士が会合場所に使っていた。それはＣＩＡの機関員も同じだった。私はウェーターの半分がニューの警察機構の中心人物、レ・クアン・トン大佐のために働いていたのではないかと思っている。クラブはどこにも属していないコルシカ人がやっていた。この男は、装飾によい好みを持ち、騒ぐ兵士をひっぱたき、騒ぎを最小限に押えてしまうきついところもあった。

シガールに来た最初の夜、私はベトナムのジョーン・バエズ（米国の有名なフォークソングを歌う女性歌手）のような、そしてエディット・ピアフ（フランスのシャンソン歌手）のような嘆きをこめて、シャンソンを歌うエン・フンの歌を聞いた。エン・フンはいままで会った婦人の中でもっとも魅力的な女性の一人だった。彼女は一度みたらまぶたを離れない面長な顔立ちで、長い髪は腰まで垂れ下がっていた。その夜ホーストは数杯グラスをあけ、すっかり感傷的になっていた。エン・フンは〝外人部隊〟の歌を歌っていた。そしてホーストはアルジェリアから来たばかりだった。彼はそこでＯＡＳ（フランス植民主義者の過激派が作った秘密軍事組織）とフランス支配の崩壊をみてきたのであった。突然彼はテーブルをたたき、ひどくしかつめらしい顔をしてグラスを傾けた。そして「この国をコミュニストの手には渡せない」と悲しげにいった。

フランス人は、ベトナムにゆがめられた政治的遺産を残して行ったが、快適さを味わうということからいえば、彼らは最上の植民者だった。広い街路樹の並ぶ道、三時間の昼寝、すばらしい料理、それがサイゴンほどはっきりしているところはない。われわれ記者たちはカチナ通り（チュゾー通り〈自由通りの意味〉と改名されているが、六番街がアメリカ人街と呼ばれたように、しばしば昔の名で呼ばれている）際に腰を下ろし、くり広げられるサイゴンのくずれた生活を眺める。カチナは美しい通りで緑の木が並び米ドルがひしめく。路上はスリ、ドル買い、売春婦でいっぱいである。十セントで歯を抜くインスタント歯科医、アメリカ人向けのサテンの上衣を並べていて、〝いまあなたは地獄で過しておいでだから、これをお持ちになれば天国へ行けます〟と英語で売りつける店、中国風スープを五セントで売る屋台のソバ屋、パリ・バー、キャピトル・バー、その他たくさんのアメリカ式バー、そしてもちろん女たち。

サイゴンは女の子を見るのに都合のよい大都会だった。大新聞の出ない日曜日は、とくにそうだった。日曜はすべてのベトナムの女の子は〔アメリカ人と連れ立って歩くのを恥じるように、カチナ通りを歩くのを恥とするごく上流の子女を除いて〕カチナ通りをぶらついていた。若い子は洋服と考えられているもの、少なくとも洋風の散歩着、つまりぴったりしたカプリ・パンツと洋風ブラウスを着ていた。しかしもっと成熟した婦人たちは、伝統的な、ぴったりからだについたきもの、優雅で落着いていて、とてもセクシーなアオザイをひらひらさせていた。これはベトナム女性がおしりが小さく、中国人よりもやせて優雅なので、とてもよく似合っていた。そのうえ彼女たちの背を少し高くみせた。私は彼女たちの歩く姿は申し分のない優雅さだと思った。もっともこの点については一度、ニューヨークから来ていたとても魅力的な出版会社の重役夫人から反対されたけれども。彼女はベトナム婦人のどこが好きかと聞いた。私がとりわけ歩く姿だと答えると、彼女はすぐさま、歩き方がいかにまずいか、どれほど不格好か、どれだけスタイルが貧弱か、長広舌を浴びせた。うんざりした私は「まあいいです。でも彼女たちは私を夢中にさせてしまった」と答えた。

事実、サイゴン女性は世界中いたるところにいる女性たちと同じではある。そのひとつは彼女たちもいつも結婚したがった。ある日、歌姫のエン・フンと昼食をいっしょにした。彼女はアメリカ人が嫌いだといった。私がどこがいけないのかと聞くと、彼女は「アメリカ人はみんな私の歌を聞きたがるけど、私がベトナム人なのでだれも結婚したがらない」と答えて、きゅっとにらんだ。私は、アメリカ人はみんな音楽がとても好きなんだということをわかってほしいという以外に、うまい言葉を思いつくことができなかった。

ゴ・ジン・ニュー夫人はダンスを禁止していた。ニュー夫人はそれよりも、アメリカ人とベトナム女性の恋愛を禁じたかったのであろうが、それはできなかった。ハーキンズ大将はニュー夫人の同志で、一度次のような命令を出したことがある。「私は米兵とベトナムのガールフレンドとが公然と熱烈な別れを交わすことが似つかわしいこと、ないし適当なこととは考えない。とくにそれが空港のロビーとか待合室で行われる場合、ベトナム人の眼からみるとそうである」。

この場合、将軍の見解にはあまり注意が払われなかった。その理由のひとつは純白のおしきせを着るよう命じられてはいたが、どうかすると図々しく見えるバーの女の子から、ニュー夫人自身に至るまで、ベトナム婦人にはどこか激しいところがあったからである。

ソクチャンのヘリコプター操縦士のための将校クラブのバーで働いていたある女の子を思い出す。彼女はタフな少女で、彼女の英語の知識は——あるものは彼女の舌を疑っていたが——粗野でもっとも基本的な表現に限られていた。しかし一日中稲田を飛び回って帰ってくるヘリコプター操縦士にとって、彼女をからかうのは楽しみだった。彼女が怒ったネコのように、操縦士たちにやり返すからだった。しかしある日、ヘリコプターが落され二人の操縦士が死ぬと、彼女は悲しいささやかな弔いのために、サイゴンへ行く許可をくれと頼んだ。飛行場で従軍僧の祈りが戦場へ出る他のヘリコプターの騒音にかき消されている間、彼女はうちひしがれ、ヒステリックになって泣いていた。二人の大男にボロボロの人形を抱えるように、両側から支えられた彼女は、悲しみを絵にかいたようで、いまでも私の心から消えない。

悲しみはサイゴンのいたるところにある。しかし他の民族よりも悲しさをよく知っているベトナム人は、これをアメリカ人に負わせたりしなかった。彼らはそれを人生の一部として宿命的に受け入れていた。私はアメリカ大使館で、ある女の子を知った。彼女はいつも明るい気性で私の印象を深めていた。しかし夕食後のある夜、その子は私に身の上を話してくれた。アメリカ人のために働いている多くのベトナム人と同じように、北から来たベトナム人だった。十年前、難民の波の中に交じって、祖父とともに南下して来た。家族はこの老人のことを心配していたのだった。彼女の仕事は老人と一緒にいて、慰め、家族がいることを気づかせることだった。両親も一人の兄も五人の姉妹もまだ北にいた。彼女は九年も会っていなかった。兄はたぶん北ベトナム軍にいるかもしれないと、まるであたり前のことのようにたんたんと話した。彼女は家族からの便りもあまり聞けなかった。郵便は大変困難だし、彼女も手紙を受け取った家族が報復されるかもしれないので、あまり手紙を出さなかった。

彼女の父は弁護士だった。多くの財産を持っていた。いまその父は国家の公務員だった。北ベトナム政府の下で、家族があまり幸福だとは彼女は考えていなかった。むろん、家族からの手紙は決して政治のことに触れていなかったけれども、彼女はそう思っていた。

私はもう一度家族に会いたいかと聞いた。〝もちろん〟と彼女は答えたが、再会できるかどうか疑っていた。「あなた方もそんなことは考えていないでしょう。あなたはアメリカ人。どういう風に考えなの」。アメリカ人は多くの答えを知っているが、ただいわないだけだということを、ベトナム人は暗黙のうちに信じていた。

しばらくして、フランス時代には有名な踊り場だったダイキンドに飲みに出かけた。いまでは、だだっぴろく、罪業の習俗の変化をむなしく象徴していた。そこへ着くとすぐ、私は間違えたことに気づいた。歌手の声はがらんとした屋内競技場でのオーディションを聞いているみたいだった。

「いまではダンスもダメだね」と私がいうと、「そう。踊れないのがとても悲しい」と彼女はいった。見たところは彼女は家族を失ったのと同じくらい、このことを悲しんでいるようであった。

ベトナムの青年にとって、見かけはもっとひどいものだった。金持ちの生まれで、軍に行かずにすむか、あるいはパリに送られ、浅はかな職業的亡命生活をおくるか、またサイゴンで幹部将校の地位を買ってもらえるかしないかぎり、地方の稲田の中で戦争終結の見込みもなく、長い兵役の中で青春を過さなければならないだろうということを知りながら、青年たちは成長したのだった。

アメリカ人とベトナム人の友情はゆっくりとしかできてこなかった。政府は西洋人に近づき過ぎるベトナム人を疑った。軽いおしゃべりがもたらす結果を知るのが遅すぎた分別のない世間知らずのアメリカ人によって、傷ついたベトナム人が多過ぎた。そのうえ、もしベトナム人が一人のアメリカ人を友人にすると、たちまち彼はもっと多くのアメリカ人の友人を持つことになろうし、その結果、彼はアメリカのベトナム人として知られるようになる――その場合、このベトナム人は政府とアメリカ代表団の両方から監視されることになるだろう。このような状況では、ベトナム人がだれも進んでアメリカ人の友人になる危険をおかさないのは明らかだった。もちろんわれわれにとって、政府からウソつき、裏切りもの、共産主義者にだまされているものと呼ばれることは、有利なことであった。というのは国民は政府のいうことだけは信じなかったし、政府にいつもきまって批判される人は何か英雄のように考えられていたからである。

ベトナム人とアメリカ人の友情は、用心を必要とするものだった。われわれは電話を使うことや、公衆に見られることには、神経を使った。われわれが公然といっしょになれる友人が二、三人はいたが、大部分はアメリカから給料を受けているベトナム人で、すでに政府からマークされている人たちだった。われわれはまた、軍の中に何人か非常によい友だちを持っていた。しばしば第一線指揮官の客に招かれることもあるが、サイゴンではアメリカ人記者と話をした将校は、ただちに嫌疑をかけられた。

従ってわれわれのもっとも近いベトナム人の友人は、同業の新聞記者になりがちであった。ロイター通信のファン・スアン・アン、UPI通信のグエン・ゴク・ラオ、NBC放送（米三大民間放送網の一つ）ボー・フィン、CBS（NBCと並ぶ民間放送網）のハ・トゥック・カンといった人たちである。彼らはみなすばらしい人たちだった。当時、ベトナムで働くアメリカ人記者にとって、生活はきつく、危険なものだったが、これらのベトナム人の友人たちが直面していた危険に比べたら物の数ではなかった。われわれはアメリカのパスポートを持ち、追放されるだけだったが、処罰はベトナム人にはずっと重くなりがちであった。しかし彼らの立場はまったく魅惑的なものでもあった。というのはベトナム人は検閲なしの新聞など見たこともなかったが、彼らだけは自由な西側の新聞で働いていた。彼らの多くはベトナムから出たことはない人たちだが、普通余暇には、自分で英語を学んでいた。しかしこのような不利な点があるにもかかわらず、彼らはみんな記者の仕事が何か直観的に知っていた。

仏教徒危機の最中、政府は手あたりしだいベトナム人を逮捕していたが、シーハンと私は、UPIのラオをデモの最前線から離しておくのに骨を折った。われわれはこれらのデモはとても彼にとって危険で、われわれとしては彼を逮捕の危険にさらさせるわけにはいかないといいはったが、彼は記者としてそこにいなければならないといってきかなかった。ラオは北からの難民カトリックだが、仏教徒の中にとてもよい取材源を持っていた。みんな立派な人たちだった。彼らだけが閉鎖社会の中の自由人であり、だれかがインチキな話を提供しようとすると、われわれ以上に腹をたてた。

クーデター以前は、われわれはめったにベトナム人の家に招かれることはなかった。招いてくれるのはアメリカ人をもてなしても大丈夫と考えている政府高官だけだった。最初、ホーストと私は、サイゴンで最も新しく、魅惑的なカラベル・ホテルに泊まっていた。

われわれは二年もこのホテルにいた。だからたとえ始終、書類を探し回られたり、ネガを盗まれたり、電話が盗聴されるということがなかったとしても、移りたくなっているところであった。各種のベトナムの治安組織から受けた注意は、移転の決意を早めただけだった。ベトナムのような国では、記者はホテルにいる限り、まったくの旅行者で、記事を書き、バーに行き、仲間の記者と会い、夕食に出かけるだけというようなものである。しかし、ひとたび居を定めると、自分たち自身の生活が始まった。一九六二年十二月、六ヵ月間本国に帰るドイツ外交官の大邸宅を借りた。われわれは夕食に人を招きえたし、戦場帰りの将校を泊められたし、ベトナム人の友人がちょっと飲みに寄ることもできた。もう長期滞在旅行者といった気はしなくなった。

われわれはチーフと呼ばれる召使頭をはじめとする召使い連中をも引き継いだ。召使頭は料理に手を下さないが、料理を監督した。ベプ――ベトナム語で台所の意――は本当のコックだった。彼はいつも怒っていた。一日中カマドのそばに立ち続けたあげく、客が召使頭に夕食をほめるのを聞くだけだからだ。

召使頭はフランスの将軍の家の執事だった男で、いつもタイをしめていたが、上衣もタイもつけない二人の記者のところで働くのをためらっていた。時折り家に戻り、これから夕食に十人の客がくるといったり、ときにもっと悪くて、四人前のベトナムの夕食を用意してくれと頼んだり、――という事は、召使頭との関係改善に役立たなかった。彼は最初の三週間、不承認政策をとった〔理由のひとつは、まだ彼の給料は留守中のドイツ人から支払われていた〕。だが最後にわれわれはミト（デルタ地方の中心都市）から突然やって来た友人のサンディ・フォースト少佐の訪問のおかげで、やっと成功した。サンディは見ばえのする将校で、ちょうどフランス人のもののような自分のジープを運転してきた。米軍の階級章を知らない召使頭はサンディを大佐だと思い込んでしまい、すぐに中に通した。もしこんな友人がいるのなら、この二人にも希望が持てるかもしれないと彼は心に決めた。それから、家の中の空気は一転し、ホーストと私はいささかの尊敬をもって扱われるようになった。

召使頭はラオス国境辺に駐留するジョージ・ガスパード大尉のチームに属すもう一人の友人、チャック・ウォルシュ特殊部隊軍曹が気に入っていた。ウォルシュはベレーをかぶり、口ひげをたくわえ、少しフランス語が話せた。これが召使頭に好感をもたせた。困ったことは唯ひとつ位が低いことで、召使頭はとうとうウォルシュは諜報関係の人間に違いないということで理由づけをした。彼がこれをウォルシュにたずねると、ウォルシュはいたずらっぽくうなずいた。スパイを見破って喜んだ召使頭は、ウォルシュを心をゆるしうる友人とし、われわれよりはるかによくもてなした。

われわれが戦場で知り合った将校の多くはサイゴンに基地もなければ友人もなかった。そこでいつもわが家にやって来た。しだいに家はホテルにみたいになった。私が五日ばかりデルタに出て戻ってみると、ヘリコプター中隊の将校全員がパーティーをやっていた。将軍も出席し（召使頭への威信はさらに高まったことになる）、街路は閉鎖され警官が護衛に立ち、この区域の受け持ち警官はひどく丁寧になっていた。

大きな邸には湯のほかはなんでもあった。しかしある日、軍の友人がそっとはいって来て、バスルームにガス湯わかし器をつけて帰った。この湯わかし器は貴重な財産となり、ドイツ人が戻って来たときは、持って出た。

召使頭は複雑な気持ちで新しい主人をみていた。彼の仕事は前よりずっとうま味のあるものになっていた。わが家の客の多くはただで泊ったのに気がとがめて、召使頭に気前よくチップを渡していたからである。しかし一方で生活そのものはいっそう想像を絶したものとなっていた。ある晩などは朝方の三時に、召使頭が私を起こして居間に連れて行った。そこで待ち受けていたのは信じがたい光景だった。広い部屋で米軍特殊部隊の兵士と輪タクの運ちゃんが追いかけっこをしていたのである。運ちゃんはサイゴンで一流の住宅街にアメリカ人を連れてきたのだからもっとチップがあっていいはずだと思っているらしかった。連れてこられた女の子は部屋のすみで小さくなっていた。召使頭は、このゴタゴタを指しているのか、女の子のことかはわからないが、「不愉快、不愉快」とどなっていた。

しかししだいにコックがわが家の中心になってきた。彼は素晴しい料理人だったし、腹をすかした若い人たちに料理を出すのを喜んでいた。市場で新鮮な食べものを買って来るのが大得意で、最上品を集めていることをわからせようと、ホーストと私が朝食をとっているところに飛び込んで来て、紙袋をあけ、生きたカニを床にはい歩かせたりした。私たちはいつもそれを十分に有難がった。彼はメニューを用意し、毎朝私たちとお客の数などを相談し、市場に出かけて行った。

私たちがいる間に、召使の間の順位は目にみえて変わった。食事のとき、気に入ると、コックを調理場から呼んで直接、ほめてやったりしたからである。評判が高まるとともに、彼も懐具合いがよくなって、タイを自前で買い、食事どきには戸口に立って、客を招じ入れたりするようになった。ほめられればほめられるほど、料理はよくなった。六ヵ月が終わり、ドイツ人が帰って来たとき、私たちはこのコックを引き抜き、ファン・タン・ジャン街の家に移った。彼はそこでコックと召使頭の両方の地位を与えられた。

私たちはいつも家で食事をしていたわけではない。サイゴンは世界でも有数の食通向きの大都市のひとつである。海産物やフランス料理、中国料理の好きなものにとってはとくにそうである。定期的に私たちは中国人街チョロンに行った。とくに割ったカニが売りもののダイヤモンドという店によく行った。私たちはレモンをつけた貝のいため料理をどっさり注文した。これは熱くてよく指にやけどをしたが、貝ガラをワキに捨てながら食べている間は話すヒマも惜しかった。

新しい面白い場所を探しに車を拾ってよく行った。ヘリコプターに乗り、あるいは戦場の夜のパトロールに同行することも辞さない私たちだったが、サイゴンで車を運転するほどの勇気はなかった。交通規則はすこぶる簡単で、できるだけ多くの車を一時に交差点に集めるようにできているみたいだった。ちゃんとしたやり方などはなく、引き下がった方が負けだった。主な交通手段は何千台というちっぽけなおんぼろルノーのタクシーで、ドアは針ガネでしばりつけてあり、エンジンは中国の軽機関銃のようなけたたましい音をたて、ファンベルトは何か間に合わせのゴムベルトみたいだった。タクシーはいつもガソリンが切れていて、とくに約束の時間に遅れそうなときに限ってそうであった。腹をたてながら乗り込むと、運ちゃんはにこりと笑い、小さなカンを取り出して、ガソリンをタンクに入れ、車を数回けとばして、またにやりと笑い、運転を始めるのである。

おまけにタクシーは生活にちょっぴりサスペンスを加えていた。どこへ着くのか、行ってみないと確かでないからである。行く先きをいうと、運ちゃんは元気よくうなずき、行く先きをはっきり知っているかのような態度を示す。西洋人はしばしば何か考えていたり疲れていたりしていて、ぐっと座席に深く身を沈める。そして五分後に、正反対の方向に飛ばしているのに気がつく。ある軍の友人はある夜遅く基地に帰ろうとしていた。タクシーをつかまえ、眠り込んだ。二十分後に目を覚すと、反対方向に何マイルも来てしまっていた。この友人はタクシーを止め、運ちゃんを放り出し、自分で運転して基地に戻った。車は門の外に乗り捨てたままになった。

社交生活はなお限られたものであった。特別の国家の祭日でもない限り、アメリカ高官の家に招かれることはなかった。そして多くのカクテルパーティーは、いささか毒気のある論争でおわるのが普通であった。あるとき少将夫人がやって来て、私は心理学を大学で専攻したが、あなたは結婚しているかとたずねた。結婚していないと私は答えた。「それがあなたの記事では問題なのよ。独身者は忍耐心がなくて、多くを期待し過ぎ、バランスの感覚が欠けているから」と彼女は勝ち誇っていった。私は「多分それは正しいでしょう。ただ困ったことにジエムも独身でしてね」といってやった。

町での遊びもやや限られたものであった。シガールもあるが、私と親友のハ・トゥック・カンはドック・クインと呼ばれる別の店によく行った。ベトナムにしてはおかしなところだった。ハーバードスクエア（ハーバード大学正門前広場）と、神秘的な東洋との合いの子みたいなところで、しめっぽく穴ぐらみたいなところだったが、壁という壁には〝アイ・ラブ・ユー〟という落書きがいろいろな言葉で書いてあった。

常連はベトナムの諜報機関や秘密警察の連中で、フロア・ショーは売り出そうと機会をねらっている若いベトナムの歌手たちがもっぱらやっていた。ドック・クインというのは持ち主の名で、店にもその名をつけ、歌手たちには大したカネを払ってはいなかった。私は彼がスターの卵を探すハリウッドの監督と同じような関心を持っているのかどうか疑っていた。

ドックは小男でベトナムのエド・サリバン（米国の有名なテレビ・タレントでテレビ・ショーの司者会）みたいだったが、携帯マイクを持っていてクラブの中を歩きながら、時折り、突然歌い出した。好きなのは『ジェリコの戦い』だったが、彼が歌うと、〝ジョシュア・フィット・ド・バトル・オブ・ジェリコ〟というのが〝ザ・ザ・フィート・ド・ボール・オブ・チェラコール〟と聞こえた。

ドックの店でよいのは形式ばらないことで、歌い手はテーブルにやって来て話し込み、私たちはいつも楽しい時を過すのだった。ショーの世界にはいりたがっている若いベトナム人はまったくアメリカのそうした若い人たちと同じで、気取った歩き方で、三文小説にあるようにオーバーな抱きしめ方をした。歌手たちはカンが名の売れた男で、白のスポーツ・カーを持ち、よく知られたプレーボーイだったので、よく私たちのテーブルに来た。彼はテレビのカメラマンだった。彼女たちはテレビなど見たこともなかったが、それでも十分、効き目があった。

ある歌手はしばらくの間、とくに私によかった。なぜ彼女が近づいてくるのかわかるまで、私はまったく浮き浮きしていた。

彼女は沖縄に移された特殊部隊の軍曹と結婚できるよう、私にアメリカ大使館で身許保証人になってほしかったのであった。

ともかく、なにもかもがよい生活だった。折々、とくに後になって、私たちが『タイム』や同僚の旅行者から批判され、また政府が私たちに圧力を加え始めると、友人から心配した手紙を受け取った。しかし同情は不必要だった。ベトナム特派員でいられる好運を授かったものたちは、自分たちを少数の特権者だと考えていた。

X

一九六二年の春から夏にかけて、アメリカのヘリコプターが到着し、これが促進剤となって実際以上に楽観的な見通しを生み出していた。ヘリコプターの到着は戦争の性格や相手のやり方を変えさせたわけではなかったが、相手はこの新兵器の到着と政府軍の火力の増大にスキをつかれた形であった。五月から九月まで政府がメコン・デルタ地域の北部で軍事主導権を再びとりそうにみえた。ベトコンは政治、心理戦で大きな優位を示してはいたが、もし政府軍側がこの新兵器と人的資源を正しく使っていたら、ベトコンは軍事的な困難にぶつかっていたことだろう。

　そのころはサイゴンで大きな楽観論があり、はじめて作戦を毎日みるようになった第一線のアメリカ人の間では大きな不安が持たれているといった時期であった。当時、ベトコン主力部隊の力は比較的限られており、各部隊は二百人ぐらいで、自動火器はほとんど持っていなかった。理論的には彼らは、人数も多くよく装備された政府軍部隊に対抗できないはずであった。

　しかし、このころはまた政府の側が致命的な誤りを犯したときでもあった。この誤りは米軍最高司令部も気がつかず、後にデルタの将来と戦争全体に影響を与えたものである。ベトナムにおける米国の経験の中で、もっともいらいらさせられる問題のひとつは、国際的水準からすれば戦争が比較的小さな問題であったあの段階で、もし米国がジエムにデルタで対決を強いる道を選ばせていたならば、どうなっていただろうかといろいろ推測することだ。当時キューバのミサイル危機などベトナム人の問題よりもっと劇的な出来事が、新聞の第一面を占めていた。ワシントンは他の問題を抱えていたし、当局者たちはベトナム問題を聞きたがってはいなかった。そんなわけで、サイゴンでの争いはワシントンの当局に認められることを求めており、そこに危機があった。

　豊かで人口の多いデルタの北半分で、何ヵ月もかけた第七師団の最後の大作戦を、私は六二年十月六日に見た。そのときベトコンの第五百十四大隊は戦術を変えた。彼らは退却せずに踏み留まって戦った。そして、レンジャー中隊の多数を殺した。三日後、省の民兵大隊が同地域の近くで作戦し、そのうちの一個中隊が突然、増強されたベトコン中隊とばったりと正面からぶつかった。これは待ち伏せではなかった。部隊はどちらも明らかに遭遇したのであって、引き金を引く時間しかなかった。交戦は短時間で、ひどかった。終わったときには民兵十八人が死んでいた。しかしゲリラの方も十八の死体を残していた。この部隊についていた米軍の大尉は民兵の反撃ぶりを喜んだ。兵隊たちは奪われただけ、奪ったのであった。

　しかしなお、一つの師団の地域内で、一週間のうちに二つの政府軍部隊が大きな損害を被ったという事実は残った。前に述べたように師団長のフィン・バン・カオ大佐は釈明のためジエム大統領に呼ばれた。その日から、慎重さが第七師団の座右銘となった。ほとんどすべてのベトナム軍指揮官は慎重であったが、中には他の指揮官よりもっとそうであるものがいた。ジエムはよい耳を持っていた。カオはもっとも政治的な男だったし、師団長の中で一番野心的であった。そしてベトナムの同僚からもっとも尊敬されていない男であった。ジエム同様、中部ベトナム出身のカトリックであり、ゴ家の父祖の土地であるユエの出身だった。この宗教と出生地が彼をサイゴン地域の軍の指揮をゆだねられるエリートグループの一員としていた。また過去にジエムに示した個人的な忠誠が、もっと有能で経験のある多くのベトナム人を差しおいて、彼を枢要な地位につかせていた。

第七師団は戦略的な要点を受け持っていた。首都から幹線道路を通って南約六十数キロにあり、何時間もかけずに大統領を追放したり、救出したりするのに手を貸すことができた。カオは六〇年の空挺部隊のクーデターのとき、ジエム救援にかけつけ、その信頼を獲得した。これは一面では大統領にたいする本心からの尊敬からだが、日和見主義による面もあった。カオはジエムにぴったりついており、その興亡はジエムとともにあることをはっきりと認識していた。

カオは虚栄心の強い男だった。薄いベールをかけたものの、自分自身を称賛した小説『戦火の下に育った』の著者である。彼はナポレオンをひどく賛美し、司令部をナポレオンの地図室そっくりにしようとした。〔これはちょっとした問題をおこした。というのは、そっくりマネるには室に通じる唯一の扉が、軍事地図のロンアン省の真ん中のところで開くようにしなければならなかったからで、カオはついにナポレオン式の扉を別のところに移すことを承諾させられてしまったのだった〕。

カオは勝利を一人称単数でいい、〔〝私はきょうベトコンを五十人殺した〟という具合に〕戦果をひどく誇張しがちであった。とうとう記者たちは〝カオ方程式〟を編み出した。それはまずカオの数字をいれ、発表された同じ作戦での政府側の損害数を引き、三で割ると、真実に近づいた数が出る。彼はいつも戦闘でベトコンの高官を殺したといっていた。彼は前の年に八人のベトコンの地区責任者を〝殺した〟ものと推定されていた。また彼は自分だけが本当にゲリラ戦を理解している将校だと思っていた。このため、ベトコンの動きを四、五日前につかまえられると信じていた。これはまったくの誤りだが、この考えが彼を有頂天にした。

他の多くのベトナム高級将校と同じで、訪ねて来た米当局者を扱うのは非常にたくみであった。米海兵隊司令官デービッド・シャウプ将軍がミトにちょっと寄ったとき、カオは第七師団のバンドに『海兵隊賛歌』を演奏させて迎え、「米海兵隊、マンテジーマの広間からメコン川の岸まで」というスローガンを書き出した（米軍が一八四六年、ニューメキシコのチャプルタペクの城をとったとき、城にあった広間の一つが「マンテジーマの広間」で、海兵隊の軍歌に「マンテジーマの広間からピカデリーの浜辺まで」という文句があり、これはそれをもじったもの）。シャウプはひどく感動した。軍事援助司令部作戦部長ジェリー・ケルチャー准将が着く前、カオは米軍顧問のジョシ・バン中佐をつかまえて、ケルチャー准将がもっとも関心を持っているものは何かと聞いた。バンは「夜のパトロールと夜戦」と答えた。ケルチャーがつくと、カオは説明の大部分を夜戦の重要性の説明に費し、第七師団でももっとやる必要があると強調した。「ではどうしてやらないのか」とケルチャーは聞き、カオを黙らせてしまった。

カオはゴ・ジン・ニューのカンラオ党（秘密党員より成り、政府、軍機構はじめあらゆる層に入ってスパイ・謀略を実施したジエム体制の支えで、クーデターとともに解散）のメンバーで、多くの政治的に任命されたベトナム軍将校と同様に、実戦の銃声をあまり聞いたことがなかった。彼は滅多に戦闘中の戦場に足を踏み入れなかったし、自分の軍隊が銃火の下でどのように反撃するかをほとんど考えたことがなかった。部下たちは世界一よく訓練された軍隊だというのが好きであったが、事実は訓練はひどくお粗末で、指導が必要であった。彼は自分の管区内の省長とめったに会わず、省長が政治的に協力的かどうかで作戦を立てた。

カオはまた策士であった。あるとき、L・クレー将軍の息子でカオのところで顧問を勤めていたフランク・クレー大佐に、サイゴンでクーデターが発生していると告げた。クレー大佐はすぐさま司令部に通報、さらにこの話は大統領府に伝えられた。間もなくジエムはカオを呼び出し、イタズラをするなとたしなめた。これはたぶんクレー大佐がどう反応するかを試すためのカオ一流のやり方だったのだろう。

カオは非常に利口だったが、感化されやすい男でもあった。そこで米軍顧問たちは彼の周囲に戦闘的な空気を作り出そうと試みた。住民やアメリカ人、そしてカオ自身に、カオが戦闘的であると信じ込ませようとしたのである。カオがその通り行動し始めるかもしれないと思ったからだ。新入りの記者たちはカオの戦闘的行動の伝説を聞かされた。私も最初、いっぱいくった。その結果、敵に攻撃的であることがカオにとっていかによい売名になるかを示すいくつかの記事が出た。最初このやり方は少し成功した。そうでもなければ危険すぎると考えられたかもしれない作戦を、米軍顧問たちは作成することができた。

長い目でみれば、売り手市場でないところで米軍の戦術を売り込むことは得にならなかった。善意のアメリカ人もベトナム方式を支持していたし、なによりもカオはそのベトナム方式の産物だったからである。カオの米軍顧問たちは、個人的な説得以外に方法はなかった。クレー大佐はカオがもっと攻撃的にならないなら、ヘリコプターを使わせないと脅したが、ムダであった。ベトナム人はアメリカ人がもっと攻撃的な作戦をやろうとしても、できないことをよく知っていた。ベトナムの指揮官は自分の方針に固執する米軍顧問を締め出すことができた。やがてそのアメリカ人は更迭される。この戦法がデルタほど損害を与えたところはなかった。この大切なときに、もっとも大事な地域で、カオはベトナム方式の典型通り振る舞った。このベトナム方式はジエムの支配権、疑惑、損失をおかしてイニシアチブをとることをためらわせ、技術と勇気に報いないことを内容としていた。

皮肉なことだが、カオはもし攻撃的な司令官であることが政治的利益をもたらすようであったなら、彼は米軍顧問の勧告に従っていただろう。しかしアメリカ人とゴ一族の間には、戦術について基本的な意見の食い違いがあった。カオのようなベトナム人、バン中佐のような米軍顧問は、この対立の犠牲者であった。このころ、国の軍事の重点、資源の大部分は、中部海岸地域におかれていた。ゴ一族がこの地域の住民以外を信用していなかったからだ。もし米軍が思い通りやれたら、デルタが優先されていたろう。この期間、戦争の八〇%はデルタで戦われながらも、九個師団のうち二個師団しかデルタに配置されていなかった。

さきに触れたように、前線のアメリカ人は、戦争の進み具合に不安を持ち、誤った楽観論が抱かれていると考えていた。例えばバン中佐は、政府当局にも、新聞にも、これまで最大の勝利と伝えられていた六二年七月二十日の作戦を、とくに思い悩んでいた。この最初の大きなヘリコプターの夜間作戦で、政府軍はカンボジア国境近くのベトコン一個大隊の上に降下し、よく戦い、ゲリラの一個中隊に大損害を与えた。またたくうちに百四十一人のベトコンを殺し、一方政府軍の損害は三十人以下であった。

しかし二百人近い敵が攻撃をすり抜けた。最初の攻撃隊と一緒に降りたバン中佐は、ヘリコプターを呼び追撃を求めた。彼は無線で司令部を呼び、カオ大佐にゲリラがカンボジア国境に脱出するのを防ぐため予備の一個大隊を西側に降下させるよう勧告した。この戦術が正しく実行されていたら、バラバラになりパニック状態に陥っていた敵大隊をたぶん掃滅できたことだろう。だがバン中佐が憤激しながら見守るうちに、ベトコンは安全に脱出した。司令部に戻ってみると、予備軍のヘリコプターの一部は、捕獲兵器を陳列場に運ぶために使われ、ベトナムの要人がサイゴンから飛んで来ていた。そして勝利の大パーティーが始まっていた。バン中佐はカオをパーティーの席から連れ出し、どうなっているのか知ろうとした。カオは予備大隊は別の指揮系統に属し、カオの方の連隊長は別の組が参加して、勝利を分け合うのを嫌ったのだと説明した。

またもや政府軍はベトコンを逃がしてしまった。バン中佐にとって、大勝利は非常に限られたものだった。掃滅されていたはずの大隊がまだ残っていた。二週間後に彼らは戻ってくるだろう。攪乱工作をし、小さな前哨基地を破壊し、またベトコンの隊員たちは、農民を教化し、広い地域の政府支配権に、非常に効果的に、しかし静かに挑戦してくるだろう。

しかし現実はもっと悪いことになった。ジエム・カオ会談後、第七師団の勢いはぱったりとまってしまったのだ。アメリカが一年半も、辛抱強く設立を働きかけてきた共同作戦参謀部はウソになった。カオは作戦を自分だけで計画し始めた。軍事情報の重要性をベトナム側に教え込もうとするアメリカ側の努力はムダになった。ベトコンの居場所について情報手段が改善されたにもかかわらず、何千もの兵士が敵の居ない場所をめがけて作戦をしかけた。ベトコンが踏みとどまって戦うことを余儀なくされ、その結果政府軍の損害がふえるといったことのないように、どの作戦でも明らかに抜け道を残した。部落の並木に向けて突撃する前に、ゲリラに警告するため、長い砲撃をやった。カオの慎重さは驚くばかりで、ジエムとの十月の会談から、彼の忠誠と従順が報われた六二年十二月二十二日まで、十四回の師団作戦で、正規軍の死者はわずか四人であった。この間に何百人という保安隊や民兵が持ち場を守ったために殺された。

『ニューヨーク・タイムズ』の、十月二十日の〝週間ニュース展望〟は次のように述べている。

戦争がいかにうまくいっているか、アメリカの援助増大がいかにそれに役立っているかを判断しようとするとき、ときに結果が現実に得られる前に公表されてしまう傾向、同時に悲観的報道を信用しない傾向があるように思われる。結局、このような戦争がどう進んでいるか本当にだれがどう判断できるだろうかといわれている。同様に本当に戦争がうまくいっているのだと示したり、そうした証拠を選んでくる傾向もあるかもしれない。こうしてこ こ数ヵ月、続々ベトナムを訪れてくる要人たちは、前の人の楽観論に刺激されて、だれもが前の人よりさらに少し楽観的であるように思われるまでに、用心深い楽観論という公式路線を続けてきた。ベトナムの現地にはワシントンやサイゴンよりもかなり悲観的なものがあり、戦争の現実に近いものほど、公式の楽観論から遠くなっていることは報道されるべきことだ。

この記事はさらにベトナムで定期的に繰り返えされている誤りのいくつかを列記し、次のようにいっている。

アメリカ人はすばしこい敵にたいして、戦闘面で緊迫感が欠けていることに悩まされている。戦場にいるアメリカ人の側には、対ゲリラ戦術の話がどこでも始終いわれているにもかかわらず、実際の戦闘はそうなっていないという感じが持たれている。ある米軍高官は「ときに私はこの戦争が公式には短期の情勢報告に基づいて順調だと報道されているように思う。基本的なことは改善されていないし、われわれがそうした修正をなし得る立場にあるのかどうか私にはわからない」といった。楽観論の多くはまだ保証されていないようにみえる。これは大部分がどちらにも組せず、いささか非友好的な農民の中で、国民大多数の心をまだ十分握ってはいない政府によって、戦われている戦争である。敵はやせて腹をすかしているが、この種の戦いに慣れており、自己にとてもきびしく、なによりも、欲しいものには代価を喜んで払う敵である。というのは、代金が払われるかどうかは重大な問題である。アメリカの援助にもかかわらず、これはまだアメリカの戦争ではない。そして代金を払うことを示すのはサイゴン政府の仕事である。

当時だれも十分理解していなかったが、これはデルタにとって決定的な時期であった。ゲリラ戦は地方住民に直接見られている。だからこうした戦争に成功するには、軍隊は農民に政治的便宜を与え得ることを示さなければならないだけでなく、彼らを保護できることをも証明しなければならない。このような軍事、政治情勢下で、ときに非常に重大な時期がある。非常によくわかった観察者でも、しばしばこの時がわからない。それは地方の人たちが、どちらが勝っているかを感じる時である。六二年秋の何ヵ月間かの間、私やその他の人も、戦争がうまくいっていないことを知りながら、どれほど悪化しつつあるかを十分理解していなかった。政府の勢いのなさが、農民ほど直接に私たちに響いてこないからである。

われわれは手詰りというい い方をしていた。しかし私はいらい、ゲリラ戦には手詰りというようなものはないことを確信するようになった。一方ははずみをつけており、他方はそうではない。まったく簡単なことだが、この時の勢い、はずみを最初に知るのは農民たちである。

　そのうえ、ゲリラはほとんど常に、軍事・政治両方の目的を、相手方に気づかれないように、できる限り静かに獲得しようとつとめる。デルタではベトコンは戦争の早い段階で、時の勢いに乗っていた。そのころ政府軍はゲリラに挑戦する準備がなく、農民はゲリラが最後に勝つだろうと感じていた。やがて米軍の増援が始まり、援助が注入され、政府軍に新しい活力と機動性が与えられた。六二年の春から夏、政府がデルタ北部のベトコン支配権に挑戦したとき、農民は洞が峠に戻り、わが方の情報は改善され始めた。

　しかし六二年秋には落ち目になってきた。政府は機械化された武器、資源を利用できず、勢いを失って行った。政府軍大隊は敵を探索し、追跡し、罰を加えてはいなかった。ベトコンはよりのんびりした生活ができ、政府軍は郡庁所在地から出ようとはしなかった。またもこの時流の変化を理解したのは、サイゴンの米軍情報将校でもなく、ミトのそれでもなく、新聞記者でもなければ、ペンタゴンの楽観的な役人でもない、戦闘地域の農民だった。彼らは政府軍の前哨基地が占領され、ゲリラが自由に移動し、どちらの戦意が旺《おう》盛であるかということを知っていた。ベトナムの農民は非常に現実的であり、風向きには敏感であった。

　このころ、米軍顧問たちの焦燥感はひどく、いらいらし、憂うつであった。彼らはカオが昇進してしまい、戦争の方は彼らの思い通りやれるようになることを望んでいた。入ってくる情報はベトコンが日増しに強くなっていることを伝えていた。

　六三年二月初め、ミトで若い大尉がやってきて「あなたはこの戦争が本当にどんなものか知りたいのですか」と聞いた。私は当時このことを書かなかったが、このときのことは非常によく覚えている。これは私が書きたいと思っていた種類の話ではなかった。私はアメリカ人だし、作戦、勝利、捕獲兵器を探していた。知られずに占領され、二度と聞かれないような小さな前哨基地の話など求めてはいなかった。

　われわれはヘリコプターで、六十キロばかり離れたところにあり、その日の明け方壊滅した小さな民兵の前哨基地に飛んだ。そこで民兵の死体二十を見つけた。ほとんど全部が後頭部から射たれていた。たぶん大多数はそのとき眠っていたのだろう。こんな事件はベトナムでは日常茶飯事となっていた。私はそのとき見逃したのだが、もし壁に手で書かれた文字を読めていたら、それを記事にしていただろう。

　おびえ取り乱した兵士の寡婦たちが、泣き叫び、助けを求めていた。彼女たちが持っていたほんのわずかの安全も、消えてしまったのだった。彼女たちの周囲には、父を失った子どもたちがいっぱいいた。部落が孤立していればいるほど、子どもの数が多いようである。米軍大尉は死体の間を歩き回り、手足を切断された死体をあちこち私に指し示した。通訳を連れていたので、婦人たちと話をした。「彼女たちはここに兵隊を送るよう望んでいます」と通訳。大尉は努力するといえと通訳にいい、「この国でどうして約束なんかできるんだ」とはき出すようにいった。そして大尉は、婦人たちに事件を遺憾に思うといえと、通訳に命じた。通訳はこれを伝えるのをためらっていたようであった。

残っている村人の中に老人がいた。通訳を通して大尉は、彼の尋問を始めた。

「行くえ不明の民兵は？」「二人いる」「戦闘はどのくらい続いたか」「戦闘はなかった」「この基地の兵隊は巡察に出たことがあるか」「すみませんが、私は巡察に気づいたことがありません」〔ミトへの帰途、大尉は「彼らは夜外へ出て、小道を下り、小便をして、夜の巡察といってるんだ」といった〕。

「ベトコンが何人ここにいたか。どんな部隊がいたことがあるか知っているか」。

この質問に老人はただ顔をそむけた。だれも老人をとがめられない。この地域ではベトコンが非常に強かった。

あとで大尉はいった。「こんなことは毎晩おこる。うち半分はホロ酔いのところを突かれる。ときには内部に通じるものがいての裏切りだが、それが全部じゃない。兵隊たちはここ二ヵ月、一度も基地から出ていなかった。周囲をみれば君にもわかるだろうが、彼らがどうして出られるかね。何を見つけられるかね。一体何を兵隊たちは守るんだ」。この大尉はベトナムに来て五ヵ月だが、この戦争のやり方に腹を立てるにはそれで十分だった。大尉によると、この基地では、小隊の装備用としては十分すぎる火器十五丁をとられていた。「彼らは毎晩このようにどこかを襲って来るだろう」と大尉はいった。

六二年十二月の初め、われわれはカオが昇進するだろうということを知った。彼はデルタ全域に責任を持つ第四軍団の指揮をとることになった。この発表文は眠気を誘うような記事だった。これはアメリカにとってきわめて重大でありながら、事実上アメリカに通告なしに明らかにされたニュースの一つだが、このような記事は新聞のあとの方のページにも、めったに載らなかった。報道機関や一般のアメリカ人は戦闘とか損害の記事の方にずっと興味を持っていた。

カオの任命は再び、アメリカ人がベトナムでいかにわずかの影響力しか持っていないかを明らかにした。ベトナム人将校に代わってアメリカ人が介入すると、そのベトナム人の方を傷つけがちであった。米軍顧問団が一般に優秀とみていた三人のベトナム軍将校は同時に重要でないポストに移された。ズオン・バン・ミンには大統領軍事顧問の肩書が与えられ、チャン・バン・ドン将軍は第一軍団司令官の地位を失い、陸軍司令官になった。陸軍司令官は、アメリカ高官の訪問のたびに空港に出迎えに行かなければならない一種の儀典係りであった。多くのアメリカ人に有能な野戦指揮官とみられていたファン・バン・ドン大佐は、戦略村計画監督官になった。ドン大佐が第四軍団副司令官から左遷されたことは、特にアメリカ側に打撃であった。米軍顧問たちはドン大佐の指揮ぶりにひどく感心し、ジエムに将軍にするようにと主張していた。しかしジエムはドン大佐を信頼していなかった。ドン大佐自身を含めて、多くの人は、米軍の勧告がドン大佐の昇進の機会を妨げたと考えていた。

奇妙なことに、多くの将校が競っていた司令官のポストはその役目を楽しめない男に回った。第七師団長になったのは前師団参謀長、ブイ・ジン・ダム大佐であった。ダム大佐は気のよい小男で、よい参謀将校だったが、彼に欠けていたのは直接責任をとることであった。彼は戦闘、飛行機そしてカオを恐れた。その後、師団長として彼は、損害、とくにヘリコプターの損害を恐れる余り、彼がミトから指揮所への往復にどうしても必要なときを除いて、ヘリコプターを使わなかった。こうしてたまに乗ると、一人で座り神経質にロザリオを指でまさぐっていた。彼はどっしりした男ではなかった。

カオはダムを推した。師団を自分の手の下に収めておけるからで、ジエムにはダムがカオ自身と同じように忠誠であるといってあった。戦争で枢要な役を果たす重要な将校を選ぶ方法としては、まったく手のこんだやり方であった。しかしダムの欠点は耐え難いものではなかった。六二年末、米軍顧問の間にはほっとした空気があった。アメリカ人はダムにはカオよりも影響力を行使できるだろうと思っていた。

どれくらいよくなったかは、すぐわかることになった。十二月の末、ディンツォン省西のベトコン中隊が、バベオと呼ばれる村のすぐ南にいるという非常に信頼できる軍事情報がはいった。十月六日レンジャー部隊が、ひどい目にあったところと同じ辺りであった。そこはきびしい地域でミトから北西に二十四キロ、「葦の高原」のはしにあり、近づくのはむずかしかった。米軍顧問は「行きたいときにはいつでも戦場に行っていいですよ」といった。村々にはタコツボが並び、小屋の下には待避壕《ごう》があったりした。十二月二十八日、バベオに大軍が集結していると伝えられてきた。バン中佐はダム大佐にすぐに、できれば一月一日にでも攻撃するよう勧告した。部下たちに非常に思いやりのあるダム大佐は、米軍ヘリコプター操縦士がニュー・イヤー・イブを祝ってすぐ、午前四時にどうしても起きなければならないとは思えなかった。そこで彼のいい分が通り、作戦は一月二日に決まった。目標地域はアプバクと呼ばれる小村のすぐ北であった。この村の名はやがてベトナムで悪名高いものとなり、この事件は綿密に調べられ、論議、検討されることになる。サイゴンのアメリカ人は事実、なんでもやることになるが、学ぶことだけはしなかった。

アプバクについて書いたものを読むときには、戦闘が行われた当時の状況を考えることが重要である。ベトコンの敏捷さ、捕えどころのなさは、米軍顧問をますますいらだたせていた。何度も何度も同じ言葉「ベトコンが強くなると変わってくるが」、「彼らを踏みとどまらせて戦えるようにできたらなあ」が聞かれた。米軍は政府軍の非常に優勢な戦力を投入できる、在来型の戦闘をやりたがっていた。当時ベトコン大隊は、平均二百人を少し上回る程度で、二、三丁の自動火器を備えているだけであった。八ヵ月後、政府の気前のよさのおかげで、ベトコン大隊は四、五百人、八丁から十丁の機関銃、多数のＢＡＲ（ブローニング自動銃）および数個の無反動砲を持つようになっていた。

アプバクはそれまでベトナムではめったになかった絶好の機会となりうるものであった。しかし実際は逆に、この戦闘はベトナム方式の細かな失敗、欠点のすべてを、誤ったやり方、責任回避、ごまかしといったベトナム戦争の特色のすべてを、劇的な形で示したのであった。それはまた当時、ベトナムにあったふん囲気の典型的なものでもあった。つまり気も遠くなるような敗北を受けながら、米軍司令部はこれを勝利と発表したのであった。また米軍司令部の将校は、敗北を生みだしたこれまでのやり方、敗北に責任のあるベトナム軍指揮官に怒らずに、戦闘を見、これを批判した米軍顧問と、この記事を書いたアメリカ人の記者に腹を立てたのであった。

後に、ベトコン側の戦闘報告が手にはいり、敵が攻撃を事前に察知していたことがわかった。皮肉なことに、ゲリラはアプバクの西、三・二キロの地点に駐留していたが、攻撃がそこへ来るのをおそれ、彼らは東に移動し、村そのものは政府軍攻撃のポケットの中にはいっていた。

このベトコンの報告ではまた、ゲリラに政府軍の無線を傍受する能力があることがわかった。これはこれまでまったく警戒していないことだった。敵はいつ各政府軍部隊が境界線を越えたか、どこに予備軍がいるか、どんな命令が出ており、どの命令が守られないかを知っていた。この報告には政府軍の攻撃が遅れたり、むずかしくなっていることを喜んでいる箇所まであった。

アプバク作戦は、最初は非常についていた。政府軍は三方から攻めることになっていた。第十一連隊の一大隊が三回のヘリコプター輸送で北に降り、大隊規模の保安隊がそれぞれ二手にわかれ南から進む手はずであった。さらに水陸両用兵員輸送車の中隊が西から攻撃することになっていた。この兵員輸送車は普通１１３と呼ばれ戦車に非常に近い。うまく使えばこの種の戦争では恐ろしい兵器となる。水田を進めるし、壕内の敵に砲火を連続して浴びせることができる。そのうえ、当時、敵は対戦車兵器をほとんど持っていなかった。

予備軍が必要なら、ヘリコプターで西方の水田に降ろされる。東側は手を抜いてあったが、比較的開けた水田からなり、ベトコンがこの平地を横切ろうとすれば、空からの攻撃と砲撃のまたとない目標となる。三方からの突撃作戦はトラのカギツメみたいなもので、この開いたツメの中に、情報によれば地方ゲリラと機関銃少なくとも三丁、一ダース以上のＢＡＲとで増強したベトコン五一四部隊が捕捉されていた。この地域には広く壕《ごう》の網が掘られていた。敵の大半は正規軍であり、軍規正しく、限られた火器ながら射撃は非常に正確だった。自動火器は非常に貴重だったから、ＢＡＲや機関銃を操作する兵士は非常に訓練されたものであった。「ＢＡＲ一丁を捕獲したら、重火器分隊を掃滅したしるしだ。普通は三つか四つの死体がついている」と米軍大尉は話してくれた。

ベトコンはアプバク村の並木に移動した。ベトコンの大隊長は、ヘリコプターで運ばれる部隊を用心していたからである。このような後退は典型的なゲリラ戦術だった。彼らは優勢なときだけ、彼らが時と地形と情況を選べるときだけ戦った。

第十一連隊の大隊が第一回のヘリコプター輸送で北方に着いたとき、交戦はなく、三度目の空輸がすんで火ぶたが切られた。ベトコンは必要なときまで、戦闘を始めて自分の位置をわからせるようなことは望まない。政府軍と違って、増援軍は期待できず、装備はほぼ一日分しか持っていないからであった。そこで南へ向いA機動部隊とぶつかり、遭遇をさけて少し西へ移りB機動部隊とぶつかった。どちらの遭遇点でも短くしかし激しい銃火の応酬があった。B機動部隊との交戦後、ベトコンはしぶしぶアプバクの並木に戻り、壕《ごう》を掘った。遂に、米軍顧問があれほど望んでいた陣地戦が行われようとしていた。戦闘後の報告の中で、ベトコンの指揮官は「とどまって死ぬ方が、逃げて殺されるよりいい」と書いていた。

ここでダム大佐とバンは、予備軍を並木の西側に降すことを決めた。予備軍を運んで来たヘリコプターのほとんど全部が撃たれ、アプバクの戦闘の中で最もよく知られ、戦闘そのものの意義よりももっと劇的な場面が展開されたのは、ここであった。一台のヘリコプターは部隊を降ろしたが、ひどい損害を受けて二度と飛び立てず、助けに戻って着陸した二台目も、直撃弾を受けて離陸できなくなった。三台目も戻ったが、自動火器の激しい砲火を浴びて墜落、炎上した。合計五台のヘリコプターがこの戦場で落とされた。うち三台までが撃墜された同僚を助けに戻って落とされたのである。〔結局、これはヘリコプター戦術についての古い議論をむし返させることになった。バンを含む一部の米軍将校はこうした状況下でドロ棒に追い銭となったと主張し、支援グループの指揮官ジョー・スティルウェル・ジュニア准将や操縦士の士気を気にする将校たちは、操縦士たちに、自分たちは生還できるようになっているのだということを知らせておくことが重要であると思っていた〕。

その他の出来事も憂うつなものであった。ベトコンが踏みとどまって戦うと、政府軍は種々の欠点や訓練不足に悩まされることになった。いまや飛べなくなったヘリコプターで運ばれてきた予備軍兵士は、ヘリコプターから出るや大きな損害を被った。生き残った兵士も、よくカムフラージュされた敵には見通しがよかったので、並木からの激しい銃撃を受け、水田に釘づけにされてしまった。

二つの機動部隊は八百メートルあまり南にあり、この戦闘には完璧の装甲車隊、一一三中隊も一・六キロばかり西にいた。しかしこの日はどちらも役に立たなかった。米軍側からしきりに援助の要請があり、ダム大佐は一一三中隊にヘリコプターが落された地点に行くよう命令した。不幸にも一一三中隊長、リ・トン・バ大尉はジエムに任命された人であった。彼はわかりにくい将校で、大部分の米軍顧問は軽べつしていたが、彼にひどくよい感じを持っているものもあった。彼は南部出身の貴族的で、聡明で、敏しょうだが、ときに大変に傲慢で、甘やかされたきかん坊のようなところがあった。彼にも調子のよい日があったにしても、このときは、その調子のよい日ではなかった。彼は水陸両用兵員輸送車を動かすのを拒否した。米軍将校ははっぱをかけようと努めたが、簡単な返事が返ってきただけであった。「私はベトナム人で、あなた方はアメリカ人であり、私にどうこうしろと命令できない」というのであった。バンは偵察機で頭上を旋回しながら、バ大尉の部隊にダム大佐も進撃を命じていると無線で伝えた。しかしバ大尉は拒否し、もうずっと前にしておくべきだった運河の渡河地点を選ぶ偵察隊すら出そうとしなかった。

とうとう、バ大尉説得につとめていた部隊付き米軍顧問、ジェームズ・スカンロン大尉が、自分で探査し、渡河点から並木まで約一・六キロのルートを見つけた。しかしバ大尉がやっと移動に同意してからも、戦場に着くまでに四時間もかかった。〔戦闘後、バンがこの部隊の戻りにかかった時間を計ったら、同じ道程を十五分で走った。〕

一一三中隊は、アプバク村の西側の戦場にやっと着いてからも、役に立たなかった。〇・五〇口径機関砲や無反動砲、軽機関銃を積んでいながら、敵の火力をへこますことができなかった。落ちたヘリコプターの後方にひそみ、砲手は頭をあげずに撃ち、弾はしばしば空へ飛んでいった。バ大尉も指揮車から〇・五〇口径機関砲を射ったが、二、三分で軍曹とかわり、その男が間もなく戦死すると、バ大尉は前にも増して戦意を失った。

スカンロン大尉や予備軍と一緒に着陸し、ヘリコプターとともに足どめされていたバウアー軍曹は、自分たちの手で、負傷兵を一一三兵員輸送車に運び込まなければならなかった。その日、米軍人が示した勇敢さの典型であるスカンロン大尉は、兵隊たちがうずくまっている稲の束の壁の後方にすべり込んだ。そこでは兵隊たちはまったくバラバラで、銃を頭の上に持ち、盲撃ちをやっていた。彼が戦列を立直し、機関銃攻撃をさせようとすると、ベトナム兵は顔をそむけた。スカンロンは英語を話せるベトナム軍中尉を見つけた。スカンロンは同じことを頼んだが、その将校は解らないふりをした。スカンロンによると、この将校は攻撃を頼んだとき以外は英語を理解した。

このような状況のために、アメリカが設計した装甲兵員輸送車は、まったく不適当であることを証明した。南ベトナム軍が正しく利用しなかったし、指揮官は米軍の勧告や上司の命令を聞き入れる義務を感じていなかったからである。装甲車は並木に散発的に射撃したが、一斉攻撃はしなかった。結果として、彼らは敵に接近しなかったにもかかわらず、ベトコンが一台ずつ集中砲火を浴びせることができたため、六台の損害を出した。

南側の情勢はもっと悪かった。十キロほど戦場から離れた指揮所で、省の保安隊の指揮権を持つ省長、ラム・クアン・ト少佐は自分の部隊を送り込むのを拒否した。理論的には、このような状況下では、師団長が省長より権限を持っているが、実際はだれが大統領府により影響力を持っているかという問題であった。ゴ一家は師団長と省長を互いに反目させるよう仕組んでいた。双方が無力になるよう対立抗争を続けさせていた。この結果、省長は事実上、指揮官から独立していた。

まったくその日はト少佐は完全に独立していた。勝手に、二つの機動部隊を封鎖用部隊にしてしまい、だれかがベトコンを並木から追い出し、南へ追いたてたら、ト少佐は南で待っているということになっていた。しかしト少佐はその日、もっともよい戦術的位置を占めていた。両機動部隊は、アプバクからわずかの距離にあり、敵の側面に進入できた。ベトコンの火力を正面から受け、平面を横切って攻撃しなければならなかった西側の予備軍と違って、南の彼らは木立で前進を保護できたはずであった。

バンとダムによると、この日、三回トの軍隊に北へ攻撃を命じたが、いずれも拒否された。B機動部隊を指揮していた若い中尉が四回も攻撃許可を求めたが、拒否された。〔これは情勢によっては戦争をうまくやって行けるというかすかな希望を記者たちに抱かせた事例であった。」バ大尉も、ト少佐もその後、アプバクでの命令不服従を軍法会議で問われるようなこともなく、調査すら受けなかった。

正午までに正規軍部隊は攻撃しようとせず、ベトコンのなすがままにさせておくのだということが、ますますはっきりした。指揮官と米軍顧問たちはサイゴンに空挺一個大隊の増援要請を決定した。しかしここで米軍顧問はまたもベトナム方式に足をとられた。これが、アプバクでの三番目の致命的な誤りとなった。増援要請の決定は午後二時半であった。これは日暮れ前に着くことを意味した。米軍顧問は同時に、戦線はほとんど変らないだろうと考えた。そこで空挺部隊を使い、開けてある東側を封鎖し、ベトコンを夜の間、閉じ込めてしまおうという構想であった。これにはダム大佐も同意した。この辺りの平地は昼間、ベトコンが安全に動くには開けすぎているが、暗闇の中では運河を通じて抜け出せよう。夜になったら、彼らが脱出しようとするだろうというのが見通しだった。しかしバン中佐と第四軍団顧問のダニエル・ブーン・ポーター大佐は、空挺部隊がすき間を埋め、夜通しえい光弾を落とし、砲撃を続ければ、ベトコンを翌朝まで封じ込められると考えた。

これは完璧な方法とはいえなかったが、敵も政府軍戦闘爆撃機と武装ヘリコプターの攻撃を一日中受け、おそらく相当の負傷者を抱えているだろうし、いつもほど早く動けないかもしれなかった。しかし第四軍団司令官でポーター大佐とともに司令部にいたカオ将軍はこの計画に賛成しなかった。彼は空挺部隊を西側の予備軍の後方に降ろすことを決めた。米軍顧問は強く抗議した。あとでバン中佐はこのカオの決定を話合ったとき「彼らは勝つより、むしろ敗北を深める方を選んだ」といった。カオは頑固だった。明らかに彼は考えていた以上の損害〔最終的には戦死六十一人、負傷百人〕を被り、後退を決めていた。

それで事実上、戦闘は終わった。皮肉にも空挺部隊は予定通り日暮れに降りたが、混乱を起こし、空挺部隊と予備軍の間に交戦が起きて、数人が命を落した。

ヘリコプター操縦士が『オールド・スモーキーの頂上で』(テネシー州スモーキー山の頂上で若ものが娘にプロポーズしたが、遅すぎて失恋するという古い民謡)をもじってつくったアプバクの風刺の歌がある。

降下部隊は降りた
すばらしい光景
たちまちおこる白兵戦
だがベトコンの姿は見えず。

数日後、カオの決定が詳しく調査検討されているとき、カオはこの決定についてダムを非難しようとした。ダムが指揮をとっており、カオはただ西側への降下を示唆しただけだというのであった。レ・バン・ティ・ベトナム軍司令官の前で、バン中佐はダム大佐を弁護し、ダム大佐の考えはカオ将軍に却下されたのだといった。このカオのやり方にはそれほど驚かなかった。私が二、三日後、司令部で会うと、彼は「私がいなくなってから第七師団がやった最初の作戦である。第七師団はいま新しい司令官のもとにある」といった。あの夜、避けられないことがおきた。ベトコンは脱出した。彼らはすっかり後をかたづけ、わずか三つの死体を残して去った。彼らの戦場での規律はすばらしかった。この戦闘が勝利だったといい、問題はただ小型機で飛び回り、米軍の勧告にさからった米軍中佐が作り出したものだといっていたニュー夫人は、いかによくベトコンが戦ったかという米軍顧問のことばを、私が引用することを決して赦さなかった。

サイゴンで記者たちがアプバクのことを耳にしたのは午後であった。ピーター・アーネット（AP記者、一九六六年ピュリツアー賞受賞）、マート・ペリー（『タイム』記者）と私はいろいろあたり始めた。

そして、初めわれわれに解ったことは、ヘリコプター三台が落とされ、激戦が続いているということだけだった。とうとう午後六時、われわれは断片的な話をつなぎ合わせることができた。しかし、だれもこれでは満足できなかった。そこでわれわれは、タンソンニュット基地へ戻ってくる疲れて厳しい表情のヘリコプター操縦士の話をとるために出かけた。

その後、ハーキンズ大将と広報将校は、この戦闘についてわれわれがいろいろ知っているのに驚いたようであった。サイゴンから八十キロ以内で戦闘が行われているとき、こんな大損害を秘密にしておけると彼らがどうして考えたのか解らない。それでもわれわれが三日間もアプバクの話を送っているのに、記者たちが毎日行っている現地へ、軍と国務省の情報官はだれひとり、あえて行こうとしなかった。これがサイゴンの米軍司令部の典型的なやり方であった。

その夜、われわれは操縦士からヘリコプターの活動ぶりについて非常によい話をとり、送稿のためサイゴンに戻った。しかしその日の午後、直ちに車を借切ってミトに飛んだUPI通信のニール・シーハン（現在『ニューヨーク・タイムズ』記者）、ロイター通信のニック・ターナーの積極さにはとても及ばなかった。シーハンはそこで事件の内容、攻撃の失敗について、ずっと豊富で基本的な材料を集めていた。だが皮肉なことにアーネットと私の記事の方がずっと広く使われた。記事がアメリカ人のもっとも関心を持つヘリコプターの墜落を扱っていたからだった。シーハンの方は戦闘のもっと重要で、はなはだ穏かでない側面を拾っていた。

一月三日、われわれはタンヒエップ飛行場（ミトにある軍用飛行場）の司令部に飛んだ。そこで私はバン中佐にどうしたのか聞いた。「みじめな出来具合だ。いつものようにね」と答えた。米軍顧問の苦痛には、絶好の機会をフイにした不満と、ケン・グッドを含む三人の米軍人の死、多数のベトナム軍の死とについての怒りが入り混っていた。朝早くだったが、政府軍はまだ、アプバク村の内部に入っていなかった。しかし軍事顧問たちは腕のよい漁師のように、本能的にベトコンがもういなくなっていることを知っていた。

アーネットと私はアプバクへヘリコプターで行った。数分間上空を旋回した。パラシュートが小さなハンカチのように水田に散らばり、死体が横たわっていた。装甲車の跡がどんな事後報告書よりも明瞭に事態を物語っていた。下では先に着いたシーハンとターナーがロバート・ヨーク准将（現在中将）と村内を歩き回っていた。

「どうしたんですか」シーハンはヨーク将軍に聞いた。「いったい何が起こったように見えるかね」ヨーク将軍は答えた。「彼らは逃げた。それが起きたことさ」。

追跡の期待はほとんど持てなかった。アプバクの西では、スカロン大尉がまたベトナム側といざこざを起こしていた。こんどはベトナム側の遺体をヘリコプターに積み込むことだった。積み込みの大部分は米軍側がやった。スカンロン大尉が一人の兵士を身ぶりで脅したら、やっと兵士たちは正気になった。シーハンも手伝っていた。「毛布をかけた遺体を見たよ。そして何年もやらなかったことをやった。十字を切ったのだよ」と彼は私にいった。

やがてヨーク将軍とシーハンとターナーが水田で帰りのヘリコプターを待っていると、最後の悪夢がおきた。遠くの指揮所からト少佐が村に砲撃を始めたのだ。もちろん斥候も出さず、砲撃が終わるまでに、政府軍兵士五人が死に、十四人が負傷した。シーハンとヨーク将軍は砲弾が五十メートル近くに落ちて湿地に伏せた。

アーネットと私は指揮所に飛び帰ると、白いヘルメットの儀杖兵がこれまで一度も戦場を訪れようとしなかったカオ将軍に敬礼していた。ハーキンズ大将もいて、サイゴンに戻るところだった。彼にどうなったのかを尋ねると「われわれは敵をワナにかけた。あと一時間半でとびかかる」と答えた。まったくあきれはてて、われわれはハーキンズ大将を見た。敵はずっと遠くに去り、政府軍は完全に乱れてしまって、死体すら運べない。省長は味方を砲撃した――それでワナがかかるところだって。この他にもいろいろあるが、ハーキンズ大将が自分のいったことを信じていたのか、こういわなければと思って話していたのかわからなかった。

アプバクの戦闘に続いて、第二の戦闘がおきた。報道陣との戦争だ。二日後ハーキンズ大将の上司、ハリー・フェルト提督が明らかにアプバクがもとになり、視察旅行のためサイゴンに着いた。空港でシーハンはフェルト提督にコメントを聞いた。提督は「新聞で読んだことを信じていないといいたい。私の知る限り、あれはベトナム政府の勝利であり、新聞のいうような敗北ではない」と答えハーキンス将軍の方を向いた。ハーキンズ大将は「その通りです。ベトナム政府の勝利です。それに間違いありません」と答えた。二人がこちらに背を向けていた間に、ハーキンズ大将はシーハンのことを教えたらしく、向き直ったフェルト提督は、「君がシーハンか。だれだか知らなかった。君は事実をよく知っている人と話をすべきだね」といった。はにかみ屋のアイルランド人とはとてもいえないシーハンは「その通りです、提督。だから私は毎日アプバクへ行っているのです」と答えた。

しかし、アプバクは米国で鋭い反応を呼んだ。米国では一般の無関心と政府の公式楽観論が組み合わさっていたので、この悪いニュースは寝耳に水であった。突然、三人の米軍人の戦死と五台のヘリコプターの撃墜は、なお進行中のいくつかの失敗に、米国民の関心を呼びさました。数日後ノルティング大使は「国民からの手紙が引きも切らずでね。どれもこれも〝何が突然おこっているのですか。私はうまくいっていると思っていましたのに〟といって聞いてくる」と語った。

戦闘の二日後、アプバク付近のベトコン軍は姿を消した。政府当局から一旦約束された封鎖部隊の提供を断わられると、バン中佐はとうとう会社のタイピスト、水の浄化員、コックなどあらゆる使えるアメリカ人を集め、敵を捕えるため彼独自の封鎖部隊を結成した。この事件を取材していて、皮肉にも私は米報道陣と政府の論争をよく象徴する記者会見を逃してしまった。そのとき極東担当国務次官補ロジャー・ヒルズマンがサイゴンに来ていた。彼は記者団と非公式に会いたいといってきた。この話合いの中で、一部の記者、とくにチャーリー・モア（ニューヨーク・タイムズ）などは、なぜ政府が使命達成に失敗しているのか、ニューのアメリカにたいする基本的な敵意などを説明しようと努めた。ヒルズマンは記者たちはナイーブだ、重要なことは好意をもたれているか、いないかではなく、断固として仕事を達成することだという意味のことをいった。これは激しい会合だった。

われわれのアプバクについての報道は、すぐさま米使節団からの批判を招いた。どの軍隊にも敗北はある。どうして、アプバクばかり大きく扱うのか。しかし時を追って、われわれはベトナム政府軍がいい加減な仕事をするようになり、米国の勧告と良識をきまって無視するようになってきていることを目にするようになった。こうした争いの記事も送ったが、読者に真実を伝えるのが非常に困難であることもわかっていた。典型的な記事は「ベトコンは逃げた」という文句で終わっていたが、これでは情勢を公正に報道したとはとてもいえなかった。われわれや関係している米軍顧問にとって、アプバクは、ここでのやり方の欠陥のすべてを要約していた。攻撃性が欠如していること、損害を受けることをしり込みすること、戦場での指導性のなさ、指揮系統のなさ、などである。アプバクの失敗はもっと小さな規模で過去一年、毎日、繰り返されていた。もし早く修正しなければ、将来もっと大きな問題を起こすという前兆であった。

われわれの側はまた戦闘の混乱中に出した二つの誤報を攻撃されていた。すぐ訂正したがＡＰははじめ八台のヘリコプターが落されたといっていた。シーハンの前線軍事顧問から集めた記事では、ケン・グッドが軍隊を再集結、反撃しようとして、死んだことになっていた。しかし実際は一日中英雄的に戦い、前の方にはいたが、死因は流れ弾であった。われわれのアプバクと、その失敗の評価はまったく正確であった。なにかあるとすれば、記者たちはそこで示された無能ぶりをあまり大きく取り上げなかったことである。

一月六日、私は前線の米軍顧問の感情を反映させて次のように書いた。

驚いていないのは前線の米軍顧問だけのようである。彼らはずっと前から戦争の進行が軍高官のいうほどよくないことを感じていたし、前線の状態からみてこのような敗北を生むのは事実上避けがたいと思っていたのである。アメリカ人は敗北が結果として米軍顧問とベトナム軍の関係を改善し、もっと実り多いものにすることを希望している。さらにこの地域でなく、メコン・デルタ全域の米軍事顧問は、アプバクでおきたことは単なる一つの戦闘勝敗の問題ではなく、ベトナム人は本当に米軍顧問の存在を望み、その意見を聞こうとしているのかどうかという問題に直接結びついていると感じている。これら顧問たちは、両者関係の重荷が、調子を合わせて行かされるアメリカ人の方に重くかかりすぎると感じている。

多くの米軍事顧問はアプバクは、彼らが米最高司令部にこれまで何ヵ月間か報告し続けてきたことを示す証拠になると感じていた。そして結局、何か積極的な措置がとられるものとの大きな期待が持たれた。ある大尉は記者に、ハーキンズ大将が政府にたいしアプバクの失敗について強い申立てをするに違いないと話していた。軍事顧問があまり強調するので、この記者は広報担当の責任者ジョン・メクリンにハーキンズがジエムに正式抗議をする計画だというのは本当かどうか聞きに行った。

むろん公式、非公式の抗議はなかった。既定の政策は少なくともサイゴンの米高官の解釈では、サイゴン政府と調子を合わせてうまくやり、米国民には戦争が順調に進んでいることを信じさせることであった。ベトナムにおける軍事、政治、外交の現状にこのように重大な意味を持つ、アプバクの騒ぎは、ジエムを刺激したに違いないだろうが、政府の性格からみて、なんの役にも立たなかった。そのうえ、もし米国とベトナム当局者の争いが報道されたなら、国内で戦争がうまくいっているといい続けるのは困難だったろう。だから、米使節団のアプバクにたいする反応は、戦闘自体と同様に重要であった。というのは結局、使節団はなにがまずくてそれは何故かに焦点をおかず、話した人間、書いた人間の方に焦点をあてたからである。

しかし米当局者の盲目ぶりはもっと念が入っていた。奇妙なベトナムの辞書では、アプバクは勝利になっていた。このことはフェルト提督の空港の発言にみえたが、二日後、ハーキンズとフェルトの合同記者会見で繰り返えされた。提督はずるくて、したたかものだった。記者会見の初めいかにうまくいっているかを話すことで時間をつぶし、アプバクの敗北についての質問が出ると、空港でシーハンに答えたことばを繰り返し、あわれなハーキンズに回してしまった。落書きをしていたハーキンズ大将は突然顔を上げ「そう、私は勝利だと考える。われわれは目的を達した」と答えた。われわれは目的が地域の占領であって敵軍でないというこのゲリラ戦の新ルールに、みんな仰天した。ハーキンズは、この〝目的〟が二十七時間後、敵がとっくに居なくなってから、達成されたことに触れなかった。

記者会見後、広報部は当局は独自の発言権を持とうとしており、記者団はこれに疑義を差しはさめないというハーキンズの短い声明を配布した。声明はさらにベトナム軍の勇敢さを弁護して「私はベトナム兵士の勇気に批判的な最近の主張に、非常に関心を持っている。私はベトナム共和国軍の戦闘力を批判するものは、この国の防衛にかくもよく戦っている何千もの勇敢な人たちを傷つけているのだと思う」と述べていた。

その夜、私はハーキンズ声明を引用して記事を送った。それにはこう書いた。ハーキンズはワラ人形をたたいている。問題にされているのは個々の兵士の勇気でなく、やり方であり、軍事顧問と政府軍の関係の基盤である。多くのアメリカ人はベトナム人を指導者が望む程度にはよい兵隊であると感じていると。そして「ジエム大統領と接しているアメリカ人はジエムも損害というものはあってもおかしくないと考えており、損害を認めているという。もしこれが本当としても米軍顧問や、戦場のベトナム人まではこの大統領の考えはまだ届いていないのである」と付け加えた。

この記事や、その他アプバクで誘発された記事は米大使館を怒らせ、ノルティング大使はメクリンに新聞の役割りについて白書を書くよう命じた。この結果、出た声明は、サイゴンにおける米国の利益はセンセーショナルな報道で害されていると述べた。またジャーナリストは若く、未熟で、ベトナムのように複雑で微妙な状況の下で働くのに慣れておらず、ありもしない黒白のはっきりした答えを求めたがる傾きがあるとも述べていた。

政府が国民をないがしろにし続けるので、メクリンはその後間もなく見解を変え、記者団の本当の友人となり、そのベトナム報道をかなりの個人的リスクをおかして助けるようになるのだが、このときは二つの草案を書いた。第一のはノルティング大使を満足させるほど強くなく、もっときつくするよう命じられた。〔あとで彼はこれに自分の名を残したことはそれまで一番バカなことだったといっている。〕使節団の長と下僚の間の分裂がひどく、秘密文書でもすぐ記者団に渡してくれるものもあったが、これは当時のサイゴンの空気をよく示していた。

しかし白書のポイントは明瞭だった。問題は夜の戦闘や前哨基地の問題ではなく広報関係の問題だった。数ヵ月後、私の兄は『ワシントン・ポスト』に投書し、ジョセフ・オルソップの見解を論評しながら、こうした態度を「高校チームについてだれかがうまいこと書いたらそのチームがやがて試合に勝つだろうというような、古くて単純な考え方だ」と書いた。

アプバクの悪い報道に対抗しようとして、ノルティングは四ヵ月前捕獲したベトコンの戦闘報告の公表を命じた。これではベトコンは米国の意図を過小評価しており、共産主義者の時間表はスローダウンされていると述べていた。

しかし私と同僚は概してこの文書はわれわれがこれまで読んだ米国の文書より、戦争の状況、展開されている兵力について、ずっと正確で鋭く書けていると思った。これは米軍が失敗の多い報いのない戦争で疲れてしまうだろうと予言し、予言者のように、米国とジエムの内蔵する矛盾を示し、現在政府軍は大きな軍事的優位を保持しているが、ベトコンは絶対的な政治的優位を持っていると述べていた。われわれはその鋭い分析にぞっとした。だれも使節団が期待しているような記事を書かなかった。例えば、マルコム・ブラウンは米使節団の当時お気に入りのことばを借りて「ベトコンも控え目な楽観論のようだ」と書いた。

米軍が記者団を攻撃している間に、――それによりジエムになんでも好きなことをやっていいといい、ジエムにたいする新しい働きかけの希望を捨てていた――歴史の書き換えが進んでいた。カオ将軍は特に新顔のアメリカ人に、アプバクに七人のソ連人顧問がいたとふれまわっていた。サイゴンではすでに政府が支配する新聞が、バン中佐を機上からベトナム軍に矛盾する命令を出したと攻撃していた。これによると、ベトナム軍は混乱させられたにもかかわらず、一歩も引かず、大きな勇気を示し、正しいことをやってのけたとあった。また、アプバクの報道で進取の気質と積極さを示したシーハンが選び出されていて、ある新聞はシーハンの軍服姿の写真を掲げ「米軍顧問シーハン、彼は本当は何が欲しいのか」と横大見出しをつけていた。横見出しと写真だけで記事はなかった。しかしいらいシーハンはわれわれの間で米軍顧問シーハンといわれ、しばしば「何が本当に欲しいのか」とからかわれていた。

いい人だが権力のないベトナム軍司令官、ティ将軍が一週間後、アプバクの調査に、ミトに来た。カオとダムもいた。カオは長々と自分の無罪を述べたて、失敗をダムのせいにしている間、バン中佐もそこに呼ばれて聞いていた。とうとうティ将軍はバン中佐の方を向き、いま聞いたことに同意するかと尋ねた。はじめてバン中佐は第三者のいるところで、カオ将軍を批判した。ダム大佐をいけにえから救おうとして、バン中佐は敵を作った。バン中佐とカオ将軍は以後二度と相互に信頼し合うことはなかった。

次にティ将軍は「バン中佐、なぜわが軍の兵隊はそれほど戦闘がまずいのか」と聞いた。

バン中佐は大きく息をすってから「この部屋に五人のベトナム軍将校がいるが、米軍将校のわたしだけが、この軍隊のやり方を知っている。戦場で軍隊を見、欠点を知り、なぜ計画通りいかなかったかを知っているのは私だけだからである」と指摘した。そしてカオが世界一よく訓練された軍隊だといっていたにもかかわらず、火砲の配備もできないと指摘した。ティ将軍は孤児でフランス人の養子となり軍曹としてフランス軍で働き、兵士も戦闘もよく知っていたが、ただうなずいていた。二、三分後、ティ将軍は周囲にことわってから、カオ将軍を激しくののしった。彼の声はドアの外でも聞えるほどだが、ダム大佐は恐れてふるえていた。

アプバクが、政府の勝利であることを信じていない人は他にもあった。ベトコンの戦闘報告は、政府のよりずっと詳細で正確だが、政府側の誤りを分析し、戦闘は政府軍の大きな心理的後退であり、民衆に与える効果はゲリラを大いに利するだろうと述べていた。

そしてさらに心理的な得点を稼ぐため、ベトコン司令官は一週間後に軍隊をアプバクに戻した。そして、ベトコンの旗をいくつかの家の屋根に掲げ、カオ将軍に戻って戦ったらどうだという手紙を送りつけた。米軍顧問はベトナム側に作戦を説いた。偵察機の写真が検討され、作戦計画が作られ、サイゴンの海兵二個大隊に数日内に動けるようにとの警戒体制が敷かれた。しかし作戦はなかった。カオ将軍は交戦を拒み、第五一四大隊を避けたがった。

三ヵ月後、カオはアプバクに戻った。こんどは五千人で――ベトナム軍最大の作戦の一つ――自分の動きを注意深く電信で打電し、大きな交戦がないようにした。予備的な索敵行動で、大作戦の前夜に、保安隊の中隊がベトコン大隊につかまった。たぶん待ち伏せだったろう。政府軍連隊長は正規軍二個中隊にゲリラと戦うよう命じた。この中隊はワナに落ちた中隊の方へ進んだ。そのとき、カオ第四軍団司令官の圧力で一層消極的になったダム大佐は交戦停止を命じた。翌日、大作戦が進み、その軍隊はベトコンのカゲも形も見つけられなかった。一方保安隊の中隊は多数が殺されていた。

XI

アプバクの戦いとそれにたいするベトナム側、米側の反応は、ジョン・バン中佐をひどく失望させた。多くの米国人はバン中佐をベトナムに二人ないし三人いる最上の米軍事顧問の一人と考えていた。六二年九月にテーラー将軍がベトナムを訪れたとき、テーラー将軍は一般に非常に優れているとみられている四人の級の違う軍事顧問と昼食をともにした。バン中佐は師団配属顧問を代表して出席した。

バン中佐は奇妙なコントラストを持った男であった。三十七歳、米陸軍の中で若い中佐の一人で、大佐への道を進んでおり、ゆくゆくは将軍に昇進する可能性も強かった。〔ペンタゴンの一部高官たちがいまでも、バン中佐の事例が記録にとられ、そうでなければヤミにほうむられる多くの困った事例の代表にされてしまうようなことがなかったらと悔やんでいるのは、バン中佐が目立って優れていたからである。〕彼は明らかに三十代半ばに達して急に同期生を離し始める人生コースへ飛び立とうとしていた。

この種の陸軍将校は普通はウェスト・ポイント（米陸軍士官学校）育ちで、しばしば二代三代にわたる軍人の家の出身であり、洗練されていて、えてして戦闘指揮官として優れていても戦闘以外の軍の仕事には困惑を感じる他の同僚たちとは対照的でありがちである。しかしバン中佐は紳士的軍人からこれ以上離れることはむずかしいといった風な型の人であった。上品さはほとんどない。バージニア出身の貧しい少年だった。彼は私に首の赤い古き良き南部の百姓をいつも思い出させたが、文字通り作戦のときは首と手が興奮し赤くなっていた。

バンはその大変な馬力、活力、好奇心でここまでのぼってきた。大学に一年在学したあと、十八歳で兵役に服し、第二次大戦末期にはB29の操縦士になっていた。一九五〇年、五一年、彼は敵軍の後方かく乱と、北朝鮮ゲリラ戦専門に、朝鮮に送られた空挺レンジャー中隊の指揮をとっていた。朝鮮戦争後、軍は彼をラトガーズに送り、ＲＯＴＣ（予備役将校訓練軍）部隊を教えさせた。教えるばかりでなく、夜学へ通い、学士号をとった。そしてシラキューズ大学に入り〔陸軍は軍人が学位をとるのを非常に奨励している〕、業務管理で修士号を取得、また公共行政の博士号に必要な単位を全部とった〔彼は博士論文を書いたが、合格しなかった〕。彼は陸軍大学も出た。

バンは鈍感で本質的には保守的で、ときに反動的な男であった。ペンタゴンやわれわれの報道をよく思っていない連中がひそかに、ベトナムの外国特派員団はイデオロギー上の理由からジエムに反対しているリベラルな一味なんだとこぼしているとき、われわれの情報の大部分が、バンのような人から来ていたことは皮肉である。

バンはベトナム勤務を志願した。ベトナムにつくと、デスクでの仕事におぞ気をふるった。そこで、第七師団付顧問、フランク・クレー大佐の後任にあてられていることを知り、できるだけ多くデルタでのヘリコプター作戦に出かけて行った。このためベトナムを去るときまでに、彼は二百回以上のヘリコプターによる突撃着陸を経験していた。この結果、自分の区域のことは、だれよりも、ベトナム軍将校よりも、よく知っていた。彼は毎週一回、行軍に参加した。空軍連絡将校のハーブ・プリボスト少佐にも定期的に歩兵に同行するよう命じた。いらいプリボスト少佐はベトナムで、飛行機の効果を知り、戦争の政治的複雑さを知る空軍軍人として、貴重な存在となった。

バンは毎週一度、自動車や軽飛行機で、管下の三個連隊、七つの省都を訪れた。バンのベトナム側の同格者、カオとダムは、軽飛行機の旅を嫌い、しばしば空で酔っていたので、バンが視察旅行を肩代わりしてくれるのを喜んだ。バンはしばしば地方の司令部に省長の客として泊った。きまって省長は部屋まで女を送りたがった。なにか紛争が起きたとき、省長の力添えをしてもらおうという下心からだろうとバンは疑っていた。

バンは地域内のキリスト教団体や司祭たちからとことんまで話を聞いた。しかし記者が見たときはいつも、バンの方がベトナムの他の地方で見たことを聞かれることになっていた。

バンは個人の勇気を示す手本になろうとしていた。大作戦に同行することは、戦場で大尉以上のベトナム軍将校を見たことがないベトナム軍には相当の効果があった。しかし戦場を歩くことには別の目的があった。ベトナム軍将校たちが恥ずかしくなって同じように田の中を歩くようになることだが、これはムダであった。バンやバンと同じやり方を試みた多くの米軍顧問たちが、理解していなかったのは、封建官僚制の遺産の力であった。少佐や中佐であることの最大の利点は、戦場に行かなくてよいということである。このような将校の上下の差別は、西欧軍隊よりずっときびしく、この高級将校の特典はずっと喜ばれていた。

アメリカ人がこのように手本となることによって実行しようとしたことは、ベトナムで米国が直面していた問題全体の縮図である。アメリカ人は民衆についてほとんど政治的、社会的感覚を持ち合わせていない硬直した軍事同盟者を説得し、アメリカ人が考えている通りにやらせようとした。しかしこれはベトナム軍将校に、彼らがもっとも重大と考え、彼らを動かす第一の要因であるものを放棄するよう強いることになった。昇進の目的は悲惨さから離れることでなく、みんなを鼓舞し、指導することだと、だれがどうしてベトナム軍将校にわからせられようか。

バンは夜はベトコンのものだというベトナム人の信念を変えさせようと、暗くなってからもジープを護衛なしで運転する、と言い張った。そのうえ部下の軍事顧問全員に毎週少なくとも一回、夜間作戦ないし夜間パトロールに出かけるよう命令した。この指示は失敗した。理由は簡単で、多くの顧問たちがベトナム軍に同行を説得できなかったからだ。結局、カオの要請で、バン中佐は命令を取り下げた。

もしバンに欠点があるとしたら、それはもっとも優れたベトナム米軍顧問に典型的なもので、米軍顧問の熱意、献身、努力により、ベトナム軍将校にたいする外交的な指導を通じて、現行制度に活を入れることができるという信念であった。この無邪気さはこれまでよそではうまく折り合える相手とぶつかっていた結果であり、また戦争下では常識が勝ち、同盟者も基本目標では合意するようになるという楽観的な見方によるものであった。しかしこの希望はベトナムではダメだった。制度そのものはこれに活を入れようとする人間よりも強固で、とくにデルタの戦闘ではそうであった。じれったいことには、それでも米軍顧問がなんとか努力を続けられていどには、成功の灯りが前にちらつき、束の間の勝利ないしは好運があったためである。

われわれ記者たちはバンを非常にほめていた。それは彼がわれわれにスクープ――水田にスクープはない――をくれたからではなくて、彼がひどくベトナムを心配していたからであり、自分の地域のことをよく知っていたからであり、彼に同行したときはいつも、われわれは、ここに本当の戦争が行われているという実感――平和時に平時編成で、アジア人の敵にたいする平和時の尊大さをもって戦われているのではないという感じを持ったからである。バンとバンと同じくらいにこの戦争の欠陥を知っていた二、三人の米軍顧問のすばらしい点は、彼らがなおある一定の情況の下では、成功裏に戦争を遂行できると信じていたことである。これは最上の楽観主義だった。これはサイゴンで、自分たちは勝っていると押しボタン式に繰り返しているのとは違う。双方の問題点をすべて慎重に分析した上で、潮流を変えるだけの時間と人的資源がなお存在すると判断した希望である。

部分的には記者たちもこれを信じていた。われわれはしばしば悲観的過ぎると批判されてきたが、当時もっと価値ある批判があったとすれば、われわれが楽観的過ぎたということではなかったかと思う。これはもちろん議論の余地があろう。この年月の間にあれほど多くの勇敢さが費やされながら、なんの助けにもならなかったことを見てきた人は、たとえ勇敢さが正当に使われたとしても、それで果たしてどうなったか首をかしげると思う。

アプバク以前の何日間かの間、バンは有名人か何かみたいで、記者たちが広報官の手で、バンの地域に急いで送り込まれていた。その後、デルタの空気が悪くなってくると、訪れる記者や当局者たちは山岳部族の地域に送られるが、訪問者はしばしば部族の中に入れられ、殺された野牛を見、酒を飲み、山岳部族の本物の腕輪を受けとる。そして戦争はこの地域でもうまくいっているという話を聞かされる。

私がバンと初めて会ったとき、彼は握手してから、あなたは好運だ、明日は作戦があり君も行けるといった。そして「ハルバースタムさん、あなたが最初に学ぶことは、ここの人たちは世界でもっとも愛すべき人たちかもしれないが、もっともすぐれた戦士ではないということだ」といい、一息ついて「しかし彼らはよい連中で、だれかがやり方を示せば戦争に勝てる」と付け加えた。

バンとバンのような二、三の将校は、大半の外国人特派員にゲリラ戦の眼目を教えた。――なぜ前哨陣地が損害のもとになるのか「相手はわれわれがどこにいるか知っているが、こちらは相手の居場所がわからない」。間違った兵器を使う危険「これは政治的戦争であり、殺すのにも相手を差別することが必要である。一番良い武器はナイフだが、われわれはナイフでやれない。最悪の武器は飛行機だ。次に悪いのが大砲。ナイフを除けば最上のものはライフル銃だ。だれを殺すかわかったうえで殺すからである」。米国の物量援助約束の危険「政府軍に飛行機、ヘリコプターなど機械を与えすぎるため、われわれは政府軍に沼地で敵以上に時を過すよう教える代りに、悪い習慣がつくのを助けているのかもしれない」。武器交換の重要性「ベトコンが徴兵で困っているとは私は思わない。私はいろいろな理由でベトコンは望むだけの人員が得られると考えている。彼らの問題は武器だ。それだけがベトコンの部隊の規模や攻撃の種類を限定しているものだ。だからもし彼らが武装化をとめないならば、われわれは非常に重大な事態に直面するだろう」――。

バンの中にはイデオロギー問題は何もなかった。彼は好奇心と精力を使うだけだった。彼は四六時中動いていた。彼は自分の周囲の米軍将校たちも同じように激しく動かした。戦場にいようと、古いカトリックの神学校で、バレーボールをやっているときでも、第七師団付米軍顧問たちの居住地でも、それは同じだった。バンは妥協ができなかった。かつて私にこういった。妥協に伴うやっかいな問題は、それが正しいものと、間違ったものとの中間の立場をとることを意味し、正しくもなければ、間違ってもいないところで、手を打つ結果になることであると。戦争ではそれはよくないとバンはいった。この仕事についての考え方、妥協を嫌い、体制――急速にベトナムの体制に並列するようになった米国の体制――にとけ込むのを避ける態度、これらが、最後にバンを上官と対決するところまで追い込んだ。

六三年二月、乾期の最中に、第七師団はまだ事実上、動いていなかった。アプバクで戦闘を拒否したが、いまでは、ゲリラより追うものの方が都合のよいこの乾期に、敵との数えきれないほどの交戦の機会を避けていた。情報機関はよくなっていた。敵の居場所についての知識の方が、政府軍の戦闘意欲を大きく上回っていた。何週間も顧問団の将校たちは、師団が実施していた模擬演習にじりじりし、腹を立てていた。とうとう二月の第一週、バンは米軍司令部に長いくわしい手紙を送った。その中にバンは中隊規模以上のベトコン軍の居場所十ヵ所、小隊ないしそれ以上のベトコン軍が存在することがわかっている地域約三十五を明らかにし、このような情報にもかかわらず、ベトナム側は行動を起こすのを拒否したと書いた。それは大変に長く、ぎっしり資料を詰め込んだ告発状であった。

手紙がサイゴンに着くと、大論争をまきおこした。ジエム大統領はすでにアプバクの新聞報道ぶりからバンに腹を立てており、ハーキンズ大将に更迭を主張していた。この結果、ハーキンズ大将はバンに好感を持ってはいなかった。そのうえハーキンズ大将は、アプバクの報道については、バンにも責任の一端があると考えており、もう少しニュースの流れをうまく操作できたはずだと思っていた。ハーキンズはバンの手紙に激怒し、一人の参謀将校を指名して報告を調査させた。報告の中に何か誤りがあったら、バンを解任しようと望んでいた。

その参謀将校はミトで情報のチェックに八時間を費した。サイゴンに戻ってまた参謀会議が開かれ、この将校はバンの文書で悪い点は唯一つ、全部真実だということであると発表した。それでもハーキンズはバンとダム大佐の関係がうまくないのに違いないといって、バンの解任を望んだ。しかし会議後、他の数人の参謀部の将軍たちが、ハーキンズに、もしバンを解任すれば顧問団の士気に大きな打撃となるかもしれず、記者たちがバン解任について知れば大きなスキャンダルになると説得した。〔事実、バンはこのことを記者たちには話さなかった。私がこれを知ったのは何週間もたってからで、この事件をまだ怒っていた他の参謀将校からであった。〕

こうして第一線の顧問たちとハーキンズの間に静かな闘争が始まった。しだいに他のものもこれに捲き込まれるようになったが、この対立を通じて、ハーキンズ大将は上官にそむくなという若い将校にたいする米陸軍の伝統的な圧力に大きく助けられていた。

もっともハーキンズ大将の仕事はこれ以上むずかしいのはまずないだろうというような仕事であった。彼は手段を持たぬ外交官であり、指揮権を持たぬ司令官であった。〔例えば一九六二年勤労感謝の日、最大級のヘリコプター作戦が大失敗に終ったあとで――五十六機が攻撃に使われ、戦果は十七頭の水牛であった――シーハンは、作戦はポール・ハーキンズ大将指揮の下、MACVの協力で実施されたと書いた。広報官のジム・スミス中佐はシーハンを呼び、「ポールおじさんは名前を使われるのは望んでいない。われわれはただ顧問としているのだ」とハーキンズの名を使ったことに苦情をいった。シーハンは、米軍司令部の責任者で、ヘリコプターを使わしたのも彼で、そのヘリコプターは米軍パイロットが飛ばしている、だから彼の名前が記事に出てくるんだとポールおじさんにいってくれ」と答えた。〕ハーキンズは将軍だが、仕事は部下を指揮するというよりも、非常に気むずかしく、疑い深くて、軍事的な考えをほとんど持っていない同盟者、ジエムやニューと一緒にやって行くことであった。

ハーキンズはウェストポイント出身、第二次大戦中はジョージ・パットマン将軍の下で参謀将校として殊勲をあげた。このポストは、ベトナムのための勝利の計画を書いたテーラー大将が推せんした。ハーキンズは陸軍では良い外交官として知られ、ジエムのようなむずかしい人とやって行ける男とみられていた。彼の沸点は比較的高く、机をたたいたり、無思慮に記者たちにペラペラしゃべったり、政策の線からはずれたりするようなことはしそうもなかった。事実、ハーキンズの任命それ自体が政策の主要部分を占めていた。ハーキンズ任命によって、ジエムにたいする強硬路線は放棄され、ジエムを好意で押し包み、米国人の方でジエムに調子を合わせるという柔軟路線が実行に移された。

ハーキンズがテーラーから得た非公式の指示は推測の域を出ないが、ほぼ確実なことはベトナム側のウソに目をつぶって行くという提案が含まれていたに違いないということである。だからバンが自分の持ち場の第七師団区で戦争の方向に異議を唱えたとき、バンは米国の政策全体の有効性に疑いをさしはさんだのであり、この政策とともに進んで行けるという理由で、とくに選ばれた人の役割りに疑いをぶつけたことになるのである。もしケネディ政権が、そのベトナム政策を確固不動の大方針とは考えずに、もっと限界線を引けそうな人物を実行者に選んでいたら、ベトナムの話は少しは違っていたかもしれない。もっともそれはまったくの想像の域を出ないが。

今日でもワシントンの当局者は長い間いわれてきた楽観論と現在の明らかに深刻な事態との矛盾を認めるさいに、この敗北の型やテンポを一歩一歩決めてきた現実の要素を正面から直視するよりは、テロの増加やクーデター後の指揮系統の相次ぐ変更などをきわめて表面的な言葉で口にする。

ハーキンズには別の問題があった。彼はこれまでの生涯を通常戦争の中で過し、もっとも重要な言葉がもっとも柔らかなささやきで伝えられる複雑で微妙な政治戦争にたいし、特に備えがなかった。ハーキンズは戦争の状況そのものよりも、伝統的な軍事情勢の指標である敵兵殺傷数で事態を考えることを好んだようだった。われわれの印象では、MACVの発表数字はMACVが聞きたいと思っている数字を反映していた。例えば政府軍の損害では攻撃作戦で死んだものと、防衛していて死んだものの区別がなかった。この区別は戦争が本当にうまくいっているかどうかを示す本当の指標だったにもかかわらず示されていなかった。推定で全損害の七〇％は――米軍顧問によると、この数字は変らなかった――防衛地点で受けたものであり、政府軍動員の試みが失敗したことを証明していた。

ハーキンズに不利なもう一つの要因は年齢であった。彼は一九〇四年生まれ、ベトナム在勤中は五十代の後半である。当時ベトナムでの諸問題――植民地戦争の遺産、人種間の緊張、貧困、反西欧感情――は、広大な植民地帝国から出現したナショナリズムが生み出したものよりはるかに単純な情勢の中で、人格形成期を過したこの一軍人の経験からすると、異質のものであった。〔これに関連して、私は多くの低開発国でケネディ大統領が賞賛を集めている理由の一つは、低開発国の民衆がケネディは若いから自分たちの問題を理解してくれると思っていることにあると考えている。〕対照的にロッジはハーキンスと同じ年ごろだが、ずっと政治の中で過し、着くとすぐ情勢の不穏さを感じた。

中年の西欧の軍人は国籍に関係なく、オーソドックスな軍事訓練を受け、ゲリラの戦争はほとんど知らなかった。こうした情況の下では、統計数字というような、彼ができる在来通りの評価にしがみつく。しかし本当は、この種の戦争では統計はまったく無意味であり、むしろ統計数字は装備の優れている側が優勢になっているかのような誤った印象を不可避的に与える。〔シーハンと米軍上級将校の激しい論争を私は思い出す。将校はベトコンの高い損害率を指摘し、戦争に勝っていることを証明していると主張した。しかしシーハンは――そして多くのゲリラ戦権威者は彼を支持したが――これは戦争が敗けつつあることのしるしでしかないし、政府は戦局と人心の支配権を失いつつあると主張した。内乱で君たちがうまくやっているときは、損害はふえず、ただ戦争がなくなって行くのだとシーハンはいった。〕

意識的にあるいは潜在意識的に、軍の参謀組織は上級将校の考え方を反映しがちである。もし司令官が一定の方向で戦争のある局面だけを見たがるならば、参謀部は上官の理論を確認するような事実を見つけてくるだろう。一九六二年五月の『タイム』の表紙記事で、ハーキンズは「私は楽観主義者だ、私は幕僚たちが悲観主義者になるのを許さないつもりだ」といっている。私は六三年十月、前哨陣地問題で交わしたハーキンズとの会見をはっきり思い出す。広報主任だったバージル・リー・ベーカー大佐も同席していた。ベーカーは何百人もの山岳部族が加わってきたある山岳部の話、ベトコンが多数殺された場所の話など、彼が前向きのニュースと考える話を差しはさみ、会見時間の多くをそれでつぶしてしまった。そのときベーカーは私ではなく、ハーキンズに話していたのだと私は確信している。私はこの情景が、ジアロン宮殿で注意深く選ばれた顧問たちがジェムを囲み、悪いニュースは柔らげられ、薄められ、ねじ曲げられ、書き替えられる情景と似ているのだというやり切れない感じにとりつかれていた。

こうした理由から米軍事援助司令部は、六三年初めのきわめて重大な時期に、バンの警告に耳を貸さないことを決めた。そのときまでに情勢が取り返しのつかないところまで来ていたかどうかいえないが、当時、一部のアメリカ人はまだ間に合うという印象を持っていた。しかし西欧人はいつもベトコンの力を過小評価していた。六三年初めでも、ゲリラの力はすでに想像以上に大きくなっていて、ただ全力投入をしていなかっただけかもしれない。

バンの警告を無視することは、二つのことを意味した。第一はベトコンは事実上、だれにも妨げられずに動けるので、デルタの情勢は一層急速に悪化するだろうということである。第二はバンの正しさが一層多くの人に理解されるようになり、米軍内部の分裂は一層激化するだろうということである。バンの正しさを理解するようになった人の中には、デルタ戦略村計画主任ラルフ・ハーウッド、バンの後任ラリー・プラディ大佐、軍民合同デルタ調査団の軍代表で、ハーキンズの下の若い参謀次長リチャード・スティルウェル少将からきびしい批判を受けたエルジー・ヒッカーソン中佐などがいた。とうとう六三年の九月、全土の戦略村計画を担当しているラファス・フィリップスは、デルタの危機的状況やガタガタの戦略村計画についてアメリカ政府当局者に警告し、それによって援助司令部に激しい反撃をくらわせるため、ワシントンへ行った。

この間を通じて援助司令部は戦争はうまくいっていると主張し続けた。六三年中ごろまでは、デルタは他の地域より遅れてはいるが、戦争は勝利を収めつつあるというい方だった。六三年秋にはいい方が修正された。デルタでも勝利を収めつつあるが——広報の言葉によると——「北での作戦が成功したため、ゲリラは南の方に押しさげられている」というのであった。

バンがデルタでベトナム政府軍が情報に基づいて行動していないと指摘した報告を出した直後に、援助司令部とハーキンスは資料で完全に裏打ちされたもうひとつの警告を受けていた。それはデルタ全域を受け持つ軍団の米軍顧問で、バンの直属上官のダニエル・ブーン・ポーター大佐という非の打ち所のないところから出されたものであった。ポーターは穏かな教授タイプで、いつも書類入れを抱え、まるで英語の使い方について講義に出かける途中のようであった。しかし彼を知る人は、彼がこれまでけんか好きだったといっていた。そのうえ、彼は陸軍内でだれよりも小編成の歩兵部隊の基本戦術を知っている人という名声を得ていた。彼は献身的、勤勉な軍人で、彼を知る人は、ベトナム人もアメリカ人も同じように、彼を心から信用していた。デルタ全域の責任を委ねられて、ポーターはベトナム人の潜在能力と実際の業績の間に、大きなずれがあることを知った。同じように、上官の楽観論は彼が戦場でみた危険な兆候と矛盾していた。

ポーター大佐は六三年二月、帰国を前に最終報告を提出した。報告のコピーを前もって読んだ友人たちは、ケタはずれに批判の度が強すぎると忠告し、作戦回数の増加、通信連絡、装備点検の改善など採用された改善措置を指摘して全体を柔らげてはどうかと勧めた。ポーターは、断った。彼はすでに前の報告で、改善した面は書いていた。彼は現状の大きな流れの方向を憂慮していた。彼は自分の思ったことを書こうとしていた。

報告を書く前にポーターは二人の直属の部下と相談した。第七師団のバンと第二十一師団のフレッド・ラッド中佐〔彼もバン同様に悲観的だったが、二十一師団長は七師団長より攻撃的であった〕である。報告には二人の考えが含まれていたが、これをみた将校の話では、最終稿では完全に〝ポーター化〟していた。これを読んだ将校たちは、これはアメリカ人がこれまでにやった情勢報告でもっとも鋭いものだと考えた。それは敵の性格、ベトナム農民の性格、政府当局者の性格を分析していた。

ある将校によると、ポーターの最終勧告は、とくにサイゴンを怒らせた。ポーターは責任ある米軍高官がベトナム政府の最高当局者たちと対決し、相互の問題を話合うよう提案していた。報告は、上手にやるべきだが、やらねばならないと述べていた。報告を読んだある参謀将校は、「われわれが問題点を持ち出せば、彼らもわれわれに対し問題を話すだろう。報告は上官のあるものたちの失敗をくわしく明らかにしていた。米軍司令部を怒らした理由は、われわれがこんな風に思っていることをベトナム側が知ったら大変だということだったと私は思う。もちろん、われわれはポーターの報告のように感じていたのだし、もちろんベトナム側はそれを知っていた」と語った。

ハーキンズはこの報告に仰天し、コピーを全部回収するよう命令した。上級軍事顧問の会議で、出席者によると、ハーキンズ将軍は「ポーターの報告を〝消毒〟する。関心のある問題が報告内にあれば、諸君が利用できるようにする」と語った。報告は二度と人前に現れなかった。これは、大変異常なことだった。大部分の高級将校の報告は、すぐサイゴンで他の将校が読めるようになっていた。

われわれ記者連には不幸なことに、ポーターはこの問題全体について非常に口が堅く、彼がベトナムを去って大分経つまで、だれもこの事件を知らなかった。

ハーキンズはこのころ、デルタについて、さらに別の報告を受け取った。これは参謀部のある将軍からのものだった。援助司令部を離れてからその報告を見た私の友人は、欄外には全部、ハーキンズの手で、ただ〝バン〟、〝ポーター〟、〝またもやバン〟と書きしるされていたと語っている。

一方、六三年四月、怒ったバンはベトナムから帰国の途についた。勤務は終った。ベトナムでのアメリカの役割りを快く思っていないアメリカ人とは違って、彼はただの反対者ではなかった。彼は武装した反対者だった。教育を受けた企業統計家として、バンは意味のある統計数字で、米国の失敗や誤りを裏付ける資料作りに、長い時間をかけていた。彼はデルタ在勤中、小さな前哨陣地の数を減らさなかったばかりか、そのもろさ、陣地が機動性を激減させているにもかかわらず、彼の到着時より現実にふえていることを指摘できた。彼はだれもが疑っているように、省長とジエムとの政治関係が、その省長に与えられる兵員数に直接かかわりあってくることを証明できた。例えば、サイゴンのすぐ南にある人口の密集したロンアン省では、バンの受持ち区域内のベトコン事件の大多数が起きていたが、ここの兵員は、葦の平原にあり、人口も少なく、またベトコンの起こす事件全体の一〇パーセント以下の事件しか起こらないキエンホア省より少なかった。その結果、六三年十月末までに、ベトコンはロンアン省農村部の支配権を完全に掌握した。

バンはまた、政府軍司令官たちが政府軍兵士を失う危険をおかすのを喜ばないという非難について、独特の証拠文書を提示することができた。バンが上級軍事顧問を勤めているとき、政府軍の死者千四百人のうち、政府軍の中で、もっとも装備のよい正規軍の死者は五十人以下であった。これはサイゴンが考えたがるように、彼らが善戦したからではない。これは彼らがほんのわずかしか戦っていないことを証明しているだけである。損害は正規軍ではなく、民兵や地方自衛軍で、夜間に攻撃を受けての損害であった。

家族と一ヵ月過してから、バンは六三年五月中ごろペンタゴンに出勤した。そこで彼が見たものは、だれもベトナムに、またベトナムについての彼の意見に、関心を持っていそうもないことであった。彼がもっとも危険で、アメリカが戦争をしている唯一つの問題の地域から帰ったばかりだというのにである。師団顧問級の人はワシントンで普通は説明を求められるものなのだが、三人のデルタの専門家、ポーター、ラッド、バンは意見の開陳を求められなかった。バンが説明を聞いてくれる将校を探し始めると、君に聴問しないのが〝サイゴンの希望〟であるといわれた。

そこで、バンは初めは二、三人の友人に非公式に話をした。しかし話が広まると、しだいに彼の話を聞きたいという高官がふえてくることがわかった。とうとう陸軍参謀次長バークスデール・ハムレット将軍がバンの説明を聞いた。そして同将軍の求めにより、問題は七月八日の統合参謀会議の議題になった。バンは彼の話を聞いた一部の将軍から、もっと穏やかに話すこと、とくに統合参謀本部議長テーラー個人の撰択で選ばれたハーキンズ大将を批判しないよう気をつけねばならないと忠告された。

奇妙な時節の一致だが、各軍参謀長たちはゲリラ戦についてのマクナマラ長官の特別顧問、ビクター・クルラック海兵少将から情況説明を受けたところであった。クルラックはベトナム問題で特別調査官として重要な役割りを果しつつあり、彼によれば、戦争はうまく行っていた。このときクルラックはベトナムの短期視察から戻ったところで、戦略村計画について、きわめて楽天的な大報告を書き上げていた。ハーキンズの参謀の一人によると、この報告は援助司令部と密接な協力のもとに作成された。とにかく、クルラックはただペンタゴンが聞きたがっていたことを報告しただけであった。バンの気持ちはよく知られていた。バンの統合参謀会議出席の予定が決まると、クルラックのオフィスはバンの上官たちに彼の報告のコピーのことで電話をかけ始めた。数人の高官はバンに最後まで報告を他人に見せるなと警告した。彼の説明は月曜日の午後二時からと決まった。その日の午前九時四十五分、彼は報告をクルラックのオフィスに渡した。

その日バンは非常に早くやって来て、ホイーラー陸軍参謀総長のオフィスの前で、何か最新の事態の発展、彼についての質問でもあればと待機していた。バン夫人によると、「夫はできる限り身ぎれいにしていました。本当にこの朝に備えていたのです。彼のまわりにはシワひとつありませんでした」。

以下はバンの話だが、ホイーラー参謀総長の部下も確認している。午前十時四十五分、ホイーラー参謀総長のオフィスの待合室の副官に電話があった。「だれがこの問題を議題から除くよう望んでいるのですか」副官が聞いた。しばらくしてまた、「国防長官ですか、統合参謀本部議長ですか」と聞いた。さらに話が続いて「それは命令ですか要請ですか」と聞き、答えを聞いてから「復唱します。議長がこの問題をはずすよう要請している」といい、ホイーラー大将に聞いてから電話をすると付け加えた。電話を切って副官はバンに「君は今日は話をしなくていいらしい」といった。二、三分して副官は戻り、電話を取り「陸軍参謀総長は議題からはずすことに同意します」と答えた。

こうして統合参謀本部はバンの話を聞かなかった。またバンは彼の書類が処理されるのを待つ短い期間、陸軍に残っていたが、その間だれもバンの報告、説明を聞こうとしなかった。

退役を申出るとすぐさま、だれにもベトナムのことを話すなという厳重な命令を受けた。サイゴンでニュースを聞くと、私はワシントン支局に電報を打ち、国務省担当のリッチ・スミスにバンと会い、ワシントンでは得られない専門的知識を聞き出してみてはといってやった。スミスは努力したが、「どうにも君の友人バンに口を開くよう説得できなかった」と返電してきた。

彼が将軍でなかったとか、この種の抗議の扱い方について横から忠告するものがなかったとか、選挙の年でなかったとか、あるいは当時だれもベトナム戦争の状況に関心を持っていなかったといったような理由で、バンの退役はそのとき、ほとんど問題にされなかった。二、三の記事や会見記はあった。『ニューヨーク・タイムズ』とか、ニューヨークの『ジャーナル・アメリカン』の面白い記事とか、『USニューズ・アンド・ワールドリポート』の会見記だとか。しかしどれも散慢で、ペンタゴンがバン退役の理由の説明を迫られるような事態にはならなかった。

バンはベトナムの話が出来るようにと陸軍をやめ、デンバーの航空機会社に相当の給料増額で、就職し、余暇や週末を使って、さまざまの聴衆に、ベトナムではいかにうまくいっていなかったか講演して歩いた。

今日でもバンは明らかに陸軍を恋しがっている。「ジョン、あなたは陸軍が恋しいのね。退役してからあなたは本当に幸せだったことはないのね」とバン夫人は六四年春、私がデンバーにバンを訪ねたとき、空港で話していた。

しかしバンはベトナムでのアメリカの役割りについて自分の確信を守るため、他のだれもがやらなかったことをやった。ウソや失敗は愛する軍務から身を退くに足る重大なことだと考えていた。気質からみれば、彼は体制に抗議したり反抗したりするような男ではない。しかし個人として巻き込まれてしまった。彼はベトナムでおきていることについて、祖国に警告するというむなしい努力をし、失敗した。彼がデルタで起こると予言したことはみな起きた。しかも彼が考えていたよりも早く。

昨年三月（六四年三月）、私はデンバーでバンと別れたとき、サイゴンの空港での光景を想い出していた。軍務を終え、失望にうちひしがれたバンは帰国しようとしていた。一部の将校や飛行士たちと一緒に、一団の記者たちが、別れをいいに来ていた。彼のすばらしい勇気と誠実さを認め、戦場で過した楽しい一時の思い出に、われわれ記者団は、彼に銀のシガレットケースを贈った。それにはサインといっしょに、〝よき軍人、よき友〟と刻まれていた。バンが飛行機に乗るとき、私は「われわれはあなたやあなたの持ち場のデルタのことを書くとき、いつも、あなたが上官との関係で一層暮しにくくなるのではないかと気にしていた」といった。彼は私を見て、ちらと顔をほころばせ「案外、傷つけられなかったよ」と答えた。

XII

四月には、バン中佐の予言どおりのことが起きた。南ベトナム政府軍はベトコン部隊主力と接触するのを恐れる様子を示し、一方挑戦されない敵側はますます大胆になっていった。以前に比べ装備もよくなり、六ヵ月前に避けていた政府軍との戦闘の機会をとらえ始めた。終わることのないどうどうめぐりだった。政府軍が用心深くなればなるほど、ベトコンは自由に活動できるようになった。ゲリラ軍が自由になればなるほど、彼らにとって政府軍の大前哨基地にしのび込んで武器をかっぱらうことがたやすくなっていった。また彼らの武装がよくなればなるほど、民衆はその力を印象づけられ、政府軍はおじけづくのだった。これがどうどうめぐりの全容だ。

こうした状況のもとでさらに別の欠陥が生まれた。地方当局者や司令官たちが、状況にたいする自分たちの責任を逃れようとする態度をとるようになった。例えば、ジエムは政府軍が死傷を出すような危険をおかすことを望まないし、また、ダム大佐は戦争はうまくいっていると報告したために、ダム大佐は敵の挑戦に対処することが不可能になった。もし挑戦に対処すれば被害を出さざるを得ず、ジエムは、ダムの話では、政府軍がずっと制圧してきた地域で、なぜ犠牲を払わなければならないのか、その理由をただしただろう。このように、本来善良であるべき人が過去の過失のとりこになり、一九六三年初めの数ヵ月の間に、ベトコンは事実上戦わずしてデルタ地域の一帯を手に入れた。

デルタでなにが起こっていたか〔あるいは起こっていなかったか〕を示すもっとも良い例は、バンがベトナムを離れた数週間後、ベトコンがビエン・ギと呼ばれる、アンスエン省、カマウの主要前哨地点を襲った時のことである。ここはカマウの砲の射程外にあり、この地区では農民は完全にベトコンの支配下にあった。アメリカ人はこの地点が射程外にあり、積極的な政治目的を遂行するうえで役立たないうえに、情報を集めることもできず、補給を続けることもできないので、前哨基地を作るのには反対した。しかしジエムは勝手にこの前哨地点の建設を命じた。それができあがると、敵地の奥深く自分の旗をこれみよがしに掲げ、ここは彼の自慢の場所になった。ビエン・ギには百四十五人〔政府正規軍が百十一人、ＳＤＣ（村の自衛民兵隊）が四十四人〕の優秀な兵員が駐屯していた。四月二十一日の夜、ベトコンが襲撃した。守備隊は一生懸命たたかったが、アメリカ人が懸念していたように救いようのない状況だった。敵は六百人近い攻撃部隊を使い、迫撃砲、無反動砲、その他政府軍から捕獲した重火器を装備していた。彼らは前哨基地を撃破し、防御していた兵士を殺りくし、死体をいくつかはしけにのせて、農民がみられるように運河を下らせた。彼らはジエム大統領の写真を焼き払い、続いて政府軍の指揮官を火刑に処し、それから彼らは、ビエン・ギが政府軍駐屯地だったことを示す標識以外は何もかもぶちこわしてしまった。その上彼らは、M1ライフル銃八十一丁、カービン銃およそ六十丁、BAR（ブローニング自動小銃）十丁、機関銃と迫撃砲数門――真新しい一個大隊分の装備としてほぼじゅうぶんの武器――を捕獲した。

この敗北は、とくにくだらない、無意味な、残忍な、血なまぐさい敗北だった。がその翌日起こったことはさらにひどいものだった。政府の反応は非常におそかった。だれもがベトコンが歩きなれた場所で、ベトコンとの戦闘に急いで突入しようとはしなかった。増援部隊がこの前哨基地に着いたときには、ベトコンがたしかに立ち去ってしまっているように、わざと行動を遅らせていることにアメリカ軍顧問たちは気づいていた。作戦の責任者であるカオ将軍は、強大な部隊を意のままに動かすことができた。ビエン・ギ南方にある彼の司令部には、矢印だらけの素晴しい地図があった。しかし、長かったその日の午前中、一つも交戦がなかったことは別におどろくべきことではなかった。

正午ちょっと過ぎ、ヘリコプターの一中隊がビエン・ギから司令部に帰ってきた。そのとき村の並木が砲火で切り開かれるかに見えた。後でだれかがパイロットの一人に、ベトコンは〇・三口径か〇・五径の機関銃をもっているのかと尋ねた。「奴らは五〇〇口径以外はもっていない」と彼は答えた。ヘリコプター隊は偵察に出かけ、すぐに司令部に帰ってきた。パイロットの一人が、カオ将軍に何がどこで起こったか、また並木の中にまだ二個中隊がいるかもしれないと推定したと報告した。

「いや、奴らがあそこにいるとは思わない。奴らは勝利を祝うためにこの地点に行くと思う。奴らはここでパーティーを開くだろうから、われわれはここを攻撃する。私はベトコンをよく知っている」とカオ将軍は作戦図をさしながらいった。

びっくり仰天したヘリコプターの操縦士はジョン・（プーピー）・コナー大佐をまじまじとみた。コナー大佐はポーター大佐の後任となった人物で、ほとんどどんな状況のもとでもカオ将軍と行動をともにしようと決意していることは明らかだった。そのコナー大佐に肩をすくめてみせられては、操縦士も出て行くより他はなかった。

その日の午後おそく、他の米陸軍中佐がカオに軍を移動させようとした。

「ああ、だが君にはゲリラ戦がわかっていないのだ」とカオはいった。

「カオ将軍」とその米軍人はいった。

「私がこの戦争を通じていつもあなたの味方であることを希望された方がいいですよ。でないと、どちらがゲリラ戦を理解しているかお教えしなければならなくなりますからね」。

その後、カオと話をした私の親友でもあるそのパイロットが、私にうちあけたところによれば、彼はその夜ヘリコプターで帰る途中、ベトナムで戦争に負けようとしていると初めて確信した。

その夜サイゴンでの記者会見で、広報官は記者団にたいして報告――もちろん未確認のものだが――を配布した。報告はビエン・ギ戦闘に引き続き、ベトナム軍の空襲で、ベトコン百人を殺したと述べていた。「あそこには、カオがいるからナ」とマート・ペリーがこのニュースをみていうと、ブリーフィングをしていた将校さえも笑った。

日を追うごとに、より小さく、より劇的ではないにしても似たような事件が起こった。「君に最近二ヵ月間の作戦計画を見せることもできるが、そうしたらどの作戦にも上手に逃げ道が作ってあるのが判るよ」と七月に第七師団のある作戦将校が私に向かっていった。

政府軍の勝利もひどく汚されてしまった。七月二十一日ミト北東、チョガオで政府軍が第五一四大隊〔ベトコンの精鋭部隊〕と衝突、大勝利を収めたと聞かされた。最初の報告によれば、三百人のゲリラが殺された。そこで翌日、こんどこそわれわれをへこましたいと切望している広報部は、ヘリコプターを使って記者団の視察旅行を行った。長い戦闘で死んだゲリラの数は、三百ではなくて五十八人で、兵器十二点を捕獲したということが判った。政府正規軍十八人が殺されたが、そのうち十四人は同じ中隊所属で、ひらけた水田を横切ってきわめて困難な突撃を行ったのだ。

第五一四大隊を全滅させたというカオの主張とは裏腹に、彼らはいぜんとして、作戦に従事して活躍中であることがわかった。それにもかかわらず、勝利を祝って形式ばった儀式が行われ、その席上ダム大佐が立ち上がって、カオの偉大さを讃え、今回の勝利は全く彼のものであるという卑屈な短い演説を行った（もちろん二人は、どちらも戦場には行かなかったのである）。続いてカオがしゃべった。「この勝利は私のものではなく、私にたいし第五一四大隊を壊滅するように個人的に命令したゴ・ジン・ジエム大統領の勝利である」と。

空のたこつぼの中で、部下にベトコンの死体をかかえさせ、これをテレビカメラマンに写させて、場面を大げさにしようとするカオのマディソンアベニュー（ニューヨークにある大宣伝会社の集まった街）的なこころみにもかかわらず、戦場はもっと別のことを物語っていた。ゲリラから奪った武器がわずか十二丁だったということは、大部分の敵が逃げてしまったということを物語るものだった。事実、第五一四大隊はそれから数日後には、通常の作戦能力を持っていることが、米諜報機関によって確認された。そのうえ、突撃に参加したのは一隊だけで、しかも１１３装甲車隊は明らかに樹林帯の突破に失敗したこともわかった。

われわれはまた、その時のお祭り騒ぎに、米軍師団顧問のうちの何人かは参加しなかったことも知った。クーデター後、顧問たちがもっと自由にしゃべるようになったとき、われわれは、もう一度、ベトコンのために故意に抜け穴を作った作戦計画が作られていたこと、１１３装甲車隊が突撃しなかったこと、作戦全体を通じてカオ自身がびくびくし通しで、敵の脱出口をはばみえたかもしれないのに部隊の投入を拒否したことなどを知った。実際、カオはひどく神経過敏になっていたので、その日は最初から砲火がひどく神経にさわっていて、彼は砲撃中止を命令し、その日一日、命令の撤回を拒んだということを知った。この筋金入りの敵を全滅させる絶好のチャンスはこの他にもあったのに、わざとつぶされてしまった。「われわれは敵をやっつけはしなかった。ただちょっと引っかかいただけだ」と後になって米軍顧問の一人は語った。

それから三週間後、ゴコンという場所で、政府軍が勝利を収めたことが大々的に伝えられたが、これにもチョガオでの勝利と同じ要素がたくさんあった。今回はベトコン大隊が地区司令部を襲い、大きな街道を下って救援部隊を待ち伏せたのである。しかしベトナム政府軍は113型装甲車で国道をばく進し、開けた原野でベトコン軍を捕捉した。いつもならベトコンはもっと用心深くて、樹林帯にそって逃げ道を作っておくのだが、この時はベトコンの方がたかをくくりすぎていたうえ、113装甲車隊が野外演習通りに展開した。ところが、その戦闘の最中、ベトコンが混乱しているときに、ダム大佐は装甲部隊に向かって敵との交戦を中止するよう命令した。いつもながら、米軍側は抗議したが、ダムは断固とした態度をとっていた。彼は敵に大損害を与えたうえに、味方の損失が少なかったから、自分の幸運を押しつぶしたくなかったのである。装甲部隊の首席米軍顧問に向かってダムは、「大使と報道陣を呼んでここに連れてきなさい」といった。

その顧問は後に「彼らが気にしていたのは得点記録だけだった」といった。

それにもかかわらず、サイゴンでは、ゴコンでの政府軍の大勝利は大変に歓迎された。結局、味方の部隊は迅速に反撃し、よく戦ったのである。しかしアメリカ人でない私の友人の一人で、ゲリラ戦通が、私をわきに連れていって、これは決して勝利とはみなすことはできず、事実は災難が差し迫っている証拠だと、彼が考えている理由を説明してくれた。戦闘はミトの外側の、郡都のごく近くで行われ、少なくとも五百人のベトコンがその戦闘に加わっていたと彼はいった。しかもこの大部隊は人口密集地帯の中心地域近くで、農民が政府側に通報することもなく、集結することができたのである。だから、これは勝利などと呼べるものではなく、むしろどちら側が民衆を支配し、農村地帯で自由に行動できるかをはっきりさせた苦い経験だったといえようと彼はいった。彼は、戦争は誰もが認識しているよりもずっと終末に近づいているといった。

当時ベトナムの将来について疑念を口にする者がいるとそれがだれであれ、すぐに戦略村計画に関する実績をわんさともってこられるのがふつうだった。戦略村計画は、ベトナム政府とアメリカが陣地化した村を作るという計画で、戦略村では農民にたいして社会、教育活動が行われることになっていた。米軍司令部は、「これは民衆を引きつけるためのカギだ」と述べ、戦闘の失敗の穴うめをするはずだった。たとえ批評家が農民の政府にたいする感情を心配しても、戦略村計画のもとでは不正はほとんどみられず、人々の基本的必要は満たされており、戦略村計画は〝下からの民主主義〟なのだという説明を受けただろう。もしもだれかがデルタでの軍事的な失敗を口に出したら、その地方で戦略村計画が効果を現わしつつあり、予定よりも先に進んでいるほどであるといわれただろう。「計画は進行している」というのが米軍将校の口ぐせだった。はっきりと認められるほどのものではなかったにしろ、進行していることは確かだったのである。

しかし常識的に考えれば、疑いがわいてくるのも当然だった。多くの計画があれほど失敗したところで、非常にむずかしくて複雑な事業である戦略村計画が成功したり、民衆を支配することもできず、重要な地位に警察国家の手先を任命したという悪評の立っている政府が、突然、有能な、精力的な、誠実な人物を戦略村計画の管理者に任命したり、戦闘の優先度について、ドンキホーテばりのひどい態度をとっていた政府が、戦略村計画のように大きな、複雑な計画を実行し、進めて行く――そんなことはどれもこれも信じがたいことであった。

戦略村計画はホーマー・ビガートが「アメリカが計画しているもう一つの仕掛け」と呼んでいるもので、ジエム治下では変えられないこと、つまりベトコンの方が農民に対して政府軍よりもより大きな影響力をもち、農民にたいして献身的で、よりよい指導力をもつという事実をくつがえしてしまおうという計画だった。巨額のアメリカの資源がこの計画に注ぎ込まれた。のっぴきならぬほどの打ち込みようだったので、もしこの計画が失敗すれば、われわれの側は農民に対してなすすべもなくなり、そのため政府が農村レベルで破産することは明らかだというのが、当時一般的に一致した見方だった。

フランスの支配下にあった時にも、同じような計画が失敗に終わったことがあるにもかかわらず、――人びとはアグロビル〔アグロビルは五九年中ごろ南ベトナム政府が着手し、一年半後に放棄したもの。人口四千人程度のアグロビルを作り共産分子の侵透を防ぐのがねらい。この失敗後戦略村計画が始まる〕に群がっていた――この時点において、戦略村計画は理論的にいって、ベトナム問題の解答としてはよいものだった。アメリカとジエムの関係が破たんした時にはこの計画が事実上万能薬扱いされたことはあったが、これは万能薬ではなく、複雑な、危なっかしいアイデアで、もし計画を実行する者が利口で、不屈で、しかも運が良かったら、この計画も、重態に陥っている国家にとって必要な薬の一部としての役割りを果たしえたかもしれない。

戦略村計画は、農民の自衛を援助し、彼らをゲリラから分離することを目的としていた。農民は自衛を望んでいると思われており――不幸にしていつもそうではなかったが――また農民は政府側に共鳴していると思われていた。すべてこういう具合だったのである。この計画は、農民に国から便宜を与えることによって、武器と自衛の希望を持たせることを目的としていた。過去において、農民は国から面倒をみてもらうことがなく、そのためにベトコンの宣伝にひっかかりやすかったのである。この計画はただの思いつきだけではなかったが、一九六三年半ばに計画が瓦壊した時、その原因は武器の不足ではなかったのである。

戦略村計画はデルタよりも、中部沿岸地方や山岳地方に向いていたのである。沿岸地方や高原地方では、農民は狭い、人家の密集した村に住んでいて、計画にあるような型の防備にぴったり適していたので、疎開の必要はなかった。こういう地方では食糧源が限られていたから、敵の食糧を断つのはたやすいことだった。稲作面積に限りがあるため、土地は伝統的に共同で使用されていた。それにゴ一家がこの地方にとくに関心をもっていたから、政府はこの地方に主力を注いでいたのであった。

デルタの場合、話は全く違っていた。しかし、米軍高級諮問会議はこの違いを全く認めなかった。諮問会議は非常に浅薄な知識しかもっていなかったから、北部で大きな力を発揮した作戦がデルタには適さないことに気づかなかった。第一にデルタ地方のゲリラにとっては、土地を離れて生活することなどは、たやすいことだった。更にもっと重要なことは、デルタでは住民が作戦に都合の良い小グループに分かれて生活してはいなかったということだった。彼らはこの肥沃な土地にこれという当てもなく、際限もなく散らばっていたのである。従ってこれはもっぱら、愛着をもち、幾世代にもわたって住みなれた土地から、実際は敵だなどと思ってもいない敵とたたかうために、全く愛着をもたない地域に、人びとを移動させることになった。デルタの住民は概して傍観的だったが、移動という行動そのものが、何千という農民を政府反対に回してしまった。

それでも、ある条件のもとでは、戦略村計画もデルタで、部分的な効果をあげることもできたかもしれなかった。しかし、計画はその遂行に必要な誠実さ、実行力、熟練に支えられておらず、かえって、体制の弱点をすっかり暴露してしまったのである。デルタの十三省の省長のうち、南部出身者は数人か、あるいは南部の気質や土地に対する愛着には全く理解をもたないものばかりで、省長のうちわずか二人だけが計画の心理的概念、つまり農民をして戦略村に来ようと希望させるためには神秘的なふんいきを作らなければならないということをつかんでいるようにみえた。有刺鉄線百キロではなく、こうした人百人がベトコンに対抗することができた。

期待されたこの夢は、紙の上に残されただけだった。というのは、ニューがこれを民衆支配の方法としてとりあげ、彼の配下にある人物を計画担当者にしたのである。省長たちは互いに建設できる戦略村の数の競争を始めた。戦略村を作れば作るほど、ニューの信任が厚くなり、アメリカの援助も多く受けられるようになった。そこで当然米代表団にとって、一つの戦略村を二分して二つに数え、二倍の援助を受けるというう傾向がベトナム人の役人の間に現われてきたことが一つの問題になった。省長たちは他の省長よりもより早く戦略村を作ろうと気違いじみた競争をした。「そこにじっとしてみていろよ。奴らは君のまわりに有刺鉄線を張りめぐらして、君を戦略村だというだろうよ」とあるアメリカ人はいった。

だが、デルタの戦略村計画の成功のカギは、ゆっくり時間をかけて戦略村を建設し、安定した地区から出発してゆっくりと手をひろげ、他の村を保護のカサの下にくり入れ、こうしてつなぎ合わされた各単位の間に相互防御の精神を生み出していくという戦術にかかっていたのである。しかし、こんな建設は行われなかった。それどころか、デルタ全体に適用されるべき優先的な計画がなかったので戦略村計画は混乱してしまった。移動する任務をもっているはずの非常に多くの部隊が戦略村の建設と防衛に当てられたため、マックスウェル・テーラーが機動部隊の比率を増大することが非常に必要だと述べてから十八ヵ月も後に、一ヵ所に定着した部隊が逆に以前よりはるかに多くなっていた。

こうした戦略村建設ラッシュの結果、アメリカ人もベトナム人も戦略村計画が予定よりもずっと進んでおり、予想外に早く完成するだろうと自慢するようになった。米軍最高司令部も進んでこの自己偽瞞に加担し、うれしい統計をきいては喜んでいた。四月にある米軍将軍がデルタを視察したとき、あるベトナム人将校が、実際はわずか十三が本当に作られただけなのに、七十二の戦略村がすでに完成しており、さらに多くの村を建設中であるという熱のこもった説明をした。ある米軍将校が将軍に向かって本当のことを伝えたところ、将軍はその将校に腹を立て、ウソをいったとして直ちにその将校を非難した。しかし戦略村建設の数字のゲームは続いたが、一皮めくると、デルタの戦略村計画は誇張された、安ぶしんだった。どんな場合でも攻撃から自分を守ることのできない村の内側では、村民は無抵抗になって押し込められるか、それとも医療奉仕や教育奉仕の約束が破られてしまったことにえらく腹を立てているかのどちらかだった。デルタにいるある文民の高官は私に「これらの戦略村にいる政府代表という連中はみなニューのために働いている地方の警察の役人で、ろくに訓練も受けていないくせに、サイゴンにだれか親類縁者を持っているおかげで職にありついた連中なのだ。彼らはバカだが、タフで、民衆を虐待する。ベトコンが戦略村を攻撃し始めたとき、ベトコンがロビン・フッドのようにみえたのも不思議ではない」といった。

戦略村計画が失敗に終わり、ジエムが失脚してから一年後の一九六四年、USOM（AID〈米国際開発局〉の出先き機関の名称）が戦略村にかんして驚くほど率直な報告書を出したが、報告書は「そもそもの初めから、地方の役人の多くがその内容をじゅうぶんには理解しておらず、しかも大統領とその弟の圧力におびえていたため、強制労働、財産没収から虚偽の報告にいたるまで、目標の数を達成するために、あらゆる手段をろうした」と述べていた。

こういったわけで、一九六三年六、七月にベトコンが戦略村攻撃を開始したとき、ベトコンは、本質的にペーパープランであるものを攻撃したにすぎなかった。省長が戦略村計画の趣旨を理解していたキエンホア省を除いて、ベトコンはごく薄い防備にぶつかっただけであった。というのは地方民兵がわずかいるだけで、その大部分は抵抗する意思もなかったし、しかも多くは以前から浸透を受けていたのだ。多くの戦略村では現地労働者は約束通りの賃金を受け取っていなかった。また他の村では、役人の子弟は労役を免除されていた。こういった悪弊、不平不満、政府側の無策が何百となく積み重なったことが、敵の仕事をやりやすくしたのである。むしろ政府の存在を農民が感じるのは、農民が政府に抱く恐怖の念によってであった。ベトナム人が発行している英字紙『サイゴン・ポスト』は、一九六四年一月十日、ジエムの転覆後、言論の自由がベトナム各紙に初めて許されたとき、次のように悲しそうに述べた。

それでもなお、このような間接的原因はまだ許すことができる。許し難いのは郡長による権力乱用、とくに公安主任たちの権力乱用という悲しいが、ありふれた問題である。副省長の名前を農民の間で恐怖や肩越しの、盗み見なしにはささやけないデルタのある省の名前をあげることができる。

こうした問題にたいする解答は、農民が自分たちの身体、権利、財産の保護を政府に求めるか、それともベトコンに求めるかにかかっている。そしてしいたげられた農民が一人でもいる限り、ベトコン同調者になりうるものが十人、そしてこれと同数の新入りのベトコンがいるということを忘れてはならない。そして権力乱用が生まれるたびに、この戦争の本質的要素と政府との間のギャップは広がって行くのだ。

キエンホア省においてさえ、ベトコンは素晴しい成績をあげていた。まだ彼らが軍事上遅れた状態にあった一九六二年から一九六三年初めにかけての長い間に、彼らはこの省の村落や、戦略村に着々と、成功裏に影の政府を樹立し、農民を集めていた。キエンホアにいたある米軍将校の話では、一九六三年四月から六月の間にゲリラは人員二千人を補充し、六百人ずつの大隊を二つ新しく編成して装備し、その上以前からこの省で行動していた一個大隊を完全な大きさまで拡張することができたのである。

このように戦略村計画はベトコンの農民支配能力に事実上何らの影響も及ぼさなかったのである。というのは、計画はゲリラの最大の力の源泉、つまり青年をゲリラから切り離すことができなかったからである。

ベトコンの戦略村計画にたいする取組み方は全体として非常に巧妙で、彼らが戦争の性質をよくのみ込んでいることを改めて思い知らせた。アメリカ人と政府は、戦略村の構想からみてベトコンが民衆そのものを攻撃することになるものと期待していた。ベトコンの攻撃は民衆を怒らせ、ゲリラに対抗して身を守るよう勇気づけるだろう。少なくとも、これは農民をしてゲリラに背を向けさせ、彼らを政府の側につけるだろうと考えられていた。

だがそううまくはいかなかった。ベトコンは飢えてはいなかったから、村人を犠牲にする必要はなかった。彼らはふつう南部出身者だったし、そのとき露営している地方の出身ということもしばしばあったから、彼らはその地方のことをよく知っており、戦略村にも浸透していた。彼らは攻撃するときは政府軍の象徴である戦略村の兵器庫や司令部、村長やニューの手先というのでとくに憎まれていた若手指導者を襲った。ベトコンが村民に危害を加えることはあまりなかったので、政府が約束を守らず、また村民を守れなかったことを知っている村民が、攻撃後ベトコン側に加担することもしばしばあった。

バンが去ったのち、報道関係の取り扱いについて後継者に加えられた圧力は六、七月と非常に激しかったので、事情をよく知っている米軍顧問などは、記者たちに情勢を聞かれると、知らん顔をして横を向くことが多かった。

そのころの数ヵ月、軍の秘密主義の下で情勢の悪化が続く中で、われわれは下級将校の直接の観察、戦略村計画に関係しているアメリカ人文官の話に依存するようになったが、文官の方が軍人より上からの圧力が少なかった。

夏の間のこの二ヵ月間に、われわれはベトコンが戦わずしてデルタで勝利を収めるのを観察していた。米軍側の兵器、人員が頂点に達して一年後、政府軍が主導権を失い、敵は、われわれ以上に武器の利益を受け、彼らの戦闘力は政府軍の戦闘力以上に増大し、政府側の民生政策が失敗したために、ゲリラの戦術上の地位が優位になっていることなどが明らかになった。

これらすべてのもつ意味は重大だった。一九六一年末、情勢悪化に伴って促進されたアメリカ側の増強は鋭さと勢いを失ってしまった。共産主義者は反撃することをおぼえ、前線基地のおかげで敵は政府を補給所の代わりに使うことができた。一九六二年には政府軍の戦力の中心は主力部隊とその兵器装備だけになっていたが、この優位さえも失ってしまった。一九六三年七月には敵の歩兵大隊のいくつかは五百人以上の兵員をもつにいたり、非常に苦杯をなめさせられた第五一四大隊は、よく訓練された兵士六百人、五七ミリ、七五ミリの無反動砲、八一ミリ、六〇ミリの迫撃砲をもち、〇・五〇口径機関銃ももっていた。八月まで、政府軍大隊は、海兵隊と空挺部隊を除いて、実際に使えるものが三百三十人以上のはまれだったから、ベトコンの主力部隊にとても対抗できなかった。ゲリラ部隊は人数が多いだけでなく、兵器の使用にもすぐれ、下士官も政府軍よりすぐれていた。その結果、そのころ砲の火力だけはすぐれていたにもかかわらず、政府軍は敵と闘うことをあからさまに恐れるようになった。多分に心理戦であり、民衆の意見がきわめて重要な戦争では、このことは大きな災難だった。

南ベトナムでもっとも知的な人物の一人であり、フランス支配下で連隊の戦闘を指揮したファン・バン・ドン大佐は、七月に旅行先のデルタからサイゴンにあわてふためいて帰って来た。「まるでインドシナ戦争と同じだ。あの時よりもずっと悪いだけだ。ベトコンは政府軍よりも装備のよい、多分政府軍より大きい大隊を使って、強力な機動作戦をやる準備を進めている」と彼はいった。あるベトナムの将軍がシーハンと私にベトナム総合参謀本部の非公式な数字を見せてくれた。余りに楽観的すぎるようで私は信用できなかったが、こういう統計でさえ、形勢が不利になっていることを示していた。一九六二年の後半六ヵ月間のデルタでの数字は、おもに米軍の新兵器のテコ入れのおかげで過去に比べると比較的好調だったが、一九六三年前半の六ヵ月間は戦果は急減していた。これは、ベトコンが新兵器に対抗する方法を身につけたことを示していた。この統計によれば、政府軍の兵器の損失は約二〇％増加し、ベトコン側の損失は二五％方減少していたのである。最も重要な統計によれば、政府軍は、集団で操作する兵器〔ブローニング自動銃、機関銃、迫撃砲あるいは無反動砲〕合わせて八十丁を失い、損失が約三十丁増したのである。これに比べてベトコン側のこれら重要な武器の損失は百十五から十五に減ったのである。双方ともやむをえずこれらの武器を放棄したのだから、この数字は重要だった。双方の損失は、第一線の戦力を如実に物語っていたのである。もし戦争に波があるとすれば、こうした武器の交換率はそれを直ちに反映した。

政府側の旗色が悪くなったのは、ちょうど仏教徒危機たけなわの時だったから、われわれの方ではこの戦況悪化の状態を思うようには追うことができなかった。時間が足りなかったため、デルタにおける政府軍衰退についての記事は、シーハンとペリーと私との合作ということになった。われわれはベトナム人筋や、アメリカ人文官や若手米軍将校と会った。いまでは多くの高級将校――たとえば師団顧問――は報道関係者と話をしないように強い圧力をかけられていたので、われわれの方でも、上官の考えを知るために、尉官クラスや信頼のおける友人の意見を聞かなければならなかった。一年とちょっとベトナムに滞在していたある大尉は、上官の大佐に「すぐ帰国し給え。この国はつぶれかかっているんだから」といわれた。

われわれが追っている記事を書くためには、足でぼう大な量の仕事をしなければならなかったし、われわれがこの国に何ヵ月も滞在している間にえた知識や接触のすべてを必要とした。そこに住んでいた者だけが、一年前の状態がどんなであったかを知っているのだし、良い取材源の信頼を獲得することができたのである。

『タイム』はペリーの原稿の中の材料を決して使おうとせず、シーハンの方は情報がすぐひっくり返ってしまうために記事を書き上げることができなかった。しかし一九六三年八月十五日『ニューヨーク・タイムズ』は、私の長い記事を掲載した。その記事の書き出しは「死活を制するメコン・デルタにおける南ベトナムの軍事情勢はこの一年間悪化の一途をたどっている。消息に通じた当局者は不吉な兆候を予告している。これら軍事筋は、共産主義ベトコンの増強は第一にデルタで進んでいると述べており、二十ヵ月前に米軍増強が始まっていらいベトコンの強化が続いているので、これはとくに不穏だと語っている」というのだった。記事はさらに、ベトコンは「かなりの規模の軍事攻撃」に従事しており、機動戦のために大型の強化大隊を準備していると述べている。

それまで私が書いた記事でこの記事ほど激しい反応を受けたものはなかった。米大統領は怒ったし、将軍たちも怒ったし、文官も怒った。ラスク国務長官は記者会見の席上この記事をとくに批判した。私は『ニューヨーク・タイムズ』が送ってくれたラスクの記者会見についての電報をまだ保管しているが、電文は次のようなものだ。

ラスクは金曜日の記者会見で、ベトナムにおける軍事情勢の悪化を伝える記事に異議を唱えた。彼は、大規模な攻撃と同様に、妨害事件やベトコンの宣伝も減少していると主張し、政府支配下の地域がさらにふえており、戦略村計画も進んでいると述べた。これは貴電を裏付けるものなりや。

私は、否、私の記事はやはり正しい。ラスクがこれを信じないのは遺憾だと答えた。

ワシントンでは、国防総省当局者が何人か、私の記事とバンの報告とを比較してみて〔私は、四ヵ月というものバンを見かけたこともなく、彼から便りを受け取ったこともなかったが、二人のデルタにかんする見解は基本的には同じだった〕、二つが似ているのは裏に何かカラクリがある、多分バンが私に情報をもらしているのだとみたのだ。

サイゴンでは、米南ベトナム軍事援助司令部（ＭＡＣＶ）がこの記事について、上級司令部からあらゆる種類のゆさぶりをかけられていたが、この記事を反ばくする仕事は、ＭＡＣＶ作戦部長のリチャード・スティルウェル少将に与えられた。彼は彼の能力に応じた反証をあげた。彼はその後、私に向かって、おかげでだいぶ睡眠を妨げられたよといっていた。数日後外国人特派員で満員の部屋で行った説明会で、彼は、私の記事と私個人を、名ざしで攻撃し、デルタにおける戦闘がうまくいっていることを示すために多くの数字をでっちあげた。

私はスティルウェルが私の記事を片付けたあと、私の記事はあらゆることばをマルで囲まれ、あらゆる点について反ばくする長い注をつけ加えられた上で、ワシントンに戻されたと聞いている。数ヵ月後、デルタでの敗色がいよいよ濃厚になった時、友人の国防総省高官がＭＡＣＶ幹部に新聞記者と将軍たちのどちらが正しかったかとたずねると、幹部は何食わぬ顔で「ああ新聞記者の方さ」と答えたという。

この他にも私の記事を否定するために、ベトナム戦争についてきわめて楽観的な見解を報道していた幾人かの特派員の手をかりようという計画もあった。そのなかで最も重要なのは、当時『ニューヨーク・ヘラルド・トリビューン』の記者だったマーグリット・ヒギンズ女史の記事である。ほんのちょっとの間、ベトナムに滞在したことのあるヒギンズは、八月二十八日付の紙面に次のように書いた。

……しかし、ハーキンズ将軍とその部下は、アメリカに支援された南ベトナムの共産主義者との戦闘、とくに米作地帯のデルタでの戦闘が〝悪化〟しており、ベトコンの増強は、共産主義者が政府軍と同じように十分な装備をもった大隊を使って機動戦をやれるところまで進んでいるという新聞報道を否定した。

「機動性とはいったいなんだ」と将軍の軍団顧問がさえぎり、「機動性というのは車両、航空のことを意味する。諸君はわがベトナム軍部隊の装備状況――無線機五十、車両、ロケット、迫撃砲、航空機三、四十を装備していることを知っているはずだ。だがベトコンは車両も、航空機ももっていない。いったいどうして彼らが機動性をもてるんだ」と語った。

おそらくヒギンズはデルタの軍団顧問のことばを引用したのだろう。とにかく私にはこの記事がとくに実体を明らかにしているように思えた。というのは、この記事はベトナム危機における上層の米軍事機構の驚くべき尊大さを要約して示しており、アメリカがフランスから学んだものがいかに少なかったかを示していたからである。確かに、ベトコンは西欧の科学技術的水準からいった機動性はもっていなかった。しかし彼らには、人に気づかれずに農村を通って迅速に潜入したり、一晩のうちに徒歩あるいは非常にすぐれた地元の案内人つきのサンパンで四十キロも移動して集合し、迅速に攻撃し、しかもその上、政府軍が反撃を開始しないうちに姿を消してしまうというアジア人特有の才能があった。ベトコンの機動性とはこれがそのすべてだったが、政府軍の機動性よりもはるかに有効だった。しかし将軍の中でこのことを理解しない者が余りにも多すぎた。

『タイムズ』に掲載された私の記事は、さらに短期の非常駐特派員につきまとうハンディキャップをもあばいていた。もしこうしたジャーナリストがこの国の内情を記事にしようと、真剣に関心をもっても、彼が長い解説記事を書こうとすれば、その予備知識が限られているため、彼の意図を裏切ってしまう。彼が、軍団顧問と話をする場合、ハーキンズ大将とカオ大佐の見解を与えられているに過ぎないことを彼は知っているのだろうか。カオとうまくやって行くことのむずかしさ、その結果として生ずる停滞、そしてアメリカ人の自由のそう失に気づいているだろうか。バンやポーターの中央とは異なった意見を耳にしているかどうか。

その年の秋になっても、まだそうした一時的なベトナム特派員もデルタに行くことができ、そこで戦争はうまく行っていると教えられるのだった。多くの人がこぞってそのことを保証した。ポーター の後任コナー大佐は十月、特派員たちに向かって「われわれは多数のベトコンを殺している」ともらし、カオは積極的な司令官だとつけ加えた。

ちょうどそのころ、私はオーストラリア人特派員デニス・ウォーナーに会ったが、彼は「米軍の将軍連は、一九五一年から五二年にかけて、フランスの将軍が紅河のデルタについて話していたのと同じようなことをメコン・デルタについていっている。私の古いノートをひっくり返せば、米軍の将軍たちがいまいっていることと同じことばを、フランスの将軍たちが言った記録を見つけられることは請け合いだ」といった。

XIII

一九六三年春の初め、私は経験豊かな同僚たちから、ベトナムの政治問題についてあまりかかなすぎると個人的に批判された。私はデルタに焦点をしぼって来た。それはそれでよいし、作戦に同行したこともよい。しかし、こうした記事はベトナムの不愉快な一面だけを示すことになるというのだ。

私は彼らの批判に同意したが、実際は記事を書くきっかけ（peg）がほとんどないために、当時はベトナムの政治情勢を書くのは非常にむずかしかった。〔新聞記者の間では、〝peg〟とは静かに徐々に進展している傾向について書くための、媒介もしくはアングルを記者に与える事件のことである。〕

私がベトナムに滞在している間、これといった目新しい発展はなかった。クーデターも、大規模な反乱もなく、態度が硬化しただけだった。ジエムはめったに地方視察をしなかった。彼とアメリカ側の関係は緊張していて、希薄だったし〔ジエムと米側の関係は、アメリカ側が何も要求しなかった間は牧歌的だった〕、政府は次第にニュー一派の支配を強く受けるようになり、ニュー一派は一般大衆のせんさくをますます受けるようになっていた。

これらの事態の進展のなかにも特定の記事を書くような事件はほとんどなかっただけではなく、サイゴンの雰囲気には特別の問題があった。一九六三年春、政府のためにニュース映画を製作していたUSISがジエム政権とけんかを始め、ニュース映画の製作をやめてしまった。映画が唯一の娯楽という国では、ニュース映画は強い力をもつため、ニュー一派はニュース映画の中で自分たちを大きく扱うように強要するようになった。一方アメリカの映画製作者は、ニューの唯一の肩書は政治顧問であり、当初からジエムを、スターにすることが仕事だったからとこれを拒否した。彼らは、ニュー一派を宣伝することは、民衆の反感をあおり立てるだけであり、アメリカはニュー一派と一般大衆の間にはさまれてはならないと思っていた。そこでベトナム政府は、政府自身の手で映画を製作し始め、その映画ではニュー一派は最初からしまいまで出っぱなしだった。

だが、私の情報源がばれてしまうので、これを記事にすることはできなかった。政治情勢の本質は、ベトナムは不器用で圧制的な政府に支配され、一般大衆は潜在的な不満をもっている国だということだった。憤まんがみちみちていることはだれにでもわかったが、それは毎日の打電には役立たなかったし、それが確かめられる選挙はなかったし、新聞には批判はのらないし、議会には立って発言する議員はいなかった。

その結果、表面では受動的な国民をうわっ面だけ支配するということになった。それでも、戦争に勝たなければならない政府にとっては、国民の熱意がないことだけで、じゅうぶん破滅的なことだった。フィリピンの反乱の時、フク団（戦後二万人を越えたといわれ、四六年六月共産党非合法化いらいゲリラ戦を続けたがマグサイサイ大統領に抑えられた。現在も活動は続いている）との戦争は大衆指導者ラモン・マグサイサイ（フィリピン第七代大統領、在任中五七年三月航空機事故で死亡）が国民を結集するまでは、うまくいかなかったし、マラヤでは英国がマラヤの独立を約束するまでは共産主義者の反乱がうまく行っていた。ベトナムでは、抗議すべき焦点がないというだけの単純なそして唯一の理由で、組織された抵抗がなかった。率直に意見を述べる反共、反ジエム指導者たちはみな国外に逃亡するか、投獄されるかしており、国内に残っている知識人は迫害され、分裂しており、自宅でひっそりと無力な話をしていた。ジエム批判に近い文章をその機関紙に載せたカトリック教徒もすぐに政府の手で沈黙させられた。何千という政治指導者が投獄され、ベトナム政府にたいする反対はこそこそと表現されるだけだった。

　こうした事態も、一九六三年春に起きた仏教徒危機で終わりを告げた。

　五月九日、私はベトナム情報長官から、その日の午後、特別記者会見を行う、という電話を受けた。理由をたずねると、ベトコンがユエで仏教徒を九人殺害したのだと答えた。政府が報道問題で率先して何かをするということはきわめてまれなことであり、私は疑いをもった。政府がイニシアチブをとるときはたいてい、われわれに何かを明らかにするというよりは、何かを隠そうという魂胆があった。他の記者たちもみな同じように皮肉な見方をしていたが、はたしてわれわれの疑念はその通りになった。ロイターのニック・ターナーが事件の真相を嗅ぎつけたので、ベトナムの役人たちはびっくりしたのである。

　当時仏教がベトナムの最大の宗教で、国民の七〇パーセントが仏教徒であるということ以外、仏教一般、あるいはベトナム仏教の特殊性を理解している者はわれわれの間でも少なかった。〔その後実際の仏教徒危機の間に、ニューと親ニュー派勢力が申し合わせてこの比率を小さくみせかけようとした――ニュー夫人は、仏教徒はベトナム国民のわずか一五パーセントにすぎないと主張した――が、これは国民の九〇パーセントが仏教徒だというワシントンのベトナム大使館が配布したパンフレットによって否定された。事実、およそ一千五十万のベトナム人は仏教徒だと主張していたが、その半分は基本的には祖先崇拝であり、残りの半数が実際の仏教徒、そして一千四百万国民から仏教徒を除いた残りのうち、わずか百五十万人がカトリック教徒だった。〕

　中部沿岸地方で、まだ仏教の僧侶にたいする差別待遇や迫害が行なわれているという情報が、あい変らず続いていた。多くの仏教徒は国内で自分達が前進するためには、カトリックに改宗しなければならないのかもしれぬと感じ、これが〝一九五五年カトリック教徒〟と呼ばれる改宗者のグループを生んだのである。だがわれわれ報道陣は、この他にはごくわずかのことしか知らなかった。われわれにとって仏教の僧侶はオレンジ色の衣をまとった奇妙な小さな男たち――遠く離れた、無表情なアジア人にすぎなかった。われわれもベトナムに滞在している他のアメリカ人と同じように戦争に関心を向けていた。ベトナム滞在八ヵ月を過ぎても私は仏教の僧侶を知らなかったし、ベトナム仏教についてもほとんど知らず、寺院にはいったこともなかった。

私は例の最初の記者会見に出なかった。私は八ヵ月のニュース探しに疲れたため、会見の行なわれる当日、二週間の休暇をとって香港に向かう途中であった。ベトナムを離れるのは素晴しいことだった。記事は他の連中に書かしておけ。

彼らは記事を書いた。事件は一七度線近くのユエで起こったのである。アンナンの美しく、古い王都ユエは、中部ベトナム沿岸の香河の河畔にあり、ベトナム国内でもっとも東洋的な都市だった。この町は大統領の兄で中部地方の封建領主のゴ・ジン・カンの根拠地で、もっと重要なことは、ジエムのもっとも尊敬する長兄、ゴ・ジン・トク大司教の司教区だった。ゴ一家の中でトクが占める地位と強い役割のために、教会は俗事に巻き込まれることが多くなった。あまりそれがひどいので、ゴ・ジン・カンは、仏教指導者や軍にたいし、トクの率いる若い神父たちが教会の計画に次から次と軍隊とトラックを要求するのにへきえきしたとこぼしたといわれる。

しかし一方、ユエはベトナム仏教と仏教の教えの中心でもあった。植民地化する前、ベトナム仏教の最盛期はユエで開花したのであり、その気風は古代へのあこがれという形で長く残ったのである。この地方では住民のほぼ八〇パーセントは仏教徒で、その上、仏教がばらばらで組織されていない他の地方とは対照的に、ユエの仏教は戦闘的で組織化されており、指導は非常に行きとどいていた。そしてこの国の大部分では宗教的な寛容さがごくわずかながらあったのに、中部沿岸地方、とくにユエでは、非常に強い宗教的感情が仏教徒とカトリック教徒を宗教戦争の瀬戸際まで追い込んでいた。ユエでカトリックの若い神父と話をしたことのある特派員たちは、若い神父が仏教徒と仏教について語る時の悪意ある態度に肝をつぶした。その同じ特派員たちがこんどは仏教徒と話をすると、もしサイゴンに仏教政府が成立したら一体どんなことになるだろうと肝を冷やした。宗教対立をつのらせたジエムの失脚後も、この宗教闘争が続き、双方とも政府が相手の肩を持っていると非難しつづけたが、これは別に驚くべきことではない。

はっきりできるかぎりでは、ユエの仏教徒危機を引き起こしたのは、偶然の符合が重なったことである。あの事件の起きる数日前に、トク大司教が司教就任二十五周年祝賀会を催した。非常な盛儀で、教会の屋根という屋根、尖塔という尖塔に政府の旗とバチカンの旗がひるがえった。ジエムも式典に列席したが、彼はベトナム国旗のみの公式掲揚を認める政令を破って、バチカンの旗がひるがえっているのをみて、この法令に従うよう呼びかけた声明を発表した。

不幸なことに、この発表の数日後に釈迦の二千五百八十七回目の生誕祭がやってき、ユエの仏教徒も仏教旗の掲揚を望んだ。政府はこれを禁じるとともに、仏教徒指導者チ・クアン師に現地放送で話をさせてほしいという仏教徒の要求も拒否した。決起し、よく組織された仏教徒は放送局へ行進したが、放送局立ち入りを許されなかった。腹を立てた戦闘的な仏教徒数千人の集団は市中央の広場で集会を開き、警官もこのデモを解散させることはできなかった。ついに政府軍が出動し、指揮官の少佐は仏教徒にたいして発砲するよう命令し、軍は群集に向かって発砲した。群衆の頭上に向けて発砲するとか、催涙ガスを使用するなどの中間的な措置はとられなかった。九人が殺され、装甲車が何人かの犠牲者の上を走り回った。

この事件の最初の公式説明は政府のもので、ベトコンの手先が群衆に手投げ弾を投げ込んだと述べていた。しかし真相がわかってくるにつれて、この説明は次第に信頼されなくなってきた。交換計画の一環としてユエで働いていた西ドイツ医師団が、続いて発表された仏教徒の説明を裏付ける目撃談と写真の証拠を作った。政府は、検視もせずにさっさと犠牲者を埋葬し、あくまでも手投げ弾説に固執したが、これは、何でもかでもやっかいな事は全部ベトコンのせいにしてしまうという政府のやり方を如実に示す一例だった。矛盾する見解が相変わらず流れ続け、ユエのアメリカ領事館は、サイゴンに、仏教徒の説明が正しく、政府の説明は全く不正確だと報告した。

この事件の間中、私は香港に滞在し、景色を賞讃し、サイゴンを離れていることに満足していた。当時『ニューヨーク・タイムズ』の東南アジア首席特派員で、香港に支局を置いていたボブ・トランブルは賢明な考え深い男で、二十年以上もこの地域で経験を積んでいたが「これはアジアで起こり始め、こんご大きくなり続けそうな事件だ。朝鮮の学生を思い出させる。ベトナムもそろそろ時期がきたのかもしれない」といった。

だが、当時『ニューヨーク・タイムズ』の香港支局長だったチャーリー・モアの方がもっと的確に情勢を指摘していた。「いつもよくあることさ。ジエムは自分の非を認めるわけにいかないから、政府は何事もなかったような振りをする。彼らはウソをつくからどえらい数の人間を怒らせてしまうんだ」。

政府のやることに間違いはないというプライドと感覚が、もとは不愉快な事件にすぎなかったものを、国を揺り動かす危機にまで発展させてしまったことも別に驚くには当たらなかった。大統領にたいし個人的に情勢を報告するため、ブイ・バン・ルオン内相がユエに派遣されたとき、ある米軍情報将校も同行した。事実はすぐ判明し、その米軍将校は事態の収拾策は簡単で、五十万ピアストル〔約七千ドル〕ばかり賠償金を支払い、政府軍の非を認める声明を発表すればよいと提案した。内相はこれにたいし「金を払うのはよいとして、声明は発表できない。われわれは、われわれがやったことを認めることはできない」といったといわれる。ブイ・バン・ルオンはジエムに真相を伝えることを非常に恐れたために、サイゴンに帰ると事件に関する政府の見解は正しかった、ベトコンがこの事件をたくらんだのだとジエムに報告した。入念に作られた大統領官邸の体制は再び威力を示し、ジエムは真相から全く隔絶されたままに自分が考えたいように考えることができたのだ。

仏教徒危機はこうして起こった。それは四ヵ月にわたって続き、ついには政府を倒す状況を作り出した。初めは目的の限られた主として宗教的なものだったが、最後には明らかに政府を倒すことを企図する主として政治的な運動となり、南ベトナム全土のすべての反対派を結集した。政府が抱えているあらゆる問題——自国の国民を統治する能力のないこと、アメリカ公館がジエムに影響を及ぼすことに失敗したこと、ニュー一族の権力の増大、政府の全く非現実的な大衆課税など——を包み込んでいた。この四ヵ月間の政府を観察しているとまるで自殺しようとしている政府を見守っているかのようだった。

仏教徒危機を処理するに当たり、政府は以前の態度に拘束され、大衆から離れているので動きが限定された。当時きわめて必要だった人気上昇策にもなるジエムの和解のための寺院訪問のような措置——こうしたちょっとしたジェスチャーで危機は解決していたろうが、そういうことは、この政府の性格とは全く異質のものだった。その上四週間で、危機がピークに達しかけたときにはもはやこのような手は不可能になっていた。というのは、その時にはそれは寛容の兆候とはとられず——これまで寛大な政策を決してとらず、妥協の用意も示したことがないのは政府だった——かえって弱さを示すものととられただろう。

仏教徒危機では、政府の相手は、ことばを単純に信じ込み、額面通り何枚もの紙にサインするアメリカではなく、政府が彼らについて知っているより以上に政府をよく知っており、政府の反応を予言でき、これらの反応がきっとまずいものになるだろうという推測のうえに立って行動できる自国の抜け目のない連中であった。

カトリックと仏教の間の宗教上の分裂は、一九五四年にこの国が南北に分割されたときに始まった。当時約七十万人のカトリック難民が共産主義者の手で報復され、迫害されることを恐れて、多くは神父に導かれ北ベトナムから南ベトナムに逃げ込んだ。大多数の南部人にかんする限り望ましくない、孤独な少数派である彼らはジエムに友人を見出し、ジエムの熱狂的な支持者となり、彼ら自身の社会を作った。仏教徒と南部人を疑っていたジエムは、この新参者たちは信用できると思った。結局彼らは難民であり、カトリック教徒だったし、ジエム以外に頼る人はほかになかったのだ。カトリックの司祭たちはこの関係の強化に力を入れ、かくしてカトリック教徒は、ベトナム政府の欠くことのできない要素となり、ジエムはその代わり、彼らの宗教を自分の弱体政権を支えるために利用した。必然的にえこひいきと権力乱用という結果を生じ、信仰の指導者が村の指導者になり、間もなく省や地方の長はほとんどカトリック教徒で占められるようになった。住民がみな仏教徒の地方でもこういうことがしばしばあった。信頼されている秘密警察機構のメンバーの非常に多くが教会のメンバーでもあったので、中部ベトナムでは憎悪の的である保安担当者はまず第一に、政府の役人ではなく、カトリック教徒と思われた。

ジエムを支持することに、死にもの狂いで熱中していたアメリカは、こうしたやり方のいくつかを援助した。一九五五年初め、グレアム・グリーン（英国の作家、一九〇四年生れ、一九五五年、サイゴンを舞台にベストセラー小説『静かなアメリカ人』を出す）はある新聞の論説に「アメリカ人顧問は、カトリック教会がアメリカの不人気を分かち持つおそれが生ずるまでに、ジエムのカトリック教にたいする信仰心を利用してきた。……ジエムの閣僚の全部がカトリック教徒というわけではなかったが、自分の支持者の多くを正当にも疑っていたジエムは、事実上の政府は自分自身と一族に限った。ジエムが彼の寛容な国に反カトリックの遺産を残すのも無理はない」と書いた。救援援助計画を適用されたカトリック教徒は、学校建設の優先権と、注意深く保護されている国有地の樹木を切り出し、販売する許可を獲得し、商業・貿易の特典を与えられた。信徒のために、司祭が仲介に立ったからカトリック教徒は政府の土地開発計画に当たっても、もっとも良い土地を与えられることもしばしばあったし、戦略村建設のときも、仏教徒が従事している肉体労働を免除されることも多かった。一九五七、五八年に、政府が中部高原に土地開発センターを開設したときも、中部沿岸地方の省長たちは仏教徒には強制移動を命じたが、カトリック教徒にはしばしばこれを免除した。ある地方では、この追い立てを避けるために大量にカトリックに改宗したほどである。その上、若い仏教僧は苦しめられ、当局に国内旅行を禁じられることもしばしばあり、僧侶が何人か殺されたという情報もたえず伝わっていた。〔一九六三年十一月一日のクーデター後、これら土地開発地域に住んでいた仏教徒住民はもとの村に帰り、一九六四年に実権を握ったカーン将軍（六四年一月末のクーデター主謀者）の最初の命令の一つは、彼らがもとの村に帰ることを許すというものだった。〕

しかし公式の宗教差別だけは例外だった。よくみれば、政府はカトリックよりもっと因襲にとらわれた官僚的な独裁政府だが、それにもかかわらず、仏教徒にはカトリック独裁主義にみえた。とくに中部沿岸地方では、神父たちがサイゴンの支配的な感情につけこみ、ジエム自身でさえいい顔はしないだろうと思われるくらい特権乱用にふけっていたから、仏教徒がそう思うのも当然だった。

このように、宗教論争は政権の不安定さの原因であるとともにその産物であり、その爆発性はベトナム人の大半が、西欧と植民地主義の宗教とみている少数派宗教を信じている男をアメリカが支持した事実にまでさかのぼることができよう。仏教徒はかつて自分たちの宗教が花咲き、支配的だった国で、二流市民扱いされることに腹を立てた。彼らは、外国勢力がベトナムで支配的役割を果たすようになってから、彼らが粗略に扱われるようになったと感じた。このことはフランスの統治下では事実だったが、現在でも仏教徒はアメリカの大使や新聞記者とは会ったこともなく、アメリカの友情をえたこともなかった。

この不平不満は、ユエで事件が起きたときにうっ積していた。仏教徒は仏教こそ多数派の宗教だと考えていた。カトリックが信者数とは釣り合わない力と職務をもっていたことは事実だった。だがそれはある意味では必要上そうなったともいえる。カトリック教徒は、フランスの統治下では仏教徒よりも有利だったから、一般に仏教徒よりも裕福で、教育もあり、訓練もされていたし、彼らはベトナムにおける共産主義の性格と脅威とをすばしこく見抜いていた。というのは、共産主義に反対するより大きな動機をもっているという明白な理由からである。最後にいかなる社会、とくに新しい社会においては、教育と富とは、特権階級をスタートラインで先頭に立たせるものであり、したがって、エリートが現状を維持するために最善を尽すのは自然なことである。

しかしジエム政権の最後の数年間に、仏教は、ゴ一族に反対の多くのベトナム人を引きつけ始めた。反対政党はなく、ゴ一族は事実上、国内のあらゆる組織を支配していた。こういう状況下では、仏教は、カトリックではなく、ゴ一族の保護下になく、そしてそれが伝統的にベトナムのものであるという理由から、人々を引きつけるものをもっていた。ユエで事件が起こるとすぐ、また抗議運動がまだ始まりもしないうちに、あるベトナム人教授がシーハンにこう語った「あなたがたアメリカ人は、ベトナム人は秩序正しく静かにみえ、ここではなにもかもうまくいっているとお考えでしょう。しかしそうではありません。われわれベトナム人は何世紀もの間、圧政下を生きてきました。時が来さえすれば、国民はなんらかの方法で、意見を表現します。今日、彼らは公然たる政治的抗議をあえてしようとしないので、彼らは宗教を通じて彼らの感情を表現しているのです」。

五月の初め、仏教徒の長老の一団がジエムに会見しに行った。彼らは仏教の中でも、より年長の、より穏健な仏教徒指導者の代表で、ユエ事件のほかいくつかの、長年に積もり積もった苦情、たとえば仏教旗を掲揚する権利などについて、話し合うことを希望していた。ジエムは数時間、彼らと会見し、そのあとスポークスマンにたいし、彼は仏教徒に宗教の自由について心配するなどとはとんでもないバカものだといい、この国の憲法は、ちゃんとそれを認めており、彼がその憲法なのだといったむねの声明を報道陣に発表する権限を与えた。会見後、仏教徒もの静かな口調で、大統領は非常に立派だったが、われわれは大統領の回答に満足していないという声明を発表した。

報道陣と観測筋の大部分には、これで事態は終わるだろうと思われた。仏教徒は怒りつつも寺院に帰り、他の不穏分子は政府に制裁を加えられるだろうし、アメリカ公館は、ジエムが明確な態度で仏教徒にたいし尊敬を獲得するため断固として対処したというだろうし、仕事はいつものように続けられるだろうと思われた。

われわれは間違っていた。まず最初にわかったことは仏教徒指導者がきわめて断固としているということだ。彼らはある時は受け身で、世間離れしているが、時にはひどく疑い深いか、自分たちの利益には打算的だった。いつでも決然としており、断固としていた。彼らにはこけおどしは通用しなかった。彼らは民衆からかなりの支持を得ており、信徒は彼らの望むことならどんなことでも、だいたいはやりかねなかったので、彼らは空虚な脅迫は決してやらなかった。

最初の会見のとき、政府は仏教徒の抗議は調査にあたいする一般大衆の正当な苦情ではなく、大統領にたいする侮辱であるという態度をとった。政府の論法はきわめて単純なものだった。宗教上の自由がないと抗議することは、ジエムにたいする侮辱である。というのは、彼はこの国を支配しており、彼はそうした差別待遇に彼も反対しているからである。事実、仏教徒は、ジエムは不公平であるといっていたが、それは正しくなかった。その上、彼はユエで起こった事件についてじゅうぶん情報を得ており、一般大衆がどう感じているかも知っている。彼の内相が、共産主義者が手投げ弾を投げたことを確かめてきたし、サイゴンにいる彼の当局者は、民衆が彼の側についていることを知っているし、トラブルは数人の過激な僧職者が引き起こしたものであり、一般大衆は彼らに従うことの非を知っている、というのがその理由だった。

しかしこの挑戦はジエムがじゅうぶん対処の用意がなかった複雑

な問題を引き起こした。彼はアメリカ人の場合とは違って、空手形で彼らを満足させることができなかったし、軍の内部ではやれることだが、一つの派を他の派に対抗させることもできなかった。資金源を断つことも、仏教徒には何の意味もないのでこれもできなかった。彼は政治指導者を投獄したように彼らを投獄することはできなかった。僧侶を逮捕するのはもっと困難かつ危険だったし、決起した仏教徒を阻止することが、水銀を一ヵ所に止めようとするのと似ているという事実は別としても、たいへんな国際的かかわり合いを引き起こすかもしれなかった。そのうえ、仏教徒側には非常に効果的な情報組織があることがわかった。というのは、仏教徒のなかには政府の主要部門全体を通じて事務や下働きをするものがたくさんいて、政府が何をやり、何を考えているかについて最新の情報を提供していたのである。

ジエムはあい変らず誤った報告ばかり受けていた。仏教徒危機の中ごろに、彼はきわめて頭の切れる将校で、かつて、キエンホアの省長だったファン・ゴク・タオ中佐を呼んだ。彼は以前ベトミンのリーダーをしていたことがあり、彼の兄はハノイの駐東独大使だった。宮廷内の陰謀のおかげで、タオは戦略村視察という比較的重要でない仕事に回されたが、この仕事のために、彼は定期的に地方に行かされていた。彼とジエムは互いに個人的な愛情を感じあっていた。しかし実はそのころ政府は全く支配力を失ったと感じたタオは、若手将校のクーデターの主な計画立案者になっていたことがあとで判明した。

タオにあいさつすると、ジエムはすぐに彼に向かって、地方の人は何を考えているのかと尋ねた。大衆の不平不満をじゅうぶん知りつくしており、それに対するジエムの反応も知っていていたタオはすぐに話題を変えてしまった。二人は数分間とりとめのない話をしたが、ジエムは再び同じ質問を繰り返した。こんどもタオ中佐は即答を避けた。

だがジエムはあきらめなかった。「民衆はどう考えているのか？」と彼はいった。

「そうですね、大統領閣下」タオはできるだけ外交的に「人々は非常に幸せとはいえない状態です」といった。

これにたいしてジエムは激怒して椅子から立ち上がり、怒り狂って「そいつは全く共産主義者の宣伝だ」といった。

私は五月二十八日に休暇からもどった。正常な政府ならいかなる政府でもそれまでに仏教徒事件を解決していただろうが、ベトナムでは事件はまだ始まったばかりだった。私が帰任してから最初の日の午後早く、数百人の僧侶が、国会の開かれる古いオペラハウス前に二日間のハンスト開始の注意を引くために突然集まった。僧侶たちはかなりの組織力を示し、彼らがおそるべき敵になりつつあることは明らかだった。秘密警察に寺院を厳重に見張られた彼らは、「日除けをおろした」町の各所で四台のバスに静かにすべり込み、別々に市全域を回り、抗議を始めるため午後二時きっかりに中央広場に集まった。彼らはそこで三時間をすごし、多くのベトナム人がちょうど仕事から帰る午後五時に寺院へ行進してもどった。このデモ行進は深い印象を与え、人々はびっくりし、感動した。サイゴンでは、長年にわたり、政府にたいする公然たる抗議は行われなかったからである。

われわれ記者はこのようにして新しい世界、ベトナム仏教の世界、われわれの知っているベトナムと全く正反対の世界の手ほどきを受けた。われわれはすばしっこいベトナム人スポークスマンと口論しながら寺院でとりとめない時をついやした。われわれは裏庭にただようくさったキャベツのさすような匂いとともに出される数知れないお茶をのんだ［今日でさえ、私はお茶を出されると、煮え立っているキャベツのにおいを自然とかいでいる］。われわれがもっともよく知っているベトナム人――その並んだ顔が二十年もの戦争を生き抜いてきた証拠である、やせた、しわだらけの陸軍将校、あるいはその機知で切り抜け、陰謀を生き抜いてきた鋭い顔をしたベトナム人記者――とちがい、仏教の僧侶は世界から隠遁した人々のようにみえた。彼らの顔は平板でしわもなく、ほとんど半病人のようで、彼らの手はやわらかかった。教育を受けた多くのベトナム人とちがい、彼らは西欧世界とほとんど接触がなかった。彼らの中のわずか一人だけがエール大学で一年間研究のため米国に行っただけである。そのため彼は一度ノルティング大使に会い、同僚の間で〝アメリカの仏教徒〟として知られていた。ある僧がフランス語か英語を話せば、彼は自動的にスポークスマンになった。

仏教の僧侶は外界については信じられないほど純真だったが、同時に彼らはシニカルでもあり、だれについてもすぐ最悪のことを想像した。私はあるとき彼らのスポークスマンの一人であるドク・ギエップにニュー夫人についての意見を聞いた。「彼女はベトナムのマクベス夫人です」と彼は答えた。「彼女と彼女の夫はイングランド王を殺したかったのです」。その後少したってから彼は、多くの仏教徒は、信教の自由がないことに抗議して焼身自殺することを望んでいるといった。私は彼に、なぜ自分に火をつけないのかと質問した。彼は真顔で「すべての僧侶はしなければならない仕事があります」と答えた。「何人かの僧侶は自らを焼きますが、私の仕事はあなたに話をすることです」。

もしアメリカ人記者が仏教徒の気に入らない記事を書けば、彼らはその記者を非難する記者会見を開くばかりではなく、彼らはその記者がゴ一族に買われたにちがいないと確信することは確かだった。彼らは自由な報道の機能を理解しなかったが、それが利用でき、またそれがいく分かは彼らを守ることができることを早くも感じ取った。危機の初期に、記者たちは、文書を配布している仏教徒が警官に逮捕されたという匿名の内報を受け取ったことがあった。記者たちがその場に到着したときはわずか数人の僧侶しかいなかった。どこに警官がいたのかと記者がたずねた。「ああ、われわれが彼らに外人記者を呼んだといったので、警官はわれわれを放しました」と僧侶の一人がいった。その後われわれの代表が、記者は警官やボディーガードではないことを説明するために、仏教指導者の一人を訪れた。

危機のなかごろのあるとき、われわれはサーロイ寺院で何かが起こりそうだということを聞いたのでみなそこに集まった。ドク・ギエップが寄ってきて、われわれに帰るようにとすすめた。「みなさん、きょうここでは人身の犠牲はありません」と彼はいった。われわれが立ち去って三十分後、仏教徒がサーロイ寺院を出てノルティング大使邸の正面で大規模なデモを行った。あとで、記者の一人がドク・ギエップに、なぜわれわれを帰らせたのかと質問した。ドク・ギエップは「ああ、あなたがたが帰られると秘察警察もやはり帰りました。彼らがいなくなったとき、われわれは寺院を出てデモをすることができました」と彼はいった。

ジエムはあるていどの寛容をもって仏教徒をみていたが――とはいえ、彼はカトリック教徒のなかにいる方がより気楽だった――これはおそらく、彼が仏教を真に真面目な宗教とは考えなかったからだろう。しかしこの闘争を通じて、彼は自分自身の虚栄心、とくに彼の家族のとりこだった。トク大司教とニュー一派はみな仏教徒にたいして強硬路線をとるよう主張、トクは危機が自分自身の地盤から始まったため、僧侶にたいする譲歩は自分たちにたいする侮辱だと感じた。ニュー一派は単純に原則の上から和解に反対し、仏教徒にたいしあからさまに軽蔑的で、ニュー夫人にいたっては、彼らは共産主義者に牛耳られているとまで公然と言明していた。彼女はまた、仏教徒は文化的にもゴ一族やカトリック教徒全般よりも劣ると思っていた。彼女は私に、「あんなに無学な人たちが指導者だと主張しているのをみるとまごつきます」といった。彼女はチャーリー・モアとの別の、全く暴露的なインタビューで、献身的な仏教徒はめったにいないし、困惑した仏教徒指導者はこの危機を利用して、人びとを仏教に改宗させようとしているのですといい、「さもなければ、国の八〇パーセントがカトリックになってしまうのではないかと彼らは心配しているのです」といった。

一族全員のなかで、ユエ省長であるゴ・ジン・カンだけが融和的な態度と伝えられた。彼は多くの人に、ゴ兄弟はもちろん、大多数のベトナム人のなかでも、もっとも現実的だと考えられていた。「彼は外国語は非常に不自由で、外国人訪問者とは決して会わなかった。」カンは彼の省の人びとが何をし、何を考えているかについて非常に正確な諜報機関をもち、仏教徒の力が増していることを心配するにじゅうぶんな事実を知っているといわれた。

ゴ一族にたいして立ち上がるグループにとって、ベトナムは時まさに熟していた。抗議が続くにつれ、それは力と、熱意と、より広い支持の基盤を獲得しつつあるようにみえた。六月四日に、私は宗教上の抗議として始まったものが「圧倒的に政治的」になり、仏教徒は『他の不満分子の先鋒』ともなりつつあると書いた。六月十一日には、私は、『紛争は全面的な政治的抗議』になったと報じ、七月二日には「ジエムと彼の家族はいまや政治的に生き残るための徹底的な闘争を行っている……。以前は、組織された不平はなかった。いまや、ふつうは仏教徒の忠誠の象徴である黄色い小さな布きれが、広く、そして挑戦的に、政治的反対のバッジとして着用されている……。若い僧からはいま、最後にはだれかが抗議の感情を利用できるようになるまで、紛争を沸とうさせ続けておこうとしているかのような印象を受ける……」と伝えた。

危機の初期には、僧侶たちは驚き、自分自身にあまり自信がないようにみえたが、やがて彼らはもっと確信をもつようになった。彼らは、少なくとも二つのグループがクーデターを計画していることをよく知っていた。六月末には、一族は保安措置を強化し、サイゴンには緊張が高まっていた。

この間中ずっとアメリカ大使館はベトナム政府にとっては好ましくない相棒だった。日ごとに仏教徒の抗議はふえ、世界中に知れ渡り、米国人はますます当惑するようになった。ジエムが確実な勝利に向かって、広範で強固な国民運動を指導しているという、おもにアメリカ人の作ったイメージは粉みじんにされ、アメリカ人はゴ一族に影響を与え得るのだという考えも影がうすれた。大使館は毎日早期解決を主張し、毎日冷たい答えを受け取った。ある外務省官吏は私に「これが長く続けば続くほど、ジエムは彼の一族の深みにますますはまり込む」といった。アメリカ人はニュー夫人の反仏教徒声明にも怒り、ジエムに彼女を監督するよう要求した。あとになってニュー夫人は私に「アメリカ人は危機がなくなることを望みました。彼らはみなを幸福にしたかったのです」といった。「トルーハート〔ノルティングが帰国して不在のさいのアメリカ大使館の代表代理をしたウィリアム・トルーハート〕は大統領に、もし私を黙らせなければ、援助をやめるといいました。アメリカ人は私を恐かったのです」とニュー夫人はいった。

もちろんこれは誇張だった。アメリカは、単にある種の和解を絶望的に望んでいたのだ。トルーハートは妙な立場にあった。彼はノルティングの子分であり、二人は親友だった。ノルティングは彼を自分の次の地位の男としてサイゴンに赴任させるように要請したのだった。仏教徒危機までトルーハートはアメリカの政策に忠実だったが、ゴ一族のこの長いばかげた示威の間に、彼は政府の能力の欠如にぞっとするようになり、ますます公平になり、事実、各地のアメリカ大使館当局者と同じような話し方になり始めていた。彼が結果としてゴ一族との迷いから目ざめたのは、ゴ一族や政策にはるかに深入りしていたノルティングとの個人的な友情が冷却したことによる。〔後にノルティングの親友はトルーハートがノルティングを引きずり下ろしたと考え、一方トルーハートの友人は、ノルティングがトルーハートの働きをあまりよくいわない報告を出したと考えた。トルーハートの友人たちはこのため国務省の数人の当局者が賞賛の文書を投入したといっている。〕六月中旬までにトルーハートは、政府が仏教徒と和解に達しうるとの希望は持てそうもないと考え、危機は大きくなると考えるようになった。トルーハートはこの情勢を仏教徒と融和し彼らをもとの囲いに連れ戻すことにより、政府が容易に禍を転じて福となすものと考えたが、政府の方は武力で仏教徒をたたきつぶすやり方を選ぶのではないかと思った。

この危機の中で、ベトナムに結びついたアメリカの国際的威信とともに、ジエムにたいする戦術の弱点がすべて明らかになった。基本的なノルティングの考えは、〝銀行に金を預けておく〟政策であった。——つまりジエムの信頼を得るためできる限り歩調を合わせて行く。大使館がアメリカの利益にとって本当に重要な問題について立場を主張したいときには、〝銀行の信用〟を獲得できることを期待して。しかしこの政策はうまくいかなかった。ジエムは個人的にはノルティングを信頼した。しかし大使には振り出せる信用はない。とくに侮蔑的な例は、NBCのジム・ロビンソンが、ゴ一家を〝ゴ一派〟と呼んで追放されたときのことである。ノルティングは追放に反対してジエムと三時間も論議したが失敗した。その後、ジエムの対ラオス断交政策にアメリカが反対したときも、ノルティングはジエムの心を変えさせられなかった。アメリカ大使館はジエムに、アメリカがカンボジアと南ベトナムの平和関係のために望ましいと思った譲歩を、シアヌーク同国元首に行なうよう説得することもできなかった。

ときにはノルティングも小さな勝利を得ることもできた。しかしノルティングの善意と好意にもかかわらず、両国関係は両国政府間の基本的な食い違いによって覆えされていた。ゴ一族の心理と様相はワシントンのそれとあまりにも異質であったため、同盟関係は最初から悪く運命づけられていた。一番うまくいけば、両政府は紙の上の協定をまとめることはできたかもしれなかった。つまり理屈の上では合意できても、実際には別の問題、別の信念、別の世界そして——ともに共産主義を恐れながら——別の敵のことを話していたのである。ベトナム側は、アメリカ人が仏教徒危機について考えていたことについてまともに関心は抱いていなかった。彼らはアメリカがこの闘争のもつ国際的意味に神経質であることを知っていたし、アメリカの主たる関心が、ゴ一族が生き残ることや国内の力のバランスの考えではなく、戦争であることを知っていた。ゴ一族はその基本的義務を、権力の座に留まっていることだと思っていた。彼らはどのような分野でもアメリカ人の勧告を望まなかった。とくに国内問題についてはそうであった。一方アメリカ人は仏教徒危機での政府の立場を認めなかった。アメリカ人はこの危機を、国民を再結集し国の目的意識を浸透させる機会とみていた。アメリカ人は、ジエムからジエムが和解のために努力しているとの保証を受けていたが、そのようなジェスチュアを空しく待たされるだけであった。

アメリカがみずからの政策のワナに落ち込んでいたこの数週間の間、アメリカ大使館員と話をした記者たちは、大使館がとくに初めのうち、政府および仏教徒内の事態についていかに知らないかに驚かされた。同時にそれまでのアメリカの政策には過度のゴ一族賛美が含まれていたため、ワシントンにもまた限界があった。舞台裏でジエムに効果的な圧力を加えることはほとんど不可能であった。少しでも、アメリカがジエムから身を離すような公の声明には、非常に臆病であった。それはこれまでの諸声明とあまりにも違いすぎるし、ベトナムの国内政治に甚大な影響を与えそうであったからである。そのころサイゴンはひどく混乱していてアメリカがジエム支持撤回をささやけば、簡単にクーデターを触発したかもしれなかった。従って米当局者が策動できる余地はほとんどなかった。彼らはゴ一族をなだめすかしながら、アメリカの威信がゴ一族とともに、引きずり下ろされて行くのを見ていなければならなかった。

しかしアメリカが仏教徒に和解の動きをとるようジエムの説得を試みているときでさえ、ニュー側は自分たちの力で対抗していた。六月八日ニュー夫人は政府の和解政策と直接矛盾する強硬な声明を出した。夫人は「仏教徒には共産主義者がはいり込んでいる。彼らはだまされている」と述べ、政府が強い行動をとると脅かした。これはまたもやニューの権力とずるさを示した例で、ニュー夫妻はジエムが夫妻に公に反ばくしたり、内々にけん責するということはしないことを知っていて、しばしばジエムに相談せずに政策を発表した。夫妻は自分たちがイニシアチブをとれば、ジエムも最後は自分たちの立場まで寄ってくることを知っていた。

ニュー夫人の演説を聞いたのち、アメリカ大使館員は「それが政府の政策なら災難だ」といった。しかし仏教徒にとって、まさしくそれは政府の政策だった。彼らはこの国に住むほかはなく、ゴ一族の気まぐれや信念やらに従わざるを得なかった。ニュー夫人の演説は仏教徒に彼らがニューに捕われ人にされるだろうとの確信を深めさせたので、和解の値段はすぐさまつり上がった。

仏教徒運動は力を集めつつあったが、このころ仏教指導者は記者たちに、僧の焼身自殺といったような劇的な抗議の可能性を話した。しかしわれわれは、だれもそのような脅しを真面目に受けとっていなかった。六月十一日の朝、朝寝をしていると、UPI通信のベトナム人記者、グエン・ゴク・ラオからあわただしい電話を受けた。ラオの声はすっかり取り乱していた。ともかく分ったことは、できるだけ早くレ・バン・ジェエット通りとファン・ディン・フン通りの交差点に行かなければならないということであった。私は家にいたUPI通信のレイ・ハーンドンをひっつかみ、六区劃先きの街角に駆けつけた。その場につくと、オレンジ色の僧衣をまとった仏僧の一団が経文を唱えているのが見えた。またデモかと私は思った。それまでに、こうしたデモはすっかり見なれていたので、心中ひそかに、私をたたき起こしたラオをのろった。しかしその瞬間、私は僧たちの輪の真中に目をやった。身を焼いて死んで行く人を見た。

私はこの焼身自殺の光景を後にまた見なければならなくなったが、一度でたくさんだった。人体から炎を発していた。身体は徐々にしぼみ、縮んでいった。頭部は黒焦げになっていた。あたりには人肉を焦がす臭いがただよっていた。人間は驚くほど早く燃えた。私の背後に、すでに集まって来たベトナム人たちがすすり泣いているのが聞えた。私は余りに強いショックで叫ぶこともできず、ひどく混乱してノートも取らず質問もできず、うろたえてしまって、考えることすらできなかった。

あとで、その男は仏教徒の行進に混って広場に来たクアン・ドク師という僧侶で、二人の僧にガソリンをかけてもらい、結跏《けっか》を組んで座り、自分でマッチの火をつけたことを知った。身を焼いている間、彼は筋肉一つ動かさず、一声ももらさず、見たところは、泣きさけぶ周囲の人ときわめて対照的であった。私はそのときほど、相反する感情を同時に抱いたことはなかった。私の中の一部は火を消したがった。別のところは私に干渉する権利はないと警告し、一方は遅すぎたといい、別の方はお前は記者か、人間かと問いただしていた。この驚くべき中世的情景の周囲にあるものはすべて現代的なものであった。若い仏僧がマイクを使って、静かにベトナム語と英語で「仏僧は焼身自殺した。僧は殉教者となった」と伝えていた。殉死の写真がとられていた。マルコム・ブラウンとビル・ハ・バン・チャンが少し早く来ていて、劇的写真をとっていた。

ニュー夫人にとって、この出来事はただの焼き肉で、屈辱的なことだったが、何千、何万というベトナム人にとって、これは感動的で重大なことだった。仏教指導者はこの反応をうまく利用した。彼らはクアン・ドク師の心臓をツボに収め、寺院に安置した。そして彼らは、心臓が燃えなかったので、この世は願いを満たされぬままに残ったといった。これはクアン・ドク師がベトナムの各地で、殉教者になったという伝説を加えた。

非常に受け身の立場に立たされた政府は〝クアン・ドクの仲間たちは同師に火をつけたが、同師はモルヒネをたっぷり飲まされていたので苦痛を感じなかったのだ〟というウワサを流し始めた。これらの報道は民衆を怒らせただけであった。ベトナム人はだれも、そしてアメリカ人もほとんどが、このウワサを信じなかった。

政府が好むと好まざるとにかかわらず、クアン・ドクの自殺は、後に仏教徒が焼身自殺を続けて、劇的効果をいささか弱めたものの、民衆を感動させた。個々のベトナム人が心の中で政府に抱いている苦情がどのようなものであれ、その人はクアン・ドクがそれぞれ自分の苦しみのために自殺してくれたと信じていた。いかに不合理であってもそう信じていたのである。

アメリカはこの自殺とそれにたいする世界の反応に仰天し、ワシントンは解決への努力を倍加した。ひそかにサイゴン政府が仏教徒と和平を結ばないなら、手を切らざるを得ないかもしれないとゴ一族に警告した。このアメリカの望ましくない圧力の下で、政府はとうとう仏教徒と会った。六月十六日双方は共同コミュニケを作成した。それは双方の見解の奇妙な混合物だったが、五つの仏教徒側要求の中で、もっとも重大なユエ事件の責任を認めることについては、発表はただ、政府の委員会が事情を調査するとだけ述べていた。ジエム大統領がコミュニケに調印した。実際は、ジエムはこれらの点を最初からよいと思っていたという特別の注釈をつけ、彼は何も譲歩しなかったという意味で、自分の面子を立てた。

共同コミュニケはどちらも喜ばさなかった。それは不一致を大きくし、抗議の外観を変えただけであった。というのは、これは一片の紙切れに過ぎず、双方の善意以上のものは意味していなかった。そして調印はただニュー夫妻を恐らせ、若い仏僧たちを困惑させただけであった。

コミュニケは朝早く調印された。信頼できる大統領官邸筋によると、ニュー夫人がこれを読んだのは、一家が昼食のトリのスープをたべようとしているときだった。ニュー夫人はジエムを憶病呼ばわりし、話合いをしたことだけでジエムのことをクラゲだといった。「ビンスエン（サイゴンの警察暗黒街を支配していた結社）を破り、ホアハオ（仏教の新興宗教の一派）を負かし、降下部隊を屈服させた、そのあなたが、いま二、三人の見すぼらしい坊主に頭を下げたのです。あなたは意気地なしです」と彼女はいった。ジエムは「お前はこの事件をわかっていない。国際的な意味があるのだ。われわれはこれを解決しなくちゃならない」と答えたという。

このときニュー夫人は、スープ皿を取り上げて投げ捨てたという。「だからその昼、トリのスープ（ニワトリには憶病ものの意味がある）は出なかった」とその官邸の情報提供者はいった。

仏教徒の中ではこの文書に深い疑惑が持たれていた。コミュニケが出た朝、数人の記者たちは、ドク・ギエップと話をしにサーロイ寺院へ車を走らせた。「私が他の僧たちに調印されたものを話せば、ひどく怒るでしょう」と彼は述べた。

その後この疑惑は深まった。和解のジェスチュアがないばかりか、反対のことが起こり始めた。まずニューは共和青年団に、仏教徒を共産分子がはいり込んだ反乱分子と呼び、同青年団は、政府が共同コミュニケを受諾しないよう主張することを提案した秘密覚書を出した。〔政府は何かやるときは大体において、この種のいんちきな民衆の支持を使った。ジエムは政府の長でコミュニケに調印したのだが、ニューは初めから自分がやりたいと思っていることを自分のグループのひとつに要求させるといういつもの手を使おうとしていた。そしてニューはジエムに、民衆は政府が仏教徒を抑えに回るよう要求しているといい、ゴ一族は――むろん民衆の要望に応じて――望み通りのことを実施できるということになる。〕

ニューの代弁者である英字紙が仏教徒を攻撃したことは、仏教徒を心配させた。そのうえ大統領官邸筋から記者や外交官たちは、コミュニケは弱さのしるしと解釈されてはならない、政府はただ騒ぎが収まるのを待っているだけであり、収まったら指導者の一部を逮捕するだろうと通告していた。仏教徒たちは独自の情報網を通じて政府諸計画の詳細を収集し始めた。

このとき、仏教指導層に著しい変化が起こった。そのときまで、指導者は、若い僧より伝統を重んじ、一般により保守的で、政治への関心の深い、年寄りの僧たちであった。若い仏僧たちは紛争の中で、力になっていたが、コミュニケ調印までは古い僧たちが彼らを統率できた。しかし六月末になると、若手指導者たちが主導権をとった。彼らには自分たちが簡単に後退するには余りにも運動に深入りし過ぎていることがわかっていたし、自分たちがマークされていること――これはうれしくないことではなかった。彼らは政府の打倒を望んでいたし、自分たちも政治的になりたいと思っていたからである――を知っていた。彼らにとってこれは容易であった。年寄りの指導者たちはコミュニケ調印いらい、政府のとった行動によって、男を下げてしまっていたし、仏教徒評議会内部での役割も弱まっていた。

若い僧たちはベトナムの政治で新しい勢力を代表していた。大体、三十代ないし四十代の初めで、三十年にわたるこの国の政治革命と戦争の中で生きることによって、その影響を受けてきた人たちであった。官僚《マンダリン》方式がほぼいつも失敗していた国で育ち、民衆に訴えるベトミンの劇的なやり方を知っていた。彼らはきわめて政治に熟達し、民衆の心を鋭く洞察していた。外国人は、僧たちが人々を笑わせたり、扇動したりしながら、民衆を動かして行けるそのやり方におそれ入った。僧たちが仏教徒に参加を奨励していた大衆集会は、米国南部の黒人教会での公民権運動に似ていた。彼らは分別があり頭も切れる人たちだった。仏教運動はこの国で、真に才能を持ったものが上に立てる数少ない運動のひとつであった。彼らは民衆、戦争、ゴ一族、米外交政策を、たくみに、独得の発想で議論することができた。

かつて私はこうした僧の中でも、もっとも聡明な一人に「私の友人は君たちの動機に全面的に共感しているが、それでも悪い仏教徒だと思っている」と語ったことがある。その私の友人は良い仏教徒は俗世の事でない、別の時間と空間のことに関心を抱いているといっていた。ドク・ギエップは私を見て「あなたの友人にいいなさい。僧には、来世まで行く途中でこの世にも責任があるとね」と吐き捨てるようにいった。彼はさらに説明した。「ジエム大統領が民衆の信頼を失い、軍隊が、魂のない遠来の派遣軍のように戦っているというのはよくないことだ」。そのとき彼は悲しそうに見えた。［仏教徒は悲しそうに見えるときが大変いい。］そして「私は北からの難民だ。ベトミンをよく知っている。彼らが宗教にどんなことをするか知っている。ホー・チ・ミンは私の本当の敵だ。しかし彼らはゴ・ジン・ジエムより利口だ。ホー・チ・ミンは私の前では、いつも手を握り、笑顔を絶やさないだろう。私を刺すときは背後からだ。しかし、この政府は不器用で前から私を刺そうとする。まったく情けない」といった。

ジエム大統領は六十二歳のカトリック教徒で、別の世代、良き保守的秩序の産物である。しかし、反対の仏教徒はあらゆる意味で違っていた。私は仏教徒危機を世代の争いと思う。それは独裁体制への抗議、二つの宗教の争い、持てるものと持たざるものの争いでもあるが、私には何にもまして、二十世紀のアジア人とそれより前の世代との争いに見えた。一つの世代は伝統に頼って新しい勢力と戦い、硬直していた。一方は、若く柔軟で、抑圧された民衆の高まる期待や願望にぴたりと調子を合わせていた。若い仏教徒たちは低開発国のいたるところで権力をとるようになってきた人たち、大きな政治的、経済的困難にもかかわらず、民衆の望みを感じる能力の故に権力を取得できた指導者に似ていた。

その後の何週間か、これら仏教指導者は、政府の弱みをたくみに操った。しだいに彼らは挑発し始めた。「彼らがひっくり返るようにバナナの皮を投げよう」とある僧は仏教青年のグループに話した。彼らが主導権をとった。政府は下がるよりは反撃した。しばしば政府は暴力と流血でデモを解散させた。バーミングハムのデカと警察犬が何百万のアメリカ人の心に、公民権運動（南部一の差別地アラバマ州バーミングハムで六三年四月始められた人種差別反対闘争とその弾圧事件）を刻みつけることになったように、仏教徒は政府のヘマなやり方を利用して、民衆をさらに参加させ、運動を強化した。「オレンジ色の僧衣の上に血がついている」とスポークスマンがデモにいうと、いつも驚くほどの感情的な反応があった。

反対に政府には政策もなければ、進んで何をやる気もなかった。ジエムは尊大すぎた。いずれにせよ、もっと前なら紛争を終わらせたと思われるジェスチュアもいまでは遅すぎた。一方ジエムは米国側に、彼とニューがやりたがっていたこと——仏教徒弾圧——をしないと約束した。

六月末までにゴ一族は、生きるか死ぬかの戦いであり、クーデターはもはや話し合われている段階を過ぎ、現実に発展しつつあることを悟っていた。治安予防措置が強められた。官邸の周囲の街路は封鎖され、要所には無線電話を持った治安警察官が配置された。普段と違った動きはすべて監視され、各種の秘密警察機関は常時待機態勢をとらされた。忠誠度が疑われている一部の部隊、空挺部隊などは、主としてサイゴン市内に置いておかぬようにとの目的で、作戦出動を命じられた。ジエムは突然、多数の若手将校を昇進させた。ある理由で前線の指揮官たちよりはむしろ参謀将校たちが進級した。七月初め、副大統領グエン・ゴク・トは、予備的調査でユエ事件はベトコンに責任があるとの政府の見解が確認されたと発表した。ユエの仏教指導者は、なんの調査もなかったし、少なくとも、面接調査された仏教徒はいないと反論した。サイゴンには陰謀のうわさがしきりに流れていた。この徐々に進む解体過程を見て、われわれ記者たちには、これが流血騒ぎなしに解決できるとは思えなかった。

七月中旬、ノルティング大使は仏教徒危機の解決を試みるため、休暇先から急いで戻ってきた。大使は、ケネディ大統領から〝戻って、連中を協調させることができるかどうかみてくれ〟と指示されていたといわれる。空港で彼は宗教の自由にかんするアメリカの信念を再確認する簡単な声明を発表したが、ジエムの名を出すことはしなかった。その日遅く、ノルティングはオフィスで記者団と会った。ジエムに国の内外での彼のイメージを変えるよう納得させるために戻ってきた、と彼は語った。〔私はこの言葉をよく憶えている。このときになってもイメージに思い悩んでいるとは、いかにもアメリカの政策の特色を示していると思えたからである。〕私はノルティングに、ジエムにイメージを変えさせようとすれば、大使はニュー夫妻と争うことになると思わないかと聞いた。大使はしばらく考えて、そうは思わないと答えた。

ノルティングの帰任はほとんど効果がなかった。どちら側も戻れなかった。危機はしだいに地方にもれ始めた。アメリカはいっそう心配させられるようになった。七月半ば、サイゴンの仏教徒デモは非常に荒れ、寺院は閉鎖された。ノルティングはジエムとの会見で、劇的な新政策の発表を説いた。米国はなお必死になって新しい姿を求めていた。遂に七月十九日、ジエムはラジオで二分間放送し、この短くて冷淡な声明の中で、仏教旗掲揚を認めるとの小さな譲歩をした。彼には国民が彼を尊敬すること、彼は公正であり、仏教徒の苦情を調べる政府特別委員会を作りつつあることなどを言う以外に、話すことはほとんどなかった。しかし彼が放送している間も、寺院は鉄条網で封鎖されたままであった。

当然ながら、ジエムの放送は国民とくに仏教徒に、期待通りの効果を与えることはできなかった。このような情勢の中で、ノルティングはほとんど無力であった。彼はジエムに全面的に結びついていたし、彼の政策はすべて大統領との個人的関係とジエムにたいする彼の影響力に基づいていた。その政策は失敗した。大使に献身的努力や外交官としての技術が欠けていたからではなく、その誠実さが報われなかったからである。その誠実さは受け取られたが、お返しはなかった。ワシントンは政策が他の分野でも失敗したのではないかと疑っており、ノルティングは更迭されるだろうとのうわさが流れていた。ノルティングの友人たちは、彼がひどい扱いを受けたと感じていた。というのは、何ヵ月もノルティングは任期が延長されるのかどうか通告されていなかった。仏教徒危機の初め、帰国の出発にあたって、ノルティングは記者団に「戻ってくる」と語った。だがそのとき、サイゴンではノルティングは任期を終わり、帰ってくるとしてもスーツケースを取りに戻るだけだとの情報が盛んに流れていた。結局、あとでわかったことだが、ノルティングは後任のヘンリー・キャボット・ロッジの任命について、ほとんどなんの予告も受けていなかったのである。

この頃、追い詰められたノルティングは、もう一度、ベトナムの政治に関与しようとしていた。七月後半、仏教徒危機の最も重要な側面は、〝良い〟仏教徒と〝悪い〟政府のどちらに罪があるかではなくて、サイゴンとワシントンのだれも知っていたように——政府がこの内紛を処理できるかどうか、政府のやり方のまずさ、見通しの悪さが、仏教徒をベトナム政治の主要で、予測不能な勢力にしてしまうかどうかであった。

ノルティングが不必要な介入をしたのはこの時であった。ノルティングはインタビューで、ベトナムで宗教弾圧の証拠を見たことはないといった。さらに彼は仏教徒問題に時間と精力をそそぎすぎて、ボールから目をそらしているみんなの傾向にあきあきしたと付け加えた。仏教徒危機は脇の問題で、重要なことは戦争に勝つことだと大使はいった。

故意か無意識か、この声明でノルティングはアメリカをこの危機についてぴたりとジエムの後押しの位置につかせてしまった。ニューの勢力は会見記に大喜びした。ニュー夫妻の見解を忠実に反映する日刊英字紙『タイムズ・オブ・ベトナム』は一面トップでこの記事を掲載、ノルティングに〝大使の名に真にふさわしい最初のベトナム駐在米大使〟との賛辞をつけた。「ロッジ大使は偉大な人の後を埋めることになるのである」と同紙は付け加えた。

ベトナムの友人たちが、こんなに怒るのを見たことがなかった。彼らは、ノルティングについて、理性を失っていた。ノルティングが宗教差別の証拠を見たことがないといったからではなくて、会見記全体がアメリカがベトナムとベトナムの問題を無視していることを、象徴しているように見えたからであった。「あなたがたアメリカ人はいつも同じだよ。フランスのインドシナ戦争（ホー・チ・ミンのベトミンと仏軍と戦争。五四年ジュネーブ協定で終わる）のときは、あなたがたは、フランスのために共産主義者と戦争したら、独立が非常に早く得られるだろうと思うといった。いまジエムのために共産主義者と戦えという。平和になったらよい政府を持たせてくれるというんだ。そんな忠告なんか、もうくそ食らえだ」とあるベトナム人は私にいった。

仏教徒はもはやノルティングに関心を持っていなかった。ドク・ギエップは「これはノルティング氏のジエム氏にたいする最後の贈物にしか過ぎません。私はカポロジ氏〔ロッジのこと。フランス語風の発音なのでカポロジと聞える〕がジエム大統領にまるめ込まれてしまうとは思いません」と語った。

ノルティングは遅まきながら、この不注意の誤ちがまきおこした騒ぎを知った。二日後、CBSのテレビ班が、会見のため、ノルティングを訪問したが、彼らはノルティングがデスクの後方の壁にかけてあるジェファーソンの肖像画を、〝こちらの方が問題が少ない〟といって、ワシントンの肖像に換えるよう秘書官に命じているのを見て、びっくり仰天したのであった。

ノルティングが出発する前、ニューは彼に、式典をやって、戦略村の一つにノルティングの名をつけたいと申出た。これは明らかに、民衆の心に米国とニューをより完全に結びつけようとする計画だったから、ノルティングはスケジュールが詰まっているといって、うまくこれを避けようとした。しかしニューは非常に決心の固い人だから、ノルティングの都合のつく日をいつでもいいからいってくれと食い下がり、逃げられなくなった大使はとうとう申出を受けた。

その日は悪い日だった。前日、式典の準備を進めている間に、一台のヘリコプターが一人の少女を殺してしまった。当日もトラックが別の子どもをひいた。村人たちはみんな小さなアメリカ国旗を持っていたが、熱意は式そのものと同じように借りものであった。彼らはひどく困惑しおびえているように見えた。それも理由のないことではなかった。アメリカ大使の名にちなんだ戦略村は、ベトコンの主目標になるだろうからである。

式典を取材した記者はみな、ノルティングはこの命名式を避けるために最善を尽したが……と書いた。ノルティングは怒って、広報担当官ジョン・メクリンを呼びつけ、記者がどうやって情報を取ったか知りたいといい、メクリンがもらしたのではないかと非難した。メクリンはもらしはしないが、話は真実であり、ちょっと直観力のある記者なら気がつくし、確認するのは簡単です、記者たちがノルティング大使のためにできる最善のことは、あなたの不賛成の気持ちを公表することではないでしょうかと答えた。「サイゴンではだれでも、式典がいんちきであることを知っています。村人はこの国にたいする大使の貢献について最優秀の文章を出したので、この戦略村にノルティングの名がつけられたようだといった記事を、だれが真面目にとりましょうか」とメクリンはいった。

あとでノルティングはメクリンを呼び戻し、わびた。

八月五日、火は明らかにサイゴンの仏教徒指導部が知らないうちに、再び燃え始めた。その日、サイゴンの北にある小さな海港、ファンティエットで一人の僧が焼身自殺をした。政府が死体を持ち去った。ファンティエットの自殺はニュー夫人のもっとひどい談話を引き出した。彼女は「もっと焼身自殺があったらいい。あったら拍手するわ。仏教徒はその行いの罰で、十倍も激しくぶたれるべきです」といった。彼女の言葉は一層の怒りを呼び起こしただけだった。

八月十五日の月曜日、ユエで別の仏教徒が焼身自殺をした。政府軍は銃剣を使い、鉄カブトを警官の警棒のようにふり回しながら、死体を僧たちの手からひったくった。これはより多くの死を引き起こした。三日後、尼僧が海岸の町、ニンホアで、政府がユエで僧の死体を奪ったことに抗議するといって、焼身自殺した。

その日ノルティングはベトナムを去った。これまで空港での送迎はアメリカ公館や〝チーム〟の空気を反映していた。それはふつうサイゴンで開かれる私的なパーティの雰囲気と似ていた。地位の高い人たちは非常に目立っていて、記者たちは別にされ、下僚たちは高官たちの目につかぬよう避けさせられていた。だがこの日は奇妙に変っていた。アメリカ大使館はあまりにも沈痛な空気に満ち、民間人はアメリカの政策とごまかし、ゴ一族の尊大さにうんざりし過ぎていたので、われわれ特派員団は向こうから求められ歓迎すらされた。はじめて当局者たちは公然とわれわれと話をした。もはやわれわれは敵ではなく、彼らもわれわれと会うのを嫌がらなかった。

ノルティングは淋しそうに見えた。用意された声明で、彼は謙譲と寛容、他国にたいする尊敬、そして社会正義の深い認識というベトナム人——様々の宗教を持つと強調した——とアメリカ人を結ぶきずなについて述べた。彼は自分のベトナム在勤中に、教育、農業、商業の面で、〝民主的諸原則を教え込む〟面で進歩が見られたと付け加えた。

翌朝、五十歳の仏僧が焼身自殺をした。一週間のうちにニューは寺院を襲った。

XIV

八月までに、次の二つのうちどちらかが起こるのは、時間の問題にすぎないことが明らかになった。クーデターがあるか、それともニューが寺院を攻撃するかのどちらかであった。またニューがクーデターを起こす可能性もあり、そうなれば、仏教徒の運動粉砕計画もこれに含まれるだろうと予想された。

この緊張した雰囲気の中で、アメリカ中央情報局（CIA）が相当重要性をもつようになり始めたのである。それまでに大使館はジエムを改心させるのに失敗し、軍部は勧告を受け入れさせることにも、戦局を正しく把握することにも失敗していた。ちょうど、アメリカの他の公館がいずれも失敗したように、CIAは情報活動で失敗する運命にあった。

CIAの失敗の責めは主として、われわれのベトナム政策全般の大失敗に帰するが、かねてからCIAの問題点であったCIAが単なる情報収集機関なのか、それとも政策執行機関をも兼ねるのか――という点にも責めの一端があった。概してベトナムにおけるCIAの失態は、軍事顧問団や大使館の失敗に比べれば小さかった。

それでも私は帰国以来、一般の人々がCIAの任務全般、とくにCIAがベトナムでやっていることについて持っている疑惑に驚かされた。アメリカではいまだに、ジエムが大統領にふさわしい人物でないことがわかってからも、長い間ジエムの支配が続いた責任の一端はCIAにあるという感じが残っている。これは正しくない。確かに、アメリカが初めジエムを支持したことについてはCIAは多少かかわりがあるが、当時はこれが高く評価されていたようだ。少なくとも私のサイゴン滞在中、CIAがアメリカの公館の他の部門と衝突していたとか、CIAがもっとりっぱな、うまくやっている諸機関の裏をかいたとかいうのはいずれも正しくない。事実は正にその逆であり、公館のいろいろな要素の間に衝突がまるでなかったことこそ、困ったことであった。CIAは情勢を局外から冷静に分析するのではなく、チームに積極的に加わってしまった。

CIAにたいする根強い疑惑の一部は、リベラルの間のCIAについての正体のないイメージから生まれたものではなかろうか。この裏返しが、保守派の対外援助についての疑念である。どちらの懸念も、複雑な世界でアメリカの利益を増進しようとして、それが挫折した結果生まれたものである。この複雑な世界とは、最も有能な公僕が善意を尽して実行した最も進んだ政策が、必ずしも功を奏さないような世界である。しばしば起こることだが、これらの政策がうまく行かないとなると、アメリカの市民たちは身代りや陰謀を求めがちである。市民たちは自然に、彼ら自身の政治的な好みに従って、身代りや陰謀をさがす。したがって、彼らは、国内問題に対処する哲学をわが対外政策の陰謀のために見出しがちである。

しかし世界やわれわれの対外政策はそんなに単純なものではない。概して国内的なイデオロギーは外国では効果がないし、われわれが海外で支持している指導者たちは、共和党員や民主党員の願いに合致しないような不愉快な気質を持っている。たとえば、ジエムは多くのアメリカ人が考えているような型の保守的なベトナム人ではない。彼は実業家や資本主義にたいし疑い深く、有力な彼の弟ニューは多分に社会主義に傾いていた。だがゴ政府は右翼とか左翼とかいうよりは、官僚政府であった。

ベトナムでCIAについて起こったことは、CIAの途方もなくむずかしい任務を多少とも明らかにし、またこの国の伝統的なものの考え方自体や政策と、冷戦がベトナムに押しつけた不可避なものとの間の矛盾を幾分明らかにしている。私はCIAの活動ややり口にはうといし、情報の専門家でもないが、サイゴンにいたCIA部員の多くは私の友人であり、また彼らは、私がそれまでに海外や国内で会った最も有能なアメリカ人たちのうちにはいる。彼らは最も困難な仕事につかせられ、しばしば彼ら自身の高い理想と、アジアの同盟国の全く異質な動きとの食い違いの犠牲者となった。現場に居合せた一門外漢として、なぜCIAがついに寺院の弾圧を予測しえず、これを正しく分析できなかったかについて、私なりにできるかぎり説明してみたい。

一九六二年にサイゴンについてから数週間しかたたない間に、私はベトナム駐在のCIAの責任者ジョン・リチャードソンと食事をともにした。彼は善良、正直、献身的な人物で、彼個人の考え方はアメリカの右派の考え方に傾いていた——とはいえ、この考え方が彼の活動に反映されることは決してなかった。その日のわれわれの会話は愉快であったが、奇妙なことに内乱鎮圧というものの性格についての長い、抽象的なやり取りに巻き込まれた。われわれ二人の用語や引用例が非常に違っていたため、私がリチャードソンのいったことを正しく理解しているとはいい切れない。

私は会話の初めの方の一部を、はっきり覚えている。話はニュー夫妻のことであり、リチャードソンはニューが偉大な民族主義者だといった。私がニューの反米的な発言や多くの反共主義者が彼にたいして持っている憤りについて触れると、リャードソンはニューの反米が民族主義から来るものに過ぎないと述べた。ニューは誇り高きアジア人であり、われわれに対してもそうだった。だがもっと重要なことは、彼が戦略村計画を理解している唯一の男ということであった。ニュー夫人については、リチャードソンによると、彼女も民族主義者であり、時には少々極端に走り、多少激情的だが、これは政治に首を突っ込んだ女性の通例であり、ルーズベルト夫人を見たまえ——ということだった。

当時私はサイゴンに来て間もなかったが、来たてということでもなかった。町へ戻る途中、われわれを招待してくれた大使館員が私に、彼がいうところのニューの変り方、つまり〝新しいニュー〟について記事を書いてはと勧めた。私はもう少し待ちたいと答えた。

その後数ヵ月間に起こったことによって、私はニューが民族主義者では絶対ないと信じた。私には彼が生れながらの策士であり、仲間を疑い、人民を分割して、民衆を支配することに大きな喜びを持つ、切れるがひねくれた男のように思えた。

リチャードソンと私の考えの食い違いの一部は二人の職業の違いからくるものだった。CIAは、ある程度予測可能な一団で、将来の出来事を予言しようとする世間ずれした若いアメリカ人の一団というものではなかった。もしこれがCIAの任務であったら、容易にやってのけたであろうが、同時にわれわれの政策の弱さも暴露していたであろう。実際には、CIAは分析し、評価するためにサイゴンにいたのではなく、アメリカの計画の一部に参画し、アメリカの全般的な政策を成功させるために、計画を実現させようとしていた。ベトナムにおけるCIAの責任がどこまで及んでいたかは知らないが、CIAが山岳部族を武装させ、これを訓練する計画や、ある地域での戦略村計画の実行に直接関係していたのを私は知っている。またリチャードソンの任務の一部は、〝ニューに近づくこと〟であった。ニューはゴ一家、したがってゴ政府の中心人物であったため、ベトナムにおけるCIAの任務は、アメリカが望むような方向にゴ政府が進むよう影響力を及ぼすことということになった。

ベトナムにおいて、CIAが本来の任務である情報収集をするに当って、二つの大きな問題にぶつかった。第一はある男が政策を成功させることに経歴や威信をかけ、そうした政策がうまく行くだろうと上官に告げてしまうと、その後、その男は客観性を保てなくなることである。上官に告げていらい、その男は自分が参画したことを正当づけるために、結果を考えずに何とか政策をうまく行かせようとしがちである——ノルティングが任期の終わりに述べた注目すべき意見を見よ。政策がうまく行っていないことを示すような事態や兆候にはそっぽを向き、うまく行っていることを示す事態や兆候は重んぜられ、うまく行っていないと常に報告してくる部員や個人は無視され、大使と同じ見方のものは有利になる。意識的にせよ、無意識的にせよ、情報は政策に好都合なように仕立てなおされる。

リチャードソンは政府の政策に傾倒する男で、ニューの信頼をかちとるという任務を帯びていた。これが第二の問題となる。リチャードソンの目からみれば、ニューは国内で最も強い影響力を持つ男〔事実多分そうだろうが〕であって、最もきらわれている男〔確かにそうだったが〕ではない。リチャードソンは、ニューと親密であるためには、一つ一つの出来事についてニューの評価をとり、彼の目を通して情勢を判断することさえするといった代価を払わなければならなかった。その結果、もし彼の部下たちが当然やらなければならないこととして通りの向う側で活動し、反ニュー筋から情報を集めるならば、リチャードソンの立場はニューもろとも危険なものになったであろう。そのうえさらに、ニュー夫妻がベトナムでにくまれ、恐れられていたために、アメリカの情報責任者がニューと親しいという事実は、情報の収集に相当な支障を来たした。良識あるベトナム人がCIA〔実際にはアメリカの公館全体〕について常々非難するのは、アメリカ人にもらしたゴ一家の情報が、明らかに猜疑心深いゴ一家の信頼を買おうとする企図のために、たちまち大統領官邸に行くことであった。〔この国にいるあるアメリカ人の教授が最近、私に次のような話をしてくれた。——一九六三年九月、彼の学生にあるベトナム政府高官の息子がいた。寺院の弾圧事件後、この高官は息子にニューの計画の詳細を記した手紙を出し、その学生はそれを教授に見せた。教授はこの情報を重要とみて、国務省に伝達した。この情報はその後明らかにCIAに引き渡された。数日後にそれまで秘密のうちに万事処理したつもりだった教授に、学生がかんかんに怒って近付いてきたからだ。学生は父親からの手紙を持っており、それにはCIAの高官がサイゴンで彼の父親を訪れ、ワシントンへの教授の伝達にかんする公電を示して、問題の情報を確認するなり、否定するなりしてほしいと要請したと書いてあった。」

このように、アメリカがテコ入れに乗り出すとともに、CIAはサイゴンでは相当な圧力のもとで活動していた。情勢がさらに緊迫してくるにつれて、多くの細心なベトナム人たちは、記者や若い係官に、なぜ大使館の高官やCIAに引き合わされるのがいやかを話すようになった。これは機関の首脳部がチームの一員であったために、その機関が受けた罰であった。

仏教徒危機が発展するにつれ、サイゴンの緊張と不安はました。いろいろなうわさの中で、二つのクーデターが画策されていることが明らかになった。この二つの謀反の主謀者は最近までジエムの最後の忠臣だった人びとであり、政府の分裂はここまで来ていた。クーデターの一方は将官たちの計画でズオン・バン・ミン（当時大統領軍事顧問）、レ・バン・キム、チャン・バン・ドン（当時陸軍司令官）が主謀者である。もう一つの方は佐官たちのクーデターで、八月初めにはこちらの方が実現性の濃いものにみえた。後者はのちに多少違った環境で、将官たちの軍事政権にとって代るグエン・カーン（クーデター時は第一軍団司令官）のクーデターとなって起こるが、当時われわれの多くは、後者の計画がきわめて進んでいて、指揮官たちは将官より大胆な印象を与えていたので、こちらの方がすぐに起こるとみていた。しかし将官たちは、ヤング・タークス（原義は一九〇八年アブドル・ハミド二世を放逐して一九一八年までトルコを支配した「トルコ青年党」。ここでは同じように上官たちの腐敗に抵抗し決起しようとする「若手将校団」の意）が決起しようとするたびごとに、中心となる大隊数個大隊に、市の外へ移動を命令するのが常だった。

八月のある日、私が信頼していたベトナムの要人が彼の友人と三人で昼食をともにしたいといった。昼食後われわれはサイゴンの華商街、チョロンにあるその友人宅へ赴き、そこで二人がクーデターを計画している青年将校グループの一味であることを告げられた。私はこれには驚いたが、彼らが私にこのニュースを内側から取材してほしいと告げられたときには、もっと驚いた。もしうまく行かなくても、彼らは何も保証できなかった。確かにもしクーデターが失敗すれば、私は国外へ退去しなければならなくなるか、さらにそれ以上面白くない結果となるかもしれなかった。

私は彼らにもうしばらくこの提案を考えさせてほしいといって別れ、シーハンと話し合い、ジャーナリストとしてこのようなニュースのためにかける価値があると決断し、同意した。当時サイゴンにいた『サタデー・イブニング・ポスト』のカメラマン、バート・グリンにもこの計画を打ち明け、彼もツキを試めそうとしていた。クーデターの首謀者たちは、われわれ二人に一台の軍用ラジオをくれ、周波数帯と呼び出し符号がわれわれに割り当てられた。われわれはクーデター分子に〝さらわれ〟て、彼らの本部へ連れて行かれるはずだった。彼らは、こうすればもしクーデターが逆襲されてもわれわれを守る措置になると考えたのである。その後の数週間、たびたびわれわれは警報を受けたが、その度毎に、いまや自分たち自身のクーデターを準備していた将軍たちは、計画者たちの大隊を移動させた。

しかし同じ頃、CIAの部員たちは私に、ベトナムにいる彼らの上役たちがいまだに楽観的で、政情混乱や不安を非常に重大なものとは考えていないといっていた。それでも、ニュー夫妻がジエムの仏教徒の扱い方が弱腰だと感じ、これを怒っていたことはよく知られており、またニューが彼自身のクーデターを計画しており、それはまず仏教徒にたいする攻撃で始まり、ニューを国内で最も権力の強い人物とすることで終わるだろうという信頼できる情報はあった。ついにこれは単なるうわさ以上のものとなり、計画の詳細がもれ始めた。これらの情報を聞いてロイターのニック・ターナーはニューに会いに行き、「あなたがクーデターを計画しており、サーロイ寺院を破壊するだろうと聞きましたが――」といった。〔こんないい方をしても罰せられないですむのはロイターの記者だけだ。〕

ニューは微笑し、最初は否定したが、やがて話し始めた。彼はこういった。――もし仏教徒問題が解決されなければ、間もなくクーデターが起ころう。このクーデターは反米、反仏教徒、反弱体政府的なものであろう。もしこのようなクーデターがたとえば真夜中に起これば、サーロイは午前二時までに破壊されるだろう。〔実際には、ニューのタイミングはもう少し遅れた。サーロイ襲撃は午前零時半に始まり、二時半に終った。〕こんなクーデターを指導できるのはただ一人、ニュー自身だけであった。ターナーはこの驚くべきニュースを送稿したあと、アメリカ大使館に呼ばれ、ニューが本気だと思うかと聞かれた。彼は九九パーセント確信があると答えた。そのときまでに、ニューは彼の私兵であるレ・クアン・トン大佐以下の特殊部隊を市内に引き入れていた。トンの部隊はアメリカの発明品だった。彼らは体格の良いものの中から選ばれ、特別に訓練され、特に高給をもらっていて、アメリカの軍部からはゲリラ戦に従事するエリート部隊とみられていた。しかしゴ一家は彼らを一家の政治的、護衛的な私兵にすることに決めていたし、また特殊部隊がゲリラ戦をやったことはほとんどなかった。特殊部隊の二個大隊が七月、サイゴンに引き入れられ、市内には合計四個大隊がいた。

八月十七日、本社へ電報を打ち、編集者たちにサイゴンからの電報は一語もけずらずに全文使うよう提案した。私は、何かことが起こっているがヘンリー・キャボット・ロッジについてではない、といっておいた。

仏教徒自身、事態の成り行きをすべて、かなり知っているようにみえた。彼らの抗議運動はますます激しさを加えたようであった。八月十八日の日曜日、仏教徒たちは非常に強烈な印象を与えるデモを展開し、若者を主とした一万五千人がサーロイ寺院に押し寄せた。UPIのグエン・ゴック・ラオ記者はジエム支配の初期いらい、こんなに熱狂的な群衆は見たことがないといった。いくつもの通りがごったがえし、雨が降り出しても群衆は帰ろうとはしなかった。

朗らかで騒々しい群衆だった。サーロイ寺院のてっぺんで、二人のABCの記者がその一部始終を映画におさめていた。そのうちの一人はチャールズ・P・アーノットだった。突然一人の僧侶が二人の方を指して二言、三言いった途端、群衆の中から大きな笑い声が上がった。「クアン・ド師がいま仏教徒たちに、外国人記者たちは日ながハンストを続けると誓っている」といったのですと、ラオが私に耳うちした。それからクアン・ド師は二人に、群衆に演説して欲しいと頼んだ。アーノットは喜んでそうしたいのだが、ニューヨークに電報で許可を求めなければならないと答えた。

デモの空気は楽天的だったが、もし僧侶がひとこと命令すれば、一万五千人の仏教徒は直ちにジアロン宮殿〔大統領邸〕へ向かって押しかけたであろう。しかしロッジは一週間以内に着任するはずであり、仏教徒たちは明らかに、彼の到着まで激しい情熱を抑えていた。二日後、つまりサーロイ寺院が襲撃を受ける前夜に私が書いたように、仏教徒たちは〝動きの早い危険なゲーム〟をやっていた。

八月十九日、月曜日、あるベトナム人の友人が尋ねて来た。彼はいつになく用心深く、われわれは川辺に沿ってともに散歩することを約束した。そこで彼は私に、ニューが寺院の襲撃を企てており、トン大佐の手勢がこれに使われるだろうと語った。同じ日にわれわれはニューが将官会議を開き、クーデターにたいする十分な警戒措置がとられていないと、将軍たちを叱《しか》りつけたことを知った。彼は将軍たちにクーデターが起こりそうであり、もし起こったらゴ一家は市外のかくれ家へ避難するつもりであり、将軍たちは首都を包囲し、接近して市街戦をやるよりは砲撃で破壊せよと命じた。ニューはもしクーデターがあるとすれば、インテリが起こすのであり、西側の支持があるだろうと述べた。〔偶然にも、ニューが将軍たちにクーデターの可能性について語ったのはこれが二度目である。一度目のとき、彼はクーデターのうわさについて聞いているが、おそらく諸君のだれかも何か知っていると思う。知っている者がいたら会議後残って彼に話してほしいといったが、誰も残らなかった。〕

その夜、私はニューが開いた二回目の将官会議について、席上の発言をいちいち伝えた完璧な詳報を送稿した。この会議はわずか三十六時間前に開かれたばかりであった。私はベトナム人の友人に、この記事にたいするニューの反応はどんなものだろうと尋ねた。

「喜ぶよ」とそのベトナム人は答えた。

「なぜだろう？」

「この記事を見て将軍たちは信用できないと考えるからさ」とベトナム人は答えた。私にはまだわけがわからなかった。

「彼はもう将軍たちを信用していない。この記事は彼の考えが正しく、彼が利口だということを彼に確信させるだろう」と彼は答えた。

表面的にはサイゴンは、うっとりと魅力的で、退廃的な日々を過ごしていた。クーデターにたいする警戒措置はいぜんとして厳重だったし、乙女たちは美しかった。記者は書きたいと思うようなどのような気分的な記事を書くこともできた。〔たとえば「この緊迫した都市では……」「表面落着き払っているかげに緊張を秘めたこの愉快な都市では……」「サイゴンの緊張した様相はきょうは案に相違して……」とか。〕

このときまでに、シーハン（UPI）、ペリー（タイム誌）、ターナー（ロイター）、ラオ（当時UPIのベトナム人記者）、アン（当時ロイター通信のベトナム人記者）、それに私の六人は、小さいながらすばらしい情報網を作りあげていた。たとえば、アンは青年将校として多数の少佐、中佐とともに軍隊にいたことがあったので、国内で最上の軍事関係との接触を持っていた。ラオは勇気とたゆみない努力によって、ジエムの秘密警察軍内部に情報網を作りあげた。実際この情報網は優秀で、クーデター後、彼の情報源がみんな身をかくしたために、彼は数週間記者として何も活動できなかったほどであった。われわれは長い間、どたん場がやってくるのではないかと思って、それに備えるために各々が注意深く情報源を開発してきた。

ついにその月曜日、午後いっぱいかかって情報を検討した結果、何事かがひっ迫していることがわかった。たとえばラオは、秘密警察、警察機動隊がある種の警戒体制についていることを知った。しかしわれわれにはその正体はわからなかった。われわれ全員はくたびれ果てていた。過去五日間、シーハン、ターナー、私の三人は何かが起こったとき、他の仲間に知らせるために交代で徹夜していた。疲れ果てていらいらしていたので、その日の夕方われわれの方がくたばってしまうとの結論を出した。

しかし翌二十日、火曜日の午後、私はジエムの情報官ダン・ズック・コイと飲んでいた。彼が大統領に失望し、あらゆる陰謀にあきてからずいぶん日がたっていた。彼は私に「君が昨日調べていた一件〔寺院襲撃〕は、今夜か明日起こると思う」といった。私は別の筋を調べ確認を得て支局に帰り、次のような電報を打った――アメリカやベトナムの当局者はだれもがこんどの紛争が終わったといっているが、何も片付いていない。政府と仏教徒の離間はこれまでになく大きい。仏教徒は解決を望んではいない。政府は焼身自殺した僧侶の遺体をそのままにして置くべきかどうかを決めるまでに主導権を失っている。ニューは落着きを失い、対決は近い――と。

われわれは気長く待つ準備をした。クライマックスが今夜か明日にもくるか、それとも全然来ないかさえはっきりしなかった。マート・ペリーがタクシーでファース＝ハルバースタム邸にやってきたときわれわれの仲間数人は食事をしていた。ちょうどある無名の仏教徒が支局を訪れ、寺院襲撃は今夜だと警告して行ったばかりだった。これはあとでわかったことだが、仏教徒たちは二つの筋から秘密情報の提供を受けていた。一つは警察機動隊員の主人を持つ仏教徒の妻たちが寺院を訪れ、主人たちがその夜仏教徒指導者を逮捕しようとしていると告げて行ったことである。もう一つは寺院の周辺地域に住んでいる人々が秘密警察が一日中あたりをうろついていたといってきたことである。これは政治的な戦いで、民衆を味方につけて置くことがどれだけ有利かを示す模範的な例であった。

われわれの仲間は散り散りになり、各々が違った分野で情報の確認を始めた。マートと私は寺院に直行した。寺院はどれもこれもピッタリ扉を閉ざしていた。寺院側は襲撃を予期し、周りの通りは人通りもなく静かだった。アンクアン寺院では、若い僧侶たちがわれわれの姿を見て大喜びした。彼らはわれわれがいることが〔襲撃にたいする〕擁護になると考えたに違いない。サーロイ寺院では何事もなく静まりかえり、指導者数人は眠っていた。われわれが彼らを起こすと、襲撃については心得ているといって寝床へ戻って行った。マートと私は急いだ。寺院攻撃が迫っており、これに巻き込まれたくないと思ったからだ。

マートは支局へ、私は家へ帰ったが、私が帰って落着いた途端に、シーハンがタクシーですっ飛ばしてきて、軍隊を満載したトラックが三台、家の前をうなりをあげて通り過ぎ、アンクアン寺院の方向へ向かうのをたった今見たと叫んだ。私も彼のタクシーに飛び込み、いっしょにサーロイ寺院へ急いだ。サーロイ寺院は反対方向に町角を四つ先へ行ったところにあった。途中で第三地区警察署の前を通り過ぎたが、その脇の敷地には完全武装の兵士数百人と約二十台のトラックがいて、その一部はすぐにサーロイ寺院の方向へ出かけようとしていた。

この夜は暖くすてきな夜だった。私は運動の選手が試合の前に感じるような、あるいはヘリコプターによる強襲のギリギリ数分前に感じるようなピーンと張りつめた感じであった。こんな時には人間の感覚は驚くほど鋭敏になる。私はシーハンが競馬の馬を走らせる男のように、運転手にベトナム語で「ディディ、ディディ」〔行け、行けの意〕とどなっていたのを覚えている。サーロイ寺院めざしてスピードをあげる。運転手はこれから起ころうとしている何事にも巻き込まれることを恐れながら、同じように乗客のわれわれをも恐れていた。

われわれはトラック隊が四方八方から寺に集まってくるところへ着いた。まるで大軍事作戦のど真中に飛び込んだようなものだった。総勢二百人の軍隊でことは足りただろうに、数千人が投入されたようであった。われわれは兵士の海の中にのまれてしまった。サーロイ寺院から区劃を一つ半離れたところで、兵士を乗せたトラックが込み合って立往生していたので、われわれはタクシーから飛び出した。後で知ったのだが、シーハンは緊急電報を打とうとして電話を見付けるためにかけ出し（われわれは通常の電報局が閉鎖されると予想したがこれは正しかった）、寺院の隣にあるＵＳＯＭ（米援助代表団）にようやくたどりつき、この格好の場所からことの次第をあらまし見聞した。私は寺院から町角一つ以内のところまで近づけただけだったが、成り行きをあらまし観察することができた。しかし私がもっと寺院に近づこうとするたびに警官の人波に押しかえされた。

展開されたのは何とも恐ろしい光景だった。ニューが仏教指導者を逮捕しようと思ったのであれば、二、三分で事は済んだに違いない。だが軍隊は報復とテロの惨劇を演じていた。数百人が内に突撃し、仏教徒の悲鳴、攻撃する兵士たちの怒鳴り声や叫び声、ガラスの割れる音、ピストルの音、そして時折聞える爆発の音などがごちゃまぜになって夜を満たした。これらの音を縫って、寺院の頂きにある鐘が無茶苦茶に叩かれ、暗闇の中でやけくそに鳴るその音が聞えた。私の周りではベトナム人将校が大声で命令し、あたかも仏教徒たちが一個大隊の兵力を持ち、増援部隊が必要だと確信しているかのように、次から次へと部隊が寺院に突っ込んで行った。

とくに恐ろしかった光景は、ベレーとその大きな体格で一目でわかるトン大佐の特殊部隊の一隊が、Ｖ字形の隊形で早足で前進する姿だった。彼らは一人一人、自動銃をいつでも撃てる構えをしていた。彼らが威張って寺院に入ってきたときには、スマートなアメリカン・フットボールのチームがスクラムラインにつくようにみえ、何事もアメリカ仕込みだった。そして私には鳴りやまぬ鐘の音が対外政策の終わりを告げるかのように聞えた。

同じころユエでは同じような部隊がいくつかの寺院になだれ込み、巨大な仏像をこわし、米領事によると、三十人の僧侶、学生を殺した。しかし私はサイゴンで〔取材にあたり〕悲鳴を聞き、仏教徒のやることを見つめていたので、どれだけの人が殺されたり、負傷したりしたかはわからない。私はのちに、数人の僧侶が行くえ不明になり、約三十人が負傷したことを知ったが、正確な死者の数は不明である。

ある時三人の兵士が近づいてきて、私を押し戻し始めた。彼らがいっそうしつこくし始めたので、私は逮捕されることを恐れてコンゴにいたAFPの記者ジャン・ルイ・アルノーから習った手を使った。アルノーはカタンガの戦闘で、たばこせびりの道路警備兵たちにいやがらせをされた。アルノーは突然攻勢に出て、逆にやつらにたばこを一本くれといった。そのコンゴ人兵士は最初キョトンとしていたが、喜んで手つかずのたばこを一箱とり出し、アルノーにどうしても受け取れといってきかなかった。もちろんすぐ手荒な扱いはやめた。

私はベトナムの兵士たちからたばこを一本借りて、微笑し、口早やにしゃべってひき下がるつもりのないことをわからせてやった。

この騒ぎは約二時間も続いた。というのは、仏教徒たちは寺院のいろいろな部屋にバリケードを築いて立て籠り、軍隊は目指す相手に到達するために、いくつかのドアをちょうつがいからはずさなければならなかったからである。確かに仏教徒たちは、彼らの逮捕に協力したわけではない。それでも仏教指導者が襲撃を知りながら、なぜかくれ家に逃げ出さなかったのか私には不思議であった。クーデター後、私はこれについてクアンド師に聞いたところ、彼は「われわれは何も間違ったことをしたわけではない。それで逃げなかったのだ。もしわれわれが逃げていたとすれば、われわれが悪いことを認めたことになっただろう」と答えた。しかし私自身の感じでは、仏教徒たちには殉教者となる用意ができていたし、また襲撃の規模について誤算があったのかもしれない。この夜、襲撃が行われたのはユエとサイゴンだけではなく、中部海岸地帯の大きな都市全部であり、数千人の僧侶が逮捕された。もう一つ可能性がある。というのは仏教指導部の側で、最後の時間に将官や佐官による逆クーデターがあるだろうという期待を持っていたのかもしれないのである。

この瞬間、私の問題は変わった。私はニュースをつかんだが、どうやってこれを送稿すればよいのかわからなかった。私は現場をそっと離れて、シーハンの事務所へ引き返した。午前二時半、ということはニューヨークでは午後二時半ということであった。シーハンと私はメモを比べ合った。彼の方が地の利を得ていて、私よりもっと細かいことを知っていた。それからわれわれはなんとか送稿しようと努力をはじめた。シーハンはアメリカ陸軍の通信施設にやっとこさっとこたどり着き、百五十語そこから送稿することで、話をつけることができた。百五十語はピストルの音と叫び声で終わってしまった（短かすぎて何も書けない）。だがそれで彼は世界的なスクープで他紙を出し抜くことができた。さらにわれわれは大使館員から取材し、またわれわれの記事を打電してもらえるかどうかをさぐるため、大使館へ出かけた。

大使館では何も得るものはなかった。驚いたことに寺院襲撃事件について全く何も知らなかった。私はこれもニュースになると思った。大使館の高官の一人が「なぜ教えてくれなかったのかね」とわれわれ二人に聞いた。三十六時間もの間、われわれに秘密情報を提供してくれた人びとが、だれ一人大使館に電話をかけなかったとは、あるいは電話をかけたにせよ、当時まだゴ一家から寺院襲撃はないと保証されていた大使館高官に寺院襲撃の報告が届かなかったとは、ほとんど信じられなかった。しかしその数日後にもっと驚くようなことが起こった。寺院の襲撃事件が起こったにもかかわらず大使館は何が起こったか、だれが張本人かを知ることができなかったのである。

シーハンと私は、もう一つ別の私的なチャンネルを通じて、全体で少なくとも千五百語にはなるニュースのうち三百語という短い情報を打電した。これはニューヨークの本社のエディターたちを満足させたのだが、私の方は全くいらいらした。それほどたくさん報道すべきことがあったのである。それでも私は、第一報の中でさえ襲撃がゴ・ジン・ニューの許可で行われたことを指摘しておいた。

四時半ごろシーハンの事務所へ帰った。そこには疲れきったラオがベッドに横になって、われわれがもらった軍用ラジオで、放送されている軍隊の移動に耳を傾けていた。彼はサイゴンの地図に、戦車中隊や大隊が次から次へサイゴン市を包囲する陣形をとる配置につくのを書き込んでいた。こいつはクーデターかな?。ラオは軍隊の移動の続きを聞くために後に残り、シーハンと私は町へ出て取材に歩いた。戦車や軍隊にあったが、だれがこの移動を命じたかはもちろんわからなかった。二時間後にわれわれが支局に帰ったとき、新しい事態が起きていた。すでに戒厳令、それに夜間外出禁止令が布告され、陸軍はあらゆる民政部門を支配したと主張し、厳重な検閲制度が敷かれた。後でわかったことだが、将軍たちはすでに七月に、クーデターのために軍隊をサイゴンに入れる一つの方法は戒厳令を布告することだと決定していた。彼らは、ジエムが戒厳令を布告したあと、戒厳令施行のために市中に移動した軍隊でクーデターがやれると踏んだのである。しかしこの考えがゴ兄弟に進言されると、すでに寺院襲撃を計画していたニューは、これこそ彼自身の陰謀の完全なかくれみのになると判断した。ニューは部分的には将軍たちの計画を採用しながら、彼自身の特殊部隊だけを使って寺院を襲撃した。陸軍は寺院襲撃の非難の矢面に立ち、将軍たちはこの一撃に叩きのめされた。

午前中割合早く、チャン・バン・ドン少将は戒厳令施行の一環として、新しい命令をいくつか放送した。彼は国民の敵が共産主義者や帝国主義者と協力して活動中だから、陸軍が国家の支配権をにぎると述べた。恐らくドン少将はその任にあったのだろう。だがのちに、われわれはドン将軍が実権を握っていたジン将軍にたいし「あすになれば貴官は私を逮捕するよう命令を出すかもしれない。オレに忠実だって? オレに素敵な独房とその中に美女を入れといてくれよな」といったという話を聞いた。

サイゴンの商店の店頭には長い混乱したビラが張り出された。おそらく陸軍が書いたものだろう。それにはついに民族主義の日がやって来たと宣言されていた。この悪口の一斉攻撃は陸軍ではなくニューが書いたような調子のものであった。この時点でだれもが混乱していたのはもっともであった。

全市は軍隊でいっぱいであったし、戒厳令の布告と軍部の国家支配はわれわれの予想外の事態であり、その説明をしなければならなかった。われわれは八月二十一日に書いた記事で、戒厳令について報じたが、軍部の正確な役割は不明であり、ニューが、それまでに起こった事態については、明らかに大きな役割を演じていると付記した。

八月二十一日正午、ほとんど睡眠をとっておらず、あらゆるところで緊迫した事態があり、われわれの最上のベトナム人筋がどうなったか大いに心配であり、夜間外出禁止令が出されており、通信は途絶——といった非常に困難な条件の下で、われわれは真相を突きとめるために足で取材活動を始めた。

うわさだけが入り乱れているときであり、急いでタイプライターに向かって記事を書くべきときではなかった。このようなときには、姿を見せぬ要人は権力のある地位についたとか、逆に死亡したとかいわれるものであり、記者は聞きたいと思うことはどのようなことでも探し出すことができる。情報はいたるところにあるが、その情報の価値と情報をくれた人びとの価値を判断することが何より重要なことになってくる。一体何が起こり、誰が権力を持っているかを決めるにあたり、われわれが知っている事実と判断した結果は次のようなものであった。

一、襲撃事件は、ニューがさきに提起した特徴および消息通の友人たちがくりかえしわれわれに語ってくれた特徴を全部備えていた。そのうえ、仏教徒筋はほぼ同じような計画が特定の時間に実行されるはずだと事前に確認していた。さらに襲撃事件の夜、私はトンの特殊部隊とニューの最高補佐官二人がサーロイでの作戦に直接参画しているのを認めた。最後にわれわれのベトナム人の友人がある降下部隊の兵士と話したところ、その兵士はトンの部隊の兵士多数が襲撃事件の夜降下部隊の制服を着ていたというので非常に怒っていた。この変装のもつ意味は明白である。

二、陸軍が血の雨を降らすクーデターをやったとはわれわれには到底考えられなかった。仏教徒にたいして怒っている将校が一部にあったかもしれないが、軍部がもし政権をとろうとする場合、第一にしなければならないことの一つは、仏教徒との融和であった。

三、ゴ一家は軍部を信頼せず、これを恐れかつ軽蔑しており、ゴ一家の陰謀画策の大部分は軍部を分裂させることをねらっていた。しかしさきの発表によると、いまや軍部とゴ一家は権力を分ちあっている。ゴ一家がだれであろうと他のものや他の機関、少なくとも全軍部に権力を分つことはありそうもない。

四、寺院襲撃事件後、その日のうちにある記者はニュー夫人とインタビューをしたが、ニュー夫人は有頂天で、ダンスをしたあとの女学生のようにべちゃくちゃしゃべりまくった。彼女はこの記者にたいし、政府が共産系仏教徒を粉砕したと語り、この事件を「われわれが、一九五五年にビンスエンをやっつけていらい、わが生涯の最良の日」であるといった。ニュー夫人はいろいろな意味で、ゴ一家の中ではもっとも率直な人であり、ゴ一家の権力の一部を軍部に引き渡す考えを狂喜するはずはなかった。彼女は仏教徒にたいする強硬政策を長い間積極的に主張してきたのだから、彼女はゴ一家の勝利を祝っていたのだろうと思える。

五、私はチャン・バン・ドン将軍をよく知っていたし、ダナンで彼と過ごしたこともあった。私の印象では、彼は思慮深く、誠実な腹蔵のない人だった。彼は私のインタビュー記事に彼の名前を直接引き合いに出すことさえ許してくれたこともあった。——これはきわめて異例のことである。彼はベトナム人の貴族的な人物で非常に洗練されており、フランスに生まれ、フランスで教育を受けていた。それだけに、彼が寺院襲撃事件を許可したとはほとんど信じられなかった。

六、事件当日、アメリカ人当局者にたいするいくつかの屈辱的な出来事があった。高官たちの家の電話線が切られ、USOMの団長ジョー・ブラントの自動車は登退庁時にUSOMの入り口で停止を命ぜられ、捜索を受けた。他のアメリカ人当局者は南ベトナム政府当局者に面会を申し込んでも際限なく待たされ、夜間外出禁止時間の通行許可証をもらうにも際限なく待たされた。もし軍部が本当に政権をにぎったのであれば、軍部はただちにアメリカ人たちに引き続きベトナムにとどまってほしいこと、軍部がアメリカ人たちの支持を必要としていることを重ねて確信する措置をとったであろう。

〔事実、軍部は十一月一日のクーデター後に正にこうした。軍部は非常に海外に気をつかい、ジエムとニューの遺体の写真を配ることを禁止した。というのは、ゴ兄弟が本当に死んだのかどうか、またゴ兄弟の支配がついに終わったのかどうかに疑念をもつ民衆にたいし、これを証明するために、二人の遺体の写真を解禁にしてほしいとの大きな圧力があったにも拘わらず、軍部は写真がアメリカ人や世界の世論を怒らせるかもしれないことを心配したのである。〕

私が足で取材活動を始めたとき、これらの要素全部を心中に持っていた。寺院襲撃事件が軍部のやったことだと私に納得させるには、非常に確かな証拠が必要であった。だが八月二十二日の午前には、あらゆるものが反対の方向を指し示した。

この日の朝私が最初に話を交わした中の一つに、先方から私に会いたいといってきたリチャードソンとの会話があった。寺院襲撃事件のすぐ数時間後にはすでに、信頼できるベトナム人たちの間に、CIAが襲撃を事前に知っていてその許可を与えた、しかも事件は合衆国が困惑しないようにアメリカの大使交代で大使がいない期間をねらってこの事件が起こされたとのうわさが広まっていた。ベトナム人の考えではこのうわさは、リチャードソンとニューとの親密な関係やCIAとトン大佐との関係から論理的に引き出されたものであった。ベトナム人にしてみれば、CIAが襲撃事件を知らなかったとは考えられないことであった。したがってCIAがこの襲撃を間接的に後援したか、あるいは少なくともこれを許したと信じ込んだ。当時ベトナム人はアメリカ人について最悪のことを考えようとしていたのである。

その朝のリチャードソンは疲れきって動揺していた。彼は問題のうわさを言下に否定し「ウソだ。われわれは知らなかった。本当に知らなかったのだ。保証するよ」といった。

私はリチャードソンの事務所を辞してからも、細かい点の照合を続けた。やがて事件の輪郭がはっきりし始めた。すぐ私は、あるアメリカ人の情報関係の友人にあって、事件がだれのせいだか聞いた。「ニューとトン大佐さ」と彼は答え、事件に参画した部隊名をあげた。「陸軍には非難すべきところはない」と彼はいった。

「どうしてわかった？」と聞いたところ、彼は「われわれにはわかっていなくちゃならなかったのだ。われわれにはあなたの耳に入るような、どんな破滅的な警告や情報も入る。われわれはずっと連中に〔つまりCIAの上官にということである〕、トンが特殊部隊を市中に引き入れており、こんどのような事件が起こるかもしれないと報告していたんだ。こんどの事件が起こらないようにすることもできたし、阻止することもできたはずだ」と語った。

ほかのあらゆるアメリカ人同様、このときには、彼は腹を立て怒っていた。寺院襲撃の暴力ざたはベトナムにいるあらゆる西欧人にとってショックだった。そして落着いて考える余裕ができると、この事件の意味がはっきりしてきた。この事件は政策の死滅を意味していた。つまりこの事件でジエムにたいする懐柔の効果について自らをだまそうとする米国の努力は終りを告げた。なぜならば、いまや南ベトナム政府ではニューの影響力がずっと大きく、その影響力のもとにあったのだから。そのうえ、アメリカの装備やアメリカ仕込みの軍隊が使われたからには、民衆のアメリカにたいする信頼は減じたであろう。

最後に、神聖な約束の破棄は、アメリカ人に直接平手打ちをくわせたものだった。しかもこの侮辱は新任のアメリカ大使が赴任の途上で加えられたものだったために、彼が着任したときには既成事実として押しつけられ、彼の行動を限定した。〔八月二十二日の夜、襲撃事件の立案に参画したトン・タト・ジン将軍は私の友人に向かって、「私ジンは、偉大な民族の英雄である。私はアメリカのキャボット・ロッジを負かした。彼はクーデターを起こすために、ここへ向かう途上にあるが、私ジンは英雄であり、彼の裏をかいた」と語った。〕

しかしニュースを集めて記事を書くことは、まだその当時、二の次の問題であった。通常の通信手段は政府の厳重な検閲を経なければならなかったため、まじめな記者で検閲を経た記事に自分の名前を冠せられることを願うものはいなかった。それで、われわれはその日から〝伝書バト〟を使い始めた。サイゴンからほかのアジアの都市へ飛ぶ民間人や軍人でわれわれの記事を持ち出せる人をさがし、その都市の支局から本社へ電報でリレーしてもらうのである。それからというもの、飛行機の便をつかまえるため、われわれの記事の締め切りは午前中ということになり、したがってわれわれは午前七時までに仕事を始め、便をさがしに走らなければならないということになった。記事を実際に書く時間は正味三十分そこそこで、旅客に記事をこっそり持ち出してもらうために空港へ突っ走ることがたびたびであった。幸いなことに、空港の保安要員は現政府にうんざりしているものが多かった。われわれにとって最大の問題は、わが国の軍事使節団であった。広報の責任者バージル・リー・ベーカー大佐は決して記者のよき友とは思われていなかったが、こんなに混乱した日々にも形式に忠実であった。あるとき、われわれが軍用機でバンコクへ飛ぶ将兵に記事を持ち出してもらおうとしていると聞いて、彼はハーキンズ軍事援助司令部司令官の参謀長であるリチャード・ウィード少将に電話して、これが規則違反かどうかを問い合わせた。答えは「イエス」だった。そこでベーカーは将校を空港に派遣し、その将校は軍用機にかけつけて、記事の束を持ち出すことは軍法会議に付される軍紀違反であると発表させた。将校たちは預けたものをわれわれに返すほかはなかった。この事件はベーカー大佐と記者団のこれまでのきずなを強めるものではなかった。それ以後、われわれはもっぱら軍用機ではなく民間機に頼らざるを得なかった。

八月二十二日、われわれは事件の全容を確かめ、浮かび上らせるために終日働いた。シーハンと私は支局に帰ってメモを見せ合い、記事を書き始めた。ニューが自分のしたことをかくし、襲撃事件が実際以上に広範な支持のもとに行われ、民族一致の行動であるかの印象を与えるため、陸軍を襲撃の最前線に立てたことは明らかであった。この記事は国務省がワシントンの記者団に発表した事実と真っ向から衝突するものであったため、『タイムズ』にちょっとした混乱を招いた。『タイムズ』の編集者たちは、しばらくいらだった挙句、一面に「ベトナム危機についての二つの説明」との見出しで、二つの記事を並べて掲げた。一方は事件をニューの陰謀とし、他方は陸軍のせいにしていた。『タイムズ』は次のような前書きをつけた。

南ベトナムの混沌とした情勢は、サイゴン政権が今週仏教徒を攻撃した事件で陸軍最高司令部が果した役割について、完全に対立するきのうの二つの電報に反映された。サイゴン特派員電は同地の信頼できる筋が襲撃事件は陸軍の知らぬ間に計画され、その大部分が陸軍の知らぬ間に決行されたものだと語ったと伝えた。しかしワシントンに達した情報では、南ベトナム陸軍の司令官たちが行動に出るようゴ・ジン・ジエム大統領を説得し、圧力をかけたものとなっている。

私の記事の書き出しは「サイゴンのきわめて信頼できる筋がきょう語ったところによると、南ベトナムの仏教寺院攻撃はニューによって計画され、実行されたものであり、それより先に陸軍が権力を握ったのではなく、実際には襲撃が成功するまで陸軍は何も知らなかったのである。同筋によると、襲撃に加わった部隊はトン大佐の指揮下にあり、ニューは仏教徒とアメリカ人に教訓を垂れるために、さらにロッジに既成事実を突きつけるためにこれを決行したものである。」で始まっていた。

わがワシントン詰め記者の記事は、ニューが陸軍を使ったことでこの事件をこんがらからせることに奏功したことを示していた。なぜかといえば、この記事はゴ大統領を説得して決行させたのは将軍たちである、と書いていたからだ。

その夜、われわれはロッジ大使を出迎えるために空港に赴いた。広報の係官たちは、われわれが新任大使到着を目の当たりに見るために夜間外出禁止の特別許可を得るために終日かかった。われわれは特別のバスにつめ込まれ、空港についたときには、アメリカ公館の首脳部が新しい主人公の到着を待ち受けていた。このときになってもまだ、大使館がニューの説明を真に受けているとは、われわれには考えもつかないことであった。空港でロッジを待っている間、私はボブ・トランブルと話をしていた。彼はこんどの危機の間、支局を強化するために、その日早くサイゴンに着いた私の上役である。そこで私は大使館のある高官と会ったので、トランブルを紹介した。その後の会話の中で、私は寺院襲撃事件がニューの企てだと思っていることをはっきりさせたが、その高官は軍部がニューに強制したのだと思うと語った。私は内心、怒りに近いものを感じた。アメリカ大使館がいまだにこう信じているとは、私には考えられないことであった。そこで私は新来の記者のためにこういう説明がされたのだと思った。——この説明は、またしても旧態依然たる古い政策の線に従ったもので、もうすでに時代遅れなものだと私は確信していた。しかしもし万一、私がこの説明を額面どおり受け取るとすれば、大使館が襲撃事件を誤報したというのが事実である。

ロッジは真夜中少し前に着くと、夜間に通行できるような夜間外出許可証がすぐ彼に進呈された。彼はハーキンズやトルーハートと握手を交わし、それからわれわれの方へ向きなおって、「新聞記者の諸君はどこ？」と聞いた。明らかにわれわれにたいする当局側の態度は変り始めていた。

われわれが電報を打つために検閲官の事務所へ引き返すと、ロッジ到着の私の短い電文にある国内の不安を示す個所は全部、削除された。われわれはブ・バン・マウ外相が辞任したとのニュースをなんとか発信しようとしたが、モル・ブラウン（当時AP通信記者）以外のはつかまった。モルは兵士たちの写真の余白の説明文にこのニュースをタイプで打ち、これを電送にかけて発信することに成功した。

シーハン、ラオ、それに私はその夜、メクリンの大きな家に泊まった。こうしたのには理由があった。われわれはいまやニューのブラックリストの重要人物になっていると警告されていたし、ベトナム人とアメリカ人の情報筋からともに、手投げ弾を家へ投げ込まれるかも知れないといわれていた。シーハンは出口が一つしかない小さなアパートの奥の部屋に住んでいたし、ファースと私が引っ越したばかりの家は市の中心部から離れていて電話がなかった。

次の日の朝、『タイムズ』のリー・グリッグスがマニラへ飛んだ。彼は記事全部をきっと持ち出してくれる信頼できる伝書使いだったので、私は四本の原稿を送った。一つは彼が出発直前に書いたもので、最近の事件と策略、さらにロッジ到着についての普通の記事だった。二つ目はロッジが到着して彼自身で見た情勢、どのようにしてこのような情勢が生まれ、それがいかに重大なのかを書いた。この記事は次の日曜日の「今週のニュース」（"News of the Week in Review"）欄に使われた。三つ目はトン大佐の横顔で彼がどのようにして権力にありついたかを書いた。この記事には「彼はこの数年にわたって、絶対的に信頼できる男であること、あらゆる命令を忠実に実行すること、彼自身の権力欲がないこと、口が堅いことなどを示してきた」と述べていた。この記事は「時の人」（"Man in the News"）欄に載った。

四つ目はアメリカ大使館の分析で、トン大佐の記事の隣に掲載された。この記事は二年来のアメリカの政策と寺院襲撃事件をめぐる失敗を結びつけていた。この記事はアメリカ大使館が寺院襲撃事件を陸軍のせいにして非難していた事実を知らずに書いたものだったが、「わが大使館がこの国で何が起こっているかについて知識に欠けているのは、次のような事実に由来するといえよう——大使館は情報の正常なチャンネルを遮断し、公式的な説明だけに依存し、下士官たちや若い官吏のいうことに耳を傾けなかった」と述べ、さらに次のように書かれていた。

このエピソード全体が次のような事実を浮き彫りにしている――当地の一部の筋が、巨大で有能な当地のアメリカ大使館の最も重い病気の一つとみなしてきたものがある。それは現場の人びとが見たり伝えたりすることと、アメリカの高官が伝えることとの大きな食い違いである。これはゴ一家と大使館首脳との結びつきによるものである。ゴ・ジン・ニューが彼の軍事的な右腕であるトン大佐とともに、何かを企てているという事実は、実は秘密ではなかった。それが実現するかどうかは別問題であった。というのは、この計画のある面は信じがたいものだったからである。とくに不面目なことは、トン大佐と彼の特殊部隊がアメリカの申し子だったということである。特殊部隊はアメリカの考えで生み出されたもので、アメリカ自身の精鋭である特殊部隊のベトナム版として誇るべき存在であり、正規軍よりよい装備をもち、よい給与を受けていた。われわれがこの部隊を財政的にまかない、彼らに給与を支払い、この部隊に顧問を派遣していた。

この四本の記事を送り出したので私は多少ほっとした。一年余りの骨の折れる仕事がいま報いられ、われわれは読者が知るべき必要のあることを知らせたのである。

その夜私はＣＩＡの二人の友人と飲んだ。二人はとりわけにがにがしい思いをしていた。二人ともＣＩＡの失敗の責任をどの個人に帰せることもしなかったが、明らかにリチャードソン（当時南ベトナムのＣＩＡキャップ）に好感を持っていなかった。われわれは、アメリカの市民たちがほとんど知らないし、気にもかけないような遠い異国での勤務の問題について話し合った。彼らは二人とも献身的な男であり、彼らがおかさなければならなかった危険や大きな個人的な犠牲は、任務をいかに忠実に遂行しているかを物語っていた。しかし、この世界の一角では、このような献身的行動はつねにアジア人によって報いられるものではなかった。そして絶望的雰囲気の中で、こちらの気に入る話ばかりするベトナム人たちに耳を傾けすぎる傾向があった。

私の二人の友はまた、アメリカの全体の政策のためにＣＩＡが不当に非難されていると感じていたので怒っていた。彼らはその責任がサイゴンの当局者よりもワシントンの当局者にあると信じ、なぜそう考えるかを腹蔵なく説明してくれた。彼らはまるでだれ一人との説明を信じようとしないと思っているかのように、定期的に一人ずつ「畜生―われわれは連中にこんな事態が起こるといったのに」といった。私は「連中」というのはサイゴンの連中だと思った。この二人がサイゴンはワシントンのわなにかかったと感じているのは明らかだった。彼は「あなたは心中のいまいましさを全部はき出し、すっきりできる。私は世界を半周してきて顔をさかなでされようとは……」とつけ加えた。まったく悲しい話だった。この話でＣＩＡのような仕事がいかにむずかしいかがわかったし、また私が記者であることを嬉しく思った。

その後シーハンと私は、襲撃事件後大使館で起こったことを再現してみるために、できるだけのことをした。

総じて、ゴ一家のいうことを信じようとする傾向——実は政策があった。ノルティング大使の離任後、リチャードソンがおそらく大使館の中で最も有力な人物であった。ジエムはトルーハートとは会わなかったが、ニューがリチャードソンに話したのであろう。きっとニューはリチャードソンに寺院襲撃事件について彼自身の説、つまり将軍たちが、彼ら兄弟に手を下すことを強制したという話を聞かせたにちがいない。ベトナム人の将軍たちは、ハーキンズ大将をほとんど信用していない。明らかに彼らはこの事件における彼らの役割について、アメリカ軍事代表団に、じゅうぶん説明することができず、ずっと位の低いCIA機関員に話さなければならなかった。

リチャードソンは、つねづねニューが望むような見方で事態をみてきた。ハーキンズのように、このCIAの責任者はアメリカの政策が功を奏し、戦争では勝ち始めていると感じていた。一方アメリカの高官たちは、寺院襲撃事件に非常に心を痛めたが、意識的にせよ無意識のうちにせよ、ニューの説明を退けることはアメリカの立場を完全に再評価することになると悟った。これらのアメリカ当局者はまさにこの政策の一部であったし、彼らの出世をこれに公然とかけていたので、急いでこれを取消すことはなかった。そのうえ、リチャードソンには、ニューの話を反ばくするような個人的な情報源はなかった。もし仮に、リチャードソンがこうした声に前から耳を傾けていれば、アメリカの政策の効果をとっくに疑っていたに違いないのである。こうして、サイゴンは、ワシントンにあのような間違った報告を送ったのであった。これが共和党保守派の男の最後の報告だった。

ところで、われわれ記者は真空状態の中で送稿を続けた。どの記事が抜いたか、どれが印刷されたか、記事が使われたにせよどんな扱いを受けたか、われわれには全然わからなかった。その後四日経って、リー・グリッグスがマニラから書類のいっぱいはいった紙挟みを携えて帰ってきた。それで私の記事が『タイムズ』にのっていることがわかったし、いくつか称賛の短い手紙もあった。その中にジェームズ・レストン（『ニューヨーク・タイムズ』のワシントン支局長）からの「ガンバレ、ワレワレワ、コノキジノタメニセンデンチュウ」というとくにすばらしい電報もあった。また私はワシントンが事態の把握を間違ったという示唆を初めて受けた。それには「ニューニツイテノキデン、ショウグンタチガ、ニューニ、ブツキョウトヲダマラセルヨウキョウセイシタトノ、ワシントンノハツピョウト、ヘイヨウシタ」とあった。最後に本社外信部からの「コクムショウハイマヤ、イケンヲカエ、ジインデナニガオコリ、ダレガヤツタカニツイテノキミノミカタニチカヅイタ、バンザイ、モウイチドバンザイ」という電報があった。

支局に戻っていた私は、この電報をわしづかみにして、シーハンと喚声をあげた。この騒ぎを聞いて、マート・ペリーが下に降りてきて電文を読み、われわれ三人で大いに笑った。マートは「ワシントンもとうとう真相が少しばかりわかったようだね」といい、われわれのためにビールをとりに二階へ上がった。チャーリー・モアは「君らは国務省を四日も出し抜いたなんて。初めてだぜ」といってくれた。

私は誇らしげに電報を持ち上げて、チャーリーに「まあ、これでここから打つ電報についての新聞論争も終りだ。われわれはついに打ち勝った。連中ももうわかるだろう」といった。

私は間違っていた。事は、それから以後も大きくなるばかりでなく、新聞論争は始まったばかりであった。そのころこの事実をチャーリー・モアやマート・ペリーほどはっきりわかっていたものはなかったろう。

XV

ヘンリー・キャボット・ロッジは、実は、ベトナム到着と同時に政策を変えたのではない。しかし、何か新しい政策を展開する必要があった。サーロイ寺院事件、ジエムがノルティングにした公約の破棄、ニューがアメリカ大使館に与えた寺院襲撃事件についての偽りの説明などによって、古い政策は粉砕されていた。古い政策はアメリカ人の側から終止符を打たれたのではなく、ゴ一家がある西側の大使に寺院襲撃事件をさして「アメリカの勇敢な努力の終り」というほどに乱暴に踏みにじられていた。

非常に忠実なひとにぎりの人びとだけが、ゴ一家にまだ忠誠を誓っていた。ワシントンではニュー夫人の父親の大使はじめ、一人を除くベトナム大使館員全員が辞任した。またニュー夫人の母親も国連オブザーバーを辞任した。

陸軍は寺院攻撃事件で不当に非難、中傷されて憤激していたが、いっそう混乱し、これまでになく分裂していた。ゴ兄弟は一部の将軍たちをなだめるために、特別賞与金を与えたが、これがかえって分裂のタネとなっていた。通常賞与とは、「勲功のあった部隊でわけるもの」だったが、それがその将軍の参謀長にさえ渡ったかどうかを疑うものばかりで、文字通りに受け取るうぶなものはだれもいなかった。

官吏はしょげかえっていた。戦略村計画を担当しているアメリカ人当局者たちは、ベトナム人の係官を地方に派遣するのが、これまでになくむずかしくなってきたといっていた。民衆自体も怒っていた。しかもゴ一家にたいしてではなく、米国にたいしてである。いずこも同じで、ベトナムでも、よそものを非難する傾向があり、大多数の民衆は、特殊部隊が米国から給与を受け、米国によって訓練されていたのだから、アメリカ人が寺院襲撃計画に加担していたに違いないと考えていた。

サイゴンは恐怖の都市と化していた。ニューの共和青年団は、武装官吏に他ならないが、これがスラム街を行進して、どのような反政府活動にせよ、これに参加すれば逮捕すると警告して歩いた。多くのベトナム人当局者は、毎晩違った家で睡眠をとり、互いに使いだけを使って連絡し合っていた。アメリカ人はベトナム人の親友にどうしても会えなかったし、多くの文官の高官が逮捕され、数人が国外へ逃げた。軍の重要人物は、常時政府の監視下におかれ、海兵隊司令官はサイゴンにとどまるならば逮捕するとの警告を受け、これを免れるために直ちに部下をつれて一連の作戦に赴いた。

サイゴンのアメリカ人は混乱し、次に何が起こるかわからなかった。あらゆる警報的な徴候があるにも拘わらず、アメリカ側はこれから起こるかもしれない事件について何も知らされていなかった。彼らはここではゴ一家に代わるべきものはないという彼ら自身の言質を本当に信じていた。

数日後にＶＯＡを通じてある所説が放送された。この所説は慎重に計算したいい回しで、アメリカがいまや寺院襲撃事件の責めを将軍たちから解除し、その責めをニューにきせて非難している事実に触れていた。これは多分、ワシントンがもはやゴ一家を全面的に支持しないことを微妙に示唆したものであった。しかしこの時点では、アメリカ大使館にはベトナム陸軍との強力な接触はほとんどなかったし、アメリカ側は軍部の反ゴ分子から信頼されてもいなかった。まだその下地が作られていなかったから、将軍たちはアメリカの意向をはかりかねたのである。一般のベトナム人はアメリカが何をやろうとしているかは全然知らなかった。彼らが最後に見たアメリカ人は、戦略村に自分の名前をつけられ当惑したノルティング大使の顔であった。また最後の公約はハーキンズ大将の「戦略村計画は進んでおり、勝利は近い」というものであった。こうしてＶＯＡの放送は受け入れ態勢のない耳に届いたのであった。

こうしたあらゆる混乱の最中にあって、ニュー一家は幸福で自信を持っていた。ジエムのうわさはほとんど聞かれず、姿も見えず、ニュー一家が政府を支配していた。共和青年団の役員は記者団に、大大衆集会を開いて、その場でニューに権力を握るよう要請する計画があると語った。結局この集会は、アメリカ側がこの計画に冷淡な反応を示したために延期された。この時点でアメリカ側は、ニューに政府から身を引くよう相当な圧力をかけていた。しかしニューや彼の手下は相変らず活動的であった。さらに教授、法律家、官吏の逮捕が行なわれ、上官に対する警告としておもだった青年将校数人がひそかに投獄されているといわれた。ニューは完全に我を忘れているかのようであった。襲撃事件の数日後、彼はあらゆる文官にたいし、仏教徒危機と戒厳令の期間に何を考えていたかを告白せよと要求する指令を出した。

この指令は「貴下は誠実に、責任感と名誉をもって告白するよう要請されている」と述べ、典型的な質問として「ユエで仏教徒の事件が起きてから共同コミュニケが調印されるまでの間、どんな考えを持っていたか（政府の措置および仏教徒過激派分子についての考えを聞くもの）」と聞いていた。そしてその後に次のような異常な一文がついていた。

本指令のこの部分は時間を問わずいかなる時の貴下の行動についての告白にも充てられる。この告白は以下の項目にかんする貴下の行動を論評するものとする。

責任感、服務状況、欠点。

貴下がどのようにしてここにあげた欠点を克服したか、その方法の概略を示してほしい。

最後に各官吏は「私はこの告白が真実であることを保証します」という記述とともに署名するよう指示されていた。

ニューは、あるカナダ人記者とのインタビューで、「私にとって政治にたずさわることはきわめて不愉快で、実に苦痛なことである」が、国家の必要によって、これが要請されていると語った。また、もし仮にアメリカがベトナムにたいする援助を断っても、戦略村計画があるし、「私に忠実な」戦略村の幹部があるからには、戦争に勝つことができようともいった。

ニューとジエムは、サイゴンでアジア人たると西欧人たるとを問わず、自分たちの目的をはっきりわきまえたほとんど唯一の人物であったため、それまで常に大成功を収めてきた。他のベトナム人たちは分裂しており決断力に欠けるか愚鈍かであった。アメリカ人はといえば、潜在的には大きな影響力を持っていたが、米国が支持する政府を持たなければならないということがなかったため、規律正しくこの権力を行使することもなく、ムダに浪費し、また自分たちに要請されている地位や責任に照らして、日々の政治的な動きをまじめに考えようとはしなかった。いまやニューは戦争に勝ちつつあると確信していたし、手塩にかけた手下のでっち上げの報告に感謝し、こんどの二つの敵、つまりアメリカと仏教徒にも大成功を収めたと本当に信じていた。

サイゴンのいたるところで、抗議の大きな声が挙がっていた。寺院襲撃事件の数日後、デモ隊の役目は仏教徒に代って学生のものとなった。サイゴンの学生は伝統的に政治に関心がなく、ゲリラ戦争の恐ろしさから遠く離れたところで安楽に暮していたが、今や政府にたいする新しい抗議分子となり、各学校でストを続け、多くの逮捕者を出していた。学生たちがいなくなると、こんどは高校生がとって代り、高校生数千人が逮捕された。一週間にわたってサイゴンの街々は学生でいっぱいになり、学生たちは教化訓練所センターへ次々に運び込まれ、町から消えた。

政府はこれまでに心得ていた唯一の方法でこれにこたえた。つまり指導者数人をなぐり、デモ隊の大部分を逮捕するというやり方である。もちろん、ゴ政権は学生たちが共産主義者に浸透されていると非難し、記者会見が行われて、二人の十代の共産主義者が高校全体を腐敗、堕落させたと告白した。しかし学生たちは、共産主義の影響を受けているにしては、最もふさわしくない階層の出身者であった。大学の学生たちはサイゴンの最上の家庭の出身であったし、政府に反抗的な高校の多くは、主として北ベトナムから来たカトリック難民、陸軍将校、官吏上層部からなる住民地域にあった。われわれ記者は陸軍の高級将校が子弟の釈放を交渉しているのを何度も目撃したし、学生の大部分はまた、軍将校の兄や友人を持っていた。政府はほかの抗議を処理してきたときのように、こんどの事態を処理しようとしていたが、追い詰められるごとに、政府はだんだん後の壁に押しやられているのであった。

アメリカの新大使が当面していた状況はこのようなものであった。テレビを持っている主婦ならだれでも知っているように、ロッジは端麗な男で、完璧なアメリカの大使というイメージにぴったりである。だが彼はこれに気が付いていない。彼の背景は貴族的なもので、常に名声と威厳を自覚しており、きわめて魅力的なこともあれば、ごく粗野に振舞うこともできる。彼はよい意味での全くの政治家で、他のものの必要、野心、働きかけに調子を合わせる。それでも彼の背景、冷静さ、慎み深さは、ほかの愛想のよい、ポンと人の肩をたたくような政治家たちとは、まるで違った印象を与える。この慎み深さの幾分かは血筋、育ち、教育、威厳によるものだが、幾分かはわざとしているのであり、一般の人とは違うことを強調しようとするロッジのやり方だと私は思う。この冷やかな態度のために、彼は共和党の政治家の間で最上の評判をかちとるわけにはいかなかったし、国連の記者団からも愛されなかった。

ベトナムでは全然違っていた。ロッジは仕事にたいして気むずかしく、いろいろ注文を出す男として有名になったが、部下や記者たちから尊敬された。彼は鋭敏不屈であり、ゴ一家に匹敵できる男であることがわかった。彼は実に誠実で、熱心に働き、課題をやり遂げ、アメリカが当面している任務についてなんら幻想を持たなかった。彼はただちにサイゴンの情勢を分析し、今日ワシントンではアメリカの最上の大使であったと考えられている。中でも彼は、たとえそれが悪いニュースにみえても、ベトナムで何が起こっているかを知りたがった。彼はまた自分の手のうちを見せなかった。ある補佐官は私に「彼はだれも信じない。だから信頼を裏切られることがない」といった。マサチューセッツ出身のシーハンは「ロッジは私のアイルランド生れの母親がいっていた悪賢いヤンキーというやつだ」といった。

寺院襲撃事件はある意味でロッジに平手打ちをくわせるものであったが、彼がサイゴンへ向かう途中に起きた。だが私はこの事件がゴ一家にたいするロッジの態度に影響したとは思わない。彼はワシントンをたつ前でさえも、ゴ一家にはベトナムを支配したり、困難な戦争を遂行する能力がないことを、十分わきまえていた。ロッジは大使に任命された直後にあるジャーナリストと昼食をともにして、一時間以上にわたってゴ一家や戦争について質問していた。その記者はロッジに悲観的な答えをし「大使自身の印象はいかがです?」と聞いた。

ロッジは冷やかに「大体君の意見と同じだ」と答えた。

ロッジは戦争がうまく行ってるとも、一生懸命に戦われているとさえも思わなかったが、ハーキンズがボストン時代からのロッジ一家の古い友人であったことが彼の立場をむずかしくした。というのは、ハーキンズは万事が順調に行っていないことを決して認めようとはしなかったからである。しかしこの事実さえも、ロッジがたびたび心中を吐露するさまたげにはならなかった。あるとき、ロッジはジエムと数時間会談したのち、大使館の補佐官に、あの男には恐らくこの国を支配できないだろう、ゴ大統領は筋の通ったことをいうことさえできないと語った。ロッジがアメリカの苦情と勧告を告げてたしなめている間、ジエムは天井を見つめていて、大使の言葉が終わると、ゴ大統領は、全然関係のないことをべらべらとしゃべりまくった。アメリカ人が何かをジエムに要請すると、いつもこんな風だと、ロッジは聞かされた。

ロッジは着任後すぐに、ワシントンの関係者が感じている以上に、大使館の各部門が政策を急激に転換する必要を痛感していることを見出した。国務省は直接情勢に触れていないので、米大使館内に存在する危機の感じやにがにがしさ、挫折感を感じとることができなかった。ロッジは着任と同時に、事実上反抗的な大使館を任されたことを知った。アメリカ人はゴ一家に、ゴ一家の意見をアメリカ政府が受け入れていることに、また政策の失敗をつくろうための公式的な言いわけに、あきあきしていた。ロッジはＡＩＤ(国際開発局・経済援助実施機関）当局者との会談で、彼らの激しさにびっくりした。六年もサイゴンにいる重要当局者でＡＩＤ使節団の副団長であり、またアメリカ大使館の高級館員の一人でもあるウィリアム・フリップペンは、これまでの政策を痛烈に攻撃し、彼がベトナムに着任していらい軍部の報告や解釈はいつも間違っていると語り、戦争は負けるだろうときっぱりいった。また戦略村計画の主任であるルーファス・フィリップスはロッジに、戦略村計画には重大な支障があり、デルタ地帯では戦争はうまく行っていないと語った。次から次へ、アメリカ人が自分に責任がある範囲で事態が悪化していることについて語った。

ＵＳＩＳ（米海外情報局）でロッジは、現場に最も通じた一部の活動家から、同様に政府と民衆の態度についての冷たい分析を聞かされた。あるＵＳＩＳの係官は「ＵＳＯＭ（米援助使節団・経済援助活動の実務担当）は地方で養豚計画を売り込むことができるかもしれないが、われわれは民衆にこの政府を売り込むことができないし、われわれとしては、売り込むには民衆のレベルまで自分たちのレベルを下げるしかない」と語った。

ＣＩＡでは、若い係官の大部分が政府の人気がないことや戦争を遂行する能力がないことを完膚なきまでにあけすけに語った。ただひとり、リチャードソンだけがこのような考え方に同意しなかった。このＣＩＡの責任者はあまりにも旧政策と一体であったために、この時点になっても意見を変えることができなかった。リチャードソンは、いま政権を交代させることは非現実的な構想であり、少なくともニューは将軍たちより手ぎわのよさを示したと信じきっていたといわれる。

リチャードソンの態度はアメリカ政府のジレンマを反映していた。これは自分自身が生み出したジレンマで、ロッジには全然関係がなかった。ことがうまく行っていない間ずっと、ワシントンはうまく行っており、峠を正に越えようとするところであり、勝利は目前であると主張してきた。戦争に勝っているのだとすれば、なぜ変革するのか？　逆にいえば、ことがうまく行っていないのであれば、なぜアメリカ政府はそのようにいわないのか？　政策立案者たちはこれまで、彼ら自身が行ってきたニュース操作でがんじがらめになっている自分たちを見出した。それまでのアメリカの楽観主義は、主としてアメリカ軍事使節団の意見から生じたものであり、これと大体意見を同じくしていたのは、サイゴンの将軍たちやアメリカ国防総省の高官たちであった。これらの人々が示す統計は、アメリカが勝ちそうだということを〝立証〟していたし、彼らの出世はこの勝利の予言と結びついていた。もっともなことに、彼らは自分たちの出世と勝利の予言を信じきっていた。これらの将軍たちはベトナムの政治、つまり仏教徒、学生、逮捕等々といったことには関心がなく、戦闘やベトコンを殺すことにしか関心を持たなかった。結局のところ戦争は続けられていた。八月の最後の週、多数の軍隊が寺院襲撃にからんでクギ付けになっていた間は、掃討作戦もおそらく、多少テンポがにぶった。だがそれは特殊な事態のせいだ。

われわれがサイゴンで目にしたのは、当時ワシントンでの新路線設定のいくつかの証左であった。もちろん、軍部は以前からの立場に固執していたが、文官たちの中には、仏教徒危機の以前においてさえも、疑念を表明していたものもいた。表面的には有名な楽観論者のある高官が一九六三年四月にシーハンにたいし、「ここの情勢は何とももろいもので、どっちにも転ぶ可能性がある」と語っていたのである。仏教徒の言論の激しさと、これにたいする政府の無策がこれらの文官たちの疑念を強めた。つまり仏教徒危機も収拾できない政権では、戦略村計画や戦争をうまくやって行くことができるだろうかという疑念である。

したがって、一九六三年夏までに国務省の一部高官はすでに、政権を変えようという構想を受け入れるようになっていた。これには、アベレル・ハリマン国務次官、ロジャー・ヒルズマン極東問題担当国務次官補のような人が含まれていた。だが奇妙なことにディーン・ラスク国務長官自身は、この続いて起った対外政策の危機にさいして、重大な役割を果たそうとしなかった。文官中、最も主要な役割を果たしたのはマクナマラ長官であった。

一部の補佐官たちの話では、ケネディ大統領は矛盾する二つの感情を抱いていた。彼は個人的には、軍部から手渡される勇ましい報告を信頼せず、ゴ一家とくにニュー夫人の行動に怒ってじりじりしていた。だがそれでもなお彼はことを構えるのをしぶっていた。しかし寺院襲撃事件は大統領を本当に怒らせてしまった。大統領やその他のワシントン当局者はこの事件が政策の終わりであるばかりか、一同盟国の裏切り行為でもあると考えた。しかも仏教徒危機が続いていたので、かつてジエムの政治的な見識をたたえたこれらの政府スポークスマンたちは必然的に評判を落した。ケネディ大統領の友人たちによると、それ以来大統領は、変革が不可避だと考え始めるようになった。あるホワイトハウスの係官は「大統領はほかのもの、とくにマクナマラと軍部を味方につけよう、しかもできるだけ巧妙にこれをやってのけようというような立場をとるようになった」といっている。

寺院襲撃事件の直後に、ワシントンは一部のベトナム人将軍たちから、ニューがハノイと取引きしているといわれるとの報告を受けた。将軍たちはもしこれが事実であれば、われわれは立ち上らなければならないと述べ、アメリカの考えを知りたがっていた。これは非常ににぶい質問であった。

ほぼ同じころ、アメリカ人たちは、寺院襲撃事件についてのニューの説明を受け取り、寺院襲撃の責めを将軍たちに帰して非難していた。このニュースがＶＯＡを通じて伝えられると、将軍たちからワシントンに「アメリカがベトナム陸軍の名に不当な汚名をきせている。アメリカ人は訂正を出すべきだ」との苦情が届いた。またホノルルのフェルト提督は、国務省にたいし、訂正の声明を出すことが望ましいと申し入れたと伝えられる。その結果、八月二十四日にはロッジの承認をうるため、サイゴンへ電報が送られた。この電報の趣旨は「政府は寺院襲撃がニューと彼の配下の特殊部隊の手で行なわれた、と説明する記者会見を行う計画である」というものであった。また国務省は同じ電報の中でロッジにたいし、もしニューがハノイと取引きしていた場合、将軍たちが行動に立ち上る問題はもちろん仮定の問題ではあるが、アメリカはつねに反共政府を支持することに関心を持っていると、将軍たちに告げるよう指示したといわれている。

このメッセージは、ロズウェル・ギルパトリック国防次官、リチャード・ヘルムズCIA副長官〔その日は土曜日だったために、長官の多くは出勤していなかった〕、国務省のラスク長官、ジョージ・ボール次官、ホワイトハウスの大統領と広く支持された。この電文を起草したマイク・フォレスタル・ベトナム特別班主任がテーラー大将の考えをただすため、国防総省にクルラック少将を訪問したとき、クルラックは口頭でテーラー大将の承認を伝えた。〔これはすべて重大である。というのはその一ヵ月後に、軍部が基本的な立場を硬化させ、戦争を遂行する土台としては現状維持が最上のものであると主張したとき、国防総省の承認なしにヒルズマンと国務省が独走したのだという格好をとろうとしたからである。〕次の日の午後四時までに、ロッジから訓電にたいする肯定的な返事が来て、国務省記者団に寺院襲撃事件について新たに正確な説明がされた。

しかし問題の訓電の後半は、サイゴンの劇的な変革を呼び起こさなかった。分裂し、びくびくしていた将軍たちはいぜんとしてアメリカの立場に確信が持てなかったし、そのうえニューはサイゴンの大部分を支配していた。

こうして九月の初めになって、ベトナムの国内情勢がなんら一向に変わらないのを見て、ホワイトハウスは苦難に満ちた政策の再検討を始めた。大統領はたくさんの報告を受けていた。ジャーナリストの報告は一貫して悲観的なものであった。ロッジと国務省からの報告はいまや突然に悲観的なものと化した。解任後ワシントンに帰ってきたノルティングの報告は、よそよそしく、悲痛かつ怒ってはいたが、これまで同様楽観的なものであり、国防総省のバラ色の楽観論と同じ見解であった。そして最後に、長々と統計を引用した、いかに戦争がうまく行っているかについての軍部の報告があった。

こうした情勢の中で、大統領はまたもや、軍部に欺かれた。大統領はこのように真っ向から衝突する見解の盛られた報告をなるべく熟考するために、九月初めに二人の人物をベトナムに派遣した。一人はかつてサイゴン駐在のアメリカ大使館の大使につぐ地位にあった国務省の政策企画委員会のメンバー、ジョー・メンデンホールで、ケネディに非軍事面の情勢について報告することになっていた。軍事面の報告者はまたまた、次の海兵隊司令官のうわさが高い海兵隊少将クルラックであった。

二人はサイゴンに一週間足らずいた。帰国にさいしてメンデンホールはあるアメリカの文官に「とにかく私にはどれだけ事態が悪いかがわかった。しかしクルラックとは厄介なことになりそうだ」と語った。

厄介どころの騒ぎではなかった。二人が、大統領を含む最高政策企画委員会に報告したとき、メンデンホールの方は非常に悲観的な意見を述べたのに反して、クルラックは非常に楽観的で、戦略村計画が着々と進行中であるとか、多くの政府軍作戦計画が進められているとか報告した。彼らの話が終わると、ケネディ大統領は二人の方に向き直り、「お二人は確かに同じ国から帰って来られたのですね」といった。

幸いなことに、この時大統領は、デルタの情勢が悪化しているという、さらに重要なもう一つの報告を受け取っていた。これは確実なソース、戦略村計画担当の若い文官リューファス・フィリップスの報告だった。フィリップスは、一九五一年にエール大学を卒業し、以後ベトナムで陸軍青年将校として勤務、一九五六年にジエムの顧問をしていたランズデール大佐にあった。フィリップスはランズデール大佐の部下となった。彼は大佐同様、ベトナムを安定した国家にみちびく好機があると信じていた。アメリカ軍が増強された一九六二年には、ランズデールはベトナムに帰任できなかった。理由ははっきりしないが、あるものは、彼があまり悲観的すぎたからだといい、あるものは、軍部内に敵をつくりすぎたからだとも噂していた。その間に、若いフィリップスが戦略村計画の指導者に起用された。

私が初めてフィリップスに会った時、彼はこのチームにすっかりとけこんでいた。楽観的で、各省の顧問として働いている部下の文官たちの間に理想主義を広めていた。彼と私は、その仕事の効果についての意見は鋭く対立していたが、彼と話し合うことは、いつも非常に愉快だった。

彼は、文民の使節団の高官のなかではもっともすぐれたベトナムにかんする知識をもっていて私を驚かしたり、ベトナムという国や、ベトナム戦争について、型にはまらない言葉で、感情をこめて話してくれた。一九六三年六月までにデルタの彼の副官ラルフ・ハーウッドを含む彼の同僚は、サイゴンにたいし、戦略村計画は進んでおらず、ベトコンはほとんど何らの抵抗もなく低地帯の多くを占領していると警告していた。八月になると報告はますます険悪になり、フィリップスはデルタを訪問視察し、事態が実際きびしいものであることを認めた。彼は使節団の幹部である同僚の大部分がしようとしなかったことをした。彼は、自分が間違っており、計画が失敗したことを認めたのである。これは非常な勇気を要する行動だった。

フィリップスは、九月の初めにワシントンに帰りデルタの戦略村計画について大統領に次のように報告した。「ニューはカギを握る二省、ディンツオン、ロンアンでアメリカ人をペテンにかけた。計画はほとんど名目的なものにすぎず、ベトコンが大きく進出している」と。これに対して、フィリップスの誠実さと能力を疑っていたクルラックはすぐさま激しく挑戦したが、この若い役人の専門的な証言が、すでに軍部の報告は正しくないのではないかと疑いをもっていた大統領の確信を深めたことは明らかである。

不幸にも、フィリップスの誠実さは高くついた。軍のカミナリが落ちたのである。ちょうどそのとき、父親がワシントンで危篤だったために彼はすぐサイゴンに帰らなかった。しかし、チームの中の誠実で優秀なメンバーの一人が、初めて陸軍の報告に挑戦したのである。

私は妙ないきさつで、フィリップスの反対意見と彼のワシントン行きを知った。USISで友達と話をしているとき、ちょうどその友人の夫人がある将軍夫人と昼食を済ませてはいってきた。彼女は、将軍夫人の話として、将軍は、〝リューファス・フィリップスに会って、計画の失敗という見方に至ったのは、彼の最終的な判断なのかどうかを確かめに行くところ〟だそうだといった。その話から話の全体を組み立てるのは容易であった。

サイゴンにもどったわれわれは、文官と軍事顧問団との間の溝が急速に深まって行くのを見守っていた。記者たちは、MACVでは、いまだに冷遇されていた。ところが大使館では、好遇されるばかりではなく、大使館員が政府の失敗について情報をもらしてくれることさえあった。

ワシントンでも同様に文官と軍部とが分裂していた。ついにケネディ大統領は、九月末、国防総省の最高首脳マクナマラ長官とテーラー大将の二人をサイゴンに派遣し、もう一度ベトナムに関する特別報告を行わせることを決定した。しかし、ケネディ側近者は、その後、これは軍部をなだめるために大統領がこころみたことだと説明しているが、これは部外者の目をごまかす策のようにみえた。軍部をバックアップするためではないとすると、すでに非常に楽観的な報告を行っている国防総省の最高首脳を、二人もベトナムに派遣するのはなぜだろう。

九月二十五日、ベトナム到着後二十四時間とたたないうちに、米当局者との最初の会談後、アーサー・シルベスター次官補はブリーフィングで戦況は〝悪化するどころか、好転しつつある〟と語るに至っては、ますますごまかしの観が強くなった。彼はさらに「設定された諸目標を比較的短期間に達成できる」状態に、政府は「軍事上急速に近づきつつある」と語った。サイゴンとワシントンで行われたこの見えすいたニュースの操作にたいして反響があったに違いない。二日後、シルベスターは、最初のブリーフィングは「ピントがはずれがちだった」かもしれないと言訳したのである。事実、彼は自分の発言は「事実を粉飾しがちだと思わせる」おそれがあったことを認めた。

こういったつじつまの合わない話が行われている舞台裏では、ハーキンズとロッジとが、互いに自分の見解を二人の訪問者に伝えようと興味深い争いをやっていた。ロッジは、ワシントンのお役人を乗せたジェット機が到着する前に、自分が最初にとるべき行動を準備していた。二人がタラップを降りてくるのをみると、ロッジは側近二人にいいつけて、ハーキンズの邪魔をさせ、大使がさきに長官にあいさつできるようにした。ハーキンズはまんまと引っかかり、前へ前へと殺到する人たちの中に巻き込まれてしまった。「どうか私を通してくれ、長官にあいさつさせてくれ」と叫ぶハーキンズの鋭い声がカメラマンの一団の後から聞えてきた。

ハーキンズには一つ有利な点があった。この旅行はMACVの企画によるものだったから、ハーキンズは二人が何を視察するかスケジュールをたてることができた。一方、長官はロッジと宿舎が一緒だったから、大使の方は毎朝朝食のときや、毎日の視察が終ったあとで毎夜、マクナマラ長官に働きかけるチャンスがあった。ロッジはわざとハーキンズに花をもたせた。というのは、最初の三日間、長官とその一行は、軍が管轄している各軍管区を訪問した。マクナマラ長官は、一行がいちばん注目しているデルタ以外ではどこでもあまり内容の違わないありきたりの報告と統計を受け取った。

しかし一行の滞在なかばになって、ロッジが行動を開始した。彼は、軍部の下した結論に強く反対し、戦争の進展について強い疑念を表明した。デルタで、各種の任務についている主だった文官が、長官に会うためひそかにサイゴンに集められた。

この衝突は、マクナマラ長官には何か目新しいものだった。彼は以前サイゴンに来たこともあったし、ホノルルでもしばしばサイゴンに駐在する連中と会っていた。こうした機会にはいつでもチーム全体の一致した報告を受け取っていた。MACVは戦争は勝っていると述べ、大使館も戦況は勝利に向かっており、ジエムは勢力を回復しつつあるといい、CIAは万事うまくいっており、山岳民も抱きしつつあると述べていた。またサイゴンを訪問したときならば、マクナマラ長官は、大統領官邸を訪れ、そこで戦争は勝ちつつあり、アメリカ人も最後にはその本質を理解するだろうといった長い独り言を聞かされるのであった。最後には戦況の良い地域が特別にいくつか選ばれて、長官が訪問することになっていた。そして計画とチームワークについて適当な印象を受け、到着したときよりばかになってサイゴンを離れることになるのである。

私の意見では、マクナマラ長官はこの十年間のアメリカで、最も優れた文官といってもよいかもしれない。才気かんぱつで疲れを知らぬ彼は、国防総省の広範でしかも複雑な仕事を監督した。国防総省では、彼は毎日人知を越えた難問に巻き込まれなければならなかった。彼は武器の複雑さが増すのと同じ率で、その強さが拡大している権力にたいする最後のシビリアン・コントロールだった。マクナマラが国防総省内で自分の周囲に集めた若い有能な文官グループ〃ウィズ・キッズ〃（やり手ぞろいの一団）の中で最も熱烈なマクナマラ崇拝者の一人は、彼を評して〃人間と理念〃以外なら何にでも興味を抱く人物だと述べている。不幸にしてベトナム戦争はちょっとばかり違っていた。加えて私には、マクナマラの政治の耳がひそかな声を聞けるとは思えないし、なぜ彼のもとへくる公式見解が、アメリカ人もベトナム人も――一致しているのか十分に理解していたとも思えない。彼は生涯、事実と数字とを探し求め、これらに従って生きてきた。過去ではこれらが彼を裏切ったことはなかったのである。シーハンは次のようにふり返っている。一九六二年五月、彼は最初の一連の戦略村を訪れた。これらは後になってひどい失敗であったことがわかった。マクナマラ、ハーキンズ、ライマン・レムニッツァー将軍、ノルティング、グエン・カーン准将、マクナマラの護衛将校はベトコンの支配下にあった地域を見てまわった。シーハンは民衆が非常な敵意を抱いているように感じた。人々はみな家の中に閉じこもっていた。老人が一人だけ、外国人を見てやろうとぶらついていた。その老人と話をしてから、マクナマラ長官はノルティングの説明を聞きながら、戦略村の周囲のほとんど完成した要塞《さい》を視察した。彼らは、明らかに一行にたいし敵意をもっている農民の一団が、政府の監督の下で堀を掘っているのを見た。農民たちはアメリカ人に背を向けていたが、「われわれののどをかき切ってこの堀の中に放り込めたら、彼らはさぞすっとするのだろうなと思った」とシーハンはいった。質問を続けていたマクナマラ長官は、ベトコンの襲撃を受けたら、農民たちはどこにかくれるのかと質問した。じっと黙りこんだままで、将軍たちはもっともらしい口実を考えていた。ベトナム人たちは、戦略村には青年はほとんど残っておらず、大部分がベトコンといっしょにたたかうために村を出ていて、戦略村に残っている家族の多くはゲリラに同情的であるとアメリカ人記者にこっそり話した。とうとう、カーン将軍がマクナマラ長官に向かって、民衆は民兵隊のいる要さいに避難するのだと答えた。しかしこの答えは国防長官を満足させなかった。そこでカーンは作り話をでっちあげ、戦略村が攻撃されたときに、農民は銃火を避けるために小屋の床に伏せるのだと答えた。

昔はこんな奇妙な説明やまずい答えでもマクナマラ長官を満足させていたことは明らかだ。一九六三年九月になってからでさえ、彼はベトナム視察旅行中に情勢にたいする無感覚ぶりを発揮し、ハーキンズ大将の面前で、従ってほとんど何もしゃべれない将校にだけ質問したのである。

国防総省でマクナマラが成功したのは、おもに部下のすぐれた文官のおかげであり、彼らが軍事的な目標や優先順位を検討し、彼に客観的見解とその代案を与えたのである。ベトナムではこんな方法はとれなかった。マクナマラは文官の目を持たず、彼は全くハーキンズの線に頼っていた。もしサイゴンで彼が文官の〝ウィズ・キッズ〟をもっていて、直接その報告を聞いていたならば、事の成行きは違ったものになっていただろう。彼は与えられる助言を信じ、戦争は軍事的専門知識だけの領分と思うか、あるいはおそらく長官に報告する文官の存在に軍が腹を立てるというようなことになっていたことだろう。いずれにせよ、ロッジ大使がにべもなくハーキンズに反対した時、マクナマラ長官は初めて自分が尊重していた情報源と異なる考えにぶつかったのである。

ハーキンズとロッジの争いに関する情報がマクナマラの耳に入ったのは視察旅行の最終日の前日で、マクナマラが最後の地方の軍事視察をとりやめ、テーラーを遠ざけて、文官たちともっとよく話し合うために残留したときだった。翌日マクナマラとテーラーが出発したとき、話の内容が明らかになった。長官はこのとき初めて、ベトナムにおける政治的混乱について報告を受けたばかりでなく、戦争の進展についても暗い見通しを聞かされたのである。ロッジは打ち勝つことができて満足だった。(ロッジを好まぬ大使館高官はこれをひそかに「あん畜生のはなれわざ」と呼んだ。)

マクナマラはワシントンに帰ると、ケネディ大統領に、軍部は誤っていること、戦争はうまくいっておらず、軍事的事件についての公式報告は不正確だと報告したといわれる。この報告に従って奇妙な声明が発表された。それは政治情勢に関心を示し、ベトナム人にたいしさらに戦いを続けるよう呼びかけ、さらにアメリカは一九六五年までにベトナムにいる顧問の大部分を帰国させたいと思っていると述べた。ロッジはこの声明を見て驚いたが、サイゴンでは選挙のためのものとして片付けられてしまった。重要なことは陰でロッジの見解が大きく働いていたということである。ケネディ政権はもはや戦争に勝っているとは信じなくなっており、アメリカはジエムにたいするあらゆる公約を次第に取り消そうとしていた。皮肉なことに、そして全くの偶然というわけでもなく、あれほど強く反共の立場を唱えているベトナム政府から、アメリカが次第に手を引く運動のカギを握る人物は二人の共和党員ロッジとマクナマラだった。テーラーは決してその立場を変えなかったが、ロッジに助けられてケネディは、マクナマラを自分の意見に従わせることにほぼ成功した。

マクナマラ、テーラーの訪問に際し、ベトナム政府はサイゴンにいるアメリカ人をなだめようとして、混乱状態を収拾しつつあった。

こういう表向きのジェスチャーだけで以前ならじゅうぶん彼らを満足させることができたのである。まだ実施されていた夜間外出禁止令は次第に短縮され、ニューが反対者を悩ますためにとった手段以外の何ものでもない戒厳令そのものさえ、ついには撤回された。ジエム大統領は仏教徒問題は解決したという声明を発表した。ベトナム通信は、国外に逃亡する途中逮捕されたブ・バン・マウ外相は、逮捕されたのではなく、のっぴきならない理由があって拘留されていただけであると報道した。彼を含めて誰もが辞職するものと思っていたワシントン駐在のチャン・バン・チュオン大使はやめなかった。彼は解任されていたのだが、サイゴンからのニュースが通信の不運なおくれのために、時間通りに彼のところに届かなかっただけのことである。

しかしロッジはこんなジェスチャーには満足しなかった。彼とワシントンはベトナム人にたいし、自分たちはもはやゴ一家はこの戦争に不可欠だとは考えなくなっており、アメリカの将来の援助はゴ一家にたいしてではなく、ベトナムおよびベトナム国民にたいして与えられることを示す方向に一歩一歩動き始めた。着任以来ロッジは、前任者の行動とは非常に異る数多くの小さな方法でこのことを示してきた。寺院襲撃の夜、二人の若い仏教徒がサーロイ寺院の隣りにあるUSOMの建物に逃げ込んだ。政府は二度にわたって二人の返還を要求したが、ロッジは二度ともこれを拒否した。事実最初のサイゴン視察の一つで、彼はこの二人の仏教徒をたずねた。えたいの知れない仏教徒運動指導者チ・クアン師(中部出身の仏教指導者、急進派で後に統一仏教教会を作る)がアメリカ大使館に避難したとき、ロッジは彼をベトナム政府に引き渡すことを拒否したばかりか、寺院襲撃の結果生じたアメリカに対する敵意に反撃するために、われわれアメリカ国民は彼をもてなすことを「喜んでいる」ということを知らせようとし、共産主義に反対して戦っているとみられている二つの同盟国が、「共産主義者の手先」を一方がかくまっているとけんかし合うという奇妙な情勢を作ったのである。

欧州旅行中のニュー夫人が米軍青年将校を〝冒険好きの軍人〟みたいに行動していると批判したとき、ロッジは彼女のことばは〝不都合かつ無慈悲だ〟と珍しくもわざと大っぴらに腹を立てた。これはロッジがサイゴン着任後、発表した最初の公式声明だった。そしてこれはサイゴンにいるアメリカ人のほとんど全員の胸をすーっとさせた。彼らは、ニュー夫人が米軍将校から合衆国の権利の宣言に至るまで何でもかでもやり玉に上げると聞いていた。ロッジが米軍将校を弁護する理由は全くよくわかった。そしてこれは、長い間待たれていたアメリカとジエムの対決の第一歩だったのである。ジエム大統領はこの批判にひどく腹を立てた。ちょうどこのとき、ウィリアム・R・ハースト二世を団長とするハースト連合(アメリカの新聞トラスト)の記者団が、政府に好意的な記事を書くためサイゴンに滞在していた。ジエムとの会見に当たって、ハーストの作業班の一人が、アメリカでは多くの人々がジエムと彼の主張を支持しているが、彼らはニュー夫人の青年将校にたいする発言にいらだっている、多分ジエムもこの発言をこの機会に取り消したいと思っているのではないか、と述べた。ジエムは、自分は青年将校についてはじゅうぶんには知らないので答えられないという奇妙な言訳をして断った。

ロッジは人前で無遠慮だっただけではない。サイゴンでは秘密など全く守れないから、自分の言葉は、すぐにサイゴン中に広まることは重々承知の上で、ゴ一族の私生活をさげすんで話した。アメリカ援助の一部も差し止められた。最後にニューの最大の味方だったアメリカ人、リチャードソンが帰国させられた。

着任後数週間で、ロッジはいくつかの理由からリチャードソンを追い払うことを決めていた。まず第一に、新大使は古い政策の遺物であるような反対者を必要としなかった。第二に、リチャードソンがCIAを預っている限り、機関員は自由に動けず、ベトナム人はアメリカの政策が本当に変わったのかどうか疑うだろう。最後にCIAの情報収集と活動機能とは分離すべきだとロッジは確信していた。これらの理由から、リチャードソンは十月初め帰国したが、ここに至るまでには、ワシントンとサイゴンでひそかな争いがあった。というのは、CIA長官ジョン・マッコーンが、自分のひきいる組織を、サイゴンで仕出かしたへまの犠牲にするのをいやがったのである。

たぶんロッジ以外の大使だったら、こんな分の悪い状況で自分の方針を貫こうと決心しはしなかったろうが、ロッジは並の大使ではなかった。彼は特別な信任状を持っていた。そしてちょうど当時は次に任命される地位ばかりに気をとられている職業外交官より名声を持つ人物を頭に迎えた方がよいというような時期だった。ロッジは好きな時にホワイトハウスと直接話し合うことができ、彼の要請は特別の注意に価いした。国民の信望厚いアメリカ人として、また前の共和党副大統領候補として、彼の存在は、混乱したアメリカの対ベトナム政策にとって素晴らしい超党派のカジ取りとなった。その上、もしも彼が尊敬の念をもって扱われないなら、彼は腹を立てて辞職し、共和党にたいして選挙戦での大きな論争点を与えるかもしれなかった。

彼がワシントンからあらゆる配慮を受けていたことは、いうまでもない。

この異常な状況下でロッジのもつ信任状が特別な意味をもつ理由がもう一つあった。職業外交官なら、ゴ一家についての避けることのできない決定をいくらかは恐れ、ろうばいしながらながめたであろう。マッカーシー時代の影はまだ残っていた。職業外交官だったら、選択を行うにさいして、もっと途方にくれ、たぶん、余りにリベラルになりすぎて攻撃される可能性のある新政策よりは、現状維持の方がより好ましくみえたことだろう。

しかし、この方面でのロッジの名声は確固たるものがあった。彼は危険を喜んで引き受けるだけの勇気を持つばかりでなく、新政策の実施に伴い、悪い結果が出たときの、政治的な緩衝材としても、うってつけの人物であるとケネディ政府はみていた。偉大な共和党員の名を背負っていることは別としても、リチャード・ニクソンがかつていったように、彼は、他のアメリカ人のだれよりも敢然としてロシア人に対抗したのも、彼にそれだけの権威があったればこそといえるのではないだろうか。アメリカ政界の主流に属する人で、ロッジが共産主義者に寛大すぎると非難する人間は一人もいなかった。〔十一月一日のクーデター以後のタイム誌にもこのことは明らかに示されている。同誌は一方で事態の急変について遺憾の意を表しつつも、ロッジの役割の是非については、注意深く避けて通っていた。事実、ロッジがニューハンプシャー州の予備選挙に勝って、ゆだんのならない共和党大統領候補として頭角を現した時、『タイム』は、ロッジのベトナムにおける役割を称賛した。しかし、職業外交官だったら、ヘンリー・ルース（タイム・ライフ社長）の率いる有能なチームがそれほど好意的に扱うようなことはなかっただろう。」

ロッジとワシントンが作り上げた新政策は、戦争努力を完全に支持することを決めてはいたが、ゴ一家の個人的な約束ととられるようなことからはアメリカはいっさい手をひくことを決めていた。「われわれは戦争遂行を助けるものなら何でも援助する。しかし、戦争を妨げることには一切反対する」というのがうたい文句だった。このようにしてわれわれはクーデターが起こりうるような状況を着実につくり上げつつあったのである。というのは、以前はゴ一家に対して与えられていた全面的な支持が、もっぱら反共戦争努力に向けられるようになっていたからである。

再出発に当たって、ワシントンとロッジとの基盤は不安定だった。国内政治で強い跳ね返りがあることは当然予想されたし、戦争の途中で彼らは、反共政府であると大っぴらに宣言している政府よりは、未知のものに直面していたのである。ゴ兄弟はこれまで、このカードをうまく利用してきた。しかし今ではサイゴンでもワシントンでも、ベトナム政府が反共だからという、それだけの理由で、アメリカはもはや際限ない援助をゆすりとられるわけにはいかないという気分が大きくなりつつあった。

この時点でサイゴンにいるベトナム人でカギを握る人物は特殊部隊司令官レ・クアン・トン大佐だった。米国はその政策の一環として彼を支持していたが、軍にとっても、民衆にとっても、彼はゴ政権の象徴だった。アメリカがニュー、トンの小さな私兵を援助している限り、変化を求めるどのような政策も効果をもたないだろう。

九月の初め、シーハンと私はこの問題に直面した。だれもかれもがよく話してくれるので、ベトナム駐在の記者にとってはすばらしい時期だった。ノルティングの辞任、ロッジの着任、米国の過去の政策の失敗、大部分の米国人がそれにあいそをつかしていたことなどが人々の口を開かせたのである。私が、四ヵ月以上も、危機を報道し続けたために疲れ切っていることを知って、支局は、東京で長期休暇をとってはといってくれたが、私はこれを断った。表に出ない話がたくさんあった。そして取材源を築き上げてきた記者を一人、仕事から離れさせる余裕はなかった。私のビザの有効期間は残り少なく、私はできるかぎりサイゴンにとどまっていた方がよかった。

この時期、私とシーハンとはある予感にとりつかれていた。ある友人と話をしたとき、私はトン大佐と米大使館の関係を何気ないように聞いた。私は過去に、米国がトンに金銭上の援助を行っていたことを知っていたが、詳細は知らなかった。われわれの友人は笑いながら、「アメリカはもうあんな野郎にたいする援助は大部分切ってしまったよ」と答えた。彼はわれわれの古い友人だったし、大きな雪解け期だったので、彼は話し始めた。

米大使館の中心的議論の一つは、トンをどうすべきかということだということがわかった。アメリカ人からみれば、彼はあの夜の裏切りのもっとも明白な主役だった。しかしそれ以上に彼は、ベトナム軍にとっては、軍にたいするゴ一家の警察支配の象徴だった。アメリカ人は互いに、トンが金銭的な援助を受けている間は、ベトナム人将校はアメリカ側の気持ちがちょっとでも変わったと思うはずがないと話し合っていた。

CIAに近いいくつかの筋から洩れてくる基礎的な情報によると、CIAは当初トンの活動を組織し、月に大枚二十五万ドルもその活動に支出し、いまでもこの額を支出しているということだった。シーハンと私は懸命に調査し、この数字が確認できたので、われわれはこれを記事のなかで使った。しかし、それから一年以上もたってから、CIAにいる別の友人が、寺院襲撃のときには、CIAはもうトンの活動にたいしては援助していなかったと主張した。彼は、そのときにはトンの部隊の活動のごく一部を援助していただけで、金の大部分は正規の軍事援助計画資金から支出されていたといった。その証拠として彼は、ワシントンがとうとうトンにたいする援助を打ち切ることを決めた二、三週間後にそのニュースをCIAの人間ではなく、MACVのスティルウェル少将から聞いたといった。

情報を集めてからも、こういう話を記事にすべきかどうかという問題はまだ残っていた。これはいつでも決定困難なことだが、この場合はこうした事実を公表すれば、長期的な計画に影響することは確実だった。アメリカでは多くの人たちと編集者が、寺院襲撃を攻撃しており、国務省は仏教徒にたいする扱いを公然と非難していた。それでもやはり記事を発表すれば、アメリカがこれらの事件に責任をもつニューやトンと深い関係をもっていることを暴露するだろう。しかし、トンの役割は、アメリカとゴ一家の関係の根本問題を明らかにしていた。われわれは戦争に勝つために特定の計画を始めたが、ゴ一族はこれを自分たちの個人的な権力を強化し、自分たちが生き延びるのにつごうよいものにするための手段にたちまちゆがめてしまった。私は正当な記事を書くことを決めた。

シーハンと私はさらに二日間歩き回った。そしてシーハンは、われわれが前に書いたニューがどのように寺院襲撃をあやつったかにかんする記事をみてニューが怒っているにちがいないと確信した。官邸筋の一人は、われわれに「あなたたちの記事は、ニューがどのように頭を使ってアメリカ人を負かしたかを明らかにするわけだから、ニューを喜ばせるでしょう。ニューはもっと援助をほしがっているから、アメリカ人をろうばいさせたくもないし、ワシントンのあらゆる人に自分がどんなに賢明かを知らせたいし、そのことで心を悩ましているでしょう」と話してくれた。だがシーハンは、こんど記事を公表すれば、ニューとトンの金のなる木をゆさぶることになるのだから、彼らは怒るにちがいないと確信した。したがってわれわれの情報源やわれわれ自身をできるだけ守るためにも、われわれはフィリピンに向かう友人に託して、記事をベトナム国外に持ち出し、またわれわれの署名原稿としては使わないことを本社に依頼した。タイムズはマニラ発でこの記事を使い、政府の反応を知らせるために、ワシントン発のレストンの記事を並べて掲載したが、これは、政府の反応は、この記事を確認も、否定もしないが、この記事にえらく怒っているというものだった。ワシントンは、特殊部隊はゲリラとたたかっていると主張したが、これは私が強く問題にした点のひとつである。私の記事全体の論旨は、トンをよく知っている人なら彼の率いる六個大隊は対ベトコン戦に用いられたことはほとんどなく、これらの大隊は実際には私的な保安部隊だということをよく知っている、というものだった。

われわれの書いた記事が印刷された翌日、最も信頼すべき筋の一人が、トンはシーハンとハルバスタムにたいしてえらく腹を立てているといった。「あなたたちはえらい騒ぎにまきこまれていますよ」と彼はいった。発信地と筆者名を落してトンの面子を保ってやろうというシーハンのアイデアは全く功を奏さなかったようだった。その夜、家に帰ると――われわれはまだメクリンの家に住んでいた――私はいつになく多数のシクロやタクシーの運転手が庭の外にいることに気付いた。われわれは、トンの下で働いているタクシー運転手はみな車輪の中心を真赤に塗っているということは知っていたが、この数日間は最初に来た車を使わず、次に来た車を使うというように特別の注意を払っていた。というのは、われわれの支局の正面に、常識外れに長時間、タクシーが待っていることに気付いていたからだ。シーハンは家に帰ってから、数分して「トンのシクロ運転手があんまりたくさん外にいやがったから、よっぽどなぐり飛ばしてここに引っ張ってきてやろうかと思った」といった。われわれは最上階に上がり、窓から外を見た。暗がりの中を多くの男が通りをパトロールしているのがみえた。われわれはどちらも神経質になっていたし、少々不安も感じていた。それに不安や臆病風ほど他人に伝染しやすいものはない。メクリンはワシントンに帰っていたので、われわれは家の中に二人きりだったし、われわれは疲れ切っていた。その日はずっと、われわれはニューを長とする新組織を点検した。ベトナム人が決死隊とみるに違いない部隊を編成するために、新組織には前科者が雇われ、銃が与えられた。われわれの諜報関係の友人は、これを多くのアメリカ人が暗殺計画リストに載せられたという報告と同様に重視していた。当時われわれもそのリストにのっていた。

その夜われわれは階上の寝室に通ずるドアに、どっしりした踏みはずし、警報装置（ランプに靴ひもとシェイビングクリームの空き缶を結びつけ、板ガラスの上に落ちて音を立てるようにしたもの）を仕掛けた。これをＤＥＷ（早期警報）ラインにするためだったが、われわれがたよりにするような防御物はなかった。幸いなことにその夜は襲撃する試みはなく、われわれが作り上げたものは、ただでさえおびえていたメクリンの家のボーイの落ち着きをすっかりなくしてしまっただけの結果に終った。

XVI

この最中、九月初めにニューヨークの友人から一通の手紙を受け取った。私について書かれたニューヨーク・ジャーナル・アメリカンのコラムが同封されていた。私が共産主義にたいしてソフトで、ひげの生えたベトナムのフィデル・カストロのために道をならしている、ということがその一節にあった。大使館にいる友人に見せたところ彼はいった。「君はこの種のことを予期しなければいけないよ。こんなことがまた起こるかもしれないぜ」

また起こった。数日後、短期間ベトナムを訪れたジョセフ・オルソップ（米国の著名な評論家、コラムを各紙にのせている）が、ベトナムにいる報道陣の『若き十字軍』のグループを攻撃するコラムを書いた。ジアロン宮殿（大統領邸）の住人の間にある奇怪な精神状態といわれるものの責任は彼らにあるというのだ。僧侶が政治的勢力として進出しつつあることを、アメリカ大使館よりずっと前から気づいていて、四ヵ月もの間続いた仏教徒による危機を報道してきた記者たちは、突然、仏教徒運動の持つ政治的意味合いを理解しない一訪問記者に非難されたことを知った。デルタ地帯での分解現象を一年半もカバーし、現地に三十回も足を踏んだ記者たちは、オルソップ氏の変てこな用語によれば〃前線〃へ一度も行っていないと非難されてたまげてしまった。このころロッジは徐々に反ジエム政策への転換をはかっていたのだが、オルソップはわれわれより威信のあるロッジには一切の批判を差し控えた。ともあれ、われわれの職業でオルソップに批判されることは少なからぬ光栄で、われわれの株が上がったことを実感した。いわゆるベトナムの〃報道論争〃はすでに始まっていたのだ。

実際、急におびただしい批判が起こった。批判の出所の一つはケネディ政権であった。ケネディ政権としても、ついにベトナムに関する態度決定を迫られる時にきていたが、政権内部に対立する流派が錯綜《そう》していたため、方針を変更することは困難だった。政府はアメリカ内部とベトナムでしだいに増加しつつある圧力を受けていたのだが、戦争の最中に方針を変更することには、当然のことながら、ためらいをみせていた。大統領はアメリカ国民にたいする演説の中で、要するにジエムに改革を呼びかけ、そうすればアメリカはジエム支援を続けられると述べた。

〔「彼はテレビを通じてジエムを変えようと試みたが、その限りでは失敗した」とジェームズ・レストンがケネディについて書いている。〕

ワシントンは愚かにも、大量のベトナムからの報道を読みたがらなかった。ベトナム情勢が外交上の大きな失敗のように聞えるからであった。アメリカ人がゴ一家にひきずり回されていることが日々、明白になった。しかも政府は自らの愚かさで頭にきていた。第一に仏教徒から突然の痛撃をくらったこと、第二にそれを正しく診断できなかったこと、第三に何が起こったかを理解したあと、これに応えるすべを知らなかったことである。ともかくベトナムは政府の失敗としてはピッグズ湾（事件）に次ぐものでしかなかった。

（両者の間には）大きな差があった。ピッグズ湾の敗走は自国からわずか九十マイルの出来事であり、どんなに近視眼の人でもヘマは明らかだった。それに事実を隠しておくことはできなかった。ワシントンの表現によれば、新聞に〝すっぱぬかれた〟のである。しかしベトナムは一万二千マイルのかなたにあり、情勢は際限もなく複雑で、事態を一般国民がフォローするにはなれと関心が必要だった。だから政府スポークスマンにとって、ベトナムについては、冗舌な発表を流し、名前の通っていない一にぎりの若い記者団を攻撃することが比較的容易にできた。

そこでベトナム記者団は非難攻撃を浴びせられた。ホワイトハウス詰めの記者たちは、ピエール・サリンジャー（ケネディ大統領付報道官）やその他のホワイトハウスのスタッフに、ベトナム報道は不正確で、若い感情に走り易い特派員の仕事だと聞かされるのが常だった。ホワイトハウスの顧問たちは、ゲリラ戦の状態よりは国内の大統領の地位の方に関心を寄せており、ベトナムの記者団は作戦に従軍したことが一度もないというふうなことを、しばしば知ったかぶりに説明してみせた。戦争の実態がめったに伝わらないペンタゴンの上層部の批判はとりわけ激しかった。国防総省詰めの記者たちは、反乱鎮圧の専門家ビクター・クルラック将軍から、ベトナムで起こっていることはさっぱり理解できないと告げられた。だが将軍はリチャード・トレガスキ、マギー・ヒギンズといったベテラン記者も、戦争は勝っており、政治面を書き続けているサイゴンの若い駆け出しの記者連中は敗北主義者だと思っていたと付け加えた。

この将軍は、報道論争の過程で表面に出た最も奇体な話をタイム誌の記者に告げるということまでした。それはこういう話である。マギー・ヒギンズ記者がサイゴンを訪れた時、あるバーで若いハルバスタム記者に会った。彼はヒギンズ記者にいくつかの死体をうつした写真を見せ「あなたはいままでに死体を見たことがありますか」とたずねるなり、わっと泣き出したというのである。クルラックは会う人ごとにこの話をするのをとても楽しみにしていた。これがクルラックの創作かヒギンズ女史の創作か私は知ろうとも思わないが。「君が左翼グループか何かそんな類《たぐ》いのものに関係なくてよかったよ。連中はまじめにそういう材料を探したんだから」――騒ぎが収まってから国防総省にいる友人がこういった。

十月二十二日、タイムズの新社主となったアーサー・オックス・ザルツバーガーが合衆国大統領にたいする儀礼訪問のためホワイトハウスを訪れた。ケネディ政権は、ベトナムを除けば好調だった。ケネディは翌年の大統領選のライバルがゴールドウォーターになり、民主党が容易に勝つことに自信を持っていた。ケネディ大統領から切り出された質問は「お宅のサイゴンにいる若い人についてどう思いますか」というものだった。ザルツバーガー氏は「よくやっていると思います」と答えた。大統領は、私がニュースの取材源に近づき過ぎ、かかわり過ぎているのではないかという意味のことをいった。新聞記者にたいするコメントとしては最も陰険な類いの言い方である。ザルツバーガーは、私がかかわり過ぎているとは思わないと答えた。大統領はさらに、タイムズ社主が私をどこか別な所に転勤させることを考えていないかとたずねた。社主は「ノー」と答え、タイムズとして私の当時の配置に極めて満足していると述べた。〔実はちょうどそのころ、私は二週間ほど息抜きの休暇をとるはずだった。しかしタイムズの名誉のために、この休暇が圧力に黙従したととられることを懸念して、本社はこれをキャンセルした。〕

その他さまざまな筋からわれわれにたいする攻撃がかけられた。ハースト系のフランク・コニフは私を名指しで、長い非難記事を書いた。しかしながらコニフは、われわれにとって断然最も尊敬すべき批評家だった。彼はのちにベトナムへ来て、軍事上のかくされている事柄に感づき、その後の囲み記事で、われわれにたいして極めて公正な書き方をした。全体を通じて何より奇妙だったのは、『タイム』の批判で、この期間を通じて自分のところの記者を攻撃したものである。

長い間、タイムのベトナム特派員とニューヨーク編集者の間では、いさかいがぶつぶつ煮え出していた。それは現場とデスクの間でよく起きる不和と違ってはるかに鋭いものだった。〔タイム社は大変才能豊かな人を抱え、きわめて専門的な雑誌を出版しているが、私はタイムの記者たちが、刷り上がった記事のために取材源に理不尽かつ不当な謝罪をせざるを得ない羽目におちいったことを目撃していた。〕これらタイム誌の記者たちは、タイムの記事が戦争についてあまりにも楽観的過ぎることを痛切に感じていた。彼ら自身が見た戦争は辛うじて闘われているといった状態だったし、その中で敵の方が一貫して強くなっていたのだ。別に驚くに当らないことだが、タイムの戦争報道の流儀はペンタゴンのそれと相似していたから、タイムの発表するものはペンタゴンの楽観的見解に相似していた——ちょうどインデアンたちが、自分たちの見たものを酋長から教えられるように。

タイムの東南アジア首席特派員チャーリー・モアは、ベトナムに関する彼の精力的な報道について議論するため、定期的にニューヨークに帰っていた。一方マクナマラ国防長官や国防総省の高官連と昼食をともにして、秘密の図面や秘密の矢印を見せられ、ペンダゴンのいうところの〝全局面〟について説明を受けた編集幹部は、モアに、彼が理解しているのは全局面のほんの一部にしか過ぎないのだということをくり返し説明するのだった。そして、政府見解に平行したタイム報道が続くのだった。

このことの原因のひとつには、タイム幹部の独特の考え方があるように思われる。彼らの考え方の大きな部分を占めているのは、タイムは単なる報道誌ではなく、政策形成の手段だという態度である。したがって、タイムの編集幹部が起こってほしいと期待することは実際に起こることより重要なのだ。ベトナムにおいて、米国は共産主義の敵の前に威信をかけている。そして南ベトナム政府は反共でクリスチャンである。タイムはジエムにたいし強くコミットしていたのである。

タイムの記者と幹部の争いは一九六二年に始まっていた。しかし一九六三年四月、タイム幹部の中で現場の特派員の弁護に最も積極的な重役の一人であるディック・クラーマン(特派員担当重役)がサイゴンを訪れて以来、若干の小康状態が出てきた。クラーマンは他社の特派員の何人かと会い、彼らの取材源とも話し合った。またジエムやニューからも直接アメリカの助言のまずい点について不満を聞き、同時にノルティングからアメリカの勧告について何ら不一致がないということを聞いた。

モアとマート・ペリーはいくらか元気づけられたようだった。仏教徒危機のほぼ全期間を通じ、タイムに現われた記事は彼らにとって比較的満足のいくものであった。しかし彼らの記者としての楽観主義は、一九六三年八月ニュー夫人を扱ったカバーストーリーをもって終りを告げた。この記事のために集めたモアの記録は、私がかつて読んだうちで最も素晴らしいものであったし、タイム本社からも彼が足で集めた材料とその文章について激賞の電報が寄せられた。しかし印刷された最終原稿は全く彼を失望させるものだった。彼にしてみれば、あまりにもおべんちゃらが多く、ニュー夫人の個人的な側面を誇張し過ぎ［皮肉にも彼のものの書き出しは「ベトナムは、失なわれた希望、打ちくだかれた虚栄、口達者な約束、そして善良な意図——の墓場である……」というものだった］、しかも国家にたいする彼女の破滅的影響力を軽視するものだった。チャーリーと本社の間に短い不満足な手紙のやりとりがあったあと、彼はまた仕事に戻った。

数日後、八月の中ごろだったが、モアはサイゴンの記者団についての原稿を求められた。彼は長いくわしい原稿をまとめ、記者団を褒め、論争の原因を分析した。これはついに活字にならなかった。しかしモアは興奮の何週間かの間、ものすごく忙しく働き、原稿以外のことを考えるゆとりはほとんどなかった。名目上は香港を足場にしていたのだが、ほとんどすべての時間をサイゴンで費やし妻のノーマと会うのは原稿を密輸するために香港に飛ぶ時だけだった。

モアは記者の中の記者だ。当時彼は三十四歳。あふれるばかりのバイタリティーと熱情の男で、仕事にほれており、何事でも自分のとりかかるものに熱中する男だった。彼はタイムのスター記者の一人だった。二十七歳でホワイトハウス記者、その後ニューデリー支局長から、あこがれのポスト、東南アジア支局長になったという経歴である。彼はヘンリー・ルースの格別のお気に入りであり、ルースは実業界のトップクラスの集会で彼を紹介するのに、「記者、何という素敵な奴！」という表現をしたという。ニュー夫人の記事の取材で、彼はこのファーストレディをうっとりさせた。彼女は、十二時間ものインタビューに応じ、しかも「私の生涯で誰にも打ち明けてないことをお話しました」といわせたほどだ。タイムの記事が出る数日前、私がニュー夫人にこの原稿について感想を聞いたところ、彼女はこう答えた。「何というか、噴火山の上にでも座っているような気分です。でもどんなふうに書かれようと、それはモアさんが悪いのではなく、書き直した人のせいだと思います」。

モアは一九六三年の大半をベトナムで過したが、全期間を通じてここに常駐する同僚がいた。マート・ペリーは契約上はストリンガー（現地通信員）、つまり、記事のために原稿を書き、その原稿はしばしば使われるが、タイム社員という身分ではなかった。ともあれ、彼はあらゆる意味でタイムの記者だった。もともとUPIからサイゴンに派遣されたのだが、給料の良いタイムに移ったのだった。通信社の記者として訓練されており、ペリーはタイムのために並外れた貢献をした。一九六三年八月で彼のベトナム滞在は二年近くなっていた。彼はデルタを良く知っていた。戦地への作戦に何回となく従軍し、次から次へとやってくる米軍顧問が同じ問題で行き悩むのをその眼で見ていた。おそらく全ベトナム特派員のうちで米軍将校から最も好かれた男だろう。彼のアパートは前線から帰ってくる将校たちの集会所のようなありさまだった。――これには彼の妻ダーリーンの料理の腕前が少なからず貢献したのだが。

九月初め、ワシントンがいぜんとして回答を模索している時期だったが、モアは本社から、デルタ情勢にかんする現実的見解を含むベトナム戦争の現状総まとめというしんどい仕事を求められた。モアとペリーはこの仕事のために広範に駆けずり回り、三日かかって二十五枚の原稿をまとめあげた。

モアの記事は、その当時までにベトナム常駐特派員が書いた最もきびしいもので、「ベトナム戦争は敗れつつある」という書き出しで始まっていた。ベトナムに来ている者は誰も「こんなことまで言おうとはしない。しかし、ベトナムを最もよく知り、全精力を注ぎ込み、魂をこの計画に費やした者は突然このテーマに心を奪われるようになる」。モアの指摘によれば、ワシントンはサイゴンにいる当局者全員に起こっている事柄について、詳細な報告書を求め、「……彼らの真情を吐露する」機会を与えた。彼らの報告はワシントンに着くまでの間にかなり薄められるかもしれない。しかし、彼らが第一級の外交政策の危機のさ中にいることを自覚し、いずれ歴史が冷酷な審判を下すことを認識している。「私は今これを記録にしている。もはや真実を明らかにすべき時だ。私がここに書いていることに何の留保もない」とある者は書いた。またある者は「私はこれを文書で証言する。戦争は一年以内に敗れるだろうが、私自身は若干のずれを見て三年と思う」と書いた。地方の計画に従事していたある者は「私の計画は死んだ計画」だと書いた。ある筋によれば、アメリカのベトナム軍事報告は「間違い、偽り、ウソっぱちだった。いまわれわれはその代償を支払わされている」のだった。

これはワシントンが今後何をなすべきかの決心を下そうとしている時期において、強力な材料であった。この内容は疑いもなくアメリカの使命が一つの道の行き詰まりに来たこと、アメリカが失敗したことを明らかにしていた。不幸なことに、タイムの本社が求めていたものではなかった。ニューヨークに送られたモアの原稿はボツにされ、若い寄稿家のグレッグ・ダンに楽観的な内容の原稿が依頼された。しかしダンはこれを断り、今後ベトナム問題については書きたくないと声明した。他の人がこの穴を埋め、結局のところモアやペリーの原稿とは似ても似つかぬ原稿――わけても「政府軍は今までにましてよく戦っている」という内容の原稿が印刷された。

しかしこの種の楽観論は、ニューヨーク・タイムズやＡＰ、ＵＰＩ、ニューズウィーク、ＣＢＳ、ＮＢＣなどの特派員を通じ、アメリカ人が見聞きしているものとの相違があまりにも明白だったので、この間の説明が必要になった。タイムの編集主幹オットー・ファーブリンガーは自ら説明をつけることを決めた。彼は一人の記者を自室に呼び、元タイム記者スタンリー・カーナウがニーマン・リポートの一九六四年一月号で評したことばを借りれば「彼の先入観以外の何ものでもない、タイムの「報道欄」用に書いた記事の要約を書き取らせた」。カーナウはモアの前任者としてタイムの東南アジア支局長を勤めたが、同じ理由でタイムをやめ、サタデー・イブニング・ポストに移った人物だが、ファーブリンガーの原稿を「痛烈な風刺と要領よい概論とからなり、全文ベトナムのアメリカ人特派員がニュースをゆがめているとして弾劾する荒廃的文書」と評した。この『タイム』の記事がいわんとするところは、戦争は一部の派閥的記者グループがいうよりうまく運んでおり、これらの記者たちは、キャラベル・ホテルの八階に座りっ放しで、地方の実態を見に行こうともせず、お互い同士でインタビューし合っている不満分子に過ぎないというものだった。

印刷されたこの原稿はショッキングだった。実際これはわれわれベトナム特派員団ばかりでなく、タイムの自社特派員にたいする告発状でもあったから。まるでペンタゴンの高級情報将校が書いたもののようであり、新聞界にちょっとした波紋を広げた。

ニューヨークでは、クラーマンがこの記事の公表を阻止しようと懸命に努力した。タイム内部の職制機構上、彼が独力で記事を抑えることはできなかった。ヘンリー・ルースだけがファーブリンガーを抑えることのできる男だった。しかしルースはアトランタでフットボールを見ていた。クラーマンは破局を気づかったが、ルースをつかまえるのが間に合わなかった。原稿は印刷された。

クラーマンはお気に入りの特派員モアをつなぎとめておこうと最後の努力を試みた。彼はサイゴンのチャーリーに電報を打って、この記事について予告するとともに、辞表を出す前にパリで会いたいと申し入れた。モアはこの電報で初めて何が起こっているかを知らされたが、当然のことながら、彼はすぐさま転職のことを考え始めた。やがてこの記事を読んで激怒したモアはパリに飛んでクラーマンと会い、辞職を思い留まらせるには、タイムが、モアの署名入りでファーブリンガーに反論する同じ分量の紙面を提供する以外にないと申し入れた。西部の人間にとって面子を重んずることがどれほど大切かをよく理解していたクラーマンは、このことが不可能だと感じながらも、この申し入れを彼のボスに伝えるためにニューヨークに飛び帰った。

ルースは驚きかつ「報道欄」をめぐる騒ぎに当惑し、抜きさしならぬ立場に置かれた。反論記事を出すことは、彼の強力な編集マン、ファーブリンガー——タイムの幻惑的な文体の創設者とみなされていた——に恥をかかせることになるし、かといって何もしなければもっともな言い分で怒っている有能な記者を失うことになるからである。そこでルースはクラーマンにサイゴンに行って現地の記者に関する第二の「報道」記事を書くよう命令した。モアはすでに辞表を提出していたが、サイゴンを駆けずり回るクラーマンにある種の密偵のようにつきまとった。クラーマンが記者たちに彼らの記事や考え方についてインタビューするたびに、モアはこれを邪魔してそれらの問題にたいする弁護や回答はクラーマン自身がするべきだと挑戦的に口をはさむのだった。

クラーマンは長時間にわたってわれわれの書いた記事について、サイゴン記者団全員と話し合った結果、先の「報道欄」が法外なものであることを確信した。しかし同時に彼は第二の記事を書くことはナンセンスだと考えた。しかし第二の記事を書けという命令が下された。クラーマンとファーブリンガーの間でこの記事のトーンをめぐって再び争いが起こった。ある点で明らかにファーブリンガーがリードすればその次にはクラァーンがまき返した。しかし最終稿は多分にファーブリンガー調の濃いものになった。この記事はタイムとしては前例のない、誤りがあったことを認めるかのように見えながら、いぜんとして（サイゴンの）報道団がいうよりは戦争はうまくいっていると主張し、われわれの判断を攻撃していた。

一方クラーマンは、サイゴンで戦争の現段階についての記事をライフに送ったが、帰国して読んだ記事は編集者にすっかり書き直されていたため、クラーマンは自分の署名を落すようにしつように要求した。モアとペリーはタイムを辞めた。モアは著名な記者だったので、ウォールストリート・ジャーナル、ニューズウィーク、ニューヨーク・タイムズからさそいがかかった。彼はニューヨーク・タイムズの申し入れを受諾し帰国した。六四年の大統領選挙でゴールドウォーターをカバーし、現在はニューヨーク・タイムズのホワイトハウス詰め特派員（その後同紙サイゴン特派員）である。ペリーはモアほど名前が知られていなかったから、タイムを辞めるのは困難なことだったが、結局シカゴ・デーリー・ニューズの一員となった。

この騒ぎの結果、第一線の新聞記者仲間の間でタイムの評判はがた落ちした。また仲間うちでは、モアとペリーがファーブリンガーを痛めつけたことについて、一種の小気味良い感じがあった。『ニューズウィーク』やその他の出版物はタイムの内部論争について興味本位に書き立てた。

このコップの中の嵐によってかきたてられた騒動を通じて、ベトナムにおける新聞記者のあり方の根源の問題についてはほとんど光りが当てられなかった。見たままを伝えるというアメリカの記者の伝統的権利が、たとえ情勢がことのほか微妙な状態、すなわち、残酷な敵にたいする惨めな戦争に、あいまいな形でまきこまれている――であったにせよ、危険にさらされていたのだ――悪いニュースであるがため、多くの人々はさまざまな理由から、それが公開されることを望まなかった。しかしアメリカの記者としては、何よりもまず、合衆国はかつて危機の時代を自己ぎまんの浅知恵で乗り越えたことがないということを信じなければならない。ベトナムにおいては、ほとんど根拠のない情報に基づいて余りにも多くの政策が作られ、あまりにも深い介入が行われてしまっていたのだ。

だからこそ、一九六四年春、海外報道部門でのピュリッツアー賞がモル・ブラウン（AP通信サイゴン特派員）と私に与えられたことは、私にとって特別な意味があった。われわれの職業に関する最高裁判所が、ベトナムのような微妙な情勢においても記者が個人の良識に従うことの権利を支持したのだ。ジェームス・レストンのような人々がピュリッツアー委員会で、ベトナム報道についてくわしく論議したことの理由は、この原則がジャーナリズムにとってそれほど基本的なものであるからだと私は考える。

サイゴン記者団にたいする批判の多くは陰険なものだった。たとえば、批判はわれわれ若い記者の何人かをより抜いてねらい撃ちにした。ＮＢＣのジム・ロビンソン、ＣＢＳのピーター・カリッシャー、バーニー・コーブ、サタデー・イブニング・ポストのスタン・カーナウ、USニューズ・アンド・ワールド・リポート誌のペパー・マーティンといった年配の名の通った記者たちには触れなかった。この批判を通じておそらく最も陰険なのは、ベトナムの事を他の人よりよく知っていてベトナム人の友人を持ち、戦争について最も心配している少数のアメリカ人にたいして、彼らはわざとか、あるいは気まぐれでか、悲観的な記事を書いているというあてこすりをいったことであろう。

皮肉なことに、サイゴン報道団の本当の弱点はほとんど一度も批判されなかった。驚くべきことは、アメリカにとってこれほど大きなかかわり合いのある問題、唯一の戦争――がこれほどわずかな報道陣の手で報じられているということだ。一九六三年末までの私の滞在期間を通じて、アメリカの日刊紙の常駐特派員は私一人だけだった。思うにワシントン・ポスト、ニューヨーク・ヘラルド・トリビューン、ボルチモア・サンその他アメリカの中で大きな影響力を持つ新聞は、一九六二年から六三年初期の時期に報道責任を果さなかったと私は思っている。

またわれわれは、アメリカ当局者よりはベトナムをよく知り、ベトナム人の願いを理解していたが、われわれもまたアメリカ人であることのワクを越えられなかった。とどのつまり、われわれは戦争報道のためにベトナムにいたのである。われわれの視点はそこに定められ、戦争にとって有利か不利かという観点からしか、ものごとを判断し得なかった。仏教徒危機が爆発したあとではじめてわれわれは寺院の中にはいった。この国で最も優れた作家グエン・チュオン・タムのことを書いたのは彼が自殺したあとであった。また彼の死が政治的意味を持っているからでしかなかった。われわれは農民の気持ちを知っていたが、それは農民が政府の失政と戦争の進展ぶりを示すバロメーターであるからであり、われわれがベトナム民衆の側に立ち支配者に反対しているからではなかった。

悲観的になることは愉快なことではないし、友人を作るためにこの道にはいったのではないが、サイゴンやワシントンの自分の国の役人たちに変な眼で見られたりののしられたりすることは愉快なことではない。われわれにとって非常に大きな意味を持ち、そこでわれわれの友人が死んで行く国のことについて冷酷な記事を書くことはまして面白いことではない。しかし私はベトナムにおける記者の義務は比較的単純だと思う。私たちの頭を離れなかったのは、当局者の望むトランキライザーのような原稿をくる年もくる年も書き続け、ある日突然ベトコンが予告なしにサイゴンにはいってくるという状況になることだった。そうなれば、そこでわが批評家たちが戦争がうまく進んでいると報道してきた若い記者たちの判断を疑うのは当然となろう。

ふり返ってみると、報道論争を通じて一貫して見逃がされたことが一つある。騒ぎの期間を通じて私がタイムズ本社から、ブラウンやシーハンがそれぞれの本社から受け続けた力強い支援がそれである。これはどんな新聞経営者も好んで求める種類のごたごたではなかった。ニュース経営者が記者は表面に出るべきでないし、無名のままでいる時に最もよい仕事をすると考えるのは当然である。にもかかわらず、タイムズは大きな圧力に抗して静かに立ちはだかり、私にたいする扱いは最上のものだった。論争の最中、デルタにおいて戦争がとてもうまく進んでいるというマギー・ヒギンズの記事に関する問い合わせが本社から来た時、カーっとなった私は分別もなく辞職をほのめかす電報を打ち返したことがあった。しかし絶え間ない陰険な圧力にもかかわらず、若い記者をかばった新聞(タイムズ)の偉大な力のおかげで私は支えられた。攻撃の下で大新聞がどう運営されるかを学ぶのは困難なことだった。しかしそれはとても良い教訓であった。

XVII

一九六三年の九月と十月にベトナムの機構全体が解体し始めた。共産軍はメコン・デルタで大いに進出を続けていた。サイゴンでは、政府が二つの主な支えであったアメリカと軍部に反抗し、彼らをわざと挑発していた。ケネディ大統領は、まずワシントンがナイーブにも改革と呼んでいたこと――実際にはニュー一派の追放を意味した――を推し進めようとしたが、これはかえって政府の新たな憤激をかったに過ぎなかった。ニュー一派は政府から身を引くつもりはさらさらなかった。

タイムズ・オブ・ベトナムはアメリカがクーデターに介入しようとしたと非難し、CIA長官ジョン・マッコーンとCIA東南アジア代表ウィリアム・コルビーにその責任があると述べた。同紙はベトナムの一将軍のことばとして、私は干渉主義者の申し出を拒否したが、「あなたがたは外国の冒険主義者が私に申し出たことの内容を知っておくべきだった」といったと報じた。ニュー夫人がタイムズ・オブ・ベトナムの、CIAの陰謀にかんする記事の一つの校正刷りを訂正しているときに、夫人の事務所にいた西独の雑誌デル・シュピーゲルの記者は、夫人が電話に向かって「ええ、ですがこの記事にリチャードソン大佐の名前も入れてほしいのです」といっているのを聞いておどろいた。

ニューは記者会見を行い、その席上、アメリカがベトナムの解体を引き起こしたとして米国にたいする攻撃を行った。

中部ベトナムではボイス・オブ・アメリカを聞いている所を見つけられた市民が逮捕された。数人のアメリカ人、とくにUSISに勤める人々は威嚇された。ニューが、USISを攻撃し、爆撃することを計画しているといううわさをわざと流してから、海兵隊が二十四時間ぶっ通しでUSISの警戒配備につき、重要文書はよそに移された。

十月の半ば、ニューズウィークは、特別の表紙写真を作るためにポーズをとってくれるようロッジ大使に頼んだ。写真はサイゴンの目抜き通りで撮ることになっていた。ニューズウィークは、この写真に学生を入れたかったので、カメラマンは十五歳の少女を呼びとめ、大使のとなりに並んでくれるよう頼んだ。写真を無事撮り終え、ロッジが立ち去った直後、その少女は秘密警察に逮捕された。

当時ニューは、ハノイと予備交渉を始めたことを公然と知られるようにしていた。彼は、国際監視委員会のポーランド代表に紹介されたサイゴン訪問中の北ベトナム駐在フランス外交官を通じて、この交渉を行っていた。なぜ、彼がこのようなゲームをやっていたのかは判断し難い。アメリカ人をゆすって不安にしてやりたいという気持が幾分かはあったかもしれない。しかし彼はたぶん、戦略村計画は非常に成功を収めていると思っていたから、米国の援助なしでも勝てると考えていただろう。また、共産側と取引きするという考えに魅力を感じていたことは無論のことである。

次に、ニューはベトナム人は〝アメリカにたいする信頼を失った〟ことを知らせるためにアメリカ人記者の一団を集めた。彼はCIAが自分にたいする二つのクーデターを扇動しようとしたと攻撃した。仏教徒の尋問によって、CIAの部員が修道僧に反乱を起こすよう再三けしかけたことが判明したというのである。「平定計画を後援していたCIAが、立場を変えなければならない理由が私には理解できない。私はCIAの指導者が本当に、これに同意しているとは信じない」とニューは語った。

このますます緊張して行く空気の中で、三つの重要な陰謀があった。計画されはしたものの、それまで実行されてなかった下級将校のクーデター、将軍のクーデターおよびニューによって起こされることになっていたにせのクーデターである。戦争下のこの国で起きた、信じられないほどの数の陰謀以上に、アメリカのベトナム政策の失敗を示すものはなかった。この頃みられた不和は、敵意に最も近いものであった。

ニューの陰謀はCIAもよく知っており、彼の荒々しく創造力に富む心のたまものであったが、これは十一月初めに行なわれる予定だった。ニューは将校のクーデターに気付き、これをさえぎるために行動しようとしていた。彼は側近の一人に「クーデターはちょうど卵みたいなもので、ふ化する前につぶさなければならない」と語った。

ニューの計画では、トン大佐指揮下の特殊部隊がサイゴンでにせの反乱を起こすことになっていた。ジエム、ニューそれに一族の幾人かは、それから近くの海岸の保養地キャプサンジャックに、前もって用意された隠れ家に逃れる。そこには特別の通信施設が備えつけられることになっていた。信用されている将軍の一人で、忠実な軍隊の司令官のトン・タト・ジン将軍はサイゴン市外で待機し、雇われギャングが数日にわたりサイゴン市内で騒ぎ回り、とくにアメリカ人から盗んだり略奪したりすることになっていた。混乱状態の中で、トン大佐の手先が、革命政府の成立を発表することになっていた。この革命政府は、チュオン前大使のような高名な反ジエム派の政治家を、彼らの同意なしに含めることになっていた。それから革命政府放送は米国を攻撃し、共産主義者との戦争終結を望むことを宣言し、中立主義的解決に同感することを示唆することになっていた。数日後ジンの親衛隊が市内に進軍し、すぐにいわゆる反乱を鎮圧してしまう。そしてこのにせクーデターはアメリカを脅かし、彼らにゴ兄弟に代るべき唯一の代表は中立主義であることを証明し、軍がいまだに一族を支持していることを示すことになっていた。

だが、ニューが、キャプサンジャックに司令部を設置する準備を始めるとすぐ、別の二つのクーデター扇動者が彼の計画をかぎつけた。

いろいろな指導者のもとに各種部隊と一年以上も陰謀を計画していた下級将校は、七月にはクーデター決行直前に来ていた。最後に、中心となる二個大隊を町から出す命令を受けるだけになっていた。このグループにはファン・ゴク・タオ大佐のような人々も含まれていた。彼はかつてジエムの最も有能で忠実な部下の一人であり、若い世代を代表する男であり、全く新しい方法で戦争をしてみたいと思っていた。他の将校は優秀な空挺部隊、海兵隊から来ていた。ド・マウ大佐もいた。彼は憲兵隊長で、彼が個人的にニューに忠実だったにもかかわらず、ニューの不信を買ったため、絶望してついには意見を異にするようになった。チャン・チエン・キエム大佐もいた。彼は統合参謀本部議長で、一九六〇年には降下部隊のクーデターからジエムを救ったが、一九六三年春には政府に反抗していた。

下級将校のグループは、チャン・キム・トゥエン博士によって組織された。彼は聡明な、小柄な男で、一九六一年にゴ・ジン・ニュー夫人と仲違いするまでジエムの秘密警察機構の長官をしていた。軍部内の多くの部隊にまで及ぶ組織をもつトゥエンは、クーデターのためにより抜きの戦闘部隊を集めることができた。しかし仏教徒危機の最中、ジエムは彼を国外に追い出すため、突然アラブ連合駐在大使に任命した。ゴ兄弟は彼が官邸の活動についてあまりにも多くの主要情報をもっているにちがいないと信じたため、彼を逮捕するのを嫌ったといわれる。九月にトゥエンが出国すると、彼のグループはマウ大佐に引き継がれた。マウ大佐はトゥエン博士とは別に彼自身の多数の秘密の網をもっていた。

将軍連のクーデターの指導者も長い間ジエムの側近にあった人々で、彼らはジエムが以前のクーデターを逃れるのを助け、彼らの国家にたいする忠誠は全く疑問の余地がなかった。指導者の一人にズオン・バン・ミン将軍――大柄だったためアメリカ人にもベトナム人にも〝大きなミン〟と呼ばれていた――がいたが、彼は一九五五年にビンスエン派との戦闘で部隊を指揮しており、南ベトナムの国家的英雄にきわめて近い存在だった。ミンはジエム政権の最初の年に、大統領のもとに他の多くの陸軍将校を結集するため、彼の偉大な名声を利用したが、後になってニューが、彼は大きな脅威になる恐れがあると考えたため、部隊を奪われ、軍事顧問という意味のない肩書を与えられた。もうひとり非常に尊敬されていた将校、チャン・バン・ドン将軍は、陸軍司令官という名目的肩書を与えられ、直属の軍隊ももっていなかったが、彼もまた政府の不信を買っていた。多くのアメリカ人から、最も理知的であると思われていたレ・バン・キム将軍は、一九六〇年の降下部隊のクーデター以来クーデターに関係したためではなく、ただジエムが、彼の駆けつけ方が早くなかったと考えたために疑われていた。〔ゴ兄弟の偏執狂ぶりは、ある将校がその夜、反徒の戦列をくぐり抜け、命がけでジエムを救いに来たが、あまりにもたやすく敵軍の中をくぐり抜けたという理由で、ゴ兄弟から非常な疑いをかけられるようになったほどである。〕

これら三人の将軍は六月に、ひそかに支持を取りつけてクーデターの準備を始めた。彼らはベトナム軍部内における巨大な名声をほしいままにしていた。実際、彼らは、兵隊以外なら、クーデターに必要なものをなんでももっていた。

十月も遅くなって、三つの陰謀の実行が近づくにつれ緊張が高まった。将軍連は彼らのクーデターを下級将校のクーデターと調整しようとしたが、失敗したといわれる。後者は十月二十四日を目標日としていたが、将軍連は、ライバルグループが十分に部隊をもっていないことを心配し、また自分たちが情勢を支配したかったため、当日カギを握る一個連隊を市外に出すことによって再び若手将校団の裏をかいた。

私は十月二十四日のことをはっきりと思い出すことができる。というのは、私は差し迫ったクーデターについて秘密情報を受けていたからだ。クーデターは午後一時、ちょうどシエスタ（昼寝のための休み）のまっさい中、サイゴンが全くの無防備状態になった時に起こることになっていた。私は、私が国外に追放された場合にそなえてベトナムに派遣されたニューヨーク・タイムズのクアラルンプール支局員ジェリー・キング、UPIのレイ・ハーンドン、かつてニューヨーク・タイムズの原稿係のボーイをつとめたことがあり、USOMで働いている青年ディック・ホルブルックと昼食をとった。われわれは官邸から二区画離れた中国レストランに席をとっており、食事中五分ごとに、われわれのうちの一人が立って通りを急いで一回りしてきた。しかし何事も起こらなかったし、それはそれでよかった。一週間後本当にクーデターが起こった時、このレストランは、戦闘が始まって一時間もたたないうちにひどい射撃を受けたのであった。

ベトナムの軍隊では、肩書はほとんど意味がない。ゴ支配の微妙なバランスは、主に二人の人間にかかっていた。それは第三軍団と第四軍団の司令官で、彼らは武勲ではなく、ジエムへの忠誠によって昇進した人たちだった。第四軍団には第七師団が含まれ、第七師団はサイゴンから国道をちょっと南下したところにあるミトに駐留していた。第三軍団はサイゴン市内とサイゴン周辺の部隊を統轄し、司令部は市内にあった。これら二つの軍団を指揮する将軍は第四軍団のフイン・バン・カオと、第三軍団のトン・タト・ジンで、二人ともジエムが絶対的信頼をおいていた。二人ともももちろん中部海岸地域出身で、カンラオの党員で、カトリック教徒だった〔ジンは改宗者だった。〕同僚は、彼らのどちらも有能だとは思っておらず、カオは軍事的には破滅的だと思われていたが、彼らはゴ一族にたいして、サイゴン付近にある軍隊が彼らに背くことはないし、もし他の部隊が反逆しても、彼らはジエムを脱出させることができると保証していた。彼らはクーデターを制止する役目も果たした。ジンとカオの部隊のことを考えると、自称ナセルも簡単に勇気をくじかれた。

将軍クーデターの三指導者、ミン、キムとドンは、成功のカギはジンにあるとみていた。彼らの側にジンがいれば、クーデターの成功は保証される。もしジンがいなくても成功するかもしれない。しかし、血なまぐさい分裂を生ずるような事件になるだろう。ジンはジエムのお気に入りであり、ジエムはジンを事実上の養子と考え、ジンを彼の先任将校や、もっと有能な将校を追い越して昇進させた。若くて、こうかつで、野心家で、うぬぼれ屋のジンは降下部隊のベレーを気取ってかぶり、ジャングル・カムフラージュの制服を体にぴったりとつけていて、どこへ行くときも、背後にフランス語もベトナム語もしゃべれない、図体の大きい、威圧的なカンボジア人のボディーガードをつれていた。将軍は報道カメラマンに取り囲まれるのが好きで、将軍の日常行動を完全に記録するために、しばしばベトナム人のカメラマンを個人的に同伴させていた。

ジンは寺院襲撃の事前通告を受けていた唯一の将軍で、ゴ兄弟からは反米事件の偉大な英雄であるといわれて、簡単に彼らを信用した。ジンはそれ以後、サイゴンの軍政官となり、他の将軍たちに、自分はいつでも彼らを逮捕できることを知らせて威圧した。

ある夜、彼はあるベトナム人を夕食に招き、君は非常な光栄に浴しているのだといった。その客がなぜかとたずねると、ジン将軍は答えた。「君は偉大な国家の英雄と食事をしているからだ」と。「それはすばらしい。で、その英雄はどこにいるのですか?」と客はいった。「私がその英雄だ。私はアメリカ人を負かして、国家を救ったのだ」とジン将軍は答えた。

ジンは、とくに地位が上がりつつあったとき、記者会見を開いたが、それはまるで茶番劇だった。彼はすぐに頭にきて、彼の祖国にたいして陰謀を企んでいる〝ある国(明らかにアメリカ)〟を攻撃した。頑固であつかましい特派員のレイ・ハーンドンが立ちあがって、どこの外国について話しているのかと質問すると、ジンは立往生した。ハーンドンは執ようにことばを続け、クーデターについてジン将軍ほど多く情報をもっている人なら、どの国がそれを企てたか知っているのは当然であるといった。ジンは再び言い逃がれをした。「それではもし事実を知るために上官をお呼びになりたいのなら、喜んでお待ちしましょう」とハーンドンはいった。これを聞いたアメリカ人とベトナム人記者はどっと笑い出した。

当惑し、恥ずかしめを受け、面子を失ったジンは司令部に戻った。将校クーデターの三指導者が、彼の虚栄心を土台にして行動するには、今が最も良い機会だと考えたのはその時だった。彼らはジンの宿舎で彼を待ち、すぐにジンにたいし、彼がいかに偉大な英雄であり、ベトナム全体がどれだけ彼を尊敬しているか説得にかかった。ニューは彼の真価を十分認めてはいないと彼らはいった。なんとニューらしいことか。国家の英雄として寺院襲撃後の彼の軍事行動により、彼は幸先きがよかったが、いまや政治的な行動がそれに伴わなければならない。国民は、ゴ・ジン・ジエムの無力で成果のない内閣に愛想をつかしている。ベトナムは政治上活動的な若い人間を必要としており、軍部はとくに低下した士気を鼓舞するために、彼を含めた政府を必要としている。〔ジンの大変なうぬぼれにたいして、この訴えがどれほど効果を上げたかは、十一月クーデター後、ハーンドンが初めて彼に会った時、ジンはハーンドンの手をぎゅっと握りしめて、「ああ君は私の偉大な友だちだ。君はクーデターを始めた一人だ。君が私にクーデターを起こさせてくれたのだ。君は革命の英雄だ」といった。そして将軍は腰を下ろし、レイにたいし単独インタビューを行ったが、その主要テーマは、ジンこそ〝クーデターの主人公〟だということだったようである。〕

陰謀家たちは、ジンにたいし、軍人を内閣に入れるためにジエムに話をし、大きな影響力を行使するよう提案した。ジンは内相になるだろうし、大ミンは国防相となり、チャン・バン・ミン(〝小ミン〟)は学生をつなぎとめる教育相になるべきだ。三人の指導者は他の将校たちも他のポストに推せんした。

将軍たちはこれらの提案がゴ兄弟を怒らせ、兄弟がジンを攻撃するものと確信していた。計画は筋書き通りに進んだ。やがてジンはジエムに会いに行き、軍部およびとくに彼自身のために新しい役割りを提案した。国民は共和国の英雄である彼、ジンが内相になることを必要としている。自分の警察機構と軍の任務については、非常に神経過敏なジエムは肝をつぶした。彼が最後に望んだことは陸軍の将校を入閣させることだった。ジエムはジンに向かい立腹して説教し、無愛想に拒否してから、しばらくの間ダラトの山の保養地に行っていろと命じた。ジンは事実上一時的に解任されたのである。「政治から身を引き、政治のことは私にまかせろ」とジエムは将軍にいった。

ジンは二重に面目を失って三将軍のもとへ戻った。そうすることができると自慢していた入閣問題に失敗しただけではなく、そのうえダラトに追っ払われ、必要はないといわれたのである。将軍たちは非常に同情的だった。ゴ兄弟のジンに対する扱いはひどい、何もかもニューが間違っている、と彼らはいった。こうしてジンを陰謀に加担させる過程が始まった。将軍たちは易者にわいろを贈ってジンの政治的生命は長いといわせ、たえず国家が彼を必要としていることを思い出させて、彼の虚栄心をくすぐった。ジエムとニューは陰謀者の仕事をよりたやすくした。ジンの要求にびっくりした彼らは、憲兵将校にジンを監視させた。サイゴンの陰謀のうずの中で、ジンはたちまちこの事実を発見し、これは彼の不信をかりたてるのに拍車をかけただけだった。

将軍たちは後ろ盾も気質も違う他の将校たちを次第に陰謀に引き込み始め、ジンがダラトから帰ってからも、将軍たちは非常に用心深く行動し、彼らの計画がどれだけ進行したかをジンの目から隠すようにしながら——というのは、ジンが彼らに身柄をまかせ切ってからも、彼らは彼を信用していなかったからだ——彼にクーデターを起こすようそのかし始めた。この時までに彼らは数週間かけて彼の抵抗をやわらげていた。そこで彼のゴ一族に対する感情は非常ににがにがしいものになっていたから、もう手の内をさらけ出しても丈夫と彼らは考えたのである。彼らのおもわくは正しかった。ジンは将軍たちが話をもちかけた時には、もうすでに自分自身のクーデター計画をたてていた。

次に直面すべき問題は、ジエムとニューに気付かれずに兵士を市内に導入することだった。これは難しいことだった。ゴ兄弟は手を尽くして、あらゆる部隊の動きを監視していたのである。〔例えば、ミトのある主要機甲部隊のバ大尉は、毎時間、自分の所在を大統領官邸に電話で知らせなければならなかった。〕初期の計画では、将軍たちはサイゴンのすぐ北にあるDゾーンのベトコン部隊の大幅な増強について大げさな報告をジエムに提出することになっていた。ある理由から、ジエムはいつもDゾーンの作戦に魅力を感じていたので、三人の将軍は、これを利用してサイゴンに接近できる地点に大部隊を移動し、これを足場にすることができると期待していた。このような考えをもって、指導者たちはクーデターのために部隊の補充にとりかかった。

ジン将軍と彼の率いる第三軍団の部隊はもっとも重要だったが、カオ将軍指揮下の第七師団の役割も、ほとんど同じように決定的なものだった。クーデターの三日前、ジンは副官のグエン・フー・コ大佐をミトに派遣し、陰謀者たちが自分たちの目的に引き入れられると思っていた何人かの将校と話し合いをさせた。コの訪問理由は来たるべき軍管区の区画変更によって、第七師団はジンの指揮下に入るということだった。コは、副師団長、二人の連隊長、機甲部隊長およびミトの省長との会談で、軍部はゴ兄弟を打倒する義務がある、というのは、ゴ一族は大衆をうとんじ、政治を行えないのだからと説いた。彼は自分の主人をできるだけ長い間守るために、ジン以外の将軍はみなクーデターに参加しており、ジンも近い将来参加することを期待されていると述べた。

この事件の全容は翌日、ミトの省長からジエムに伝えられた。官邸筋によれば、この時点では、ジエムもニューもうジンを全く信頼していなかったが、二人の情報によれば、彼はまだ完全に彼らに身売りしてしまったわけではないから、他の将軍たちに対抗するために彼を用いることはできると考えていた。そこでゴ兄弟はジンを召喚し、ジエムがジンにミトの当局者とコの会談に関する報告を読んで聞かせた。ここで彼は感情的なショーを始めた。彼は激情家で、非常によい俳優にもなれる人であり、この時はあらゆる演技をやってみせた。彼は手で顔を覆ってむせび泣き、「私が悪いのです。あなたが私を疑っていたから、この十五日間というもの、私は実際のところ働きませんでした。私は悲しくて家に閉じこもっていました。しかし、私はあなたに反抗しているのではありません。私が悲しいのはあなたがもう私を信じておられないと思うからです。コは私の留守を利用して騒ぎを起こして得をしたのです」。それからジンは気をおちつけ、コを逮捕して銃殺すべきだといったが、ニューはこれに反対した。彼は他の陰謀者の氏名を知るためにこの副官を逮捕、尋問したかったのである。

ゴ兄弟が彼のいうことを聞いているのを利用して、ジンは傷心の子供の役を演じ続け、ニューの保安隊のだれかが自分について誤った報告を手渡したのだといった。ニューは、彼らはジンを疑ってはいない、彼らはジンこそベトナムで最も信頼すべき人物と思っているが、他の事に気を取られていたのだと答えた。ニューは、実際、仏教徒危機のときジンが示した英雄的な行動から、彼らはジンを陸軍少将に昇進させることを考えている、彼らはいままで、そこまで手が回らなかったが、いまはもちろん、ニューがすぐにも手配しようと、いった。

この話を聞いて、ニューの心が動いたことを知ったジンは、反クーデターの計画を提案した。ミトの省長の忠誠心に気付いていたジンが、ジエムとニューに、クーデター計画を漏らして誘いをかけるために、コを派遣したのか、それとも反クーデターを提案したのは、苦境を脱するための思いつきだったのかはわからない。いずれにせよ、彼は力を大々的に誇示すること、つまり、部隊と戦車が陰謀者を粉砕するためサイゴン市内に進撃することを提案した。クーデターの中のクーデターという考えは、ニューにとって大きな魅力であった。ただ反乱を阻止するのでは、彼にとっては余りにも単純すぎたのである。彼はすぐさま同意して、ジンに「カンラオの他の二人のメンバーとやるように」といった。二人とは、大統領親衛隊隊長グエン・ゴク・コイ中佐とトン大佐である。ジエムは計画を承認した。「君は必要とするものをなんでも手に入れる権限を持っている」と彼はいった。

翌日トン、コイと会談したとき、ジンは力を大々的に誇示することは必要だし、「機甲部隊は危険」だから、こちらも戦車をもたなければならないといった。他のベトナム人将校から戦闘の経験のない、茶の間の軍人と思われていたトンとコイは、ジンにジンの戦車をもってこさせることにすぐ同意した。しかしジンは、ニューの命令でトン大佐が市内に以前から入れていた特殊部隊四個大隊のことを心配していた。もしこれが大統領親衛隊に加えられたら非常におそるべき力をもつから、他の部隊が浮き足立ってしまうかもしれない。そこで彼はトンとコイに向かって、もしすべての予備軍がサイゴンに入れられたら、アメリカ人は怒ってベトナム人は戦争を遂行していないというだろうといった。彼はトンに「われわれはアメリカ人をだまさなければならない。君は、君の特殊部隊四個大隊をサイゴンから出して、彼らは戦闘するよう命じられたとアメリカ人に伝えなければならない。彼らはそれでだまされるだろう」といった。

翌日、つまりクーデターの前日、トンは、ニュー兄弟の承認を得た後、自分が率いる四個大隊を市外に移動させた。次にジンが、市内に大部隊を導入する計画を立てたが、ジエムはこれも承認し、こうしてニューが「ブラボー・ツー作戦」と呼んでいた計画が公認されたのである。〔「ブラボー・ワン」はニューのにせクーデター原案。〕反乱を抑えようとして長い時間を費やし、今回の反乱を阻止するためにあれほどまでに細心の努力を払ったゴ・ジン・ジエムも、こうして自分の支配に終りをもたらしたクーデターの下地を作ることになってしまった。

ジンのクーデター計画について、たえず完全な報告を受けていた三将軍は、今度はアメリカ側にたいし、彼らがクーデターを計画中であると通告した。彼らはまだアメリカ軍を信用していなかったので、軍人とは取引きせず、ロッジの事務所と交渉したといわれる。彼らは援助は求めなかったが、今度のクーデターは親米だから、クーデターのじゃまをしないようにと大使に要請した。一方、アメリカ大使館も援助は一切申し入れなかったが、常に反乱軍と完全な連絡を保てるように手はずを整えた。

シーハンと私はクーデターが進んでいることを知っていた。そのうち、われわれの情報提供者の一人がどうしても口を割ろうとしなくなったが、彼も今度は反乱が実際に起こると確信しているようだった。十月末というこの時期に、シーハンの東京の支局から、二週間休暇を取るよう指示して来た。シーハンは強く抗議し、クーデターが起こりかけていると警告したが、東京はなんとしてもベトナムを出るよう命令した。しかし、われわれは彼が出発する前に一つの暗号を作った。もし私がクーデターについてもっと詳しい情報や明確な日取りをつかんだら、東京の彼あてに、人形を買うように依頼する電報を打つことにしたのである。シーハンは、東京につくとUPIの電信室中に、自分が滞在しているホテルの電話番号と、人形に触れている電報が自分あてに着いたら、すぐに呼んでくれるよう頼む紙をはりつけた。

十月三十一日早朝、ベトナム人のメッセンジャーが事務所を訪れ、私かシーハンはいないかとたずねた。私が名乗ると、彼はわれわれの助手の一人に向かってなにかベトナム語で話した。私が正真正銘のハルバースタムであることを確かめると、彼は私に「PXで私にウイスキーを一本買って下さい」と書いた紙切れを渡した。これは情報提供者の一人との間に取り決められていた暗号で、クーデター進行中ということだった。すぐさま私は、人形を買ってくれとシーハンあてに電報を打った。東京では、デスクにいた事務員がこれを見て、何気なく脇に置いたままシーハンを呼ばなかった。

その前から私は本社あてに手紙を送り、事態が再び緊迫しつつあることを報告し、サイゴンからの記事はできるだけすべて掲載してほしいと伝えた。レイ・ハーンドンと私は緊急の送信のための計画をいくつか作ってから仕事に戻った。われわれは、翌十一月一日、金曜日、午後一時三十分にクーデターが起こる予定であることを知った。

ＣＩＡもアメリカ大使館もクーデターが起こることを確信していた。一方ハーキンズ大将指揮下の軍部は、多数の下級将校が準備が進行していると警告したにもかかわらず、クーデターを信じなかった。十一月一日の朝、大使館はワシントンあてに暗号電報を打ち、正午にクーデターが起こること、というよりは、大使館とＣＩＡがクーデターを予告しているが、ＭＡＣＶはとりあわないことを伝えた。その日の午後遅く戦闘が始まってしまった後になってから、ＭＡＣＶの将校が大使館を訪れ、意見が異なるとのＭＡＣＶの言葉を取り消してくれるよう頼んだ。皮肉なことに、その晩サイゴンに届いた『パシフィック・スターズ・アンド・ストライプス』（米軍機関紙）は、軍事援助、軍事顧問団長チャールズ・ティムズ将軍との長いインタビューを掲載したが、その中でティムズは、ベトナム軍は「政府に忠実である」と述べていた。クーデター後、当惑したティムズは、自分の言葉は誤り伝えられた、私は、ベトナム軍は「祖国に」忠誠を誓っているといったのだと語った〔決して疑えない点である。〕そして誤報したストライプスの記者スティーブ・スティブンス軍曹は休暇のため東京に追いやられた。

アメリカ太平洋統合軍司令官ハリー・フェルト大将は、二、三日サイゴンに滞在していたが、偶然十一月一日正午にサイゴンを出発することになっていた。午前十時、ロッジはフェルト大将を伴って、ジエムを儀礼訪問した。いつになく緊張した会見だったに相違ない。ロッジはクーデターが進行していることを知っていたが、ジエムは弟の反クーデターが起こると信じていた。三人は、反乱のうわさについて話し合ったが、言質を与える会談ではなかった。

午前中に、いくつかの部隊がすでにサイゴン市内に入っていた。南ベトナム海軍司令官ホ・タン・クエン大佐は市外に連れ出され、反乱に加わるよう要求された。彼は、これを拒否したために、後頭部を撃ち抜かれた。しかし、正午、タンソンニュット空港は、ことなくまた一人の要人が出発するシーンになっていた。記者会見に臨んだフェルト大将はベトナムの国家指導者を賞賛し、ベトコンの火力が増強されているにもかかわらず、――ベトコンの火力には多少の重要性があった――戦争努力はうまく進んでいると述べた。誰かが、武器はどこから来ているのかとたずねると、フェルト大将はちょっとばかりとまどったように、黙っていたが、すぐ微笑を浮かべて、多分ドン将軍が知っているだろうと答えた。チャン・バン・ドンは、武器の問題はもちろん大きな問題であると述べ、それから彼も大笑いして、自分もそれがどこからきたのか知らないと答えた。

記者会見が長引いたので、私はドン将軍を注視した。彼がクーデター指導者の一人とみられていることを私は知っていたからである。彼は明らかに落ち着かない様子で、心配そうにじっと時計をみつめていた。〔一週間後、インタビューの時に私は彼に向かって、あなたが時間を気にしているのを見たとき、もっと質問して記者会見を引き延ばしてやりたい衝動を抑えるのに苦労したといった。彼は余り面白くもなさそうな様子だった。〕

ハーンドンと私はそこを出ると、ジンの第三軍団司令部を通って市内に戻った。この司令部に戦車がひしめいているという情報を入手していたのである。情報は正しかった。その辺一面が兵隊で埋まっており、約十五台の戦車があって、そのいくつかは燃料補給中だった。

われわれはそれまで以上にクーデターの切迫を痛感したが、当座は市内に戻る以外に何もすることはなかった。それは十二時半近かった。もしクーデターが起これば、その日はもう食事がとれないかもしれないので、われわれは、タイムのマート・ペリー、マレー・ガートと昼食をとった。気持のよい、晴れた日で、ちょうどシエスタの真最中のため、いつものようにサイゴンの目抜き通りは、がらんとしていた。マートはずっと親友だったが、われわれに対する同誌の攻撃のため、とくにガートがわれわれのよい友人だったチャーリー・モアに交替してからは、タイムとわれわれとの関係はいくらか緊張していた。

昼食が終るころ、私はガートに今日クーデターがあるかもしれないといった。

「その情報はどれ位信用できるんだ」と彼はたずねた。

「これ以上確かな情報はないよ」と私はいって、例のウイスキーを買えと書かれた紙きれを彼に見せてやった。彼はそれを受け取り、後で自分の記事に使った。

食事を終って立ち去ろうとすると、レストランの主人が走って来て、河岸伝いに軍隊が移動していると言った。ちょうどそのとき、そちらの方向にパッと火の手が上がった。われわれは物音のする方向にかけ出した。そして全市に軍隊が配備についているのをみた。

われわれは別れた。レイと私は支局に戻った。そこにはシーハンのカメラマンの一人、レ・フオク・リがいた。彼は部隊の輸送車がビエンホアから南下してきたとき、自分の家のまわりで働いていた。彼らは彼に手を振り、顔見知りの兵士の一人が仲間に入れと呼んだ。「いっしょにこいよ、われわれはクーデターを起こしているんだ」とその兵士はいった。

反逆者たちはうまくやってのけた。彼らは四十台近い装甲車をサイゴン市内に投入し、動向に疑いのある空挺部隊二個大隊をその日の内にDゾーンに移動させることができた。彼らは、部隊、通信手段、命令をにぎっていた。

部隊の様々の動きを心配した治安当局者が大統領官邸に電話したが、ニューは、これは皆宮廷クーデターの一部だと保証した。しかし、一時三十分、えり抜きの海兵隊二個大隊が市内に突入し、すぐに放送局と警察署を占拠した——しかしそれと同時に、中央警察長官はニューに電話して、海兵隊が構内に侵入して来たが、彼らは友好的ではないと伝えた。ジエムとニューは初めて少し心配になり、副官の一人にジン将軍の司令部を叫び出すように命じた。ジンは司令部にいたが、彼の副官の一人が電話を受けて、将軍は参謀本部にいると答えた。ジエムは、直ちに部隊を警察署に派遣するようジンに伝えよと命じた。

この間、将軍たちはもう一つのクーデターにとって重要な工作をしていた。毎金曜日、参謀本部主催で各種の軍事問題を討論する昼食会が開かれることになっていた。今回は、大統領親衛隊隊長コイ中佐、レ・クアン・トン大佐とその弟で右腕のレ・クアン・チュー少佐、サイゴン守備隊司令官グエン・バン・ラおよび空挺部隊司令官カオ・バン・ビエン大佐が、各軍管区の境界の変更について検討するという口実でドン将軍に招かれていた。

一時三十分、全員が食堂に集まると、ドン将軍はクーデターが起こったと発表し、お客たちにもこれに参加するようにとあからさまに勧誘した。トン大佐兄弟を除いて、全員が喜んでこれに応じた。このとき、近くではクーデター部隊のいくつかと、まだ市内に残っているトン大佐の部隊の間で戦闘が行われていた。将軍たちは、大佐に、無理に部下の将校に電話させ降伏を命じさせた。そのあと、他の将軍からみるとゴ一族の象徴であり、国中で最も憎まれていたトンは、外に引き出され、処刑された。

クーデター計画の初めには、第七師団は中立化されることに意見が一致していた。技術的には第七師団はまだカオの指揮下にあったが、偶然、十一月一日にジン指揮下の第三軍団に移されることになっていた。ジエムは十月三十一日、第七師団の指揮を執るようラン・バン・ファット大佐に命じたが、規則によると、ファット大佐は、彼の新しい軍団司令官であるジンに挨拶をしない限り、ジエムの命令通りにすることはできなかった。ジンは三十一日、ファットと会うことを断り、十一月一日午後二時に来るように伝えた。そうこうする間に、ジンはドン将軍にたいし、第七師団をジンの副官、コ大佐の指揮下に移すための命令書にサインするよう要請した。かつてミトに連絡に出かけたあの男だった。

クーデター当日の十一時三十分、コ大佐は小柄な参謀を一人伴ってミトに到着し、すぐに師団参謀将校を集めて一室に押し込め、指揮を取った。それからコは、ファット大佐を装って、さらに南方のカントの第四軍団司令部のカオ将軍に電話して、計画通り管轄の変更が行われた、と伝えた。コは中部ベトナム出身であり、一方ファットは南部出身で、両者のアクセントはかなり違っていた。そのためコは、カオに見破られるのではないかと心配したが、カオの耳は明らかになまくらだった。

サイゴン市内の出来事についての消息は、第四軍団司令部にも届いたが、カオ大佐は今度のクーデターは、国中の反対分子を一掃するために計画された、にせのクーデターであるというニューのことばを信じていた。しかしカオも用心のために一個連隊と戦車数台を、必要に応じて出動できるよう待機させていた。もちろん彼は、コがすでに第七師団の機甲部隊の大部分を、反徒援助のため国道を北上させ、サイゴンに送り込んだことは知らなかった。

クーデターは時時刻刻、正確に進行した。最初にジンに電話をかけてから三十分後、ジエムは再びジンと連絡を取ろうとして、今度は自分で電話をかけた。今度もジンはいないという答えだった。そして、大統領と電話で話していた副官は、ジエムが傍らの誰かに「ジン将軍は、他の将軍に逮捕されたに違いない」といっているのを聞いた。

反乱部隊は急速に大統領親衛隊の兵営を包囲し、官邸から隔離し、ジエム支持者のこの小さな孤島は大統領の手の届かぬものとなっていた。それから反乱部隊は、戦車を持ってきて、兵営に向ってぶっ放した。戦闘の物音は激しかったが、死者はほとんどなかった。陰謀者の作戦は慎重そのものだった。彼らの優秀な機甲部隊は、ほとんどが神経戦にあてられ、ベトナム人が同胞を殺すのをできるだけ思いとどまらせた。

午後三時、ジエムとニューは官邸の送信器から四十九メートル・バンドを使って放送を始めた。最初の放送は、軍団司令官、師団長および省長にたいし、共和国大統領を守るよう呼びかけ、アナウンサーは受信確認を求めた。確認はなかった。その代わり、もう反乱部隊の支配下にあったサイゴン放送を通じて、師団長、軍団司令官、特殊部隊司令官のクーデター支持の誓いが次から次へと放送された。この約束は将校自身が行ったもので、彼らを知っている者は、その声がすぐにそれとわかった。支持がないと思うと、ジエムは気が遠くなるようだった。四軍団司令官中三人までがそうだったように師団長は全員彼に反旗をひるがえした。最後には、ゴ兄弟に相変らず忠誠な将校は、フイン・バン・カオただ一人になってしまった。土曜日早朝、カオはニューが謀略に引っかかったことに気付き、すぐにミトに無電でジエムを救うよう部隊に命じた。しかしこのとき、コ大佐はすでに正体をあらわしていた。彼はカオをあざけり、「君は私のなまりに気付かなかったのか」とたずねた。そして彼はカオに、自分はメコン川のサイゴン側にフェリーを全部送ったから、もしカオがメコン川を渡ろうとしたら「飛行機を飛ばして殺してやる」といった。こうして、ジエムの最後の望みも断たれてしまった。

金曜日の午後、将軍たちは数回にわたってジエムとニューに電話し、彼らに反抗して決起した部隊と司令官を列挙して、降伏することを勧めるとともに、安全通行権を保証した。しかしゴ兄弟はこれらの申し出に耳をかそうとせず、かえって将軍たちに向かって「協議のため」官邸を訪れるよう提案した。一九六〇年の降下部隊の反乱を鎮める時も、ジエムがこの手を用いたことを思い出して、将軍達はとりあわなかった。

午後遅く、死物狂いのゴ兄弟は省長に、彼らを救出するために民兵と不正規部隊を派遣するようにと放送した。その夜、反乱部隊が傍受した大統領官邸からの最後のメッセージの中で、ニューは共和青年団と婦人民兵にたいし、サイゴン市内に移動してゴ一族を救うように要請していた。しかしこれらのニューとニュー夫人の手兵も姿を現さなかった。土曜日の早朝までに、数少ない献身的な連中もすでに自分たちの制服を隠してしまったり、親類縁者を頼ってサイゴン市を離れていた。

金曜日の四時頃、ジエムは大使館にいるロッジ大使に電話して、軍部が反乱を起こしたことを伝えた。ロッジはもちろん事の成り行きをじゅうぶん知っていたから、反徒たちがジエムに安全通行権を与えると申し出ていることをジェムに思い起こさせ、降伏するように兄弟に勧告したようだ。同時に彼は、アメリカ大使館にジェムとニューが亡命するよう申し入れ、自分としてはジェムを保護するために出来るだけのことをしたいと思っているといった。しかしこの申し出にたいして、ジェムは「私は秩序回復に努力するつもりだ」と答えただけだったといわれる。

ジェムとニューはいまだに、第七師団が彼らを助けにくるかも知れないという望みを抱いていたが、いずれにせよ、彼らは長い間、今度のような緊急事態に備えていたのである。大統領官邸の地下には完全な通信装置を備えた、空気調節付きの防空ごうがあった。またトンネルも三つ掘られていて、それぞれが異った方向を向いており、官邸からはるか遠くに出口があった。土曜日の早朝、大統領官邸攻撃が始まったとき、反乱部隊も官邸守備隊も自分達がからっぽの鳥かごを争奪して闘っていることに気づかなかったが、中の小鳥どもはすでに飛び立っていたのだ。金曜日の午後八時ごろ、ジェムとニューは、アメリカのドルを詰めたブリーフケースを一つもち、トンネルの一つを通って官邸を抜け出した。トンネルの出口では赤十字の車が待っており、彼らを乗せると、チョロンに住む裕福な華僑マ・トゥエンの家に彼らを運んだ。まさにこういう緊急の場合に備えて、マ・トゥエン邸と大統領官邸を結ぶ直通電線が設置されていた。チョロンはサイゴンの南端にある。この期に及んでもゴ兄弟は、この方角から第七師団が彼らを救いにやってくることを期待していたのである。

チョロンからもゴ兄弟は将軍連に電話し続けたが、もちろん自分たちがもう大統領官邸にいないことは知らせなかった。真夜中をいくらか過ぎたころ、ジェムの軍事顧問がジンの司令部を呼び出したが、今度はジンが電話口に出た。彼はもっとも侮辱的なベトナム語の文句を使ってゴ兄弟をののしり始めた。彼は顧問にたいし「お前たちはもうおしまいだ。すべては終ったのだ。私は八月二十日には奴らを救ってやったが、今度は奴らもおしまいだ。奴らに降伏するように伝えよ」といった。ジンの寝返りを知ったとき、ゴ兄弟も自分たちの敗北を悟っていたに違いない。というのは、ジンの率いる部隊が他の部隊に加わったら、たとえ第七師団がゴ兄弟に対していまだに忠実であったとしても、彼らを救うことは不可能になるからである。

金曜日の午後中ずっと、われわれ記者は、どの部隊がゴ兄弟に忠誠を誓っており、どの部隊が寝返ったか見きわめたり、双方がどのような戦術を取ったかをはっきり知ろうとして、サイゴン市内をとび回った。これは全くむずかしい仕事だった。というのは、どちらも同じ制服を着ていたのである。それに午後の半ばには、戦闘が一時おさまったようすで、反徒たちが気遅れしているようにも見えたので、われわれも混乱した。(実際には、彼らは更に多くの部隊を市内に投入し、ゴ兄弟に降状のための時間を与えてやっていただけだった。)

五時ごろ、私はタクシーを呼んで、市内を一回りした。多分私が記者であると見てとった運転手は、自分の手でのどを切るまねをしてみせ、歯をむき出してゲラゲラ笑うとこう言った。「トン・トン・

フィニ」(「ジエム大統領もおしまいでさア」。)通りを車を走らせていると、二十台ほどの装甲車と並んで、いく列もの縦隊を作って行進している空挺部隊を見かけた。NBCのボ・フインも彼らと一緒に歩きながらその行進をカメラに収めていた。私は車からとび出してこの部隊はどちらの味方だとたずねた。「反ジエム側さ」と彼は答えた。私は、海兵隊が反乱に加担することを約束したことはすでに知っていた。このひどくものものしい武装をした空挺部隊、しかもその中のいくつかは第七師団から来ている空挺部隊がクーデターに加わっているというのは、わざわいの前兆である。米軍の施設を利用して、私はすぐさま二、三百語の電報を送ったが、それは新聞には載らなかった。この記事はワシントンで発表されたぼう大な量の情報のために簡単に没にされてしまったのである。翌日タイムズに載ったクーデターの記事は、ワシントンでつくられたものだった。

サイゴン市内を部隊が動きまわっているのは、壮観だった。群集は平然と眺めていた。彼らは以前にもこれと似た光景を何度か見たことがあり、彼らはそのどれをも信じなかったのである。無関心のカラを破ったのは子供たちだけだった。サイゴンの中心部では、親ジエム派の装甲車が一台走り回って、動くものをみれば手当りしだい撃ちまくっており、時おり撃ち返された。撃ち合いが終るとすぐ、子供たちは装甲車の方へとび出して行って、薬きょうのしんちゅうを拾い集めた。

金曜日の夜、われわれは、大統領親衛隊兵舎の砲撃の様子や、市内のいろいろな場所で行われた交戦の模様を眺めた。われわれの情報提供者は、第七師団が反乱に加担していることを確認したが、われわれは、どうして大統領官邸が攻撃されないのか不思議に思った。とうとうベトナム人助手の一人が司令部につとめている友人の一人から、午前三時をすぎるまでは官邸は攻撃しないことになっていることを聞いてきた。私は床に入ることに決め、どうにか二時間ばかり眠ったが、官邸のまわりでおこる重い砲火で目を覚ました。私はハーンドンと連れ立って遠回りをして現場に行った。見ていると、戦車が次々と繰り込み、建物から二区画ほど離れたところでは、海兵隊が幾列もの縦隊を作って突撃準備をしていた。われわれは彼らと一緒に、両軍の間で行われている砲撃戦の有様を眺めていた。相互の射程距離があまりにも短いので、友人の一人は「便所の中での拳闘を見ているようだ」と表現したほどだった。規模においても数においても優勢な反乱軍戦車が圧倒的なことはすぐにわかった。官邸側戦車のいくつかがたたきつぶされてしまい、ジエムの機甲部隊の一個小隊全部が降伏した。

五時ごろ、ハーンドンと私は海兵隊と共に官邸から一区画のところに移動した。辺りはまだ真っ暗で、その夜は一晩中、重戦車と対戦車砲の音に満ち満ちていた。光といえば二台の燃えている戦車の光だけだった。突然、われわれの間近で大爆発が起こった。私は恐ろしくなった。いつか情報提供者の一人が、官邸のまわりの街路に、ニューがクレイモア地雷(方向性地雷、一定方向に爆風と金属片が飛び人員を殺傷する)をしかけていて、クーデターが起きた場合には電気仕掛けで爆発するようになっていると教えてくれたことを思い出したからである。私はハーンドンにこの話をし、相談の末、この一角から少し離れたところから取材することにした。

土曜日の夜明け、大統領官邸に白旗が見え、砲火がしばらく止んだ。海兵隊が宮殿の芝生いっぱいになり、そのすぐ後ろにハーンドン、私、CBSのピーター・カリッシャーが従った。突然、守備側の二、三人が発砲を続けた。彼らは明らかに射撃停止の命令を聞いていなかったようだ。見通しのよい戸外でねらわれたわれわれは射ち合いが終るまで地に伏せた。やがてすべてが終った。ゴ政権は倒れたのである。官邸を埋めつくした海兵隊は、ニュー夫人のネグリジェやニューのウイスキーを略奪した。兄弟を除いて、すべてがそこに残っていた。

歓喜の時だった。建物のまわりの道には、ベトナム人学生が用心深く近づいて来た。大統領官邸の降伏を知ると、彼らは戦車の周りに群がり、兵士バンザイを叫び、胴上げし、彼らに食糧を手渡し、彼らの写真を撮ったりした。若い娘たちは花束を差し出した。兵士たちは差し出されたものを受け取ったが、少しまごついている様子だった。彼らは今まで、民衆からこんなに歓迎されたことはなかったのである。その後、武装したある大尉が私に、ああいう反応にはとまどってしまったが、気持ちの良いものだったと、いった。過去には、人々は兵士を恐れていたのである。それでもやはり、その土曜日の朝の祝賀にはちょっと遠慮したところがあった。まるで民衆が、ゴ一族が本当に退陣したのだということを信じていないし、あるいは信じられないといった風だった。

午前八時、ゴ兄弟はまだ生きており、兄弟は反徒たちが大統領官邸を占拠したという知らせを受けた。そのときには、彼らももう、ミトからの救援は来ないということを知っていたに違いない。どのようにして反徒たちがゴ兄弟の隠れ家を見つけたかについては、種々の矛盾する報道がある。私が信じたい説は、彼らのかねてからの計画を知っており、彼らと一しょにチョロンにおもむいた一族の一員が、彼らを裏切ってド・マウ大佐に密告したというものである。私には、これがもっともありそうな話のように思える。というのは、ジエムとニューが抹殺された後、裏切り者といわれる人物の身元を隠し、保護するため、極度に用心深い措置がとられたからである。

他の説によれば、官邸付将校の一人が、逮捕したものに隠れ家を教えたのだという。第三のうわさによれば、官邸が占拠されたことを知ったジエム自身が将軍連に電話して、ある条件付きで、つまり彼に名誉ある降伏を認め、また彼の一族が祖国を離れることを認め、さらに彼が面子を保ち、名誉ある隠退ができるようにしばらくの間大統領の地位にとどまることを認めるという条件付きで、降伏することを申し入れたというのである。この説によれば、反徒たちは初めの二つの条件には同意し、第三の条件をいれることは拒否したにもかかわらず、ジエムは居場所を明らかにしたことになる。

ともかく、ゴ兄弟の隠れ家は見つけられてしまった。土曜日の午前九時ちょっと過ぎ、反徒たちは三台の装甲車を、チョロンの例の華商の家の近くの、ちょうどジエムとニューが聖域に逃げ込んだばかりのあるカトリック教会にさし向けた。九時半ごろ彼らは捕えられて装甲車に載せられた。彼らは教会を出る時には生きていたが、参謀本部に着いたときには死んでいた。ここでまた、事の真相について異なる報道が出てくる。一説によれば、ニューが逮捕者の一人にひどく抵抗したため、ニューに友人を殺されたことのある将校が、ニューをまず刺殺し、次いでジエムも刺殺してしまったといわれる。別の説によると、装甲車を指揮していた将校はフランス支配当時警察の高官であったマイ・フー・スアン将軍で、非常にゴ兄弟を憎んでいたので、彼らの暗殺を許したというのである。

私自身の感じでは、ゴ兄弟が殺されたのは、三将軍がジエムもアメリカ人もじゅうぶん信用していなかったためだと思う。彼らは、アメリカが、連立政府の首長にジエムを推すかもしれないし、あるいはジエムが巧みに言い抜けて時間をかせぎ、アメリカの支持者が彼のための新しいポストを新しい政府に設けるよう圧力をかけさせるかもしれないと心配した。〔ベトナム人高級将校の一人はかつて、明らかに陰謀者の行動を探り出そうとしていたCIAのある人物が、クーデターの直前に、もしクーデターが起こったら、CIAはできるだけジエムが殺されるのを避けたいと言っていたと語った。この出来事を私に説明しながら、その将校は怒って「一体全体アメリカ人どもは何を望んでいるのだろう。われわれに、政府を倒してそれから自殺でもせよとでもいうのか」といった。〕

ジンは、ゴ兄弟が暗殺されたことを知らず、自分の共謀者にたいして、彼らの助命を頼んだようだ。電話で彼らが二人とも死んだと知らされると、彼は相手に向かって、そのニュースをもう一度繰り返すように要求し、それからのろのろと両手を下ろした。副官の一人が受話器を取り上げると、受話器の相手の武装した将校が、ゴ兄弟は自殺したと言い続けていた。ジンの副官は、どうしてそんなことになったのかとたずねた。将校は、この二人の囚人が兵士の一人からライフル銃を奪ったのだと言い、ジンの副官がなぜ一人しか囚人護衛に当たらなかったのかとたずねると、相手は、「誰かが軽率だったからだ」と答えた。ジンは、このニュースを聞いて涙を流した。しかし、その夜のパーティーでダンスをするのをやめるほどは悲歎に暮れたわけではなかった。

最初の死亡証明書ではジエムを軽蔑して元首とせず、フランス統治下の、若い頃の身分である「省長」とし、ニューは、ずっと以前の地位である「図書館長」としていた。彼らは市外にある小さな、閑静な陸軍墓地に、土曜日の夕方、埋葬されたといわれる。

ゴ兄弟の死は秘密に包まれた。将軍たちは、民衆がゴ兄弟の死体を見ることを許さなかった。ドンチャン騒ぎが起こることを恐れたためである。そのため、ベトナム人の中には兄弟が死んだことをいまだに疑っている人が大勢いた。死体の写真はとったものの、将軍たちはアメリカの反響を恐れて公開をはばかった。しかし、土曜日の昼までには、サイゴン市民もゴ政権が倒れたことを信じていた。ひどいごう問の物語を告げていた政治犯は釈放されて、家族と再会し、サーロイ寺院では、その多くがやせほそり、やつれ切り、むち打ちの犠牲者である仏教徒指導者が、劇的で、非常に感動的な、終日続く礼拝の折に、数千の信心深い信徒と再会した。街路では、若いやじ馬が集まって、彼らがとくに憎んでいた旧政権の名残りを攻撃していた。攻撃対象に選ばれたのは、彼らが打倒しようとした不正な国民議会や、ニュー夫人が建設したベトナムの伝説に出てくる何人かの女主人公の巨像だった。その像の一つは、わざと彼女に似せて造られたと市民は思っていた。憎むべきタイムズ・オブ・ベトナムや同様に政権の見解を反映していた他の新聞社が焼き払われ、ニューに近く、秘密警察機構の一員だった二人の大臣の家は破壊された。

この夜、数知れない秘密警官が家を逃げ出す一方、ナイトクラブというナイトクラブが次々に開店し、ベトナム人は再びツイストを踊り始めた。町中で例の、いつもカメラマンを意識しているようにみえ、今では非常に小さくて寂しそうにみえるジエムの写真が破り捨てられた。数日の内に、ジエム大統領の名残りをとどめるものは、まだ通用している一ピアストル硬貨と、彼の政治が産み出したむごさと分裂だけになった。一時期の終りであり、九年にわたるゴ一族の政府の終りであり、われわれの希望が年を追ってはかなくなり、われわれの敵が年を追って強力になるのをみせつけられたアメリカの援助の九年間の終りだった。

われわれは、金曜日と土曜日、終日働いた。駆けまわり、記事を書き、うわさを調べ、混乱した市内に秩序を見出そうと努めた。土曜日の真っ昼間、新しい軍事委員会がジエム、ニュー自殺のニュースを解禁したとき、われわれはこの話は間違いだと確信した。土曜日の夜、利用できた最初の飛行機でちょうど再入国したばかりのシーハンが、自動車を一台借りた。われわれはジン将軍の司令部にはいり込むために、夜間外出禁止令を無視した。そこの友人が、銃剣で刺され、撃たれたゴ兄弟の遺体が運ばれてきたといった。われわれは町に戻った。再び検閲が行われるようになっていたから、アメリカの当局者に対し、当局のチャンネルを通じて、自殺説に反論する記事を送ることを許可するよう説得した。

支局に戻ると、マート・ペリーがタイムに送る記事を編集していた。われわれが入って行くと、彼はタイプライターから顔を上げて「おい、将軍連にはたった一つだけ、彼らしくないことがある」といった。

「いったいなんだい」とシーハンが尋ねた。

「連中がベトナム人であることさ」とペリーは答えた。

XVIII

クーデター後、私は十日間サイゴンに滞在し、ベトナム政府の崩壊と起こっている変化についての記事をまとめるのに時を費やした。それから、メコン・デルタにいた友人たちが電話してきたり、支局に立ち寄ったりするようになった。彼らは長い間こんなこともできなかったのである。彼らは私にミトに来るようにとけしかけた。再び大っぴらにしゃべれるようになったからだ。

私は次の月の大半をデルタ旅行で過した。私は十二月中旬に帰国することがきまっていて、私が知っており、最も愛した土地、私の友人たちが戦死したこの地方も、今度が見納めになるはずだったから、感傷的な旅行だった。私が十四ヵ月前にみた農村の風景とあまりにも対照的なので、悲しい旅行でもあった。あのころはまだ、いくらかは希望もあり活気もあったが、いま目にするものといえば、荒廃と、われわれの側の情勢悪化と、ベトコンの確固たる地位とであった。余りにも辛い旅行だった。一年前も、勝利のためには大きな代償を払わなければならなかったが、いまではそれは倍増していた。しかも、あらゆる血の犠牲にもかかわらず、戦いに勝つ見込みは、以前にもまして遠く離れてしまっていた。

しかしとにかく、ベトナムでの特派員の仕事は再びやりやすくなった。ベトナム人将校は米軍顧問に向かってざっくばらんに話をし、双方とも特派員と話をした。クーデター後の数週間というものは、非常に率直な探求の時であり、あらゆる分野における相互信頼の時だった。十一月半ばに、私の古い友人で、新第七師団長のファン・バン・ドン大佐が私を司令部に招待した。ジエムが彼に深い嫌疑をかけていた長い、つらい数ヵ月の間に、われわれはお互いをじゅうぶん知り尽していた。その当時シーハンと私は、彼にメッセージを送るのに第三者を介さなければならなかった。アメリカ人から広く敬愛されていたドン（ある米軍大佐によれば、米軍を統率できるベトナム人は彼の知る限りドンだけだと語っていた）はきわめて頑健と考えられている北ベトナム人で、彼が任命されたことで、第七師団の顧問の何人かはまだ形勢を逆転できるかもしれないという希望を持った。

ミトに着くと、数人の顧問が私をヘリコプターに乗せて西のディンツオン省に連れて行った。彼はその日もそこで前週、毎日やったと同じように作戦を指揮していた。敵から主導権を奪うために、また過去八ヵ月政府軍を見たこともない民衆に、政府がまだ存在することを信じさせるために、部隊を絶えず動かしていた。大佐は私が仲間入りすると「われわれは彼らにクーデターのことを教えようとしているんだ。しかしベトコンが先に来てしまっている」といった。

私たちは指揮所に座り込んで話し合った。米軍顧問たちは上機嫌だった。ここ数ヵ月の間で今度初めて、彼らは敵を追い立てる側に立っているのだという気持ちになったのである。ある地域では、随分長い間政府軍の姿は見られなかった。

ドン大佐は指揮所にいた省長を呼び、かつての副官で、旧友だと私に紹介した。「私はこの男を信頼している」とドンは言った。そして彼は省長の方に向き直り、彼の管轄する地方には村がいくつあるか尋ねた。

省長は二十四ヵ村だと答えた。

「そのうち何ヵ村を君は支配しているんだ」と大佐が尋ねた。

「八ヵ村です」と省長は答えた。

すると大佐は笑って「それで君が支配していると報告した村は何ヵ村だったかね」とたずねた。

省長はちょっとおどおどしたような表情を見せて答えた。「二十四ヵ村であります。」

ドン大佐がアメリカ人たちがうなずく中でこう言った。「ジエム氏はいつも、うその報告を受けていた。カオ氏は自分の職が気に入っていた。そこで彼とダム氏は民衆の九八パーセントがジエムの味方だと報告していた。そう言いながら、ダム氏はおよそいかなる作戦もあえて立てようとしなかった。もし死傷者が出たら、民衆が全部味方についていながらなぜ死傷者が出たのかと、ジエム氏が疑問に思うだろうし、そうなったら、カオ氏とダム氏は自分たちの好ましい職務を失うことになってしまうからだ。ジエム氏は味方に死傷者が出るのを好まなかった。政府軍が損失をこうむるとジエム氏は不機嫌になり、指揮官を異動させるから、彼らの昇進ははばまれ、資金源も失うことになる。だから、ベトコンは主要都市を攻撃する必要はない。ベトコンが望んでいるのは農村を支配下におくことだけだったから、戦闘も死傷者もなかった。ジエム氏が戦況を聞くと、カオ氏もダム氏もニュー氏の戦略村計画のおかげですべて順調にいっていると答えた。その答えを聞いて、ジエム氏もニュー氏も有頂天になって鼻高々だった。これが彼らの戦勝の方法だ。かつて私はミトでもカントでも護衛なしで夜間にドライブできたものだが、ジエム氏が戦争に勝っている間に、大規模な護衛なしではドライブもできなくなった。戦争に勝つ方法としては奇妙なものだった」と。

それからアメリカ人とドン大佐は、ロンアンとディンツオンという二つの重要な省が、どの程度、政府に支配されているかを検討した。ベトナムではいままで聞かれなかったほどあけっぴろげで率直な会話で、アメリカ人がベトナム人は楽観的すぎると論じていた。ディンツオンの二百十三ヵ村、ロンアンの百十九ヵ村のうち、約二〇パーセントまでは、政治的にも軍事的にも政府の支配下にあるとドン大佐は見なしていたが、アメリカ人の何人かは一〇パーセントと見た方が正確だとしていた。

後で私は先任将校の一人に、状況は実際そんなに悪いのかとたずねた。彼は「そうです。私はもっと悪いと思います。われわれは敵の真の実力を見きわめる段階には達してないと思います。敵はわれわれをなぶっていると思います。多くの戦略村がベトコンの襲撃を受けたこともありません。襲撃する必要がないのです。とっくの昔にベトコンが支配しているからです」と答えた。

その顧問はさらに続けて、デルタの戦略村がゲリラの中継地の役目を果たすようになり始めたといった。彼らは夜間潜入して食事をとり、翌日再び行動を開始した。一部地域では、ベトコンが農民に、事実上政府の失敗の象徴となってしまった長い有刺鉄線を、ずたずたに切らせた。また他の地域ではベトコンへの服従のしるしとして農民がかぶっている帽子のてっぺんを切り取らせた。徐々に彼らは主要な郡都と省都に近づき、その攻撃も、次第に大胆になっていった。結束は固められた。

それに続く三日間、私は、ディンツオン省のチョガオ地方を横切る装甲人員輸送車と一緒に、〃ベトコン精鋭部隊〃第五一四大隊の索敵作戦に同行した。以前にもここに来たことはあったが、今では怠慢の形跡がココナッツやあひると同じようにいたるところにあった。ミトから十数キロほどのところにある小さい村では、戦略村情報センターの廃屋をみた。そのすぐ隣に真新しいベトコン情報部があって、銃剣で米兵を追い回しているゲリラの絵がかかれていた。

さらに三キロほど進み——全く道なき道だったが、それは余りしばしばベトコンが切断するので、道というよりは、フォート・ベニング（ジョージア州にある米陸軍最大の訓練基地）の障害物道路といった方がよかった〔「畜生！　奴らはおれたちの道路を盗み取りやがる」とアメリカ人の一人がいっていた〕——われわれはもう一つの村を通りぬけた。いつもなら、軍隊や戦車が通ると子供たちが飛び出してくるのだが、ここでは彼らは戸口でおびえていた。二つの小屋では親が子供たちを家の中に引っぱり込むのが見えた。私はベトナム在勤最後の月を迎えたオクラホマ出身の米軍大尉と一緒だったが、彼は「この村なら覚えていますよ。前にここへ来た時は、キャンデーを欲しがる子供たちを追い払うのに苦労しなければならなかったものですがね」といった。

このエピソードはこの三日間を象徴するものだった。ある村に近付くと、農民たちは、私たちが彼らをベトコンと間違えるのではないかと心配したらしく、白い晴れ着を着て列を作って心配そうに繰り出し、できるだけ早く村を出てほしい様子だった。われわれがその村に小休止している間に、兵士の一人がトリを盗もうとしたことがわかり、米軍顧問の一人がこれをやめさせるため通訳を走らせた。間もなく通訳が笑いながら戻って来た。その兵士はニワトリの代金をちゃんと支払ったのだが、売った農民の方が、政府側の人間に何か売っているところを近所の人に見られてベトコンに通報されるのを怖れ、鶏を盗んだふりをするという条件で取引きをしたのだった。

その進撃にはいやな予感がつきまとった。三時間後に訪れた別の村では、農民がいやに友好的だった。彼らと話をしたベトナム人将校の一人は、彼らがクーデターについても何も知らないのに気付いた。その将校は、自分たちの部隊が重要な役割を果たした、あの反乱のことを得意そうに話した。軍部が実権を握ったのだ、いまやベトコンとの戦闘は以前よりずっと激しくなるだろうと彼はいった。農民たちはこぞって、それは素晴らしいニュースだといい、ほんのちょっとすると兵士たちにニワトリや米やぶどうを贈った。ところが村を離れるときに村民はその贈り物については一切口外しないでくれ、兵士たちをもてなしたことが知れたら、ベトコンに殺される恐れがあるからといった。

その後、例のオクラホマ出身の友人が、一ヵ月ほど前、彼が別の一米軍将校と二人でロンアン省の小さな村を訪れたときのことを話してくれた。村の外側で彼らは、赤と緑のベトコン旗が屋根にひるがえっている小さなカトリック教会を見つけた。「私はカトリックではないから、オクラホマにいるときはカトリック教会に注意を払ったこともなかったが、あの時は肝をつぶしたよ」と彼は言った。若いベトナム人神父をみつけて、どうしてこんなことになったのかとたずねると、神父は「簡単なことですよ。大尉さん。」「あなたがたは三、四ヵ月に一回ここに来て、私とお茶を飲み、そのまま帰る。ところがベトコンは毎晩やって来ます。彼らに教会をこわされたくなければ、こうするより仕方がないのです」と答えた。

二日後、私自身、こういう勇敢な青年神父の一人に会った。彼は聡明な青年で、うちとけた微笑を浮かべ、ユーモアも解した。しかし、自分の教会の信徒たちに向かって、ベトコンの脅威とかベトコンが共産主義にあと押し、もしくは扇動された運動であることを説明することのむずかしさについて話す段になると、彼は非常に真剣になった。彼の教区民たちは彼の話を受けつけず、ベトコンは共産主義者ではない、民族主義者であると主張した。なぜベトコンが民族主義者か、彼らはこれを証明するものとして、神父が安全にベトコン地区を通行できる点を挙げた。共産主義者ならそんなことはさせないはずだ、と彼らはこの神父にいった。

「いったい、それがベトコンの宣伝作戦なのだと説明できると思いますか？ ベトコンはいま、私を殺して農民をおどろかせたくないのです。連中は今後二年間は、私をこのまま生かしておき、それから私を殺すでしょう。私の教区民にとって、ベトコンは勇者であり、革命家であって、政府軍将校は腐敗堕落した敵のように見えるのです」と神父は私に語った。

三日間の野営を終り、われわれはミトへの帰途についた。太陽は体や車についたほこりを焼きこがし、われわれは疲れ切り、首筋は陽に焼けて真っ赤だったが顧問たちは幾日か野原で過ごし本来の目的のために装甲輸送車を使ったことで上機嫌だった。ベトナム政府軍は、陸軍内に命令系統を設けるという（彼らにとって）新しい、革命的な計画を徐々に整えつつあった。ある地点でベトナム人の大尉が車両を前進させようと思ったが、下士官の一人が命令に従うのが遅かったので、その将校はピストルをとり出してその軍曹に向けた。「少しばかり盛り上がってきているらしいが、いい傾向だ」とオクラホマ男がいった。

司令部への帰途で、ある村を通過するとき、われわれは前方を一人の青年が歩いているのに気付いた。先頭のトラックにいた指揮官が止まれと命令したが、彼は拒否し、さらにすいかされても歩き続けた。そこで機関銃を男の頭ごしに少しばかり発砲したが、驚いたことに男はそのまま歩き続け、一軒の小屋の前に来るまで歩みを止めなかった。装甲車が一台その小屋の前まで進み、他の二台が裏手に回り、兵士の一団が小屋に踏み込んだ。小屋の中には、例の青年の他に、健康そうな手のやわらかな屈強の若者が十六人いた。ベトナム人将校が、彼らは多分ベトコン正規兵だろうといった。彼らは縛り上げられた。帰る途々、われわれに拾い物をさせてくれたあの若者を、他の十六人が口々にののしっているのをわれわれは見守った。敵にも手落ちがありうることを知って気持が良かった。

だがこの喜びも長続きしなかった。われわれのうち、あるものはヘリコプターでミトに帰ったが、そのミトでこのちっぽけな勝利の喜びはたちまち消え失せた。ミトからほんの、四、五キロしか離れていない所で護送に当たっていた部隊が待ち伏せされたことを知ったのである。車両四台は通過できたが、敵は五台目の兵隊が乗っているトラックを襲撃した。正規兵十三人がその場で殺され、七人が負傷した。またしても、ベトコンは白昼、農民に密告されることなく、主要道路に地雷を敷設できることを再び示したのである。地雷敷設による破壊工作は、次第に数を増していった。インドシナ戦争を戦った経験のあるベトナム人にとっては、政府軍をおどして、郡都や省都に追い返すことなど朝飯前だった。と、カマウの有名な戦闘的なホア神父は、私とこうした新しい動きを論じているときに、「ベトコンはわれわれを穴ぐらにおしこめた。そしていまや連中はわれわれをここに押し込めておきたいのだ」といった。穴居生活を強いられる先行きと聞いてがっかりした。

次の二週間に、私はデルタにおける情勢はアメリカ人が認識している以上に悪化していることを知った。第七師団の南側で作戦中の第二十一師団は、たまたま居合わせた地域しか制圧できなかった。それは移動前線基地以上の何ものでもなかった。第七師団自体事実上ベトコン地区で行動していた。十四ヵ月前、アメリカ人は「ベトコンを立ち止まらせ一戦交じえたいものだ」と言っていたのだ。今では同じことをベトコン側が言い、問題はこうした状況下で大きい犠牲を払わずに政府軍をどうして展開するかであった。

第七師団の先任顧問は、状況は絶望的であるといっていた。戦況はいつも重大だが、この二十年間の大部分を戦場で過ごして来た人々にとって、いまはかつてないほど破滅的な事態であった。カンフル注射は失敗した。彼らはアメリカ人がやって来たのを目のあたりに見たし、敵がより強力になるのも見て来た。いまや彼らは戦いに疲れているのであった。

ベトコンがその戦術で心理作戦に重点を置いたことを、過大評価することはできない。ベトコンがロンアンとディンツオン地区に主力を注いだのもそのためだった。政府と米軍が他の地点に集中している間に、敵は事実上一戦も交じえずに国中で最も豊かな二省を手に入れてしまったのである。ベトコンはかつて、資産を無駄にしたこともなく、またやることにはすべてちゃんと理由があった。この二省を制圧すれば、彼らは百万人以上の人々の生活と、農業資源からの巨大な収入とを意のままにできた。彼らはまたデルタからサイゴンに至る国道を支配することになるし、なによりも重要なことは、サイゴン市そのものの心理的な死活を手中に収めることになった。というのは、この時点で、彼らは農村全域を完全に支配することはできなかったにしろ、農村全域を制圧しているかのように〝装う〟ことは可能だったからである。この二つの主な近郊の省が制圧されたとなると、その印象は首都に大きな影響を与えることになろう。これは親政府分子を中立に、中立分子を積極的なベトコン・シンパに変えることもできた。例えば、仏教指導者の中のある者は、好戦的な反共主義者ではなく、仏教の永続と信徒の安全に関心があったので、どちらの側が勝ちそうかを見極めてから、その勝ちそうな側と非公式に親睦を図るという傾向があった。〔事実一九六四年末には、仏教徒指導者が数人その通りの行動をとりそうな可能性があった。〕そのうえ、首都を包囲すれば、文官および軍部自体の間にも敗北主義を生み出すだろうし、中立グループを勇気づけ、外国の外交官や武官の見解にも影響を与えるだろう。

クーデターまでは、第七師団内部には一種の悲観的な空気が流れていた。ところが、ドン大佐が彼らに希望をもたらした。新しい軍評議会は、最も難しい任務に最も有能な人材を充てたわけである。そしてこれは多分将来を示す一つの前兆であった。ドンは軍事顧問との関係についても自ら模範を示した。彼はアメリカ人にたいし、自分の説明会に出席するよう要求し、部下の将校たちに、自分が顧問にも彼らの助言にも好意をもっていることを明らかにした。また部下の将校に電話する時は、必ずその将校と組んでいる米軍顧問についても話すことを忘れなかった。その結果、ベトナム人たちは米軍顧問にたいして率直な態度をとるようになった。

この楽観的な時期も長くは続かなかった。一九六三年十一月に何か希望らしきものがあったとしたら、それは何か劇的なこと――ただの変革ではなくて本当の革命といったようなこと――が起こり、二十年近くものジリ貧が急に逆転しはしないかといったものであった。しかし新軍評議会は、ミンのように、アメリカという同盟国とも自国民とも気心の合った人たち、つまり彼らのまわりにある問題について現実的に話し合おうとする人々で構成されていた。本来、自分たちを最高の地位にまで引き上げてくれた伝統だけを信奉している旧体制の人々は、決して革命的にはならないものである。そのうえ、政治体制は腐敗し切っており、軍部内は過去の愚行に満ち満ちていたから、ジエムの後継者が、どのような改革を行っても、昔の残りかすでその改革は打ち消されてしまった。

たとえば、第七師団ではドン大佐が、三週間にわたってはなばなしい演習を行なった。そして十一月の終りに彼は解任された。一体どうしてだか私はその理由は知らない。おそらくジン将軍が彼を恐れたためだろうし、またおそらく、ドン大佐と若手将校との親密な関係を知っている他の指導者たちが、彼は反乱をおこすかもしれないと思ったからだろうし、また彼が将軍の一人の感情をそこなったためかもしれないし、アメリカ人が彼を熱烈に支援したことで嫉妬するものがあったからかもしれない。

長いデルタ旅行はもちろん私にとって気の重いものだったが、ドンの左遷は私にとってはそのなかでもっともいやなものだった。古いベトナムのゲームがまた始まったようにみえたが、それには時期が遅すぎた。当時、必要だったのは才能ある人物であって、取るにたらないものではなかった。私がドンに会いに彼の家を訪問すると、彼は大使館付き武官として台湾に配属させられることになったということだった。それは彼にとって楽しいものではなかった。彼は戦争の状態についてひどく心をいためていたからである。

サイゴンでは政治活動の最初の騒ぎが始まっていた。毎日、毎日、多くの船がプロコンドル島（メコン川河口から南約百キロの海上にありジエム時代政治犯を収容していた）から、ついに拘留を解かれ、ごう問を免れた政治犯を運んで来て、上陸させていた。サーロイ寺院では幾千という仏教徒の巡礼が毎日参拝していた。最近六ヵ月間に起こった出来事を通じて、仏教徒は国中で最も実力のある政治勢力となっていた。政府を倒したのは、軍ではなくてむしろ仏教徒であると一般大衆は信じていた。「俗世間の生活の興奮や矛盾を味わった仏教指導者たちは、目立たない席に就きそうもない」と私はタイムズに書き送った。

ベトナムを去る前に、最後の総まとめを書き始めたときほど、ベトナムの将来について悲観的になったことはなかった。それでもなお私が希望を持てたのは、私がアメリカ人であり、したがって中立的傍観者がそうであったかもしれないように、孤立し、冷淡に分析的になれなかった、ということだけだと思う。私が非常に尊敬していた多数のアメリカ人の友人たちは、まだこの国を救うチャンスはあると信じており、このことで私の悲観論は少しばかり和らげられた。

ついにさよならをいう時が来た。コンゴを離れる時は、別れの儀式があった。その特派員が飲み物を買い、人々をディナーに招き、まだそこにとどまらなければならない人々のために、自分の幸運をおすそわけにしたのである。だが、私はこれから素晴らしい任務に戻るのであり、コンゴとベトナムで過した三十ヵ月の後の休養を取る必要を感じてもいたのだが、私にとってアメリカは全然魅力を感じさせなかった。かつてある頑強な米軍人顧問が「田んぼに取りつかれるよ」といって私を驚かせたが、いまでは私はこれが本当であることがわかった。

十二月九日朝、われわれは飛行場に集まった。別れの挨拶をしながら、私はちょっとの間、タンソンニュット空港で思い上がった声明を読んでいる多数の重要人物を見送った瞬間のことを、思い浮かべた。私は早朝五時前に出てきて、作戦に出かける前のイワン・スラビッチの武装ヘリコプター部隊と朝食をとった多くの朝のことを思い出した。同じ滑走路で行われた、数々のアメリカ人の死者の追悼式に列席した時のことを思い出した。

ベトナム航空のスチュワーデスはいつもと同じだった。彼女たちはおそろいのお国ぶりの制服を着ており、同じようなはきはきした口調で話した。そして私はちょうど十五ヵ月前ここに着陸した時、彼女たちが戦争には何と不釣り合いなことだろうと考えたことを思い出した。

香港でセイモア・トピングに出会った。彼はタイムズの東南アジア首席特派員としてモスクワ支局長から転任し、着任したばかりであった。誰でもが理解できるていどに、彼は私が感じていることを理解した。十二年前、AP通信の若い記者だった当時、アメリカの公館がフランスのインドシナ戦争の結果について楽観的だったときに、彼は悲観的だった。

トピングは、若い国会議員ジョン・F・ケネディが海外視察旅行でサイゴンに着いた一九五一年に、彼もサイゴンにいたといった。ケネディは、空港で公式の楽観的な出迎えを受けた後で、トピングと会って話したいと言い、その日遅く、非公式な話を聞くためにセイモアのアパートを訪れた。アメリカに帰るとケネディは、アメリカのインドシナ政策を批判する演説を行った。その演説は、アメリカ政府や彼の選挙区には不人気だった。

十二年たった今も、状況は余り変わっていない、変わったのは表面だけだと私は思った。

XIX

西洋人はベトナムから誇りに満ち、満足した人間として帰ることはできない。いく分かでも良心を持つものであれば、何らかの心の傷跡や同情の念、彼が得た経験とともに、深い違和感を抱いて帰国することになる。インドシナにおける西側の失敗は不必要な、高価な、血にまみれたものである。ベトナムでは、白色人種は自らの威信を危険にさらし、あたかもマルクス主義者の描く漫画を確認してやることを熱望しているかのように、自分たちの最悪の、最もぶざまな面を見せている。

どのような資格で働いたにしても、今日のアメリカ人は悩み、悲しみ、少なからざる苦々しさを感じながらベトナムから帰る。ベトナム人（最も安易な目標）にたいする苦々しさ、東南アジアにいる同僚のアメリカ人にたいする苦々しさ、そしてアメリカで同国人に会ったあとでは、ほとんどすべての人を苦々しく感じる。この豊かな国土（一九六四年のアメリカは、三年近く世界の遠く離れた場所ですごした人間にとっては圧倒的である）のいたる所で、故郷に帰る途中の旅行者はこう尋ねられ、話しかけられる。

「あそこは私にはネズミの穴みたいに感じられる」。

あるいは「奴らは戦おうとしないという話だね」。

あるいは（ミシシッピで集中産業の若い労働者から）「アメリカのもう一つの植民地戦争についてのあなたの報道ぶりを面白く読みましたよ」。

あるいは「あそこでは戦争が始まりそうなんですか」などと。

われわれの社会の豊かさと、ベトナムでの光景とを調和させることは難しい。その違いは大変なものである。しかし、それ以上に順応しがたいことは、アメリカ人の無関心と無知であり、そのためにベトナムから帰った人々の多くは、ベトナムにいたことがあり、その国を知っていて、関心を持っている人とともにいることを好むような、苦々しい一時期をすごすのである。静かな、責任の少ない生活にいまでは不満を感じているこのような友人に会うと、だれもがベトナムに戻ることを話し合う。しかし実際に戻るのはごく少ない。戻るのは難しいし、それにそれほどまでして戻るほどのことでもないのだ。

われわれは忙しい複雑な世界に住んでいる。徐々に別の問題が挑戦してくるし、別の興味が生じてくる。そしてしばらくすると、見たことのうちいく分かは忘れることができる。

私がベトナムを離れてからの月日は、同国にとって幸福なものではなかったし、驚くべきものでもなかった。反乱の日付けが古くなればなるほど、転換しなければならない潮の流れは大きくなり、転換するための能力はそれだけ限られてくる。待たれていた奇跡はいまなお待たれている。ベトナムに役立つのは大きな奇跡ではなく、小さな奇跡にすぎない。つまりひどい損害を受けたヘリコプターが無事に着陸すること、待ち伏せ攻撃を受けた政府軍が救出されることである。ベトナムは、どちらの側であっても、より高い代価を支払い、現実をより早く直視し、紛争の性質をよりよく理解し、水田でより長い時間をすごし、幼い農民の子どもに読み方を教えることにより長い時間をすごす方の側に、その身を差し出している。しかし、これらは奇跡ではない。

私は、東南アジアに行ったことのない人々から何度も何度もこう尋ねられた。「なぜ彼らはわれわれのやり方を理解しないのか」「なぜ彼らは意見の相違をタナ上げして、共通の理念のために共通の敵と戦わないのか」と。しかしわれわれは、これまでベトナム人にたいし、理念が共通のものであるということも示すことができずにいる。われわれは、われわれの敵が彼らの敵であるということを彼らにじゅうぶん納得させていない。——その理由の一つは、われわれが彼らの敵を理解していないからである。

私が書いているように、サイゴンには政治的不安定がある。それは新しいことではない。フランスのインドシナ戦争が始まった一九四六年いらい、かき立てられ、衰え、再びかき立てられながら、そこには政治的不安定があった。今日の唯一の違いは、過去においては不安は表面下にあったという点である。それは外国人の目では容易に見ることはできなかった。しかし、それは全く現実であったし、民族の魂を腐食し、いまなお続いている革命を醸成していた。しかし、それは心の中で起こり、最近まで街頭では起こらなかった。そして、それは外交かけひきの対象になるような種類のことではなかった。

私がサイゴンを離れてから、将軍たちのクーデターは一月末にグエン・カーン（その後六五年二月までサイゴン政権を牛耳ったが、同月クーデターで退陣）の無血クーデターで倒された。事実、これは軍部内の悪い政治ずれの一歩前進であった。他の将軍たちより十歳若いカーンは新しい世代を代表しており、彼の目標は、将軍たちがそのクーデターの裏をかいた若い将校たちの目標と同じものであった。最近になって、いくつかの若い考え方が表面に出てきたのである。

そのころサイゴンにいたアメリカ人たちは、将軍たちは疲れて眠っているように見え、彼らが受け継いだ恐るべき挑戦の緊急性にこたえられないように見えた、と語っている。彼らは、ただ嫌われていた政府を倒したことによって、この国にいく分かの政治的安定をもたらした。これに対し、カーンは若さと活力をもたらした。しかし、ジエム以後のベトナムのこわれやすい均衡、つまり、新たに獲得した自由、過去の人物ややり方に戻ることへの嫌悪というこわれやすい均衡の中で、カーンの突然の権力掌握は古い恐怖を呼びさました。仏教徒や他の新しいグループは、それぞれの新しい力や影響力を守るのに熱心だった。いかなるアメリカ人よりも、ベトナムの政治の複雑さを理解していたロッジは去り、テーラーが着任していた。トンキン湾海上での事件に続いて、カーンは、アメリカ人に励まされて、きわめて強力な中央政府をもつ全権の確立へと動いた。再び街頭で暴動が始まった。その結果は、カーンがより強力になったのではなく、彼の政府が倒れたのであった。

一九六四年八月七日、ニューヨーク・タイムズの俊敏なサイゴン駐在記者ピーター・グローズは次のように書いている。

「この分裂はどのようにやってきたのだろうか。この場面を見守ってきた人々は、要するにこれは混乱の中にあるアジアの社会に、こぎれいなアメリカ流の解決を押しつけようとした試みの結果だ、と考えている。ベトナム人や外国の観測筋によれば、カーン将軍の攻勢は、あまりにも遠くまで、あまりにも早く進みすぎた。それは、この国の宗教、政治、社会グループを駆り立てている自己の利益という基本的な動機を無視した。これらの観測筋は、アメリカの政策立案者たちが権力集中化というカーン将軍の勇ましい動きを励ましているかぎり、現在の情勢については彼らに大いに責任があると感じている。彼らが励ましを与えればどんな危険があるかは、じゅうぶん計算されていなかったとこれら観測筋はみている。これらの筋は、ベトナムの人々の主要な関心がベトナムにあるアメリカの公館の主要な関心、つまりベトコンの反乱を打ち破ることと同じだと推定した点で、アメリカが基本的な誤りを犯したという意見である」

暴動がカーン政府打倒に成功していらい、仏教徒たちはかつてないほど強力になった。彼らは自分たちの新たな権力を享受し、いかなる政府にたいしても、自分たちが事実上の拒否権を持っていると感じた。軍部の支配は間もなく終り、がんこさと誠実さで定評があり、広く尊敬されている官吏であるチャン・バン・フオン（南部出身の政治家、六四年十月―六五年一月まで首相）のもとに暫定文民政府が樹立された。再び仏教徒たちは、彼らが支配的な勢力ではない政府を運営するというフオンの権利に挑戦した。彼らはまた、彼の政府内にはジエム時代の残存者――おもに官吏――が多すぎると主張した。フオンは、ジエムにたいする仏教徒の不満は正当なものだが、彼にたいする不満はそうではなく、彼の政権は自らそれを証明するための時間を与えられるべきだと答えた。一九六四年十一月後半、サイゴンでまた暴動が起こったが、フオンは揺るがなかった。いまや三軍総司令官であるカーンはそっぽを向いてすねていたが、フオンは、他の若い将校たちが彼の側についたとき、しばらくの間強化された。

この時期を通じて、仏教徒たちは支配権を得ようと大いに努力していた。ジエム政権の崩壊とともに、彼らは国民の中で最も強力な一派になっていた。彼らは、憎まれていた政権の打倒に大きく寄与していたことで人気があったし、また彼らの指導部も巧妙であった。しかし、ジエムもその初期には大いにかっさいを受けていた。これは彼の性格や統治能力によってではなく、彼の最初の行動――たとえばギャング的宗派の鎮圧――が民衆の好感を得たからであった。仏教徒たちがあまりにやりすぎた場合、彼らの人気がどれほど長続きするかはむずかしい問題である。彼らは政治的なニヒリズムを目指したのであろうか。そしてその場合、彼らは信徒をつなぎとめることができるだろうか。一部のアメリカ人は、彼らにとって有利な点の一つは、多くのベトナム人が感じている厭《えん》戦感情だと信じている。

一月に彼らは、フオン政権を揺さぶるデモを起こさせることができた。そしてカーン将軍と軍部は、無血クーデターで、権力に復帰した。しばらくの間、仏教徒たちは緊張をゆるめたが、彼らの力はきわめて実体のあるもののように見えた。そこで問題は、カーンと若手将校たちが仏教徒たちとの間に、なんらかの和解をつくり出すことができるかどうか、ということになった。もしこれが達成されたら、ベトナムに必要な、何らかの政治的安定をもたらすし、もしだめなら、仏教徒と軍部の間になんらかの形の最終的な対決がいつの日にか起こるだろうと思われた。

　過去数ヵ月間にベトナムで起こっていることは、ロッジ大使が「政治的進化の過程」と呼んだところのものである。南ベトナムは自然に進化する機会に恵まれなかった。それを通じて進歩が達成されうるような安定した制度や選挙がなかったのである。しかし、最近起こっている単純で素朴な政治的駆け引きは、民主的な過程の最初のかすかな光である。その中で各種のグループが順位を争っている。もしベトナム政府とアメリカ人が運がよければ、微妙な均衡を保っている仏教徒、カトリック教徒、若手将校たち、保守派の伝統主義者たち、デルタのベトナム人、中部ベトナム人、それに難民（一九五四年のジュネーブ協定によって、南ベトナムに移住した北ベトナム出身のベトナム人）といったこの国の利害の異なる党派を支えるようなばく然とした再編成が起こるかもしれない。しかし、こうしたことが始まるのは最後の最後の絶望的な時期であろう。

　地方では情勢は依然としてきびしい。時たま政府軍部隊は踏みとどまって驚くべき粘り強さで戦い、米軍将校は自分たちの意見を聞き入れさせることにしだいに成功しつつあると報告する。しかし、大規模ないんちき作戦、防衛できない地点に部隊をしばりつけるといった、過去の戦術の多くは、そのままである。そのうえ、反乱は、朝鮮戦争とは異なる。朝鮮戦争ではある陣地から撤退した部隊が、次の日にその陣地に戻り、その土地を取り返すことができた。無限に入り組んだベトナム戦争には、悪循環をつくり出しかねない多くの要因がある。この悪循環はそれ自身のはずみを生む。そしてこの勢いをゆるめるよりは、それを速める方がはるかに容易なのであり、その向きを変えるのはなおさら容易ではないのである。

　そして、すでに書かれているように、ベトナムでは手遅れなのである。フランスがとどまっていた一九五一年にも手遅れであった。戦争が最終的に終わった一九五四年にはさらに手遅れであったし、テーラーがわれわれの最後のあがき的な約束をした一九六一年にはそれ以上に手遅れであった。そして、この最後のあがきが失敗し、ジエムが倒された一九六三年にはなおさら手遅れであった。他にこれに代わるべきものがないという政策をとって、われわれが何年も何年も旅を続けてきた、あの長いジリ貧の道程の終りで、忠告すべきことが何かあるであろうか。いまさら他に行くべきところをどのようにして見つけるのか。

　ベトナムにとって、基本的には他にとるべき道は、いまも一九六一年と同じである。それらは何の変りもなく、当時より口に合いやすくなったわけでもなく、当時におとらず悪夢のようなものである。

　第一に、中立ベトナムの可能性について、多くの議論がある。しかし、現在の諸条件のもとでは、これは問題外である。スイス、オーストリア、インドあるいはラオスさえもが中立——冷戦の中で、戦場になることも、どちらかの側に加わることも望まないとのこれら各国それぞれの表現法——であるという意味では、中立のかすかな可能性さえない。中立ベトナムへの第一歩は、疑いもなく、ベトナム駐留米軍の撤退とアメリカの軍事援助の中止であろう。これは、南ベトナムにおける唯一の真に組織された勢力である共産主義者が、都合のよい時に——おそらく六ヵ月以内に、あるいは二年以内に——この国を転覆できるような真空状態をつくり出すであろう。彼らに抵抗できる勢力はないであろうし、もしハノイがわれわれと南ベトナムにたいし、中立による解決を申し出たとしても、それはアメリカのメンツを救う表現を意味するに過ぎないであろう。

撤退についてはどうだろうか。ベトナムで働いているアメリカ人で、この考えを受け入れられるのは少数しかいない。それは、青い《ブルー》旅券《パスポート》を持つ少数の幸運なわれわれが安全に引き揚げている間に、アメリカに全面的に身をゆだねていたベトナム人が、共産主義政権のもとで最も多くの苦しみを受けることを意味する。それは、それ以上のものに価する人々にとっては単調で、生命のない、統制された社会を意味する。撤退はまた、アメリカの威信が全世界で低下することを意味し、東南アジアの残りの部分にたいする共産主義の圧力が強化されることを意味する。最後に、撤退は、西側の敵が全世界で、ベトナムにおけるのと同様の破壊活動を試みるよう勇気づけられることを意味する。一九五〇年の韓国におけるわれわれの介入が、それ以後、共産主義者の公然たる越境を思いとどまらせるのに役立ったのと全く同様に、ベトナムにおける反共産主義の勝利は、いわゆる解放戦争を思いとどまらせる役に立つであろう。

唯一の別の可能性——いわゆるホー・チ・ミン・ルートの封鎖あるいは爆撃は、南ベトナムにおける力のバランスを実際上変えることはないのだから——は十二年以上にわたってアメリカの各大統領が避けてきたこと、つまり南ベトナムへの米軍戦闘部隊の介入である。この最も困難な選択は、疑いもなく、朝鮮以上にうまく行かないであろう。朝鮮では、戦線の存在する地形で、国境を越えてきた制服の、識別できる敵と戦った。しかしながらベトナムでは、白色人種は、政治的な戦争において、南ベトナム人を彼ら自身の土地で殺すことになる。たとえ南ベトナムの人口のわずか五パーセントがベトコンに加わっているとしても、米軍戦闘部隊の到着はおそらく、傍観していた人々の中に敵をつくり出すであろう。ゲリラの大義名分が、より広範に受け入れられ、かつより人気を得るのは間違いないであろう。米軍によってもたらされる軍事的な成果がどのようなものであろうと、それはたちまち政治的な損失によって反撃を受けるであろう。戦争はフランスの経験と類似のものになり始めるであろう。それは、つかまえにくい敵と戦う、戦線のない戦争、アメリカ国民にとっては、理解するのがきわめてむずかしい戦争—になるであろう。アメリカの官界がこれまでインドシナについて示してきた誤解、誤った情報、公正さの欠如によって、われわれの政府がこの食い違いを説明できると信じるものはだれもいない。〔一九六四年十二月一日、当時帰国していたテーラーは大統領およびその他の高官たちと会った。会議が終り、記者たちが室内にはいったとき、チャーリー・モアはマクナマラがジョンソン大統領に「マックス

（テーラーの愛称）には情勢が悪化しているとの印象を与えずに、この人たちに話すことは不可能でしょう」といっているのを聞いた。〕

こうして、いまのところ、われわれは泥沼に捕えられている。中立化は、不可避なものをしばらく遅らせるに過ぎないであろうし、われわれは、引き揚げることによって、われわれ自身とわれわれの同盟諸国の名誉を傷つけるであろう。そして、われわれが実際の戦争に深く巻き込まれているという事実にもかかわらず、われわれ自身の兵員を投入する前に、われわれは、長い、長い間考え、準備しなければならないのである。

この戦争は、アメリカの軍事的介入がなければ、これほど長続きしなかったというのは事実ではあるが、これはもちろん、ベトナム人の戦争である。しかし、ベトナム国民のある程度の支持がなかったら、この戦争は続かなかったであろう。これが絶望的な戦争、絶望的な運動になった場合、それを最初に知るのは、アメリカ人ではなく十九年以上も平和なしに生きてきたベトナム人であろう。三年間に死んだアメリカ人は、一個戦闘大隊より少ない。ベトナム人は毎月数百人、時には数千人が死ぬ。もし戦争が耐えがたいものになれば、たいていのこと――ハノイの共産主義政権に支配されることさえ――は終りのない流血よりはましだということを決めるのは、ベトナムであろうし、またそう決めるにちがいない。何がこの決定の引き金となるかは、だれも知らない。交渉を望む若手将校たちの中立主義クーデターかもしれないし、ベトコンによるデルタの完全支配かもしれない。

ともかく、われわれとしてはインドシナの教訓のいくつかを、ベトナムで間に合うように使うために学んだとの見込みのない希望を持って、この取り決められた自分たちの役割に最善を尽くすことを公約している。想像にすぎないが、共産主義者の征服というさし迫った脅威が敵を利する時になって、土壇場で、この国の対立し合う諸勢力はともに団結するであろう。ときとして、他のすべての動機が失敗したところで、恐怖が成功することはよくある。もし各種の政治党派が団結できれば、解決に到達できるような軍事的手段にとってのじゅうぶん強固な基礎となるかもしれない。しかも、軍事情勢の好転だけが、現実の交渉を可能にできるのである。

しかし、十九年にわたる西側の誤りのあとでは、これらの希望はきわめてはかない。おそらく、教訓はベトナムのために間に合うようには学ばれないであろう。おそらく、この時期にわれわれは、タイ、あるいはアンゴラ、あるいは南アメリカの小さな共和国――現在静かな危機だけがあり、いくぶんかの弾力性を残している、まだ手遅れでないどこかの国――の情勢を処理するのに必要な知識を得つつあるのであろう。これまでのところ、西側がその植民地的過去と植民地戦争の手の負えないとりことなったのはベトナムだけであれば、われわれはおそらく喜ぶべきなのであろう。われわれは、フランスがフランス領西アフリカでその誤りを繰り返さなかったこと、アルジェリアからちょうど間に合う時期に出て行ったこと、イギリスが驚くべき巧妙さでその帝国を解体したことを思い出すべきである。

全世界で、ニワトリはねぐらに帰りつつあり、よかれあしかれ、彼らがねぐらに帰ることについての責任はアメリカにある。大統領は静かに迫る危機の研究に力を入れていない。身近なところにあまりにも多くの騒がしい危機があるからである。現在、大統領はベトナムのような問題を百も抱えている。ミシシッピー（アメリカの人種差別問題）、国際収支、キューバ、貧困、イギリスと共同市場、ドゴールとMLF（多角的核戦力）、コンゴ、ソ連――と挙げれば、きりがない。ジョンソン氏は、消すべき火が余りにも多く、その時には小さな煙に過ぎないような地点――現状はいまのところアメリカにとって耐えられるものであるが、その国の住民にとっては耐えられない地点――について、心配しているひまがない消防隊長である。一九五一年――おそらく戦争が実際上敗北した年――に、インドシナからのひそかな声をだれが聞いていただろうか。

　それゆえ、問題はある程度、われわれの世界的規模での関与《コミットメント》とわれわれの優先《プライオリティ》すべきものが何であるかを決める、という問題になる。どの範囲までがわれわれの自分の利益と安全保障の範囲なのか。まだ共産圏に組み入れられていない国はすべて、アメリカに責任の一端があるのか。南アメリカ大陸の国はすべて、そのために戦うに値いするのか、それとも、その一部の国だけが、挑戦を受けるに値いする資源や戦略的位置を持っているのか。どのような場合に、もっともらしい、成功の見込みのある介入をするだけの共通の利益が両国の間に存在するのか。再び旗を立てる前に、われわれは、相互的な利益の基盤が存在すること、情勢が力の及ばないほど悪化していないこと、そしてなかでもわれわれが望まれていることを、確かめねばならない。

　低開発世界で、援助を効果的に与えることは非常に難しい。西ヨーロッパでは、われわれは人種的、社会的、文化的、道徳的にわれわれと共通のなにものかを持っている国々――人々を団結させる力が分裂させる力より強く、アメリカとの相互的な利害について広い基盤があった諸国――を相手にしてきた。そこには動機が存在し、われわれがそれを求める必要はなかった――実際、それがわれわれを求めたのであった。

　これはベトナムについてはあてはまらないし、予見しうる将来に破壊活動が起こりそうな国についてもあてはまりそうもない。われわれを動かしているものは、文盲で、おびえた、空腹な農民には、それほど多くの意味を持ちそうもない。このような社会とアメリカとの共通の利害は、安易で自然なものではないが、存在するのである。そして、その共通性を見つけるためには、われわれは、よりスマートに、より多くの準備をしておく必要がある。共通の目的を見出すため、つまりわれわれが低開発社会に提供できる、何も持たぬ人間にとって共産主義者の見えすいた呼びかけより巧妙で得るところのある何ものかを見つけるために、われわれは、その男が何を必要としているか、何が彼を動かしているかを知り、その政府をわれわれの世界的な目的に合わせたり、その人間をわれわれに適応させたりするのではなく、われわれ自身をこれらに適応させねばならない。明らかに、われわれは、われわれの手管を異なった環境に単純に移しかえるということはできないし、アメリカを動かし安定させている機構――二大政党制、自由投票、自由な報道――の引き写しを、わずかな政治的伝統や教育しかなく、不健康な気候でそれほど恵まれていない国土に、簡単に移植することはなおさらできない。

私は、ベトナムがあの世界的な関与（アメリカの関与）の正当な一部であると信じている。重要な地域における戦略的な国として、それはおそらく、アメリカの利害にとって真に死活的な、世界でも五つか六つにすぎない国の一つである。もしこの国がいまそれほど重要なら、われわれの側での大規模な介入に価いするであろうが、もしそうでないのなら、われわれはこれまでのような、いたずらに甘いきまり文句ではなく、真実を知らされるべきである。

ベトナムで次に何が起こるかは、われわれが真に達成しうる目的が基盤になって決まるであろう。しかし、それは何なのであろうか。ワシントンにはこれまで計画はほとんどなかったし、われわれがそれに適用するというのではなく、単に危機に反応するという傾向があまりにも多すぎた。

ベトナムの情勢は必ずしも、最も強力で、活気があり、発展した国が弱々しい新しい国家に何も与えるものを持たないということを示すものではない。また共産主義者が世界のこの部分にたいする回答と正しい手段を持っていること、したがって、彼らがいつの日かアジアを勝ちとるということを意味するものでもない。われわれは実際これらの新生諸国に提供すべきものを持っている。われわれは繁栄している。われわれは輸出すべき食糧、医薬品、やる気のある技術者を持っている。われわれは奉仕を要求しない。そしてわれわれの敵に比べ、われわれは空論家ではない。われわれは、共産主義者が動揺を活発にかき立てるのにたいし、これらの人々のために安定を望んでいる。したがって、われわれは、彼らがいかに恩知らずに見えようと、あるいは与える側にとって仕事がいかにはかどらなくても、またいかにひんぱんに軟弱だとかリベラルだとか非難されようと、われわれはこれらの人々を助ける努力を放棄することはできない。それはリベラルとか保守派とか、軟弱とか強硬とかいう問題ではない。効果の問題なのである。ナパームは強力だ。それはそれでよい。われわれもフランスもベトナムでナパームを豊富に持っていたが、それでは十分でなかった。すべてのりっぱな演説やあらゆる強硬な議論にもかかわらず、それらは、夜間に移動し水田に住み、われわれよりも戦争をよく知り、われわれよりも忍耐強く巧妙で、より高い代価を支払おうとしている敵を思いとどまらせそうもない。われわれはもっと賢くなった方がよいのである。

インドシナでは、植民地戦争は誇り高い人々のナショナリズムを西側に反対させ、真の敵の手中にはいらせてしまった。それは、下降旋回の始まりであった。なぜなら、西側諸国が強力であったその歳月の間に、各国はこのナショナリズムを比較的中立の勢力へ導くことができたはずだからである。それいらい、他の誤りが重なった。国際的な安全と、われわれがベトナム人にとって必要だと感じているものを維持するというわれわれの必要についての理論に基づいた政策によって、われわれはつねに最も単純な道——われわれの必要——をとった。政権にたいする反対を増加させている団体があったとしても、それは直ちにベトナムの知識人にすぎないとしてごまかされた。われわれが東ヨーロッパにおける同様のグループの全く同じ種類の反対を、それがそこではわれわれの世界観に合致しており、したがって、それにたいして口先きだけの援助以上のことをする方が好都合であるため、氷山の頂点として歓迎している事実にもかかわらず、このようにごまかしてしまったのである。

現在南ベトナムで最も強力な政治勢力が、われわれの政策の主要な路線――反共戦の遂行――に何ら関係なく権力にのぼり、われわれが支持している政権に挑戦したからといって、現実により多くの人気を得ているグループ、つまり仏教徒であるということは、十年間にわたるアメリカ＝ゴ時代にたいする静かな告発なのである。

ベトナムにおけるアメリカの任務は高い希望と理想主義で始まった。それはいくつかの理由で失敗した。これは善意が欠けていたためではなく、長時間労働や忍耐が欠けていたためでもなく〔時には忍耐が多すぎた〕、誤りの遺産が余りにも多く、死がずっと以前に宣告されていて、アメリカがインドシナの現実を直視できなかったためであり、われわれがひどく複雑な重大な挑戦に決まり文句で答えたためであった。

これまでのところ、破壊活動に対抗するわが国の最初の大きな努力は失敗している。われわれはこの試合では新人であり、敵はそうではない。われわれは豊かであり、したがって皮肉なことに、貧しい、恵まれない人々の苦労を予見し、判定し、軽減するよう助けるという点では不利な立場にある。不平が存在しないときには、戦争は始まらない。しかし低開発世界は抑圧に満ちており、この種の戦争がさらに起こることはほとんど確実であろう。

したがって、われわれが将来、何を提供できるかを発見することは国益の問題となる。爆撃機、ヘリコプター、ナパームは手助けにはなるが、それでは十分でない。勧告が無視されたとき、サイゴンにいるアメリカの将軍たちは、彼らの決まり文句にもたれかかってしまった。彼らは、敵はテロによって成功しているのだと言った。しかしテロが賢明に、よく考えられ、容赦なく使われるにしても、ベトコンの手段にはテロ以上のものがある。実際、ゲリラは、迫撃砲、武装ヘリコプター、装甲兵員輸送車、バズーカを持った政府軍以上の恐怖をつくり出すことができるのだろうか。ベトコンの統制力は単なるテロ以上のものを基盤としている。もしわが将軍たちがテロにかんする自分たちのスローガンを実際に信じているのなら、神はわれわれを助けてくれる。もし、彼らがそれを信じていないのに、それをアメリカ国内の人々に伝えたのだとしたら、神は連中を助けることになる。なぜなら、われわれが敵の成功の根源を理解しないかぎり、われわれは決して戦いに成功することはないからである。

一九五五年春のハノイを描写して、グレアム・グリーンはこう書いた。

「しかしその農民はコーヒー、レストラン、フランスやアメリカの映画がないのを悲しまなかった――彼はこれまでそんなものを持ったことがなかったのである。多分、際限のない強制的な講義や政治集会、身体訓練の時間でさえ、彼が知っているものよりも大きな楽しみなのであろう。

われわれは個人にたいする脅威についてよくおしゃべりするが、この無名の農民はこれまで個人として扱われたことがないのである。牧師以外には、政治委員より前にはだれも彼に近づかなかったし、彼に質問して困らせることもなく、彼に教えるために時間をさくこともなかった。共産主義には政治以外の何かがある」

ベトコンにはテロ以外に何か、革命戦争に勝つうえでヘリコプターにまさる何かがある。この本を書いているうちに、私はますますフランスのインドシナ戦争の歴史的な意味と、それが残したゆがんだ遺産について考えるようになった。私はいまでは、一九五四年には奇跡だけがわれわれを救い得たと、信じている。このように不公平なカケの相続人であるわれわれは、限定された、効果のない、ほぼ確実に運命の決まっている防衛戦に捕えられてしまったのである。それでも、五〇年代初めには、アメリカ国内の人々は、東南アジアを共産主義者から救うための西側の戦いに関するパリとワシントンの絶え間ない声明に従っていた。しかし、その戦争はベトナムで行われていたのであり、カケられていたのは、ベトナム人の生命である。そして彼らにとっては、この名前は間違っているようにみえた。彼らにとっては、西側の共産主義者にたいする戦いという問題ではなく、植民地主義者にたいする彼ら自身の戦いという問題であった。それは、世界をあるがままに見るのではなく、われわれのが望むように見るということの古典的な例であった。

私がこの本を書いているうちに、ベトナムからの報道は、タイムズでますます大きなスペース――第一面の最下段から最上段へ、それから徐々に（左端の）第八欄（トップ記事）――を占めるようになり、この国について何をなすべきかについての危機打開のための会議がひんぱんに開かれるようになり、その会議の期間も長くなった。この間、私は、われわれが何をすべきかについて、友人から何度も尋ねられた。しかし、このような広範な世界的責任を受け継ぐことの困難さについての質問にたいし、どうしてそんなに早く答えられようか。四〇年代後半にカギを握る年があったのか。今日の政策立案者たちは一九四六年にどこにいたのか。彼らは危機の根源が形造られていたとき、公平な機会を持っていたのか。西側は一九四六年――ロバート・マクナマラはフォードの着任早々の三十歳の〝やり手〟で、名を挙げようとしていたし、リンドン・ジョンソンはテキサス選出の若い下院議員で、上院の議席を横目でうかがい、国際問題とはメキシコを意味すると考えていた。そして二十七歳のマクジョージ・バンディは、ハーバードの講師になろうとしているところであった――にその質問を自らに尋ねるべきであったといっても、全然回答にはならない。

今日、世界の他の場所で進行している静かな危機がある。ベトナムから学ぶべき教訓は、われわれはもっと早く着手し、より機敏でなければならず、相手を自己欺瞞におとし入れるようでなければならないということである。私は最近、コンゴについての報道の中で、南アフリカとローデシアの雇い兵達がカタンガ州の反乱鎮圧に雇われたというニュースを読んだ。コンゴに平和をもたらすために南アフリカの雇い兵を雇うのはハーレム（ニューヨークの黒人街）の暴動を鎮圧するために、ニューヨーク市長がミシシッピのハイウェー・パトロールを召集するようなものである。そしておそらくいまから七、八年後、われわれがコンゴにおける第二の致命的な段階がいつであったかをいぶかしむ時、歴史の目は、それがベトナムとMLFがわれわれの主要な関心事であった一九六四年にさかのぼることを示すかもしれないと、私は思った。

数日後これらの雇い兵を指揮し、疑いもなく有能な軍人である南アフリカ人のホーア少佐〔しかし、少佐をコンゴで西側の政策を遂行すべき立場におくべきかどうかは別問題である〕とのインタビューを読んだが、この点についての感じは前より少しもよくならなかった。突然、インドシナでの二十年間、言われ通して来た口先だけの言葉が出ていた。ホーア少佐は「軍事的勝利だけでは十分ではない。同様なある種の政治的解決も同様になければならない」といっていた。

これが私のたどりついたところである。

訳者あとがき

本書は、ベトナム報道記事によって一九六四年度のピュリツァー賞を受けた、David Halberstam の *The Making of a Quagmire* (1965) の全訳である。原題は『泥沼はどうしてつくられたか』の意であるが、ここでは『ベトナムの泥沼から』とした。本書は、一九六二年秋以来、十五ヵ月間にわたる彼の南ベトナム在勤中の記録であるが、ベトナム戦争の初期の実態を透徹した目で描くとともに、その後の事態の発展についても見通している。これが彼のジャーナリストとしての「真実の報道」に徹した取材態度と、包括的で個性的な記述に立った結論であることは、いうをまたない。

原著者、デービッド・ハルバースタムはニューヨーク市に生まれ、一九五五年ハーバード大学を卒業した。在学中彼は学内新聞『クリムソン』の編集者をつとめ、卒業後はミシシッピーの『デーリー・タイムズ・リーダー』、『ナッシュビル・テネッシアン』の記者を経て、一九六〇年『ニューヨーク・タイムズ』のワシントン支局詰め記者となった。

翌年、『同紙』臨時特派員としてコンゴに派遣され、十五ヵ月間コンゴ動乱の取材にあたった。このときの報道で、一九六二年、アメリカの新聞ギルド〔日本の新聞協会にあたる〕からページ・ワン賞を贈られている。

一九六二年秋、『ニューヨーク・タイムズ』のサイゴン特派員となり、本書に書かれたような大活躍をし、この報道で、マルコム・ブラウンとともに、ジャーナリストの最高の栄誉であるピュリツァー賞を受けた。また本書にも登場するニール・シーハン、マルコム・ブラウン両記者とともに、ハーバード大学のニーマン資金からルイズ・M・ライオン賞の第一回受賞者に選ばれた。同賞はこの三人の記者が〝きびしい圧力に屈することなく、ベトナム戦争でその目で見た真実〟を報道し、ジャーナリズムの良心と誠実を示したとの理由で、贈られたものである。

ハルバースタムは帰国後、『ニューヨーク・タイムズ』のワルシャワ特派員に任命され、ポーランドで活躍していたが、一九六六年秋、その歯に絹きせぬ報道ぶりのため、国外退去を命ぜられて帰国、ニューヨークの『ハーパーズ・マガジン』に移り、七一年まで編集長を務めた。現在アドレー・スティーブンソン研究所研究員。

本書の翻訳に当たっては、できるだけ原文に忠実であるよう努め、われわれ日本人にどうしてもわかりにくい個所には（　）内に割り注を付した。（割注の地名、肩書等は初版の一九六八年当時のもので、重版では時間的制約などから改めることはしなかった。）原文で（　）をしてあるものは〔　〕に入れ、原文の——はそのままか、ときには〔　〕に入れた。原文のイタリックは、新聞、雑誌名については『　』とし、他は圏点を付した。本書の見返しの地図「インドシナ要図」は訳者が作成し、「サイゴンの市内図」については、林雄一郎氏に監修して頂いた。これも初版当時のもので、重版で改めることはなかった。

最後に、本書を翻訳する機会を与えて頂いた共同通信社外信部時代の大先輩仲晃氏、また、翻訳を援助して頂いた僚友、林雄一郎、仁井田益雄、鈴木顕介、篠山一恕、秋山民雄、伊藤力司の諸氏と、終始訳者を励まして下さった、みすず書房編集部の方々に感謝の意を表わしたい。

重版では訳文の不統一と用字用語をできるだけ改めた。

一九八七年四月二十日

泉　鴻之

解説

1

本書は、「訳者あとがき」に書かれているとおり、一九六二年秋から一五カ月にわたり『ニューヨーク・タイムズ』のベトナム特派員であった原著者デービッド・ハルバースタムがその期間における彼の取材と観察をもとに、南ベトナムにおける戦場の事態ならびにアメリカが支援したジエム政権の崩壊過程を克明に描いたものである。ハルバースタムは、本書のもとになったベトナム特派員時代の報道記事によって、AP通信社のマルコム・ブラウン記者とともにピューリツァー賞（国際報道部門）を受けた。[1] 本書は、原著 *The Making of a Quagmire: America and Vietnam during the Kennedy Era* の全訳（一九八七年刊行）の復刊である（本書はそれ以前に『ベトナム戦争』の書名で刊行〔一九六八年、〈現代史戦後篇（9）〉として〕）。原著の刊行は一九六五年四月であり、その後、一九八八年に原著改訂版が刊行されている。この改訂版では、歴史学者ダニエル・J・シンガル（Daniel J. Singal）の解説が「序論」として、そして一九六七年末におけるハルバースタムのベトナム訪問記（"Return to Vietnam," *Harper's Magazine*, December 1967）が「エピローグ」として付け加わるとともに、原著初版の約三分の一が割愛されている（二〇〇八年にはその新装版が出版された）。[2]

ハルバースタムは現在、本書の対象となっているケネディ政権時代を含め、その後のジョンソン政権を経てアメリカがベトナムに軍事介入を続け、なぜ泥沼的状況に陥ったのかを詳細に描いた *The Best and the Brightest*（一九七二年）の著者として広く知られる（浅野輔訳『ベスト&ブライテスト』全三巻、サイマル出版会、一九七六年［新版、一九八三年、朝日文庫版上・中・下、一九九九年］）。ハルバースタムはサイゴンから帰国後、ワルシャワ特派員を経て『ニューヨーク・タイムズ』を退社後、一九七一年まで『ハーパーズ・マガジン』誌の編集に携わるかたわら *The Best and the Brightest* の執筆に取り組んだ。その後、フリーのジャーナリストとして執筆活動に専念して二〇冊以上の著作を残し、日本ではその多くが翻訳されている。ハルバースタムは、二〇〇七年四月二三日、取材先のサンフランシスコ郊外での交通事故により不慮の死に見舞われた。七三歳であった。その数カ月後に刊行された朝鮮戦争についての著作 *The Coldest Winter: America and the Korean War* がハルバースタムの遺作となった（山田耕介・山田侑介訳『ザ・コールデスト・ウィンター　朝鮮戦争』上・下、文藝春秋、二〇〇九年）。

ハルバースタムは、『パレード』（*Parade*）誌に「娘への手紙」（"A Letter To My Daughter" 一九八二年五月二日）と題して寄稿し、原著 *The Making of a Quagmire* を書く契機となったベトナム特派員時代を回顧している（浅野輔訳『ベスト&ブライテスト』新版①、三―一八頁に掲載。ハルバースタムは、依頼されたこの邦訳新版「まえがき」に代えて「娘への手紙」の収録を希望した)。このエッセイは、当時二歳であった娘のジュリアにあてたもので、ベトナム特派員としての体験がアメリカならびに自分自身を見つめなおす契機となったことを語り、「現在」が「過去」を消し去ることのないよう、自己を見つめなおすきっかけとなる「過去」を大切にするよう自分の娘に伝えようとしたものである。

上記の「娘への手紙」によれば、ハルバースタムは『ニューヨーク・タイムズ』外信部長に特派員としてのベトナム行きを幾度も要望し、その願いがかなって「冒険の一翼をになう」ことに心を躍らせ、彼にとっては「運命の女神が定めた場所についにやってきた」と感じてのベトナム赴任であった。ハルバースタムにとってベトナム特派員としての体験は、以下に述べるように、「ジャーナリストの人間としての存在はどのような意味をもつのか」を考えさせる原点となった。当時、ハルバースタムは二八歳であり、赴任した当初は、ベトナムでのアメリカの戦争目的やそこで戦っていた人びとを信じていた。しかしながら、ハルバースタムは、南ベトナム政府軍第七師団付きの米軍事顧問団に張り付いて取材活動をおこなって米軍将校たちと会話を交わすうちに、戦場の前線にいる将校たちが敵であるベトコン(南ベトナム解放民族戦線、以下、本解説では「解放戦線」と記す)の優秀さを語りはじめるのを聞いて、アメリカと南ベトナム政府軍が「間違った側にいるのではないか」との疑念を抱くことになる。また解放戦線が抵抗をうけることなく勢力を拡張しているとの認識にいたり、サイゴンの米軍司令部の主張とは裏腹にアメリカと南ベトナム政府軍は戦争に勝ってはいないことを悟るにいたるのである(以上、浅野輔訳『ベスト&ブライテスト』新版①、三-一一頁)。

ハルバースタムを含め当時多くの人々が期待を寄せたケネディ政権は、一九六〇年一二月の解放戦線成立をうけて、ベトナムを「柔軟対応戦略」のもとでの対ゲリラ対策の試金石と位置づけ、歴代政権の「ドミノ崩壊への不安」に加えてアメリカの「威信」をかける場所として象徴化していた。ケネディ政権は、米軍事顧問を派遣して解放戦線の勢力拡大を阻止するとともに、経済・軍事援助の拡大を通して南ベトナムのジエム政権の強化を図ろうとした。本書で克明に描かれていることは、第一に、戦場で米軍事顧問に指揮された南ベトナム政府軍が苦境に陥っている姿であり、そして第二に、一九六三年五月の南ベトナムでの仏教徒危機をうけてジエム政権が仏教徒弾圧に乗り出したことで民衆の支持を失い、最終的には同年一一月の軍部クーデターによって崩壊し、そしてこの過程のなかで米軍司令部や米軍事顧問、大使館などアメリカ側が翻弄されていく姿である。

以下、まず本書のストーリーの要点をまとめ、次にベトナム特派員としての取材や見聞がアメリカ帰国後のハルバースタムのジャーナリストとしての活動にどのような影響をあたえたのか、そして最後に本書の意義と今日的意味について言及しておきたい。

2

本書のストーリーは、ハルバースタムが一九六一年九月に『ニューヨーク・タイムズ』特派員としてコンゴに赴任し、その後、彼のベトナム転任要請が認められて、一九六二年秋にサイゴンに到着するまでの経緯を述べることで始まる。そして、本書Ⅲ－Ⅴ章では、フランスがベトミンと戦った第一次インドシナ戦争の問題点を指摘した後、一九五〇年代半ばから南ベトナムの指導者になったゴ・ジン・ジエムならびにジエム政権の実権を握っていた弟ニューとニュー夫人の評価を述べて、アメリカが本格的にジエム政権を支援しはじめた一九六一年には「政情不安のかげに、すでに政治的分解が潜んでいた」ことを強調している。ハルバースタムによれば、ジエム政権の権力には三つの源泉があり、第一の源泉であるゴ一族は、まずます警察力に頼り、第二の源泉である南ベトナム政府軍は、ゴ兄弟の統制にもかかわらず忠誠は増えず、第三の源泉であるアメリカは、ニュー夫妻により重要な分野からその影響力を排除されていたのが、現実の姿であった。当時抱かれていた楽観論はうわべのもので、ベトナム情勢は「かんばしくなかった」のであった（四七頁）。

続くⅥ－Ⅻ章においては、ハルバースタムが南ベトナム政府軍第七師団付きの米軍事顧問団に従軍取材して知り得た戦場の様子を描き、アメリカと南ベトナム政府軍がかならずしも勝ってはいない状況が説明される。第七師団はサイゴン南方のメコン・デルタ地域を管轄していた部隊であり、ハルバースタムがこの第七師団にはじめて従軍したのは一九六二年一〇月三日のことであった。

ケネディ政権の時代に米軍事顧問が指揮する南ベトナム政府軍の戦争政策の失敗を象徴するものとして言及されるのが、一九六三年一月初旬のアプバク村での南ベトナム政府軍の敗退である。本書においてハルバースタムは、「攻撃性が欠如していること、損害をうけることをしり込みすること、戦場での指導性のなさ」など、アプバクの失敗がベトナムでの「やり方の欠陥のすべてを要約していた」と指摘する（一一九頁）。ハルバースタムが述べているように、この時期、アメリカの軍事援助によりヘリコプター、戦闘爆撃機、装甲兵員輸送車が南ベトナムに投入され、米軍事顧問はこうした新装備をもとに歩兵部隊による継続的攻撃により敵兵力の損害を大きくするよう勧告していた。これに対し南ベトナム政府軍はゲリラを待ち伏せして戦おうとしないなど、死傷者を出す危険を冒す気がなかった。ここで興味深いことは、ハルバースタムが、彼自身同行した一九六二年一〇月六日のレンジャー部隊による作戦での一個大隊全滅と関連させて、南ベトナム政府軍の戦闘意欲のなさの背景について言及している点である。ジエム大統領は一部隊の損害としては大きすぎるとして第七師団長のカオ大佐をサイゴンに呼びつけ、昇進を望むならばより慎重に行動すべきであると警告したのだった。ハルバースタムは、この日が「デルタ地帯の末路の始まりだった」と指摘している（七四頁）。アプバクでの敗退を示唆する報道（当時の報道では、三人の米兵の死と五台のヘリコプター撃墜）は、米政府による楽観論に水をさすことを意味した。ハルバースタムが語るように、「アプバクの戦闘に続いて、第二の戦闘」、すなわち「報道陣との戦争」がはじまり、米軍は記者団を攻撃しはじめたのだった。米軍司令部のハーキンズ大将は記者会見の場で「私は勝利だと考える、われわれは目的を達成した」と述べた。ハルバースタムが述べるところでは、このような米軍の理解は米当局者の「盲目ぶり」を示すものであった（一一八-一二〇頁）。

ハルバースタムは、ケネディ政権のベトナム政策の重要な柱の一つで、解放戦線から農民を切り離すことを意図して南ベトナムの村落の農民を物理的に支配することを目的に一九六二年から本格的に展開された「戦略村計画」が頓挫した状況についても指摘する。ジエム政権や米軍司令部がその進捗状況を自慢していたのとは裏腹に、「その遂行に必要な誠実さ、実行力、熟練に支えられておらず、かえって、体制の弱点をすっかり暴露して」しまうものだったのである（一三九頁）。

3

南ベトナムでは一九六三年春に仏教徒による反政府抗議行動が高まり、同年五月八日には政府と仏教徒が衝突する事態に発展した。この仏教徒危機は同年六月一一日には僧侶ティク・クアン・ドク師が焼身自殺を遂げ、その後、八月二一日には南ベトナム政府軍が仏教寺院を襲撃するなど仏教徒に対して強圧的態度をとるにいたる。こうしてジエム政権は政治危機に見舞われ、軍事クーデターの機運が高まるなかで、同年一一月一日にズオン・バン・ミン将軍率いる軍事クーデターによってジエム政権は崩壊する。本書後半から末尾近くまでのXIII-XVII章は、一九六三年春からはじまる政治危機からジエム政権崩壊にいたる時期についてのハルバースタムの観察にもとづいた叙述である。とくに同年春以降四カ月間の仏教徒危機をめぐる観察を経て得たハルバースタムの結論は次のようなものであった――仏教徒危機は、「政府が抱えているあらゆる問題――自国の国民を統治する能力のないこと、アメリカ公館がジエムに影響をおよぼすことに失敗したこと、ニュー一族の権力の増大、政府の全く非現実的な大衆課税など――を包み込んでいた。この四ヵ月間の政府を観察していると、まるで自殺しようとしている政府を見守っているかのようだった。」（一四九-一五〇頁）

ハルバースタムは上記の結論にいたったのであったが、彼の報道内容は、アメリカがジエム政権の対応に翻弄され、その政策が失敗していることを明白に示すものであった。本書では、こうした記事を書いたハルバースタムが一部の記者やホワイトハウスのスタッフ、国防総省の上層部からの激しい攻撃にさらされたことが述べられている。本書からは、ケネディ大統領自身も一九六三年一〇月二二日、儀礼訪問した『ニューヨーク・タイムズ』社主ザルツバーガーにハルバースタムをサイゴンから帰任させるよう圧力をかけたことを知ることができる。ザルツバーガーはこの要求に対して「ノー」と答え、ハルバースタムの仕事ぶりに満足している旨をケネディに伝えたのであった（一九九-二〇一頁）。

一九八八年に刊行された原著改訂版の「序論」において歴史学者ダニエル・J・シンガルが述べているように、ハルバースタムは、反ジエムの軍部クーデターにアメリカ政府が深く関与していたことは認識していなかったと思われる。現在では、米政府解禁史料等から、現地のCIA要員がジエム打倒のクーデターを画策していた南ベトナム政府軍将校と定期的に会っていたことや、その様子をアメリカ政府上層部に伝えていたことが明らかになっている。[3] このような欠点がありながらも、本書を通じて、一九六三年春からはじまる政治危機からジエム政権崩壊にいたる状況にアメリカ政府が翻弄されていく姿を理解することができる。

4

原著 *The Making of a Quagmire* が刊行された一九六五年四月は、ジョンソン政権のもとで北ベトナムへの恒常的爆撃（北爆）と米戦闘部隊投入が開始された直後の時期である。ハルバースタム自身、一九六三年秋には、「ベトナムに対するアメリカの介入を成功させる道があるとの考えを棄て、この介入は失敗する運命にあり、われわれは歴史の流れに逆らっている、との結論に到達し」ていた。ハルバースタムは、こうした結論をふまえて、「エスカレーション（戦争の段階的拡大）に重大な懸念を表明する」ために *The Making of a Quagmire* を書いたのであった。ハルバースタムが強調したかったことは、このままの状況で事態が推移すれば、アメリカはかつてのフランスと同様の政治問題に直面することが予想され、軍事的手段を優先するのではなく、民衆の不満を和らげるためにも政治的解決を重視すべきという点であった。ハルバースタムは、*The Making of a Quagmire* 執筆時点では、ベトナムの中立化や米軍即時撤退論には否定的であったものの、戦闘継続が困難になった場合には、「アメリカが手を引くべき兆候と見るべきだ」と考えていた（以上の引用は、「著作ノート」浅野輔訳『ベスト＆ブライテスト』新版③、三二九－三三〇頁）。この意味で、本書の意義は、ケネディ政権のもとでアメリカが軍事介入して間もない一九六二年秋から六三年末までの段階でアメリカと南ベトナム政府軍が解放戦線に勝ってはいない状況にあったことを明らかにし、アメリカが北爆恒常化と戦闘部隊派遣の道を歩み「アメリカの戦争」へと変化を遂げはじめるその早い時点で、無限定的なベトナムにおけるアメリカの軍事介入拡大に警鐘を鳴らしたことにあるといえる。

一九六五年初頭以降、当時のジョンソン政権はアメリカの軍事介入を進め、一九六七年末にはベトナムにおける派遣米兵は約五〇万人におよんだ。このようなベトナム情勢の推移は、*The Making of a Quagmire* 執筆時点におけるハルバースタムの憂慮と懸念を裏切るものであった。こうしてハルバースタムは、ロバート・ケネディやマーティン・ルーサー・キングの暗殺などの事態が起こった一九六八年には、ベトナムへの直接軍事介入を進めるアメリカの指導者たちに対する信頼を失うようになり、指導者たちがなぜベトナムで挫折を招くようなことになったのか、そしてひいては「我々アメリカ人は、この歴史としての現代において一体いかなる存在であるのか」という疑問を抱くようになる。ハルバースタムは一九六九年一月以降、この疑問に答えるための取材をはじめ、主要な政策決定者などへのインタビューをもとに二年半がかりでまとめたのが本解説の冒頭で述べた著作 *The Best and the Brightest* であった[4]。ハルバースタムが *The Best and the Brightest* のなかで明らかにしていることは、最良にして、もっとも聡明であるはずの指導者たちが自らの傲慢さや偏見にとらわれてベトナムの歴史的背景と条件を理解せず、しかも自らの能力を過信してアメリカの軍事力に頼り、その結果、挫折を重ねていく姿であった。*The Best and the Brightest* で指摘されている論点の一部は本書でもすでに描かれていることであった。たとえば、ハルバースタムは、解放戦線がベトナムでの戦争を革命戦争ととらえてベトナム民衆の悲惨な姿に思いを馳せていたのに対して、米軍と南ベトナム政府軍が兵力と武器の増強で対抗しようとしたことは、解放戦線ほどベトナム戦争の性格を理解していなかったということだと強調している（八六ー八七頁）。

5

ベトナム戦争はアメリカにとって史上初の「敗戦体験」であった。しかしながら、ベトナム戦争が終結した一九七五年から四〇年以上が経過した現在、アメリカにおいて、とくに若者のあいだでは「敗戦体験」としてのベトナム戦争の記憶は薄れつつある。たとえば、イラク戦争一〇周年にあたる二〇一三年におこなわれたギャラップ社の世論調査によれば、一八歳から二九歳の年齢層でベトナムに軍隊を派遣したことは「誤りではなかった」と回答した者が過半数を上回る五一％におよんでいる。[5] こうした世論の動向の背景として、一九九一年の湾岸戦争を経て、とくに「九・一一同時多発テロ」以降、アメリカでは「正義の戦争」観が復活し、歴代政権がベトナム戦争の負の遺産を封印する言説を繰り返してきたことを無視できない。湾岸戦争直後の一九九一年三月二日、G・H・W・ブッシュ大統領は「ベトナム戦争の悪夢はアラビア半島の砂漠の砂のなかに永遠に埋め込まれてしまった」と述べた。ただ他方で、その後、アメリカは二〇〇一年以降、「対テロ戦争」のもとアフガニスタンやイラク、シリアなどで軍事介入をおこなってきており、それらの地域において政治的安定の道は依然として険しい。アフガニスタンにおける戦争は今日、ケネディ政権発足時から終結するまでの一五年間におよぶベトナムへの軍事介入を上回る「アメリカのもっとも長い戦争」になっている。

ハルバースタムは、前述の「娘への手紙」の末尾で、ベトナム特派員としてベトナムの地を踏んで以降、この手紙を書いた一九八〇年代初頭にいたる約二〇年の期間、ベトナムのことについて深く真剣に考えつづけてきたことの結論として以下のように述べている——「真に目覚めた人間は、この時代になってもまだ、力ずくで自分の意思や価値を農民に押しつけられると考える人ではなく、たとえ世界の現実を知らないと批判されようとも、戦争に訴えることだけはやめようとする人なのだ。」（浅野輔訳『ベスト＆ブライテスト』新版①、一七頁）。この言葉は、上記で述べたベトナム戦争の記憶の現状や引き続くアメリカの軍事介入の今日的状況を考えるとき、新鮮な響きをもってわれわれの胸に迫ってくるものがある。

ハルバースタムは、サイゴン特派員としてのベトナム戦争の観察とその後の自己省察を経て、アメリカの政治・軍事指導者たちが歴史的洞察を欠き、現地の状況に無知・無理解を重ね、そして軍事的に解決できると自らの能力を過信してきたことを問題にしている。政治・軍事指導者たちの無知・無理解ならびに能力の過信の代償として、ベトナム戦争においては、米軍死者は約五万八千人、ベトナム側の犠牲ははるかに甚大で死者約三〇〇万人（うち民間人約二〇〇万人）におよんだ。そして、二〇〇一年一〇月以降、二〇一八年一〇月までにおけるアフガニスタン、イラクでの米軍死者は約六千九百人、現地の民間人は二〇万人以上に達し、引き続く戦争で多くの人命がなおも失われている。[6]こうした状況を考えるならば、ハルバースタムが強調してきた指導者たちの無知・無理解ならびに能力の過信の代償の重みをあらためて胸に刻む必要がある。この意味で、ハルバースタムが自己のみならずアメリカを問う原点となった本書から現在でも学ぶことは多く、本書の復刊によって多くの人々がベトナム戦争の実相・教訓とその代償について思索をめぐらす機会となることを期待したい。

二〇一八年一二月三日

藤本　博

注

1 受賞の対象になった記事のタイトルについては、以下のウェブサイトを参照。"Malcolm W. Browne and David Halberstam of *Associated Press* and *The New York Times*, (respectively)." 〈https://www.pulitzer.org/winners/malcolm-w-browne-and-david-halberstam〉（二〇一八年一〇月一七日アクセス）。

2 *The Making of a Quagmire: America and Vietnam during the Kennedy Era*, Revised Edition Edited with an Introduction by Daniel J. Singal, New York: Knopf, 1988. 新装版は出版社が変わり、Roman & Littlefield Publishers, Inc. から刊行されている。

3 Ibid., xx. 米解禁一次史料や当時のケネディ政権のベトナム政策に関する主要政策決定者の回顧録等を広く渉猟してジエム政権の政治危機と崩壊にいたる過程を描いた最近の著作として松岡完『ケネディはベトナムにどう向き合ったか——JFKとゴ・ジン・ジエムの暗闘』ミネルヴァ書房、二〇一五年がある。また、本書の前半でハルバースタムが描いているアプバクでの戦いに象徴される南ベトナム政府軍の惨状や戦略村計画の失敗の実態に関して詳しくは、今日的な研究書である松岡氏による他の著作『ケネディとベトナム戦争——反乱鎮圧戦略の挫折』錦正社、二〇一三年を参照されたい。

4 D・ハルバースタム／立花隆「特別対談 ニュージャーナリズムについて語ろう」『諸君』一九七七年九月号、四二頁。立花はこの対談のなかで、*The Best and the Brightest* の執筆を思い立った経緯をハルバースタムに質問している。

5 "On 10th Anniversary, 53% in U.S. See Iraq War as Mistake," *Gallup*, March 18, 2013. 〈https://news.gallup.com/poll/161399/10th-anniversary-iraq-war-mistake.aspx〉（二〇一八年一〇月二五日アクセス）。

6 以上の人的犠牲者数については、ブラウン大学ワトソン国際公共問題研究所の以下のウェブサイトを参照。"Direct Death Toll in Iraq, Afghanistan, and Pakistan since 2001." 〈https://watson.brown.edu/costsofwar/figures/2018/direct-war-death-toll-iraq-afghanistan-and-pakistan-2001-480000〉（二〇一八年一二月二日アクセス）。

著者略歴

(David Halberstam, 1934-2007)

1934年ニューヨーク市に生まれる．55年ハーバード大学卒業．ミシシッピ州ウェストポイントの地方紙の記者を経て，60〜67年『ニューヨーク・タイムズ』記者．この間61〜62年コンゴ特派員，62〜63年ベトナム特派員．64年ピュリツァー賞（国際報道部門）受賞．65〜66年ワルシャワ特派員となるが，同年追放され，『ハーパーズ・マガジン』編集長を経て，アドレー・スティーブンソン研究所に勤務．著書『ホー・チ・ミン』『ベスト＆ブライテスト』『メディアの権力』『覇者の驕り』『ザ・フィフティーズ』『ザ・コールデスト・ウィンター』ほか多数．

訳者略歴

泉 鴻之〈いずみ・たかゆき〉 1930年東京に生まれ，56年東京大学教養学部教養学科卒業．共同通信社入社．66年9〜11月共同通信社北京支局長．71年同外信部次長，74年3月〜76年12月同香港支局長，外信部次長，整理部兼用語委員，整理本部次長兼編集局次長・用語委員，同翻訳センター長を歴任．2014年歿．

林 雄一郎〈はやし・ゆういちろう〉 1934年東京に生まれ，56年東京外国語大学インド語科卒業．共同通信社入社．64年11月〜65年8月共同通信社サイゴン支局長，70年5月〜73年11月同ワシントン支局員．その後，同経済通信局編集部長，ワシントン支局長，外信部長，国際局長，90年論説委員長，92年編集局長，96年編集顧問を歴任．98年退社．

解説者略歴

藤本 博〈ふじもと・ひろし〉 南山大学外国語学部英米学科教授を経て，現在 南山大学アメリカ研究センター客員研究員．著訳書『ヴェトナム戦争研究』（法律文化社，2014），ビルトン／シム『ヴェトナム戦争 ソンミ村虐殺の悲劇』（監訳，明石書店，2017）ほか．

デービッド・ハルバースタム
ベトナムの泥沼から
泉 鴻之・林 雄一郎訳
藤本 博解説

1987年6月10日　初　版第1刷発行
2019年1月24日　新装版第1刷発行

発行所 株式会社 みすず書房
〒113-0033 東京都文京区本郷2丁目20-7
電話 03-3814-0131(営業) 03-3815-9181(編集)
www.msz.co.jp

本文印刷所 三陽社
扉・見返・表紙・カバー印刷所 リヒトプランニング
製本所 松岳社

ISBN 978-4-622-08789-2
[ベトナムのどろぬまから]

ビエンホア
空港
迎賓館
ヒエンブオン大通り
チエンシ広場
新アメリカ大使館
旧首相官邸
植物園
大統領官邸
独立宮殿
ジアロン宮殿
サイゴン市役所
海軍司令部
首相官邸
国会議事堂
コンチネンタルホテル
カラベルホテル
中央市場
ジエンホン
広場
メリン広場
マジェスティックホテル
サイゴン駅
日本大使館
南ベトナム上院
旧アメリカ大使館
サイゴン川
サイゴン旧港
ジアジン
N
1
2
4

内要図

〔作成 1968年〕